한국사 시민강좌

제50집

일조각

Number 50   FEBRUARY 2012

The Citizens' Forum on Korean History

ILCHOKAK

종간사

『한국사 시민강좌』는 이제 제50집을 끝으로 마무리하면서 독자들에게 작별의 인사를 드리고자 한다. 1987년 8월 제1집을 발간한 이후 오늘에 이르기까지 이 작은 잡지를 성원해 주신 여러분과 석별의 정을 나누며 깊은 감사의 뜻을 전하려는 것이다.

이 잡지를 시작해 키운 이기백李基白 선생은 당시 민족民族을 앞세워 객관적 탐구를 저해하고 민중사관民衆史觀을 기치로 역사적 진실을 외면하려는 상황을 한국사학韓國史學의 중대한 위기로 보고, 합리적·과학적 연구를 강조하는 동시에 일반 시민에게 '역사적인 진리에 충실하려는 역사가들의 진지한 노력'의 결과를 알려 올바른 한국사의 이해에 다가서게 한다는 취지에서 『한국사 시민강좌』를 창간하였다. 그 후 이 잡지는 독자들과 소통하면서 성장했고, 한국사학 쪽에서도 여러 여건의 변화와 더불어 우려하였던 점들이 어느 정도 완화될 수 있었는데 이는 우리 모두의 기쁨이었다.

이기백 선생은 『한국사 시민강좌』 제35집이 나올 무렵 별세하였으나, 선생의 후학·제자로서 함께 편집진을 구성해 도왔던 편집위원들은 선생의 유지를 받들어 이 잡지를 계속 간행하였다. 특히 역사가 한낱 정론政論에 휘말리거나 평범한 교양물로 전락하지 않도록 각별히 유의하면서, 이 잡지의 수준과 권위를 유지하기 위해 노력을 기울였다. 그리하여 이 잡지는 조촐하나마 원래의 취지를 살려 체계화된 한국사의 올바른 모습을 알리면서 시민의 사랑을 받을 수 있었다. 물론 여기까지 도달하는 데에는 집필자 여러분의 따뜻한 이해와 독자 여러분의 끊임없는 격려, 그리고 출판을 맡은 일조각─潮閣의 전폭적 협조가 큰 힘이 되었다.

이제 창간 이래 긴 시간이 흐르는 동안 편집위원들도 노경老境으로 접어들었다. 그렇다고 해서 후진들에게 『한국사 시민강좌』의 순수성을 그대로 유지할 것을 요구하면서 이 잡지를 떠맡기는 것은 어떤 면에서 이중고二重苦의 부담을 안겨 준다고 여겨졌다. 그리고 우리나라 출판계의 사정이 어려워지는 가운데 담당 출판사도 다소 부담감을 느끼기에 이르렀다. 이에 편집위원회는 이 잡지가 어느 정도 소기의 목적을 달성하였다는 작은 자긍심과, 변함없이 성원해 주는 독자들과 작별한다는 커다란 아쉬움을 동시에 느끼면서 제50집을 종간호로 삼아 대미를 장식키로 한 것이다.

그러나 시민에게 올바른 역사의 이해를 도와줄 양질의 교양잡지는 계속 필요하다고 생각한다. 특히 안팎으로 이념의 갈등이 심화되고 국제관계의 파고波高가 커지는 이즈음 오히려 관심의 각도를 새로이 해서 건전한 역사교양잡지를 펴내는 일은 더욱 긴절緊切한 일이라고 생각한다. 그런 면에서 우리는 누구든지 『한국사 시민강좌』의 정신적 유산을 이어받아 『한국사와 세계사』와 같은 새 잡지를 내서 이 방면에 관심을 갖는 시민의 갈증을 풀어 주게 되기를 간절히 바란다. 거듭 독자 여러분에게 감사드리고 일조각의 노고勞苦에 사의謝意를 표하고자 한다.

2012년 2월
『한국사 시민강좌』 편집위원회

독자에게 드리는 글

I

　이번에 『한국사 시민강좌』 제50집은 특집을 '대한민국을 가꾼 사람들'로 꾸며 간행케 되었다. 이것은 약 4년 전 제43집의 특집으로 내보낸 '대한민국을 세운 사람들'의 후속편으로 서로 연관 관계를 맺는 것이다. 그때, 대한민국 탄생 60년을 맞아 그 자랑스러운 발전을 기리어 건국의 역사적 의미를 되새긴다는 뜻에서 책을 편집해 세상에 내놓았던 것인데, 이제 그 발전의 속내를 구체적으로 살피기 위해 '인물로 본 대한민국 발전사'를 꾸민다는 취지로 이 책을 제작하였다. 아마도 독자들은 다양한 분야에 걸쳐 수많은 사람의 흥미로운 삶과 활동을 접하면서 오늘의 대한민국 발전이 수많은 땀과 노력의 결과임을 깨닫게 되리라 믿는다.

　이 책의 편집을 기획하면서 몇 가지 원칙을 세웠다. 여기에서 다루는 시기는 1948년의 대한민국 건국 이후 30년간을 중심으로 삼되, 필요할 경우 50년이 경과한 시점, 즉 20세기 말까지도 다루게 하였다. 다양한 분야를 조정하고 그 속에서 합당한 인물을 선정하기가 어려웠는데, 정치 부문은 앞서 '대한민국을 세운 사람들'에서 큰 비중을 두어 다루었으므로 이번에는 축소시켰고,

교육 분야는 앞서 다루지 못한 중등교육에 특히 주목하는 등 변화가 있었다. 해당 분야에서 생존한 사람은 제외하면서 합당한 인물을 고르기 위해 많은 자문을 받았거니와 자연히 그 과정에서 행적과 도덕성이 고려되었다. 편집의 취지는 해당 인물의 개인사보다는 그 인물이 대표하는 분야의 일반적 상황과 연결 지어 대한민국 발전사를 꾸미는 쪽에 비중이 주어지길 바랐으나 그것은 만족스럽게 지켜지지 못하였다.

인물사人物史가 지니는 핵심 문제는 객관적 접근이 어렵다는 데에 있다. 특히 이 책의 경우, 최근의 인물에 대한 관심과 접근은 대체로 가까웠던 지인知人이나 후학後學으로부터 시작되는 만큼, 대부분 그분들에게 집필을 의뢰하지 않을 수 없었다. 그리고 여기에서 다루어지는 인물은 긍정적 평가를 받는 존재이기 때문에 구태여 그 한계와 문제점이 거론될 계제도 아니었다. 그러므로 이 책은 아예 태생적으로 객관성의 문제를 안고 있었다. 그럼에도 불구하고 대다수 필자는 대상 인물을 역사화하여 객관적으로 다루기 위해 큰 노력을 기울임으로써 이 책의 신뢰성을 높여 주었다고 생각한다. 편집자로서는 각 부문의 최고 전문가를 필자로 모셨던 점에 대해 고맙고 자랑스럽게 여기는 바이다.

II

정치 부문에서는 이승만·박정희·김대중의 3인을 다루었다. 이승만은 앞서 '대한민국을 세운 사람들'에 올랐다가 이 책에서 다시 취급된 유일한 인물이거니와 정부 수립 이후 12년간의 격변기를 이끈 주역으로서 그의 존재를 무시할 수 없었다. 그 후 군사정변을 통해 집권해서 20년 가까이 나라를 다스린 박정희는 1960년대, 1970년대 정치의 주역이었다. 김대중은 이 시기 야당

野黨지도자로 민주화 운동의 중심을 이루었지만, 자연히 그가 뒷날 (1997년) 대통령에 당선되어 새로운 정치를 이끌었다는 점도 함께 고려하지 않을 수 없었다. 이렇게 선정된 3인에 대해 필자들은 모두 조심스럽게 객관적으로 접근하려고 노력했지만, 이승만과 박정희는 각기 업적과 리더십에 초점을 맞추어 긍정적 평가를 한 반면, 김대중의 경우 그 공헌은 인정하면서도 그에 대한 긍정과 부정의 평가가 엇갈린다는 점에 무게가 놓였다.

군사·법률·행정·경제 부문에서는 모두 7인이 대상자로 뽑혔다. 군사에서는 정일권과 이종찬을 내세웠는데, 앞서 '대한민국을 세운 사람들'에서 이범석과 이응준을 국군 창설과 관련하여 각기 광복군 출신과 일본군 출신 대표자로 다룬 데 대해 여기에서는 군이 6·25전쟁을 거치며 크게 성장하는 과정에서 그 기초를 다지고 국방 일선에서 활약한 전자前者와 군의 정치적 중립이라는 소중한 전통을 세운 후자後者에 대해 함께 살필 수 있게 하였다. 법률분야에 등장하는 조진만은 군사정권 시절 제3, 4공화국의 대법원장으로서 집권자가 범접할 수 없는 권위로 사법부를 이끌며 소송제도를 개선하였고, 행정 분야의 이한빈은 제1공화국부터 제2공화국까지 경제관료로 일하고, 제4공화국에서 경제부총리를 지내지만, 특히 1950년대 초 재무부 예산과장으로 경제·재정·행정의 기초를 닦았다. 경제 분야에서는 유일한과 이병철·정주영 3인을 다루었다. 뒤의 두 사람은 이 시기 대한민국의 경제 발전을 상징하는 대표적 기업가로서 지주 출신의 이병철이 정미소·무역으로 기반을 닦고 제조업으로 돌아 경공업을 거쳐 중화학공업을 일으키고 반도체를 독려해 차근차근 대재벌로 성장한 데 비해, 가난한 농부 출신의 정주영은 소상인을 거쳐 토건업으로 일어나 현대건설을 세웠고, 이어서 자동차 제조업, 조선중공업, 전자산업으로 영역을 넓히며 도전정신을 바탕으로 역시 대재벌로 발전하였다. 그런데 위의 두 사람에 비해 연령으로 보아 약 20세가 앞서는 유일한은 미국에 유학해 독립운동에도 투신했던 사람으로서 해방 후 제약회사를 키워 주목받는 기업가로 대두하지만, 철저한 합리주의와 애국애족의 정신을 갖고 정경유착을 거부하면서 경영에 임하였다. 그리하여 비록 재계에서의 위치는 그다지 높지 않았으나, 유일한의 선구자적 기업정신은 이 시기 성장 위주의 한국 경제 발전이 그릇된 일탈의 방향으로 나아가지 않도록 경각심을 불러일으키며 소중한 청량제로 작용하였다.

다음으로 교육·언론·여성·종교 부문에서는 모두 9인이 다루어졌다. 교육의 경우, 길영희와 신봉조가 대상에 올랐는데, 그들은 모두 이 시기에 중등교육의 현장에서 활약한 뛰어난 교장으로서, 앞서 '대한민국을 세운 사람들'에서 교육 부문에서의 오천석, 백낙준, 김창숙 등이 교육행정과 대학교육을 이끌었던 인물이었다는 점과 대조를 이룬다. 여기에서 우리는 인천중·제물포고의 교장으로서 국사國士의 양성을 목표로 전인교육을 추구한 길영희와 이화여중고에서 어머니의 중요성을 일깨우면서 사랑으로써 여성 중등 교육에 헌신한 신봉조를 통해서 당시 한국사회의 새로운 성장 동력이 교육 속에서 움트고 있었음을 감지할 수 있다.

언론에서 다룬 장준하와 천관우는 모두 자유당 시절의 이승만 정부와 박정희의 군사정권에 비판적이었던 인물이다. 장준하는 잡지 『사상계』를 통해 비판적인 지성知性을 키우고 정치에 입문해 유신체제 타파에 앞장섰고, 천관우는 한국·조선·동아 등 주요 일간지에서 논객論客으로 활약하다가 유신체제 아래에서 탄압을 받으며 민주화 운동을 벌였다. 그들은 합리적이고 품격 있는 비판, 올곧은 처신으로 언론에 믿음을 주면서 한국 민주주의 발전에 토양을 마련하였다. 이어서 여성 분야에서는 고황경이 등장했는데, 앞서 정치적 성향이 강했던 김활란과 임영신이 제시되었던 것과 달리 학자적 풍모를 갖고 여성 교육에 헌신한 그녀가 나타남으로써 우리는 이 시기 여성운동이 조용히 내실을 기하면서 여성의 지위향상과 여성인재 육성을 위해 전개되었다는 점을 쉽게 이해할 수 있는 것이다.

종교 분야에서는 기독교의 함석헌과 손양원, 천주교의 김수환, 그리고 불교계의 구산 스님(소봉호) 등 4인을 만나게 되었다. 함석헌은 무無교회주의자로서 이승만·박정희 정권에 맞서 반독재 민주화 운동을 펼쳐 큰 영향을 미쳤는데, 여기에서는 종교철학 사상가로서의 면모에 치중하여 그의 고난사관과 비폭력 평화사상을 살폈다. 손양원은 일제의 신사참배를 반대하였던 목사로서 여수·순천반란사건 때 자기 아들을 살해한 범인을 양자養子로 삼음으로써 용서·화해·사랑의 정신을 실천에 옮겼다. 김수환은 추기경에 오른 한국 가톨릭의 최고 수장이었지만, 교회의 쇄신에 힘쓰는 동시에 사회참여 활동을 하여 반독재 민주화 운동에 앞장서고 다른 종교와 열린 마음으로 교섭함으로써 사회의 존경을 받고 공감을 얻었다. 구산 스님은 일찍이 불교정화운동에 적극 참여하였으나 스스로 수행에 힘썼던 조계종의 고승으로서 한국 불교의 정체성 확립과 그 대중화·세계화에 힘써 큰 성과를 거두었다. 이상과 같이 여러 계통의 종교 지도자들은 각기 특색 있는 발자취를 남겼지만, 그들이 이 시기 한국사회의 안정과 발전에 큰 힘을 보탰다는 점에서 공통성을 지닌다.

학술·문화·예술 부문에서는 모두 14인의 많은 인물이 등장하였다. 이것은 앞서 '대한민국을 세운 사람들'에서 제시한 이 방면 사람 7인의 갑절인 셈인데, 그만큼 학술과 문화 쪽의 역할과 발전이 커졌음을 뜻한다. 학술 쪽에서 이숭녕, 김재원, 김준보와 이태규, 현신규, 최형섭, 이문호가 등장하였다. 이숭녕은 현대국어학의 개척자로서 과학적 기반 위에 새로운 국어학을 건설하기 위해 평생 매진하였는데, 심악 이숭녕 전집(15책)과 함께 오로지 학문에만 진력하는 연구 자세를 후진들에게 유산으로 남겼다. 고고학자 김재원은 초대 국립박물관장으로 25년간 근무하면서 박물관의 기틀을 잡고, 고고학과 미술사학의 학문적 기초를 다졌으며, 이 방면 인재의 육성에도 기여하였다. 김준보는 선구적 농업경제학자로서 이론경제학과 통계학에까지 관심을 확대시킨 인물인데, 1949년의 토지개혁 때 그 이론적 근거를 제시하였고, 한국 자본주의사韓國資本主義史를 깊이 연구해 체계화시켰다. 그 밖에도 인문사회 여러 분야에서 힘든 조건을 극복하고 다양한 학술적 연구가 이루어졌는데, 이러한 연구는 대한민국의 역사 문화적 전통을 일깨우고 인문적 토양을 배양하는 것이었다.

이태규는 세계적 화학자로서 '한국의 현대과학이 세계에 버젓이 내놓을 수 있는' 인물이었다. 그는 초창기 한국 화학의 기틀을 세웠고, 미국에서 활동하는 동안 한국 유학생을 지도 육성했으며, 노년에 영구 귀국해서 20년간 교수로서 학생을 지도하였다. 현신규는 국제적으로 널리 알려진 임학자林學者로서 수종樹種의 품종개량을 다루는 임목육성학林木育成學의 대가였는데, 특히 6·25전쟁 이후 초토화된 우리나라의 산을 푸르게 하기 위해 알맞은 나무를 찾아내고 만들어내서 마침내 민둥산을 금수강산으로 바꾸는 데 성공하였다. 최형섭은 금속공학자로서 한국과학기술연구원을 설립해 한국 과학기술의 획기적 발전의 큰 기틀을 마련하였다. 세계 각처의 재외한국인 학자를 초치하고 과학기술 개발의 인적 기반을 굳힌 점은 특별히 큰 의미를 지닌다. 이문호는 내과의로서 한국 핵의학을 창시한 선구적 의학자인데, 방사성 동위원소 진료실을 열고, 암 연구를 선도하고, 한국핵의학회를 창립 육성하면서 한국 의학계를 주도하였다. 이처럼 자연과학과 공업 기술 쪽에서 흥미로운 연구가 이루어지면서 그것이 산림녹화와 기술 발전으로 이어져 국가의 성장 발전에 직접 기여하였던 것이다. 이에 덧붙여 체육 분야에서의 손기정의 활약도 대한민국의 성장에 큰 활력을 불어넣었다. 일제강점기 베를린 올림픽의 마라톤 우승자로 유명한 그는 해방 이후 한국 마라톤의 보급과 육성에 진력하면서 민족의 자주 독립의식을 일깨워 주었다.

　예술 분야에서 문학·음악·미술·건축 쪽의 6인을 내세웠다. 문학은, 시詩의 조지훈과 소설의 황순원이 조명을 받았는데, 조지훈은 일제 암흑기에 배태된 저항정신과 민족문화에 대한 애착을 키워 해방 이후 우익진영에서 문학활동을 펼치면서 대한민국의 건국과 발전을 위해 최선단에서 노력했고, 4·19혁명을 전후한 시기에는 젊은이의 용기를 찬양하고 고귀한 희생을 추모하는 시를 발표했다. 황순원은 수많은 격변을 겪으면서도 자신을 깨끗하게 관리해 온 매우 보기 드문 작가로서 수많은 소설을 창작하였는데, 그의 생애와 문학 전반에 걸친 염결과 고고孤高는 문학계에 큰 영향을 미쳤다. 음악에서는 앞서 '대한민국을 세운 사람들'에서 작곡가 현제명을 다루었던 데 비해이번에는 국악 쪽의 성경린을 내세웠다. 일찍이 이왕직 아악부李王職雅樂部의아악수雅樂手에서 출발한 그의 음악가로서의 생애는 전통적인 조선조 궁중음악을 지키는 데 초점이 맞추어져서, 국립국악원장으로 재임하는 동안 국악의내면적 성장과 해외 공연을 통해 그 발전에 크게 이바지할 수 있었다. 미술쪽에는 추상화가 김환기와 비디오 예술가 백남준이 올랐다. 김환기는 해방직후 신사실파新寫實派를 결성해 순수한 창작활동을 펼쳤고, 만년에 10년 남짓 뉴욕에 체류하면서 대표적 작품을 제작해 남긴 한국 근현대미술사의 거인이었다. 그에 비해 백남준은 새로운 장르로 비디오 예술을 창시하고 나아가다양한 영역에서 예술적 성취를 이룩한 세계적 거장으로 한평생 미국에서 활동했지만, 한국인으로서의 정체성을 지니고 한국 미술과 교섭하였다. 끝으로건축가 김수근은 투철한 자기 성찰과 작가적 기량으로 한국 건축문화에 큰변화를 이끌었는데, 한국 건축의 정체성 확립을 위해 노력하면서 공간개념을재구성하고, 주변 환경과의 친화성을 중시함으로써 전통양식과 생활 문화적습성이 담긴 인본주의적 건축공간을 창조하였다. 이상 예술 각 분야에서 활기찬 발전을 성취하고 그 정체성을 기초로 세계로의 진출을 도모하려는 모습을 찾을 수 있었는데, 이것은 대한민국 예술 문화의 국제적 발전을 예시하는 것으로 여겨진다.

III

이상에서 대한민국을 가꾼 33인을 살피면서 우리는 무엇보다도 대한민국이 각계각층의 수많은 사람의 피땀 어린 정성과 노력으로 가꾸어졌다는 당연한 사실을 확인할 수 있다. 여러 가지 대립과 갈등이 있었지만, 일제 식민지배에서 벗어나 새로 세운 조국 대한민국에 대한 국민적 합의와 충성이 있었기에, 6·25전쟁을 비롯한 많은 난관을 뚫고 이 나라가 기틀을 잡고 성장을 이룩할 수 있었다. 여기에서 다룬 최형섭이 "목숨을 걸 각오로 과학기술을 위해서 뛰어야 한다"라고 절규한 말 속에서 그 일단을 살필 수 있다.

그리고 이 시기에 정치지도자의 역량과 자질이 크게 작용했다는 점을 부인할 수 없다. 대한민국 건국 후 30년간을 이끈 이승만과 박정희는 독재자로 큰 비판을 받고 있으나, 6·25전쟁의 위기를 극복하고 남북분단의 불리한 여건을 이겨내면서 국가를 지키고 경제성장을 달성하는 데에는 그들의 정치적 리더십이 절대적 영향을 미쳤던 것이다. 이승만과 박정희는 여러 가지 차이점이 있었지만, 그들의 애국심을 대다수 국민이 믿고 따랐으며, 그들은 독재자로서 증오의 대상이 되었을망정 결코 자질 부족으로 업신여김의 대상은 되지 않았다는 공통점을 지닌다. 대세로 보아 이승만과 박정희가 이룩한 건국과 경제 발전을 토대로 김대중이 그다음의 정치지도자로 등장해 민주화의 진전에 기여했다고 볼 수 있으나 그것을 역사적으로 조망할 시간적 추이를 지켜보아야 할 것이다.

이 시기 각 분야에서 민주화의 노력이 꾸준히 진전되었다는 사실도 우리의 주목을 끄는 대목이다. 일찍이 종교계에서 함석헌이 반독재 민주화 운동을 벌였고, 언론 쪽의 장준하와 천관우도 결국 민주화의 주역으로 떠올랐다. 이것은 대한민국을 뒷받침하는 자유민주주의가 지상至上의 가치로 인식되면서 이 땅에 민주주의가 일찍부터 뿌리내리게 됨을 시사하는 것이다. 그러나 이 시기 민주화 운동의 주역은 품격 있는 논객이요, 지성을 갖춘 지사志士요, 존경받는 종교인이었다. 그러므로 이러한 민주화 운동은 독재정권을 견제하고 사회의 건전성을 제고提高시키면서 민주 역량을 내면적으로 성장시킬 수 있었다고 여겨진다.

대한민국을 가꾸고 성장시키는 데에는 여러 분야에서의 손길과 노력이 필요하였다. 지금껏 우리는 6·25전쟁의 극복을 강조하면서 그 주역인 군에 대해 관심이 소홀하였고, 경제 발전을 내세우면서 그것을 주도한 기업인에 대해서도 곱지 않은 시선으로 바라보는 경향이 있었다. 이 책에서는 이러한 점들에 유의하면서 구석구석을 찾아 자랑스러운 대한민국의 이야기를 엮으려 하였으나 미처 주목하지 못한 수많은 분야의 숨은 일꾼도 많이 있을 것이다. 그러나 우리로서는 오늘의 대한민국을 정당히 이해하기 위해서 바르고 공정하게 그 성장의 주역을 추적하는 데 최선을 다했고, 그것은 필자 여러분의 협조로 어느 정도 성공을 거두었다고 생각한다. 장차 대한민국의 번영과 더 큰 발전을 위해 노력하는 것은 우리 모두의 몫일 것이다.

IV

이번에 『한국사 시민강좌』의 종간에 즈음하여, 이 잡지를 창간하고 그 발전을 위해 노심초사하다가 별세한 이기백李基白 선생을 추모한다는 뜻에서,

'역사학 산책' 난을 통해 몇 편의 글을 싣게 되었다. 한국사학자로 쌓은 방대한 연구업적을 정면에서 무겁게 다루기보다는 선생의 학문과 인간에 대한 간략한 스케치와 측면적 활동을 눈여겨본다는 뜻에서 선생과 관계가 돈독하였던 국내·국외 네 분에게 부탁하여 소중한 글을 싣게 되었다.

노老 서양사학자西洋史學者인 차하순車河淳 교수는 이기백 선생과 오랜 동안 동료 교수였고, 평생 역사학이라는 공통의 학문세계 안에서 서로 담론을 나눈 절친한 관계에 있었다는 인연을 고려하여 한국사학자로서의 이 선생의 학문세계를 넓게 조망하는 글을 기고하였다. 사적私的인 교유관계가 곁들인 부드러운 글이지만, 이기백 사학의 본질과 특성을 꿰뚫어 살피면서 그 넓이와 깊이를 높이 평가하였다.

일본의 한국사학자 다케다 유키오武田幸男 교수는 이기백 선생의 학문을 진지하게 논평하면서 오래 이어진 친밀한 교유관계에 대해서도 면밀하고 친근한 필치로 회고하였다. 일본 학계의 원로로서 지금도 활발히 연구 활동을 펼치고 있지만, 그가 30여 년 전 도쿄대 교수로 처음 한국을 방문해 머물며 1년 간 연구하는 동안 이 선생의 도움을 받아 학자들과 만나고 함께 고적답사에 나섰던 얘기는 그 자체가 역사학 분야에서의 한·일 간 학술교류의 값진 한 장면을 보여준다고 여겨진다. 다케다 교수가 이 선생의 별세에 즈음해 "이기백 선생과 같은 시대에 살아 이국異國에 있으면서 선생과 우연히 만나 선생을 존경하고 경애할 수 있는 행운을 음미하면서 선생의 명복을 빌고 싶은 생각"이라고 추모하였다는 대목은 독자들에게 큰 감동을 줄 것이다.

미국 하와이대학의 에드워드 슐츠 교수는 그가 평화봉사단원 출신 학생으로서 서강대 대학원에서 이기백 교수를 만나 지도를 받게 되는 사정부터 시작하여 이 선생의 인간과 학문에 대한 여러 가지 흥미로운 얘기를 하였다. 특히 간결하고 분명한 강의, 고상한 느낌의 한복 차림, 품위를 지키면서도 학생들을 편하게 해주는 자태 등 이 선생에 대한 예리한 묘사가 깊은 인상을 준다.

끝으로 민현구는 이기백 선생이 연구·저술과 구분되는 학회·연구소에 연관되는 활동을 펼치고, 『한국사 시민강좌』를 통해 한국사 대중화 운동을 벌인 것을 '학술 봉사활동'으로 함께 묶어 회고를 곁들이며 살펴보았다. 이 방면에서의 선생의 활동은 철저히 봉사정신에 의해 이루어졌고, 그 성과는 한국사학을 키우고 발전시키는 데 크게 공헌한 것이었다는 점을 강조하였다.

물론 이 네 편의 글만으로 한국사학자 이기백 선생의 전모를 파악하기에는 턱없이 부족하다. 앞서 얘기한 대로 아예 그러한 계획이 세워졌던 것도 아니다. 그러나 인접한 서양사 분야 원로학자의 엄밀한 통찰, 일본 및 구미 학자의 깊이 있고 친근한 평론, 그리고 학회·연구소에서의 봉사활동에 대한 새로운 주목 등은 이 선생의 학문과 인간을 이해하는 데 큰 도움이 될 것이다. 끝으로 이기백 선생을 추모해 훌륭한 글을 기고해주신 필자들께 감사드리고, 함께 이 선생의 명복을 빌고자 한다.

2012년 2월

편집위원 민현구

| 차례 |

이승만, 독립과 부강의 기반을 다진 국가창건자

유영익

1. 머리말

대한민국 초대 대통령 우남雩南 이승만李承晩(1875~1965)은 우리에게 두 개의 얼굴을 가진 야누스Janus로 비춰지고 있다. 그는 한편으로는 한반도의 통일국가 건설을 저해하고 민주주의의 발달을 억압한 시대착오적 독재자로 매도되는가 하면, 다른 한편으로는 대한민국 건국의 원훈元勳이자 한민족의 독립과 번영의 기초를 다진 국부國父로 숭앙되고 있다. 그런데 오늘날 우리

유영익柳永益(한동대학교 T. H. Elema 석좌교수)
　저서로서는 『갑오경장연구』(일조각, 1990), 『이승만의 삶과 꿈: 대통령이 되기까지』(중앙일보사, 1996), 『젊은 날의 이승만: 한성감옥생활(1899~1904)과 옥중잡기연구』(연세대학교출판부, 2002), *Korea Old and New: A History*(공저, Seoul: Ilchokak, 1990), *Early Korean Encounters with the United States and Japan*(Seoul: The Royal Asiatic Society, Korea Branch, 2008) 등이 있고, 편서로서는 『이승만 대통령 재평가』(연세대학교출판부, 2006), (Young Ick Lew, ed.), *The Syngman Rhee Correspondence in English, 1904~1948*, 8 vols. (Seoul: Institute for Modern Korean Studies, Yonsei University, 2009) 등이 있다.

나라에는 이 대통령과 그의 업적에 대해 부정적으로 생각하는 사람들의 수가 긍정적으로 바라보는 사람들의 수를 웃도는 형국이다.[1]

이승만을 부정적으로 평가하는 사람들은 그를 가리켜 유아독존적이고 독선적이며 이기적인 독재자라고 비판한다. 좀 더 구체적으로 말하자면, 그들은 이승만을 '권력욕에 눈먼 미국의 앞잡이'(공산권 정부 및 언론), '독재적이고 야심에 차고 반동적이며 무책임하고 잔인한 인물'(영·미의 진보적 언론), '희대의 협잡꾼, 정치적 악한'(장준하張俊河), '교활하기 짝이 없는 철저한 에고이스트'(신상초申相楚), '독립운동도 제가 대통령을 해먹으려고 했고 또 건국도 제가 대통령 해먹으려고 했던 인물'(송건호宋建鎬), 그리고 '장제스蔣介石의 아류亞流'(오언 래티모어Owen Lattimore) 등으로 묘사해왔다.

이승만에 대해 최초의 비판적 평가를 시도한 인물은 리처드 알렌Richard C. Allen이라는 가명假名으로 『한국의 이승만: 허가받지 않은 그의 초상肖像』을 저술한 젊은 전기작가 존 테일러John M. Taylor였다.[2]

그는 4·19학생의거 직후에 발간된 이 전기에서, 이 대통령이 '부산정치파동'이라는 폭거와 '4사5입'이라는 기상천외의 계산법을 동원하여 두 번 개헌을 감행, 장기집권의 기반을 다진 후 진보당進步黨을 탄압하고 '3·15부정선거'를 실시한 끝에 기어이 대통령으로 당선되었지만 4·19에 의해 곧 권좌에

---

1 김충남, 『성공한 대통령, 실패한 대통령』, 도서출판 둥지, 1998, 57쪽 참조.
2 1930년 태생인 존 테일러John M. Taylor는 6·25전쟁 종결기에 미8군 사령관으로 임명되어 서울에 부임, 1953년 5월과 6월에 '비상상비계획Plan Everready'이라는 이 대통령 제거 계획을 입안, 추진했던 맥스웰 테일러Maxwell D. Taylor 대장의 아들이다. 존 테일러는 1952년에 윌리엄스대학 역사학과를 졸업하고 1954년에 조지워싱턴대학교에서 석사학위를 취득한 후 1952년부터 1987년까지 미 연방정부의 '정보 외교 부서'에서 근무했다. 그는 자신의 처녀작인 이승만 전기를 출판하기 전에 약 2년간 한국에 머물면서 관련 자료를 수집했다. 그는 자기 부친의 전기를 포함하여 7권 이상의 전기를 출판했다. John M. Taylor, *General Maxwell Taylor: The Sword and the Pen*(『맥스웰 테일러 장군: 칼과 붓』)(New York etc.: Doubleday, 1989) 속표지 참조.

서 물러나야 했던 경위를 상술하고, 아울러서 그의 대일對日관계 정상화 실패와 거창양민학살사건 및 국민방위군사건 등 실정失政을 상술함으로써 이승만을 "평생 자기 조국에 봉사한 대가로 국민으로부터 선물로 받은 권력에 의해 타락한 애국자"라고 낙인찍었다.[3]

4·19 이후 이승만 비판에 앞장섰던 언론인·사학자 송건호는 알렌의 전기를 원용하면서 이 대통령은 "외세의 국가이익 추구에 편승하여 이 나라를 분단하는 데 앞장섰고, 일제시대 때 민족을 배반한 친일 역적들을 싸고돌아 민족정기를 흐려놓았으며, 12년의 통치기간에 이 나라를 자주 아닌 열강 예속으로 전락"시키는 등[4] "민족으로부터 용서받을 수 없는 과오"를 범했다고 통렬히 비판했다.

이와 같은 알렌 및 송건호의 이승만 비판론을 계승한 일군의 '진보적' 연구자들은 1981년에 발간된 『한국전쟁의 기원 (I)』의 저자 브루스 커밍스 Bruce Cumings의 수정주의적 현대사 해석에 영향받아[5] 이승만에 대한 비판의 강도를 한층 더 높였다. 그 결과 1995년에 이르러 언론인·사학자 김삼웅金三雄은 저간의 이승만 비판론을 종합하여 이승만의 '죄악상'으로서 ① 분단 책임, ② 친일파 중용, ③ 6·25전쟁 유발 내지 예방 실패, ④ 독립운동가 탄압, ⑤ 헌정 유린, ⑥ 정치군인 육성, ⑦ 부정부패, ⑧ 매판경제, ⑨ 양민 학살, ⑩ 극우반동, ⑪ 언론 탄압, ⑫ 정치 보복 등 12개 조목을 제시했다.[6]

이상과 같은 주장과는 정반대로 이승만의 위인爲人과 업적에 대해 호의적

3 Richard C. Allen, *Korea's Syngman Rhee: An Unauthorized Portrait*(Rutland, Vermont and Tokyo, Japan: Charles E. Tuttle Co., 1960), p.12.
4 송건호, 「이승만」, 『한국현대인물사론』, 한길사, 1984, 253~254쪽.
5 커밍스의 수정주의적 학설이 국내의 한국현대사 연구자에 끼친 영향에 관해서는 유영익, 「수정주의와 한국현대사 연구」, 유영익 편, 『수정주의와 한국현대』, 연세대학교 출판부, 1988, 9~14쪽 참조.
6 김삼웅, 「이승만은 우리 현대사에 어떤 '악의 유산'을 남겼는가?」, 『한국현대사 뒷얘기』, 가람

평가를 내리면서 그를 극구 옹호하는 인사들이 있다. 이들은 이승만을 가리켜 '희세稀世의 위재偉才'(김인서金麟瑞), '외교의 신神'(조정환曺正煥), '대한민국의 국부, 아시아의 지도자, 20세기의 영웅'(허정許政), '조지 워싱턴George Washington, 토머스 제퍼슨Thomas Jefferson 그리고 에이브러햄 링컨 Abraham Lincoln을 모두 합친 만큼의 위인'(김활란金活蘭), '한국의 조지 워싱턴; 우리 시대의 위대한 사상가, 학자, 정치가, 애국자 중 한 사람; 자기 체중만큼의 다이아몬드에 해당하는 가치를 지닌 인물'(제임스 밴플리트James A. Van Fleet)이라고 칭송했다.

이승만 옹호론의 대표자는 미국 시러큐스Syracuse대학교 및 펜실베이니아 Pennsylvania주립대학교의 언론학 교수로서 1942년부터 1959년까지 이승만의 자문·홍보역을 맡았고 1954년에 『신화에 가린 인물 이승만』이라는 최초의 본격적 이승만 전기를 펴낸 로버트 올리버Robert T. Oliver 박사이다. 그는 이 책에서 이승만의 애국심, 학문적 실력, 역사적 혜안, 정치적 투지, 종교적 초월성 등을 높이 사면서 이승만을 "한국 역사상 누구보다도 국민의 두터운 신망을 획득한 (중략) 다른 나라에서 그 유례를 찾아보기 힘든 지도자"라고 평가하고 "그의 이름은 위인을 많이 배출한 한국 역사에서 단연 가장 위대한 정치가로 기록될 것이다"라고 평했다.[7]

그는 1995년에 발표한 「세계적 정치가 이승만」이라는 논문에서 이 대통령이,

기획, 1995, 282~285쪽. 최근의 대표적인 이승만 대통령 비판서로는 서중석, 『이승만과 제1 공화국—해방에서 4월혁명까지』(역사비평사, 2007)를 꼽을 수 있다.

7 Robert T. Oliver, *Syngman Rhee: The Man Behind the Myth*(New York: Dodd Mead and Co., 1954), p. 321.

① 여수·순천반란사건과 같은 위기로부터 신생 대한민국을 구출하고 국가 존립에 필수 요건인 안보를 확보했다.

② 6·25전쟁 중 남한 국민의 충성을 확보하고 미국으로부터 한국군의 훈련과 장비 현대화에 필요한 지원을 받아냄으로써 막강한 군대를 육성했다.

③ 공산주의 활동 경력이 있는 조봉암曹奉岩을 초대 농림부장관으로 기용한 다음 지주 출신 의원들로 채워진 국회에 압력을 가하여 농지개혁법을 통과시켜 전 국민의 75%에 해당하는 남한 농민들을 위해 농지개혁을 완수했다.

④ 건국 초 열악한 재정 여건에도 불구하고 교육에 우선순위를 배정하여 각급 학교를 대폭 증설하고, 교사들을 재훈련하며, 한글로 쓰인 교재들을 개발함으로써 국민교육의 수준을 비약적으로 향상시켰고 동시에 해외 유학을 장려함으로써 경제개발에 필요한 인재를 육성했다. 이로써 그는 후세의 한국인들로부터 '교육대통령the Education President'으로 기억될 만한 위대한 업적을 남겼다.

⑤ 신생 대한민국은 군사, 경제 면에서 미국과 유엔의 원조에 매달려야 하는 일개 속국client sate에 불과했지만 그는 [자신의 출중한 외교역량을 발휘해] 미국과 국제사회에서 한국이 진정한 주권 국가로 대접받게 만들었다. 이것이야말로 그의 업적 가운데 가장 중요한 것이다.[8]

라고 논파했다. 요컨대 올리버는 이 대통령이 대한민국 초창기에 미증유의 혼란과 6·25전쟁이라는 재앙을 극복하면서 국가 안보, 외교, 군사, 경제, 교육 등 여러 분야에서 괄목할 만한 업적을 이룩하여 신생 공화국을 군건한 반석 위에 올려놓았고 결과적으로 1960년대 이후 남한의 눈부신 번영에 근원적으로 기여했다고 본 것이다.

올리버류의 이승만 옹호론은 4·19 이후 한국 지성계에 만연한 반反이승만 정서 때문에 최근에 이르기까지 학계나 언론계에서 제대로 계승되지 못했다. 다만 예외적으로 기독교 목사 출신 언론인 김인서가 1963년에 『망명노인

---

8 연세대학교 이승만연구원 소장所藏 Robert T. Oliver, "Syngman Rhee—A World Statesman"(세계적 정치가 이승만)의 원고 사본.

이승만 박사를 변호함』(부산: 독학협회출판사)이라는 저서를 펴냈고, 1975년에
는 한국일보사에서 이승만을 호의적으로 소개하는 「인간 이승만」이라는 연
재물을 게재했으며, 외국 대학에서 박사학위를 취득한 정치학자 몇 명이 이
승만을 긍정적으로 평가하는 논문을 발표하고, 이 대통령 집권기에 고위직을
맡았던 일부 군장성과 고위 관료들이 자신들의 회고록 등을 통해 이 대통령
을 직간접적으로 옹호해왔다.

4·19 이후 학계를 지배한 반反이승만적 분위기는 1989년 동서 냉전의 종
식과 함께 바뀌기 시작했다. 냉전의 종식은 무엇보다도 이승만이 주창했던
자유민주주의와 반공反共주의의 종국적 승리를 의미했기 때문에 일부 현대
사 연구자들 간에 이승만에 대한 긍정적 평가를 유발시켰다. 특히 1991년 소
련의 붕괴 이후 공산권의 현대사 관련 사료史料가 속속 공개됨으로써 이승만
에게 남북분단과 6·25전쟁 발발의 책임을 전가했던 수정주의 학설이 영향
력을 상실함으로써 이승만 재평가에 힘을 실어주었다. 이 밖에 1961년 이후
1993년까지 남한을 다스린 군인 출신 대통령들의 강도 높은 '군사독재'는 이
승만의 '문민독재'를 상대화시켰다. 이러한 일련의 상황 변화는 1990년대
중반 이후 탈脫수정주의post-revisionism를 표방하는 사회과학자, 역사학자
및 언론인들 간에 이승만을 새롭게, 긍정적으로 재조명하려는 움직임을 태동
시킨 것이다.[9]

필자는 이 대통령이 12년간의 장기 집권을 통해 허다한 과오와 실정失政을
저질렀음을 인정한다. 이 대통령은 건국 초에 친일파 문제를 시의적절하게
처리하지 않았기 때문에 커다란 후환을 남겼다. 또한 이 대통령은 6·25전쟁
발발 직후 영부인과 함께 수도를 남몰래 탈출하면서 정부의 그릇된 전황戰況

---

9 이승만 대통령의 생애와 업적을 긍정적으로 다룬 최근의 대표적 저작으로는 이주영, 『이승만
과 그의 시대』(기파랑, 2011)를 꼽을 수 있다.

방송을 통해 서울 시민을 안심시켜 그들의 피난 기회를 박탈했고, 국군이 예고 없이 한강 인도교를 폭파함으로써 다수의 무고한 인명 피해를 발생시킨 것에 대해 국가 최고 통치자로서 책임이 있다. 그는 전쟁 중에 발생한 거창 양민학살사건과 국민방위군사건 등 일련의 대규모 참사와 군의 비리, 부패에 대해서도 책임이 막중하다고 할 것이다. 1954년에 '4사5입'이라는 억지 논리로써 개헌을 강행하여 장기집권을 획책하고 1960년에 자유당自由黨과 경찰을 동원하여 부정선거를 자행 혹은 묵과한 사실 역시 용서할 수 없는 실정이다. 그의 집권기간에 자유당 정권과 신흥재벌 간에 정경유착 현상이 심화됨으로써 부정부패가 나타난 사실 또한 묵과할 수 없는 대목이다. 집권 말기에 그의 자유당 정권이 반공反共의 명분하에 조봉암과 진보당에게 가한 가혹한 탄압이 역사적으로 정당화될 수 있는지에 대해서도 의문을 갖고 있다. 이밖에도 이 대통령의 통치행적 가운데 필자가 미처 모르는 하자가 더 있을 수 있다.

그러나 필자는 이승만이 남북분단이나 6·25전쟁 발발 등 중대한 '역사적' 사건에 대해 책임이 있다고는 생각하지 않는다. 그리고 그가 한민족의 이익을 돌보지 않고 "외세의 국가이권 추구에 편승했다"라는 주장에 동의하지 않는다. 한 걸음 더 나아가 필자는 4·19 이후 이승만을 다룬 국내외 학자들과 언론인들이 그의 치적治績을 논함에 있어서 그가 범한 과오를 파헤치는 데 열중한 나머지 그의 공적을 살피고 인정하는 작업을 등한시했다고 생각한다. 그 결과 지금까지의 이승만 연구는 비판 일변도로 흘렀으며 따라서 이승만에 대한 역사적 평가가 공정하게 이루어지지 못했다고 생각한다.

이 글에서 필자는 그동안 이승만 연구자들이 등한시했던 이 대통령의 업적들을 살핌으로써 이승만 담론에 균형을 잡고 나아가 그의 통치에 대한 공정한 역사적 평가에 기여하고자 한다.

2. 이승만 대통령의 업적

이 대통령은 1948년부터 1960년까지 12년간 남한을 통치하면서 해방 전후에 그가 미리 준비했던 건국 구상에 따라 정치, 외교, 군사, 경제, 교육, 사회, 문화·종교 등 여러 분야에서 획기적인 제도 개혁의 업적을 달성했다. 그 중에서 중요하다고 판단되는 것들을 골라 소개하면 다음과 같다.

가. 정치 분야에서 이 대통령은 자유민주주의 원칙에 입각하여 대한민국을 건국하고 미국식 대통령 중심제 통치체제를 확립했다. 그는 1948년 제헌국회制憲國會의 의장으로서 헌법기초위원회에서 기초起草한 내각책임제 헌법 초안을 대통령 중심제로 바꾸도록 압력을 가하여 자기의 의지를 관철시켰다. 그 후 그는 제1차 개헌(1952)을 통해 대통령 직선제를 도입하고, 제2차 개헌(1954)을 통해 국무총리제를 폐지함으로써 대한민국을 동아시아에서 유일하게 미국의 대통령제를 도입한 나라로 만들었다. 이승만의 '고집'으로 인하여 남한에 고스란히 도입된 미국식 대통령 중심제는 4·19 이후 10개월간을 제외하고 현재까지 유지되면서 한국이 1945년 이후 독립한 전 세계 140여 개 신생국 가운데 가장 빠른 속도로 근대화를 성취할 수 있는 정치적 요인으로 작용했다.

이 대통령은 제1차 개헌 당시 발족시킨 자유당이라는 관제 여당을 앞세워 8년간 '거의 전제적專制的인' 권위주의적 통치 내지 '문민독재'를 한 것이 사실이다. 그러나 그는 집권기간에 언론의 자유를 비교적 폭넓게 허용하고, 국회의원 선거를 중단 없이 실시하면서 의회제도를 존속시켰다. 또한 양당兩黨 제도의 발달을 조장하고 지방자치제를 실시하는 등 적어도 형식상 민주주의의 외피外皮를 유지하고 한국 국민의 민주주의적 자치 능력을 향상시키는 데 이바지했다.

　나. 외교 분야에서 그는 대한민국 수립 후 유엔과 미국을 위시한 30여 개 국가로부터 승인을 획득함으로써 대한민국의 정통성을 확립했다. 그리고 그는 1952년에 '대한민국 인접해양의 주권에 대한 대통령 선언'(일명 '평화선' 혹은 '이승만라인')을 일방적으로 선포함으로써 독도獨島를 포함한 한반도 해역의 어족 및 해저자원을 보호하는 데 크게 기여했다.

　그는 특히 6·25전쟁 막바지에 미국이 북진통일을 원하는 대다수 남한 국민의 소원을 무시하고 공산군과 휴전을 모색하자 아이젠하워Dwight D. Eisenhower 대통령 행정부에 협박과 회유를 동반한 '벼랑 끝 외교전술'을 동원하여 미국으로 하여금 1953년 10월 우리나라와 한미상호방위조약The R.O.K.-U.S. Mutual Defense Treaty을 체결하도록 만들었다. 이 조약이 성립됨으로써 19세기 후반 이래 14년에 한 번꼴로 전화戰禍에 휩쓸렸던 한반도에는 장기간의 '긴장된' 평화가 깃들었으며, 남한은 미국의 군사 보호 우산 아래 정치, 안보, 경제, 교육, 사회, 문화 등 여러 분야에서 공전空前의 비약적 발전을 성취할 수 있었다. 요컨대 이 대통령은 한미상호방위조약을 성사시킴으로써 한국의 안보를 확보했을 뿐만 아니라 한국이 태평양권에 속한 미국의 동맹국으로서 급속히 발전할 수 있는 토대를 조성했다.

　다. 군사 분야에서 이 대통령은 6·25전쟁이 발발한 직후 대미 외교를 통해 미군의 참전을 유도하고, '대전협정'(1950. 7. 14)을 통해 국군과 유엔군 간의 긴밀한 공조체제를 형성, 유지하며 동시에 남한 국민 대다수의 충성을 확보함으로써 북한 침략군과 중공군을 휴전선 이북으로 격퇴시키는 데 성공했다. 뿐만 아니라 그는 전쟁기간 끈질기게 미국에 국군의 증편과 장비 현대화를 요구한 결과 전쟁 발발 이전 10만 명에 불과했던 한국군의 규모를 1954년에 65만 명 이상으로 대폭 증원하면서 그 질 역시 획기적으로 향상시키는 데 성공했다. 결과적으로 그는 대한민국을 한국 역사상 최대 규모의 질 높은 상비군을 보유한, 동아시아에서 무시 못 할 군사강국으로 격상시킨 것이다.

라. 경제 분야에서 이 대통령은 집권기간에 일반 서민의 생활수준을 현격히 향상시키지 못한 것은 사실이다. 그러나 그는 해방 후의 만성적인 인플레이션을 극복하고, 미국으로부터 20억 달러 이상의 무상 원조를 받아내어 전후戰後 경제복구에 성공했으며, 수입대체산업輸入代替産業을 육성함으로써 공업화의 단초를 열었다.

특히 그는 6·25전쟁 발발 이전에 농지개혁을 개시하여 총 소작지 면적의 40%에 달하는 58.5만 정보의 땅을 유상매입, 유상분배의 원칙에 따라 소작농들에게 분배하는 혁명적 성과를 거두었다. 이 개혁을 통해 해방 당시 전체 경작 면적의 35%에 불과했던 자작지의 비율이 92.4%에 달하게 되었다. 요컨대 이 대통령은 구래舊來의 지주 토지 소유제를 청산하고 자작농적 토지 소유제를 확립하는 데 성공한 것이다. 농지개혁은 대다수의 농민을 지주제의 속박과 착취에서 해방시킴으로써 과거에 농노農奴에 불과했던 대다수 농민을 주인의식을 가진 자립적 국민으로 탈바꿈시키고 남한의 농업 생산성을 높이며, 자본주의적 산업화를 태동시키는 데 획기적으로 기여했다. 뿐만 아니라 농지개혁은 지주제를 붕괴시켜 전통사회의 지배계급인 양반의 몰락을 초래하고 6·25전쟁 중 남한 농민들이 북한군에 부화뇌동하는 현상을 예방하는 등 여러 가지 경제외적經濟外的 부수효과를 수반했다.

마. 교육 분야에서 이 대통령은 6년제 의무교육제도를 도입, 실시하고 성

인 위주의 문맹퇴치운동을 전개한 결과 1959년까지 전국 학령아동의 취학률을 95.3%로 높이고 해방 당시 80%에 달했던 문맹률을 22%로 낮추는 데 성공했다. 나아가 그는 중·고등학교와 대학교를 대폭 증설하고 해외 유학을 적극 장려함으로써 과학기술의 발달과 경제개발에 필요한 고급인재를 양산했다. 해방 당시 우리나라의 대학과 전문학교는 통틀어 19교, 학생 수는 약 8,000명에 불과했는데 1960년에는 초급대학·대학·대학교가 68교, 학생 수는 약 10만 명으로 급격히 늘었다. 동시에 해외 유학생의 수가 비약적으로 늘었는데, 1953년부터 1960년까지 '정규유학생'으로 출국한 학생은 4,884명(그중 미국 유학생은 89.9%), '기술훈련 유학생'으로 출국한 학생은 2,309명이었다. 이들 이외에 1950년대에는 9,000여 명의 군장교들이 미국의 각종 군사학교에 파견되어 교육을 받았고 또 원자력 기술을 배우기 위해 약 100명의 연구생이 미국으로 파견되었다. 요컨대 이 대통령 집권기에 한국에는 '교육기적'이 일어난 것이라고 말할 수 있다. 이 기적으로 말미암아 이 땅에는 민주주의가 발달할 수 있는 문화적 토대가 마련되었으며 1960년대 이후에 나타나는 '경이적' 경제발전에 필요한 인적 자원이 조성되었다.

바. 사회 분야에서 이 대통령은 농지개혁을 통해 지주제를 붕괴시킴으로써 역사적으로 뿌리가 깊은 양반제도에 종지부를 찍고, 남·녀에게 동등한 교육 및 취업 기회를 보장함으로써 한국 사회의 평등화에 획기적으로 기여했다. 이 대통령 집권기에 한국 여성은 초등학교에서 남자와 똑같은 의무교육을 받으며 중·고등학교 및 대학에 대거 진학하기 시작했다. 1958년 각급 학교에 다니는 여학생의 수를 해방 직후와 비교해보면, 초등학교의 경우 약 3.1배(541,011→1,655,659), 중·고등학교의 경우 약 1.9배(63,516 + 23,721→88,625 + 6,469), 사범학교의 경우 약 2.5배(1,825→4,527), 그리고 대학(교)의

경우 약 8.5배(1,086→9,189)로 늘었다. 또 교육기회의 확대와 함께 여성의 취업기회가 확대되어 그들의 사회진출이 활발해졌다. 저학력 여성들은 타자수, 교환수, 섬유노동자, 직조공, 피복공 등의 직종에 취업하는가 하면 고학력 여성들은 교원, 의사, 약제사, 경찰관, 공무원, 여군 장교, 판·검사 등 과거 남성들이 독점했던 직업 분야에 침투했다. 나아가 국회의원 및 장관이 되는 경우도 있었다. 한마디로 조선시대 이래 세계적으로 유례없이 차별대우를 받던 한국의 여성들은 이 대통령 집권기간에 "가정의 깊은 장막 속에서 벗어나 눈부신 각광을 받으면서 사회의 밝은 무대에 등장"하게 된 것이었다.

사. 문화·종교 분야에서 이 대통령은 한글전용 정책을 채택해 여행勵行함으로써 본격적인 '한글시대'를 열었다. 동시에 그는 전통문화의 계승 및 보존 조치를 강구함으로써 민족문화 창달에 기여했다. 특히 그는 헌법에 명시된 정교분리政敎分離의 원칙을 사실상 무시하면서 기독교(주로 개신교)의 보급을 배타적으로 장려한 결과 원래 유교국가였던 한국을 아시아 굴지의 기독교국가로 탈바꿈시키고 있었다. 그는 ① 국가의 주요 의례를 기독교식으로 행하고, ② 국기國旗에 대한 경례를 주목례注目禮로 대체하며, ③ 군대에 군목제軍牧制, 그리고 형무소에 형목제刑牧制를 도입하며, ④ 정부의 주요 부서에 기독교인을 대거 등용하고, ⑤ 기독교 선교를 목적으로 하는 언론매체의 발달을 지원하며, ⑥ 6·25전쟁 중과 그 후에 외국(특히 미국)의 기독교 구호단체들이 보내오는 구호금과 구호물자를 친親정부적인 한국기독교교회협의회 KNCC를 통해 배분하도록 조처함으로써 기독교 교세의 신장에 기여했다. 그의 집권기에 정부의 19개부 장·차관 242명 가운데 38%, 그리고 국회위원 200명 가운데 약 25%가 개신교 교인이었다. 이러한 이 대통령의 기독교 장려정책에 힘입어 남한의 기독교 교세는 아래의 〈표〉에서 보는 바와 같이

1960년을 전기로 '기하급수적'인 성장을 하게 되었다.

<표> 1910~1980년간 한국 기독교 교인 증가 추세[10]

연도	교인 총수(명)
1910	200,000
1930	372,000
1950	600,000
1960	1,140,000
1970	2,200,000
1980	7,180,000

3. 맺음말

이승만 박사는 해방공간의 대혼란을 수습하고 1948년 대한민국을 건국했다. 건국 후 채 2년도 되지 않아 6·25전쟁에 직면한 그는 3년간 지속된 전란을 전화위복轉禍爲福의 기회로 삼아 전쟁 기간에도 계속 신생공화국의 기틀을 다지는 데 주력한 결과 정치, 외교, 군사, 교육, 사회, 문화·종교 등 여러 분야에서 괄목할 만한 업적을 달성했다. 그가 이룩한 여러 가지 업적 가운데 ① 미국식 대통령 중심제의 확립, ② 한미상호방위조약의 체결, ③ 65만 명 수준의 군대 육성, ④ 농지개혁 실시, ⑤ 국민교육 수준의 획기적 향상, ⑥ 양반제도의 근절과 남녀 평등의 실현, ⑦ 기독교의 확산 등은 그가 아니면 이룩할 수 없었던 그 나름의 고유한 업적들이다. 이 대통령은 집권기간에 이러한 획기적 제도 개혁을 달성함으로써 대한민국이 근대적 국가로서 갖추어야 할

---

10 David Kwang-Sun Suh, "American Missionaries and a Hundred Years of Korean Protestantism", Youngnok Koo and Dae-Sook Suh eds. *Korea and the United States: A Century of Cooperation*(Honolulu: University of Hawaii Press, 1984), p.332.

기본적 요건을 구비하는 데 성공한 것이다. 그리고 대한민국은 그의 집권기에 형성된 제도적 기반에 입각하여 1961년 이후 세계 역사상 유례를 찾아볼 수 없는 '비약적'인 경제 및 문화 발전을 성취할 수 있었다. 요컨대 이 대통령은 '건국' 대통령이라는 호칭에 걸맞게 대한민국의 국기國基를 튼튼히 다져 놓았다고 말할 수 있다.

이 대통령이 이룩한 업적들은 조선왕조의 제도적 기반을 다진 제3대 왕 태종太宗(이방원李芳遠), 터키의 서양화 개혁을 주도한 터키공화국 초대 대통령 케말 아타튀르크Kemal Atatürk, 고대 중국의 문자와 제도를 통일한 진시황秦始皇, 그리고 이스라엘 민족을 이집트에서 구출하고 그들에게 율법을 전수한 모세Moses 등 일련의 카리스마적 지도자들의 업적들에 비교될 수 있다. 그러나 애석하게도 그는 자신의 업적들을 시대착오적인 독재와 무리한 장기집권을 통해 달성했기 때문에 민주주의를 최고 가치로 받드는 현대인들로부터 올바른 평가를 받지 못하고 있다. 달리 말하자면, 우리는 이 대통령의 치적을 논함에 있어 그의 공功에서 과過를 감산減算하기 마련이다. 1950~1960년대 한국의 대표적 정치평론가 신상초는 1965년에 발표한 그의 「밖에서 본 이승만 박사」라는 글에서 이 대통령의 업적을 다음과 같이 평점한 바 있다.

이 박사는 오늘날 우리 사회 우리 국가를 요 모양 요 꼴로 썩게 만들고 비뚤어지게 만들고 빈사에 가까운 절망상태를 조성하는 데 엄중한 책임을 져야 할 정치인 [이다.] (중략) 총체적으로 이 박사를 평가한다면 정치가로서 보기 드문 행운아였으나 영화와 집권의 망령 때문에 만년晩年을 망쳐버린 독재자이다. 그러나 그는 '현대판 파시스트'는 못 되는 위인이었고 권모술수에 능한 궁정宮廷정치적인 음모가였다. 그가 이 민족 이 국가에 남긴 공과功過를 따진다면 필자는 '공3 과7功三過七'로 채점하여 조금도 각박한 것이 아니라고 생각하고 있다.[11]

신상초의 이 대통령 공과론은 4·19 이후 남한의 대다수 지식인이 공유했던 이승만관觀을 대변한 감이 있다. 그런데 신상초의 '공3 과7' 론은 이승만 대통령의 개인적 성격과 정치 스타일에 초점을 맞추어 내린 평가였다는 점에 특징이 있다. 신상초는 위에서 필자가 제시한 이 대통령의 획기적인 제도 개혁들에 대해서는 일언반구도 논급하지 않았다. 그가 이 대통령이 집권 당시 이룩한 다방면의 제도적 업적과 그 업적들이 지니는 역사적 가치에 대해 조금이라도 관심을 기울였다면 그의 평점은 크게 달라졌을 것이라고 생각한다. 이 점에서 1965년 신상초의 이 대통령 업적 평가는 지나치게 근시안적이고 이상주의적이었다는 느낌을 지울 수 없다.

우리 민족이 조선왕조·대한제국과 일제의 식민지 통치에서 물려받은 인적·물적·지적 유산이 지극히 빈약한데다 해방 후 남한은 극심한 정치·사회적 혼란에 빠져 있었고, 대한민국 역시 건국 후 2년 만에 6·25전쟁이라는 전대미문의 재앙을 겪었으며 그 후 계속 북한과 치열한 군사적 대결을 지속했다는 객관적 사실들을 염두에 두고 1948~1960년간 이 대통령이 성취한 개혁적 업적들과 그가 범한 실정들을 총체적으로 평가한다면 그의 치적은 적어도 '공7 과3' 으로 채점되어야 마땅하지 않은가 생각한다.

※ 이 글은 유영익 편, 『이승만 대통령 재평가』, 연세대학교출판부, 2006, 475~576쪽에 실린 졸고 「이승만 대통령의 업적—거시적 재평가—」를 요약한 것이다.

11 신상초, 「밖에서 본 이승만 박사」, 『신동아』, 1965년 9월호, 202, 207쪽.

박정희, 경제강국을 이룩한 혁명적 정치가

한배호

1. 들어가는 말

1961년 5월 16일 새벽 박정희朴正熙(1917~1979) 육군 소장의 지휘 아래 해병대 중심의 군은 큰 저항 없이 한강을 넘어 시내로 진격하여 국방부와 육군본부를 시작으로 주요 군사기관과 정부기관을 장악했다. 쿠데타의 주역들은 방송을 통해 군이 군사혁명을 일으켜 장면張勉 총리가 이끄는 민주당정부를

한배호韓培浩(경남대학교 북한대학원 초빙교수)

저서로는 『이론 정치학』(일조각, 1965), 『비교정치론』(법문사, 1972), 『일본 근대화 연구』(고려대학교 출판부, 1972), 『정치학 방법론』(법문사, 1981), 『한국의 정치』(박영사, 1984), 『한국의 정치과정과 변화』(법문사, 1993), 『한국정치 변동론』(법문사, 1995), 『한국정치문화와 민주정치』(법문사, 2003), 『자유를 향한 20세기 한국정치사』(일조각, 2008), 편저로는 『현대 각국정치론』(법문사, 1975), 『현대일본의 해부』(한길사, 1978), 『일본정치론』(박영사, 1983), 『일본정책 결정의 해부』(정음사, 1984), 역서로는 『미국의 한국전쟁 참전결정』(汎文社, 1969) 등이 있다. 논문으로는 「경향신문 폐간에 대한 사례연구」(『중앙대 법정논총』, 1967), 「전후 한국의 권위구조」(『국제정치학회 논총』 제9집, 1969), 「한국외교정책 속의 일본─Linkage 이론의 적용」(『일본연구논총』, 1987) 등이 있다.

해체하고 새로운 정부를 수립하게 되었다고 발표했다. 역사적으로 오랜 문민정치의 전통을 깨고 군이 직접 정치에 개입하겠다는 '5·16 군사정변'이 발생한 것이다.

쿠데타에 성공한 '혁명군'은 국가재건최고회의(약칭 최고회의)를 구성했다. 행정·입법·사법권을 장악한 '혁명주체' 세력 30여 명으로 구성된 최고위원들은 육군 참모총장이었던 장도영張都暎 장군을 의장으로 추대하고, 박정희 장군과 이주일李周一 장군을 부의장으로 추대했다. 그 후 장도영 의장이 국가반란을 기도했다는 혐의로 구속된 후 박정희 장군이 의장직을 승계했다.

박정희 장군은 18년간 한국을 통치한 정치지도자이다. 그는 1961년부터 1963년 말까지 3년간을 최고회의 의장으로 활동했고, 1963년 민정이양 후 임기 4년의 제5대 대통령(1963~1967)으로, 1967년 5월에 실시한 대선에서 재선되어 제6대 대통령(1967~1971)으로, 그리고 1971년 4월 27일에 실시된 대선에서 제7대 대통령(임기 1971~1975)으로 당선되었다. 이듬해인 1972년 12월 23일에는 유신헌법에 의해 실시된 선거에서 임기 6년의 제8대 대통령 (1972~1978)으로 당선되었고, 6년 임기를 마치고 1978년 7월 6일에 제9대 대통령으로 재선되었다가, 1979년 10월 26일 암살되었다. 20년을 한 세대로 잡는 관습으로 본다면, 그는 한 세대에 걸쳐 한국을 통치한 셈이다. 그의 통치기간은 현대 한국정치사에서 하나의 큰 획을 긋기에 충분했다.

해방 이후의 한국정치사에서 그처럼 장기집권을 한 정치지도자는 전무후무하다. 그러니만큼 그의 유산의 범위나 내용은 여느 전직 대통령들과 비교할 수 없을 정도로 광범위하다. 뿐만 아니라 그의 유산에 대한 해석도 선명하게 긍정과 부정 양쪽으로 갈라지는 경향을 나타낸다.[1]

---

1 국회도서관이 정리한 박정희 대통령 관련 단행본은 2000년 이후만 해도 150권에 달한다. 잡지

앞으로도 오랜 시간을 두고 박정희시대에 관한 역사 연구에서 그의 유산과 행동에 대해 보다 객관적이고 공정한 평가가 이루어질 것으로 본다. 현재로서는 논의가 논쟁적인 내용에서 크게 벗어나기 어려운 면이 있다. 정치학자의 한 사람으로서의 견해지만, 앞으로 시간을 두고 박정희시대를 연구할 때 역사 연구자가 피해갈 수 없이 맞붙어 다루어야 할 의문 혹은 가정assumption을 생각해본다.

그중 하나는 5·16군사정변이 불가피했다는 가정이다. 그 가정에 대한 논란은 아직도 존재하고, 또한 앞으로도 제기될 것으로 보인다. 다른 하나는 당시 추진되었던 경제개발 방식이 당시로서는 유일하고 옳은 선택이었다는 가정이다. 그리고 마지막으로 박정희가 종신대통령제를 골자로 한 유신체제를 도입하게 된 배경과 요인들은 무엇인가 하는 의문이다.

2. 리더십의 특질과 업적으로 본 박정희

(1) 강인한 개성을 가진 군인·혁명가

주어진 주제에 따라, 대한민국을 세워간 역대 대통령 중에서 박정희가 한 역할이 무엇이었는지에 초점을 맞추기로 한다. 이는 곧 대통령으로서 박정희의 수행능력performance을 논하는 것이 된다. 군인으로서, 그리고 정치가로서 18년이라는 긴 세월을 지내며 사회 각 분야에 미친 박정희 리더십의 특질과 그의 역할을 살펴보는 것이다.[2]

나 학술지에 수록된 글도 많다. 단행본의 제목만 일별해보면 비판적인 것인지, 칭송하거나 옹호하려는 내용인지를 어느 정도 식별할 수 있다. 비판 쪽이 더 많은 것 같다.
2 논제를 분석적으로 다루는 데 있어 필자는 리더십 연구에 크게 공헌한 하와이대학교 명예교수 글렌 페이지Glenn Paige가 제시한 리더십 구성의 여섯 가지 특질traits을 지도자 행동을 설명

박정희의 성장 과정이나 개성 형성에 대한 정교한 심리연구는 거의 없는 편이다.[3] 널리 알려진 사실은, 그가 가난한 농부의 가정에서 태어나 고생을 많이한 사람이라는 것이다. 일제강점기에 대구사범학교에 입학했다는 것은 그가 매우 명석한 머리를 가진 사람이었다는 것을 말해준다. 그 후 박정희는 2년제 만군사관학교를 거쳐 단기코스로 일본 육사를 수료했다. 그런 박정희가 평생 동안 버릴 수 없었던 사고방식은 전형적인 군인적 사고military mentality였지 민간인의 사고는 아니었다고 본다. 정확히 구별하기는 어려우나 군인적 사고와 민간인적 사고는 서로 다른 특징이 있다. 가령 군인적 사고는 전쟁 발발 시 전투에서 이기기 위한 전문적 지식과 훈련을 바탕으로 형성된 사고방식이다. 그리고 목적달성을 위해 때로는 수단 방법을 가리지 않는 공격적인 성향을 지니기도 한다. 약간 극단적인 비유지만, 정치적인 용어로 말한다면 군인적 사고는 정적政敵이 다시 재기하지 못하도록 끝을 내기까지 싸우려는 것이라면, 민간인적 사고는 정적과 싸우되 상대방이 살아서 재기하여 자신과 다시 경쟁할 수 있도록 살려두는 차이라고 말할 수도 있다.

그의 형 박상희가 그에게 끼친 정신적 영향이 어떤 것이었는지는 자세히 알 수 없지만, 그는 형을 많이 좋아하고 따랐던 것으로 알려졌다. 박상희는 해방 이후 대구에서 활동한 좌익운동가였고, 얼마 후 경찰에게 살해당했다. 그런 배경에 비추어본다면 박정희나 그의 형 모두 현실유지적인 정치성향보

하는 개념적 구성으로 활용했다. 그가 제시한 특질은 개성personality, 조직organization, 과제task, 가치value, 역할role, 상황setting이다. 여섯 요소 외에 과오error라는 대리 요인을 추가하고 있다. Glenn. D. Paige, *The Scientific Study of Political Leadership*(『정치리더십에 대한 과학적 연구』), New York: The Free Press, 1977. pp. 97~123 참조.

3 김종석, 「대통령의 성격유형과 리더십 스타일에 관한 사례연구」, 서울대학교 한국행정연구소, 『행정논총』, 2010, 114~139쪽. 저자는 카를 융의 유형이론을 이용하여 박정희의 성격을 '내향적 사고형'이라 부르고, 과정의 합리성을 무시하며 "목표를 위해서 수단과 방법을 가리지 않는 스타일"이라고 했다. 저자는 인천의료원 원장이다.

다 현실타파적인 성향이 강했던 사람들이었다고 하겠다.[4]

박정희가 1948년에 일어난 여수·순천반란사건에 연루되었던 이유도 좌익운동가인 형의 영향과 관계가 있을 것으로 짐작할 수 있다.

박정희가 현실타파적 지향의 인물이었다는 것을 보여주는 일화가 있다. 자유당 시절인 1950년대 중반 박정희는 연수과정을 밟기 위해 국방대학원에 입교한 적이 있다. 다음 보직을 받기까지 대기 상태에 있는 장성급과 영관급 장교들이 1년간 받는 연수과정이었다. 서울대 이병도李丙燾 박사가 강의를 했는데, 질문을 받겠다고 하자 박정희는 손을 들고 이렇게 물었다고 한다. "박사님, 우리나라는 지금 전진하고 있습니까, 후퇴하고 있습니까?" 이병도 박사가 어떤 표정으로 어떤 대답을 했는지 궁금하지만 자세히 알 수는 없다. 박정희의 평소 문제의식이 그대로 드러나는 에피소드이다.[5]

박정희를 평소 잘 아는 사람이라면 그와 같은 현실타파적 성향을 지닌 박

---

4 박정희의 현실타파적 생각을 강하게 나타낸 글로 그가 쓴 『國家와 革命과 나』(高麗書籍株式會社, 1965)가 있다. 서문은 1963년 쓴 것으로 되어 있어 초판이 그해에 나온 것 같다. 이 책에서 박정희는 이렇게 썼다. "외적(북한인민군을 말함—필자 주)을 물리치고 이번에는 국내에서 외적보다 더욱 혹독하게 나라를 망치고 있는—분명히 이것은 내적이다—구 정객들을 향하여 한강을 건넜다. (중략) 한강을 건너면서 나는 많은 생각을 하고 있었다. 민주당정권의 구악도 구악이려니와, 그보다 나의 머리에 맴돌고 있던 것은 한국의 정치적인 병폐와 그 지독한 고질을 어떻게 해결하느냐 하는 문제였다."(61~62쪽) 또한 이 책의 결론 부분에서 박정희는 "가난은 나의 스승이오 은인이었다. 그래서 나는 24시간 이 은인과 관련 있는 일에서 떠날 수가 없는 것이다."(231쪽)라는 매우 강렬한 의지 표명을 하고 있다.
5 필자는 이 이야기를 작고하신 이병형李秉衡 장군(육군사관학교 4기: 예비역 중장)에게 들었다. 2군사령관을 역임한 후 전쟁기념관을 건설한 이 장군은, 당시 대령으로 국방대학원에서 박정희와 함께 연수과정을 밟았다. 또 하나 들은 이야기는, 이 장군이 원주 1군사령부의 작전참모로 있던 시절, 5·16군사정변이 일어나기 두 달 전인 3월경 예고 없이 박정희 장군이 L-19를 타고 나타나 점심을 같이 하는 도중 "요즘의 시국을 어떻게 보느냐?"고 물어서 "정부가 된 지 얼마 안 되니 두고 보는 것이 좋지 않겠습니까?"라고 대답하자 박 장군이 아무 말 없이 돌아갔다는 것이다. 그 직후 이 장군은 미국 육군참모대학으로 발령 났기 때문에 미국에서 5·16군사정변 소식을 들었다고 한다.

정희가 쿠데타를 일으켰을 때 놀라지 않았을 것이다. 또한 박정희가 쿠데타의 주도자인 것을 알게 된 일부 장성들과 청년 장교들이 그를 지지하고 나선 데는 그가 군대에서 청렴한 장군으로 알려져 있었다는 사실도 어느 정도 작용한 것으로 보인다. 쿠데타가 일어났을 때 미국정부가 박정희에 대응하여 진압하느냐 승인하느냐를 두고 일시적인 혼선을 빚은 것도 박정희의 현실타파적 성향과 과거 경력에 미국정부가 의혹을 품었기 때문이다.

(2) 조직 창설과 운영 능력

정치적 리더는 일정한 조직을 가지고 목적하는 바를 달성해야 한다. 이를 위해 주로 정당조직, 정부조직, 군대조직을 통해 행동한다. 혁신지향적인 성격의 박정희가 집권 후 보여준 리더십의 특질 중 하나는 조직을 창설하고 운영하는 능력이다. 그는 청년시절과 6·25전쟁을 거치면서 군대라는 특수한 성격의 조직을 오랫동안 운영하고 많은 사람과 접촉하여 통솔 능력을 길렀다. 그런데 그 통솔 방법이란 언제나 명령을 내리고 따르게 하는 통솔이었다. 민간인 대중을 상대로 자기 소신을 역설하고 지지를 얻어내는 형태의 통솔력은 아니었다. 군대조직을 운영하던 방식이나 사고로는 군대와는 많이 다른 정부와 정당이라는 성격의 조직을 쉽게 운영할 수 없다. 군인이 좋은 정치가가 되기 어렵다는 것도 그런 의미이다.

박정희의 경우도 군대조직 운영자에서 정치적 조직의 운영자로 전환하는 일이 쉽지 않았을 것이다. 그러나 그는 비교적 빠르게 적응한 것으로 보인다. 박정희의 통솔 스타일은 치밀하고 냉정하면서도 온정적인 면을 지녔다는 신문보도도 있다. 특히 자기 밑에서 일한 부하나 동료는 자기를 떠난 후에도 그 뒤를 돌봐주었다는 일화가 많다. 그러나 리더십 연구에서 말하는 과제지향 task-oriented이냐 화합을 중시하는 인화지향personal relations-oriented이냐하는 양분론에서 본다면, 박정희의 리더십 스타일은 목적 달성을 위해 과정보다 결과를 중시하는 과제지향적으로 보인다. 그러면서도 세간에는 그가 매우 포용력 있고 정이 많은 사람으로 알려졌다.

그가 집권한 후 공약으로 내세운, '빈곤의 악순환'을 끊겠다는 약속을 지키기 위해 가장 먼저 창설한 기구가 경제기획원이다. 쿠데타 직후 최고회의 내에서 그 조직의 창설을 놓고 이견이 제기되었지만, 박정희는 경제기획원을 기존 정부부처들보다 급이 높은 부처로 만들어 경제개발을 주도하도록 하는 획기적인 조치를 취했다. 또한 이석제李錫濟 총무처장관을 앞세워, 자유당 정권 이후 민주당 정권을 거치며 정부기구 내에 뿌리내려온 구舊관료집단을 대폭 개편·정리했다. 그리고 군 예비역 장교를 포함한 새로운 관료집단을 구성하여 '혁명정부'를 뒷받침하도록 했다. 동시에 자유당 정권이나 민주당 정권과 유착한 재벌들을 부정축재로 몰아 강제로 해체시키고 군사 정권을 지원할 새로운 재벌들을 육성했다. 또한 박정희는 쿠데타 직후 김종필을 시켜 비밀리에 공화당을 조직케 하고, 군사혁명을 성공적으로 달성하기 위해 반대세력을 감시하고 통제할 목적으로 중앙정보부를 창설했다.[6]

새롭게 구성한 관료집단과 재벌 세력을 중심으로 박정희는 수출 주도의 경제개발을 직접 총지휘하는 역할을 수행한다. 국무회의나, 특히 수출정책을 논의하기 위해 대기업주들과 평가교수단이 참석한 확대무역진흥회의 같은 모임에서도 박정희는 마치 군의 총사령관이 작전계획을 세워 예하 부대의 장병들을 지휘하듯, 수출목표를 제시하고 실적을 올리도록 독촉하기도 했다.

---

6 염재호, 「제도형성의 동인과 변화: 한국근대화와 관료제의 제도론적 분석」, 한국정치학회 주최 '박정희시대의 한국: 국가·시민사회·동맹체제' 학술회의 논문, 2004. 염재호는 박정희 정권의 제도 형성을 놓고, 일제 이후의 계속론과 5·16군사정변 후 새로운 관료제도의 형성이라는 단절론이 있으나, 자신은 후자의 주장을 받아들이는 입장이라고 말했다.

(3) '혁명과업'과 가치로서 경제개발과 안보강화

박정희가 재임 기간 동안 일관되게 추진했던 '혁명과업'은 집약해서 '경제성장'과 '안보'였다. 그는 이 과업task을 집념을 가지고 추진하여 실현했다고 할 수 있다. 추상적인 것이 아니라 그처럼 명확하고 달성 가능한 구체적인 목표를 가지고 출발한 것이 박정희 정권에게 유리하게 작용했다. 한일국교 정상화와 베트남 파병, 그리고 할슈타인Hallstein 원칙[7] 폐지와 한국 외교의 다변화에서 보여준 대로 박정희는 외교와 국방 분야에도 많은 관심을 쏟았지만, 그 정책도 자세히 살펴보면 경제와 안보라는 2대 목표와 밀접한 연관을 갖고 추진되었다.

경제기획원을 중심으로 경제성장이라는 지상목표를 향해 매진한 결과, 한국은 '경이적'이라는 평가를 받을 정도로 고도 경제성장을 이룩하는 데 성공했다. 처음에는 내자동원으로 자립경제 지향의 개발정책을 실시하다 실패한 후 제2·3차 개발계획에서 정책을 수출주도형으로 전환하면서 빠른 성장률을 기록했다. 국민총생산GNP은 물론 일인당 GNP도 크게 늘었고, 한국의 무역량도 세계에서 12, 13위를 차지할 정도로 비약적인 성장을 이룩했다. 그것이 박정희의 쿠데타 집권을 정당화할 수 있는 길이었고 또한 정권의 정치적 생명이 달린 문제였다. 그런 결과를 가져온 요인들은 복합적이어서 학자들 간에 논란이 있으나, 종합해볼 때 당시 한국이 처한 국내외적인 상황 속에서 박정희 정권이 선택한 수출지향적 공업화정책이 정책으로 적절한 전략이었다는 견해가 설득력을 지닌다고 본다.[8]

---

7 독일 법학자인 발터 할슈타인Walter Hallstein이 주장한 것으로, 적대국가와 국교를 맺은 나라와는 외교관계를 맺지 않는다는 원칙이다. 이승만 정권과 장면 정권이 그 원칙을 지켰다.
8 기미야 다다시, 『박정희정부의 선택』, 후마니타스, 2008. 기미야 도쿄대학 교수는 한국과 일본 학자들의 견해를 종합평가한 후 자신의 주장을 펴고 있는데, 박정희 정권이 선택한 수출지향

그의 두 번째 혁명과업은 경제개발 정책의 성과를 바탕으로 한 국방과 안보의 강화였다. 이는 '부국강병'의 두 번째 목표 달성이었다. 한국이 세계적으로 주목받는 고도 경제성장을 이룩하고 수출을 중심으로 국제적으로도 무역 강국으로 인정받게 되자, 박정희는 북한의 위협에 대응하기 위한 목적과, 그동안 미국의 군사원조에 크게 의존해온 한국군의 군사력 자립이라는 목표를 추구하는 데 주력하기 시작했다. 1960년대 말과 1970년대를 거쳐 한국이 중화학공업화로 경제개발 정책의 방향을 선회할 때 박정희는 국방연구소의 인원과 자원을 대폭 확장하여 한국군에게 필요한 무기를 자체 개발하는 데 주력하도록 했다.

아울러 일부 기업을 방위산업체로 지정하여 육성하는 등 대대적인 군비 증강 계획을 추진토록 했다. 이른바 '율곡사업'이다. 그 결과 한국은 여러 가지 무기를 자체 생산할 수 있게 되었다. '강병국가'를 위한 박정희의 집념을 보여준 예다. 1970년대 초 한국에서 미군 1개 사단을 철수시키는 닉슨 독트린 Nixon Doctrine이 선포되자, 그가 평소부터 품었던 '자주국방'에 대한 강한 집념은 '핵무기 개발'이라는 획기적이면서도 위험부담을 안은 계획을 추진하려는 움직임으로 나타났다. 그 결과 한·미관계가 매우 심각한 긴장관계에 빠진 적도 있었다. 국내에서도 안보 전문가들 사이에 '자주국방'의 실효성이나 가능성을 두고 논란이 벌어졌고, 특히 미국정부도 박정희의 핵개발 정책

적 공업화정책이 당시로서는 가장 합리적인 선택이었던 것으로 보고 있다. 그러나 박정희 정권의 경제개발정책이나 그 결과에 대한 찬반논란은 많다. 박정희시대의 경제개발을 신랄하게 비판한 글로 이정우, "누구를 위한 경제개발이었나? 박정희체제의 공과功過"(『기억과 전망』, 민주화운동기념사업회, 2005, 58~78쪽)가 있다. 이정우는 박정희 경제개발의 과오로 노동 탄압과 임금 문제 그리고 지가地價 폭등과 불로소득을 든다. 그런데 그가 지적한 이런 문제는 경제개발의 결과로 나타난 부산물들이다. 과와 아울러 공에 대한 논의가 없는 것이 아쉽다. 그는 Amartya K. Sen의 *Development and Freedom*(『발전과 자유』, Knopf, 1999)의 주요 내용을 인용하며 박정희체제의 정치 및 경제적 공과를 논하고 있다.

의 저의에 의혹을 갖기도 했다.[9]

(4) 반대세력 제압으로 얻은 자신감

그러나 2대 '혁명과업'인 경제개발과 안보강화를 배타적인 목표이자 지상
至上의 가치value로서 추진하던 박정희의 통치기간이 평온하고 순탄했던 것
만은 아니었다. 박정희는 많은 정치적 위기와 반대에 직면했고, 그런 위기 속
에서 극복하기 어려운 정치적 불안과 혼란을 겪기도 했다. 두 '혁명과업'을
달성하려는 박정희에게 '정치적 안정'은 절대적인 필수조건이었다. 그러나
그가 생각하는 정치 안정이란 말 그대로 '조용한 정치', '반대 없는 정치'를
의미했던 것 같다. 그의 혁명과업 달성을 방해하지 않는 것이 곧 정치적 안정
이었다.

군인 출신인 박정희는 정당 정치의 리더가 갖추어야 할 특질의 소유자는
아니었다. 사실 정치가로서 박정희의 리더십은 많은 한계를 지녔다. 박정희
는 정치를 '다스리는 것'으로 인식했던 것으로 생각된다. 그런 박정희에게,
반대 세력을 설득하고 타협과 협조를 얻는 노력을 의미하는 '정치'란 구정치
인들이나 하던 것이고 시간과 정력의 낭비로 인식되었을 수도 있다. '경제제
일주의'라는 표현은 정치 혐오적인 박정희의 사고와 가치관을 그대로 나타
내고 있다.

1963년 대선을 치르고 민정으로 넘어온 후에도 박정희 정권의 정통성 문
제는 여전히 쟁점으로 남았다. 특히 제3공화국 수립 후 1964년부터 시작된

---

9 조철호, 「1970년대 초반 박정희의 독자적 핵무기 개발과 한미관계」, 『평화연구』, 고려대 평화
  연구소, 2000, 189~207쪽. 박정희의 국방력 강화정책 추진을 촉발한 국제적 요인을 다루면서
  그것을, 방어적 · 현실주의적인 국가 행태였지만 그러한 노력이 미국에게 공격적인 것으로 인
  식되면서 대대적인 저항이 나타났다고 설명하는 논문으로 신욱희, 「데탕트와 박정희의 전략적
  대응」(『세계정치』, 서울대학교 국제문제연구소, 2004, 66쪽)이 있다.

한일국교정상화를 위한 협상은 처음부터 극심한 반대운동에 부닥쳤다. '굴욕외교'라는 비난과 함께 야당과 대학을 중심으로 한 대대적인 반대에 직면했을 때 박정희는 반대세력에 대해 일방통행적인 대응을 취했다. 그는 위수령衛戍令을 선포하고 대학에 휴교령을 내렸으며 대학생들을 체포하고 교수들을 해직시키는 강경책으로 맞섰다. 그런 경험을 통해 박정희는 힘에 의존하여 어떤 난제도 해결할 수 있다는 자신감을 갖게 된 것으로 보인다. 그런 방식으로 위기나 반대세력에 대응하는 자세는 그 후에도 여러 번 되풀이되었다. 1969년의 3선개헌 당시에는 그동안 자신을 추종한 여당 지도층을 숙청하여 정치파동을 일으켰는데, 이와 같은 대응은 1972년에 유신헌법을 강행시킬 때도 볼 수 있다.

박정희 정권에게 큰 위협이 되고 다루기가 곤혹스러웠던 것은 자유주의 이념을 추종하는 우익세력과, 좌파사상으로 무장한 학생·노동자의 연합으로 추진된 민주화운동이었다. 그것을 공공연히 억압할 명분이 없었던 것이다. 그러나 박정희는 그 세력에 대해 양보와 타협보다는 잔인할 정도로 강압적인 자세로 임하며 위협했다. 그러면서도 혁명과업이라는 자신의 목표를 달성하는 것을 저해하고 '조국을 근대화'하려는 노력을 부정하고 방해하는 것과 마찬가지라며 자신의 행동을 정당화했을 가능성이 크다.

'정치'하는 것을 마치 원칙을 버리고 타협하는 것처럼 생각했기 때문인지 모르나, 자기에 대한 비판자들과 반대세력을 비타협적이고 강경하게 대한 결과, 한국정치는 여야 정치세력 사이에 극한적인 대결을 가져왔다. 유신 정권 초기의 민청학련사건과 인민혁명당사건에서 볼 수 있듯 박정희는 반대세력에게는 절차나 사정을 무시하고 무자비할 정도로 심한 탄압과 극단적인 조치를 취했다. 그가 당면했던 위기나 정치적 갈등은 정권을 위협할 수 있을 정도로 심각한 것은 아니었다. 그러나 박정희는 그 모든 위기를 설득이나 찬동보다는 강압적인 방법으로 극복하는 경우가 많았다.

(5) 집권 중 당면한 내외적 상황과 변화

정치적 리더의 수행 능력과, 그가 처한 국내외적인 상황이나 배경은 서로 밀접한 관계가 있다. 박정희가 집권하기 시작한 1961년 당시와 그 후 10여 년 동안의 국제 정치·경제적 환경은 박정희의 '혁명과업'인 경제성장과 안보라는 2대 목표를 달성하는 데 유리한 상황적 조건을 제공했다. 세계가 동서 진영으로 나뉘어 날카롭게 대립하고 있었고, 베트남에서는 프랑스가 월맹과의 전쟁에서 패하자 미국이 남베트남정부를 지원하기 위해 참전했다. 국제연합UN은 1960년대에 '개발 10년Developmental decade'이라는 표어를 내세워 선진 회원국들이 후진국에게 경제 원조와 지원을 제공하도록 독촉했다. 한편 미국은 이승만 정권 때 이루지 못한 한국과 일본의 국교정상화를 추진함으로써 한국에 대한 경제적 부담을 일본에게 떠맡기기 위해 국교정상화를 막후에서 지원하고 있었다. 정치적으로나 경제적으로나 세계나 미국의 정책 방향은 박정희가 추구하는 정책 목표와 일치했다.

흔히 논의되지만 '구조'와 '행동자' 중 어느 쪽이 사회현상에서 중요하게 작용하느냐를 따진다면, 양자를 배타적으로 보기보다 상호작용의 관계로 보는 것이 온당하다. 행동자가 주어진 구조적 조건 속에서 어떤 역할을 했으며 그 결과가 어떠했는지를 논하는 것이 보다 중요하다. 지나치게 이념적으로 편향되게 보려는 시각처럼, 구조가 인간의 사회행동을 결정한다고 보는 결정론적 주장에는 문제가 있다.

박정희 집권 당시의 국제적 상황이나 국내의 정치·경제적 상황, 그리고 특히 미국과의 관계라는 '구조'적 조건(또는 상황setting)이 박정희의 행동을 크게 제약하거나 수정 또는 중단하도록 강요하는 경우도 없지 않았다. 그러나 폭넓게 볼 때 박정희는 그 구조적 장애 요인들을 자기의 목적달성을 위한 호기로 사용하는 기지와 창의력을 발휘했다. 베트남 파병이나 건설업체들의 중동 진출, 그리고 에너지 위기에 직면했을 때 인도네시아와 교섭하여 위기를 극복한 것같이, 경제적 이익을 추구하면서 동시에 미국과의 관계를 개선하는 외교적 이득을 얻는 등 주어진 구조적 조건이나 장애 요인을 자신에게 유리하게 역이용한 사례를 많이 볼 수 있다.

그러나 '역사의 간교함'이라는 표현은 이 경우를 가리키는 것일까. 박정희는 자신이 추구한 경제개발과 안보라는 '혁명과업'을 성공적으로 달성했음에도 불구하고 쉽게 풀 수 없는 문제들도 아울러 가지고 있었다. 그중 가장 어려운 일은 정권교체를 평화적으로 실현하기 어렵다는 것이었다. 쿠데타로 집권한 정권이기에, 혁명으로 잡은 정권을 다른 세력, 더구나 야당이나 재야세력에게 넘겨주는 일은 도저히 용납하기 어려웠다. 박정희는 위험부담이 너무 크다고 생각했을 것이다. 그로서는 집권세력 내부에서 권력을 재창출함으로써 '영원한 혁명'을 이어가는 것이 이상이자 바람직한 목표였겠지만, 3선개헌을 둘러싸고 나타난 정치파동은 그것이 간단한 문제가 아님을 보여주었다.[10]

이것은 박정희 정권이 정권 자체에 일종의 '자기 파괴의 씨'를 품고 있었다는 것을 의미한다. 또한 성공적인 경제개발의 결과로 생긴 다원화와 빈부격차 문제 때문에 박정희 정권을 둘러싼 정치·사회적 환경environment이 매우 적대적이고 위협적인 구조적 문제에 봉착할 가능성이 높아졌다. 이미

---

10 최근 보도된 한 일간신문과의 인터뷰에서 김재순金在淳 전 국회의장은 1969년 3선개헌을 앞두고 청와대에서 박 대통령이 "좋은 술안주가 있으니 술 한잔 하자"는 전화를 걸어와 대통령과 술을 함께했다고 말했다. 그 자리에서 대통령이 "내 한 번만 더 하고 종필이한테 물려줄 테니 봐주십시오"라고 말했다는 것이다. 그래서 "정말 한 번밖에 안 하겠습니까?" 했더니 "다시 하면 성을 갈겠습니다"라고 대답했다고 한다. 『조선일보』, 2011년 9월 24·25일, 토·일요일 10판. B2. 그렇게 약속했던 박정희는 유신헌법 작성 작업에서 김종필을 제외시켰다.

1960년대 말과 1970년대 초부터 반정부적 성격의 노동운동이 지하조직을 중심으로 싹트고 있었다. 뿐만 아니라 1970년 중반부터 거세게 반유신체제에 앞장선 민주화운동세력과, 그들의 동원 대상이 되어 박정희에게 반기를 든 세력도 박정희 정권이 이룩한 경제적 성과 때문에 등장했다는 것은 하나의 '아이러니'였다.

3. 장기집권이 가져온 병폐와 비극

많이 인용되는 격언dictum처럼 "절대적 권력은 절대적으로 부패"한다. 필자는 해방 후 한국에서 정치적으로 비교적 안정된 시기를 1966년부터 1971년까지의 4, 5년으로 본다. 3선개헌 파동이 있었으나, 그것 때문에 한일국교 정상화 때와 같은 심각한 정치적 균열이 국민 사이에 생기지는 않았다. 경제적으로는 제2차 경제개발5개년계획을 추진하면서 처음으로 일본 자본을 비롯하여 해외에서 거액의 외자가 도입되고 기업들의 수출이 활발하게 진행되어 많은 사람이 경제적 호황을 누리기 시작한 때이다.

그런데 고도성장이 가져온 밝은 사회상의 뒷면에서 장기집권에 따른 병폐와 비리 현상이 엄청난 규모로 나타나기 시작했다. '성공'을 구가하는 고도 경제성장 속에서 부정부패와 비리가 독버섯처럼 번져갔다. 그러나 언론은 그것을 사실 그대로 보도하지 못했거나 하지 않았다.[11]

---

11 유신체제 이후 언론기관은 정부와 정보기관의 철저한 통제를 받았다. 비민주국가에서 부정부패가 판을 치게 되는 이유는 그것이 독재체제를 유지하기 위한 하나의 유효한 수단이기 때문이다. 유산체제 발생에 관해 학계 내의 논란도 많다. 유신정치 발생에 관한 여러 견해를 설명하고, 유신을 박정희가 1969년의 3선개헌 때부터 장기적으로 계획한 프로젝트라고 주장하는 논문으로는 임혁백의 「유신의 역사적 기원: 박정희의 마키아벨리적 순간」(『박정희시대의 한국: 국가 · 사회 · 동맹체제』, 한국정치학회 기획학술회의, 2004)이 있다. 언제 박정희가 구

언론의 감시 기능이 마비된 가운데 한국사회에서는 서양인들이 비아냥하듯 말하는 소위 '아시아적 부패'가 만연했다. 전통적으로 관존민비官尊民卑 사상에 젖은 한국사회는 경제적 성장을 겪으면서 권력형 비리나 부정부패에 무감각해질 수밖에 없었던 것이다. 제3공화국 때도 그랬지만, 유신체제를 전후하여 경제규모가 커지고 정치권력 자체가 장기화되고 절대화할수록 비리의 규모나 범위는 더욱 확대되었다.

장기집권하에 나타난 또 다른 병폐는 박정희가 군부 내에 전두환 등이 '하나회'라는 사조직을 조직하고 이끄는 것을 묵인했을 뿐 아니라 어느 면에서는 격려했다는 사실이다. 그렇게 함으로써 군기가 생명인 군의 조직과 기강이 파괴되었다. 국가의 안보강화를 논하면서도 일부 지역 출신들이 주를 이루는 지역성이 강한 사조직을 군 내부에 의도적으로 방치한 일은 군의 기강을 좀먹는 일대 과실이었다.

또한 박정희 정권이 남긴 병폐 가운데 빼놓을 수 없는 것이 극심한 지역 간 갈등이다. 다른 모든 사회처럼 한국사회에도 오랫동안 집단이나 지역 사이에 편견과 차별의식이 존재하기는 했다. 그러나 박정희 정권 당시처럼 지역 간의 첨예한 대립과 갈등이 일어난 적은 없었다.

1971년 제7대 대선에서 두 명의 대선후보가 서로 다른 지역 출신이어서 후보 간의 선거전이 두 지역 간의 치열한 정면대립으로 전환한 적이 있다. 그 후부터 지역주의와 지역갈등은 정계, 관계, 재계, 군부, 심지어 학계에까지 만연하여 한국사회를 '망국적인' 사회적 병폐로 병들게 했다.

박정희 대통령은 18년이라는 장기적인 집권을 통해 한국을 경제대국으로

체적으로 유신체제로의 전환을 계획했는지에 관해서는 아직 논란의 여지가 있으나 그것은 큰 쟁점이 아니다. 알려진 바에 따르면 1972년 4월에 안가에서 유신헌법 제정을 위한 작업을 진행했다.

변화시키는 어려운 일을 해낸 점에서 공로가 큰 정치적 지도자이다. 그가 이룩한 경제개발과 안보강화라는 두 '혁명과업'은 한국을 경제적으로나 군사적으로 후진국의 범주에서 벗어나 중진국 수준으로 올라가도록 한 업적으로 길이 남을 것이다. 그렇지만 경제개발이라는 지상의 가치와 목표만을 배타적으로 추구하면서 나타난 '나 아니면 안 된다'는 독선적 사고와 아집[12]은 한국사회를 정치적으로 '미래가 보이지 않는' '구조적이고 만성적인 정치적 불안'으로 몰고 갔고, 그것이 결국 그로 하여금 비극적인 종말을 맞게 한 원인이 되었다.

유신헌법 발포 1년 전에 박정희 정권은 강제로 국회에서 통과시킨 국가보위법을 시작으로 과거에 볼 수 없었던 조직적이고 가혹한 탄압을 반대세력에게 가하기 시작했다. 그리고 유신체제하에서 해방 후 유례가 없는 긴급조치 1∼9호를 선포하면서 장기집권 반대세력에 대한 원천적인 봉쇄를 시도했다.[13]

또한 안보강화를 추구했으나 역설적으로 한국의 안보를 위해 불가결한 파트너인 미국정부와 인권문제로 갈등을 조성했고, 특히 전례 없이 '외교와 인권을 결부'시키려 한 카터 행정부와 불화하여 미군을 한국에서 단계적으로 철수시킨다는 정책을 추진하게 만들어 한국의 안보를 매우 위태롭게 하는 결과를 초래하기도 했다.

1970년대 말에 '민주화운동을 수용하느냐, 계속 봉쇄할 것이냐', '민주화

---

12 1971년 12월 27일 국회를 통과한 국가보위에 관한 특별조치법(국가보위법)은 (1) 대통령은 국가비상사태를 선포할 수 있으며, (2) 경제 규제를 명령하고 국가동원령을 선포하며, (3) 옥외 집회나 시위를 규제하고, (4) 언론·출판에 대한 특별조치를 취하며, (5) 특정한 근로자의 단체행동을 제한하며, (6) 군사상 목적을 위해 세출예산을 조정할 수 있다는 것이 주요 내용이다. 임영태, 『대한민국50년사』 2, 들녘, 1998, 23쪽.
13 위의 책.

냐, 장기집권이냐'라는 어느 때보다 어렵고 중대한 도전과 딜레마에 봉착했지만, 그와 측근들은 이전처럼 민첩하고 유연하게 사태를 해결하지 않고 강경 일변도의 조치에 의존하는 상투적인 대응으로 일관했다. 타협을 배신과 같은 것으로 생각하는 경직된 사고와 태도가 그 같은 대응을 가져왔다고 할 수 있다. 결국 박정희는 임기 동안에 이룩한 획기적인 경제적 업적에도 불구하고, 1979년 10월 26일에 일어난 암살사건으로, 파란곡절이 많았던 군인·혁명가이자 정치지도자로서의 일생을 비극으로 마감하게 되었다.

김대중, 긍정 부정의 평가가 엇갈리는 민주주의 지도자

김영명

1. 글머리에

김대중金大中(1924~2009)은 한국 현대사에서 가장 논란이 많은 정치지도자 가운데 한 사람이다. 한국 현대사에서 긍정과 부정의 평가가 엇갈리는 지도자는 그 말고도 있다. 하지만 긍정과 부정의 두 힘이 거의 맞먹을 정도의 전직 대통령은 그가 유일하지 않을까 한다. 다른 전직 대통령들인 이승만과 박정희에 대해서도 찬반이 엇갈리지만, 이승만에 대해서는 부정적인 평가가,

김영명金永明(한림대학교 정치행정학과 교수)
최근 저서로 『한국의 정치변동』(을유문화사, 2006), 『좌우파가 논쟁하는 대한민국사』(위즈덤하우스, 2008), 『단일사회 한국: 그 빛과 그림자』(이담, 2011), 논문으로 「객관적인 역사와 대한민국: 해방, 분단, 전쟁에 관한 몇 가지 쟁점」(『글로벌 정치 연구』 제1권 제1호, 2008), 「한국의 정치발전: 일인 지배에서 제도 정치로?」(『비교민주주의연구』 제5집 제1호, 2009), 「한국적 국제정치 연구의 주요 사례와 바람직한 방향」(『글로벌 정치연구』 제2권 제2호, 2009) 등이 있다.

그리고 박정희에 대해서는 긍정적인 평가가 우세하지 않나 하는 것이 글쓴이의 판단이다. 그러나 김대중에 대해서는 열렬한 추종과 차가운 비판이 비슷한 정도로 존재하는 것 같다. 여론조사 같은 객관적인 지표로는 어떻게 나타날지 확실하지 않으나, 국민 사이에 존재하는 정서의 갈라짐이 그렇게 판단하게 만든다.

김대중은 한국 현대 정치사에서 큰 발자취를 남긴 영향력 있는 정치인임에 틀림없다. 큰 정치인을 보기 힘들게 된 요즘, 그를 그런 정치인으로 추앙하는 것도 이해할 만하다. 반면 아직도 많은 사람이 그를 폄하하거나 증오하는 것을 볼 수 있다. 그에 대한 이러한 상반된 평가와 반응은 어디서 오는 것일까?

그것은 같은 사실을 놓고도 해석과 평가를 달리하기 때문에 생기는 측면이 크다. 이러한 서로 다른 평가는 평가자의 가치관과 자기 이익, 그리고 취향 등 다양한 요인이 만들어낸다. 특히 소위 좌·우파나 진보−보수의 이념, 가치관, 그리고 호남−비호남의 지역에 따라 그에 대한 평가가 달라지는 것으로 보인다.

긍정적인 평가는, 그가 독재정권에 맞싸워 민주화를 일구어낸 민주화 지도자라는 점, 외환위기 사태를 극복하고 한국 경제를 위기에서 건져냈다는 사실, 그리고 남·북한 화해와 평화를 이끌어냈다는 점으로 축약할 수 있다. 그러나 이러한 객관적인 정책 성과와 별도로, 그가 호남 출신의 지도자로서 그 지역 사람들의 거의 절대적인 지지를 누리고 있음도 큰 원인이다. 그러면 김대중에 대한 부정적 평가의 근거는 무엇인가? 그것은 무엇보다 그가 사상이 의심스러운 좌파 '빨갱이'라는 점, 이리저리 말을 잘 바꾸어 신뢰를 해쳤다는 점, '권력욕의 화신'이며 부정한 돈을 많이 받았다는 점, 그리고 지역감정을 부추긴 사실 등으로 집약된다. 이러한 평가 역시 객관적 사실과 관계없이 그에 대한 감정적인 혐오에 크게 좌우된다. 여기에는 '호남 지도자' 김대중에 대한 비호남인의 정서적 거부감 또한 크게 작용한다.

이렇게 보면 김대중에 대한 평가에는 객관적 사실 못지않게, 어쩌면 그 이상으로 감정적인 요인이 많이 작용하고 있음을 알 수 있다. 이승만과 박정희에 대해서는 감정적인 요소라고 하더라도 주로 독재나 민주주의에 관련되는 것인 반면, 김대중에 대해서는 정치이념과 지역주의가 어우러져 더 복잡한 양상을 보이고 있다.

이제 김대중에 대한 평가의 요소들을 하나씩 보면서 긍정과 부정의 평가들을 어떻게 다시 평가할 수 있을지 살펴보도록 하자. 논의의 편의를 위해 그의 업적으로 간주되는 것부터 본다.

2. 민주화 지도자

우선 김대중은 민주화 투사로서, 그리고 한국 민주주의를 정착시킨 지도자로서 높은 평가를 받고 있다. 이런 현상은 나라 안보다는 밖에서 더 두드러진다. 왜 그럴까? 그 까닭을 몇 가지로 추정해볼 수 있다. 우선 외국인들은 한국 내에서 벌어진 복잡한 정치 과정을 잘 모르고, 따라서 한국인들이 김대중에 대해 가지는 복합적인 감정을 공유하지 않는다. 한국인들이 김대중 비판의 근거로 삼는 여러 가지 요소에 대해 무지하고 무관심하다. 따라서 그들은 한국의 민주화 과정에서 겉으로 드러난 김대중의 역할과 활약에 주목할 수밖에 없다. 또한 전 세계적인 민주화 과정에서 각 나라별로 대표적인 지도자들이 있기 마련인데, 한국의 경우는 김대중이 자연스럽게 그런 인물로 떠오른다. 게다가 김대중이 박정희와 전두환 정권에게서 받았던 박해가 세계인들의 이목을 집중시키지 않을 수 없었고, 이에 따라 그는 필리핀의 아키노나 남아공의 만델라와 같은 위상을 가지게 되었다. 특히 1973년에 있었던 김대중 납치

사건은, 이를 자행한 박 정권의 의도와는 달리 김대중을 세계적인 민주지도자로 키워준 계기가 되었다.

국내의 관점을 택하더라도 김대중이 민주화에 헌신하고 민주화 과정을 이끈 지도자임에는 틀림없다. 그는 많은 시련과 고초를 겪어가면서 반독재 투쟁에 앞장섰으며, 결국 한국 역사 이래 처음으로 평화적인 정권 교체를 이루어내었다. 이를 통해 그는 한국 민주화의 '공고화'를 이루었다. 그러나 그가 진정으로 민주적인 지도자였는지에 대해서는 약간의 유보를 하지 않을 수 없다. 여기서 민주화를 위한 투쟁과 민주주의의 실천은 서로 다르다는 점을 지적해야 한다. 그는 분명히 박정희와 전두환의 독재정권에 맞선 야당 지도자였으나, 과연 그의 행태 자체가 얼마나 민주적이었는지는 달리 생각해보아야 한다.

그가 보인 정치 행태는 민주 지도자라기보다는 지역 맹주나 사적 조직의 우두머리에 가까울 때가 많았다. 그는 특정 정치세력 위에 군림하는 절대 권력자였으며, 이른바 지역 보스로서 선진 정당 정치가 아니라 지역 붕당 정치를 심화시키는 데 앞장섰다. 물론 이런 문제점을 김대중의 탓으로만 돌릴 수는 없다. 김영삼도, 김종필도 마찬가지였다. 그들은 함께 이른바 3김정치라는, 지역에 기반을 둔 일인 지배체제를 완성했다. 이는 분명히 민주주의라는 측면에서 부정적이었다. 그리고 이런 점에서는 김대중이 3김씨 가운데서도 가장 심했다. 왜냐하면 그의 지역민은 숫자로 소수였기 때문에 정치적 경쟁에서 이기려면 내적인 결속과 지도자에 대한 강한 추종이 필요했기 때문이다. (이런 점에서는 세력이 약했던 김종필은 논외다.)

군사독재 체제를 무너뜨리기 위한 투쟁에서는 오히려 그런 개인 중심의 세력 결집이 필요했다는 측면을 볼 때, 이를 마냥 비판만 할 수도 없다. 공정하게 보면 그런 지역주의 패거리 보스 정치는 한국 정치와 사회가 거쳐 가는 한 단계로서 피할 수 없었다고 생각할 수도 있다. 그렇다고 하더라도 김대중을 한국 민주주의의 지도자로 묘사할 때에는 이런 부정적인 측면도 함께 고려해야 한다. 지역 붕당 체제는 한국 민주주의가 한 단계 도약하기 위해서 극복해야 할 걸림돌이었고, 이제 양 김씨가 정치 전면에서 사라짐으로써 그 단계에 거의 도달했다고 볼 수 있다. 이제는 정당의 효용이나 효율성이 더 큰 문제로 대두되고 있다. 이와 아울러 이제 정치 지도력의 부족이 한국 정치의 심각한 문제로 대두함이, 개인에게 지나치게 의존했던 김대중 활약 당시와 대조되면서 묘한 역사의 역설을 느끼게 한다.

3. 경제위기 극복과 남북 화해협력

김대중 대통령이 외환위기 극복과 남북 화해협력의 업적을 남긴 것은 틀림없다. 그러나 동시에 그는 많은 문제점도 남겼다. 우선, 좌파라는 그에 대한 비난과는 반대로, 그가 추진한 사회경제 정책인 '생산과 복지' 정책은 복지보다는 생산에 치중하여 양극화를 부추기고 사회적 불평등을 심화시켰다. 이런 상황이 그 뒤의 노무현, 이명박 대통령을 거치면서 더 악화되었다. 그는 사회경제적으로 분명히 보수정책을 펼쳤고, 신자유주의적 심성을 보여주었다. 벤처 기업의 중요성을 지나치게 강조하여 줄도산의 원인 제공을 했고, 카드 대란을 일으켰다.

남북 화해협력 정책은 그가 남긴 가장 큰 업적이다. 동시에 가장 큰 비판을 초래한 부분이기도 하다. 그는 대통령이 되기 전에 '3단계 통일론'을 주창한 바 있고, 이것이 북한의 연방제 통일론과 비슷하다고 하여 보수파에게 많은 공격을 당했다. 대통령이 된 뒤에는 통일론을 접어두고 북한과의 협력과 교류 강화를 추진했고, 남북정상회담을 우선 정책으로 추진하여 성사시켰다.

남북이 갈라진 뒤 처음으로 맞은 양측의 정상회담은 마땅히 높이 평가해야
한다. 거기서 나온 '6·15 공동성명'은 남북 관계 개선의 중요한 계기를 마련
하였다. 그러나 여기서 바로 좌·우파의 대립이 나타나게 되었다. 보수 우파
들은 북한 정권과 공동성명을 채택하는 것 자체에 거부감을 느꼈고, 특히 김
대중이 북한의 연방제 통일론을 수용하였다는 과장된 인식으로 이를 맹렬히
공격했다.

글쓴이는 6·15 공동성명을 높이 평가한다. 적어도 북한에 대해 적대적 태
도로 일관하여 아무것도 이루어내지 못하고 있는 이명박 정부의 대북 정책보
다는 우월하다. 그러나 그의 이른바 '햇볕 정책' 또한 반대파를 설득하는 노
력을 기울이지 않고 일방적으로 밀어붙이는 문제를 보였다. 더구나 법을 어
기고 북한에 불법 송금을 자행했다는 점은 비판받아 마땅하다. 보수파의 주
장처럼 무작정 북한에 '퍼주기' 한 것으로 볼 수는 없고, 또 필요에 따라 퍼주
기를 할 필요도 있을 수 있으나, 그것도 정당하고 합법적인 절차를 거쳤어야
한다. 이런 점에서 그는 좋은 정책을 펼치면서도 반대파를 설득하지 못하고
오히려 이념 논쟁을 부추긴 미숙함을 보여주었다고 할 수 있다.

4. 색깔론, 지역 붕당 정치, 정치 신뢰의 문제

김대중에 대한 가장 심각한 비판은 그가 좌파 '빨갱이'라는 것이다. 북한
에 대한 유화정책과 1971년 대통령 선거 당시 제창했던 '대중경제론' 같은
것 때문일 것이다. 그러나 적어도 그가 정계에 몸담은 이후로 그가 좌파거나
친북이었다는 증거는 아무 데도 없다. 물론 민주화 투쟁 과정에서 그 주변에
있던 인물들 가운데 북한의 지령을 받았거나 친북적인 인사들이 있었던 것은
사실이다. 이런 점에서 그는 공격받을 소지가 있었다. 그러나 그것은 일부 주

변 인물들에 국한된 일이었고, 그나 그 주변의 주류 인사들은 좌파가 아니었다. 오히려 대부분 보수 정객이었다. 그를 좌파라고 공격하는 것은 좌파의 범위를 너무 넓게 잡았기 때문이거나 반대 세력의 무분별한 공격에 불과한 일이었다. 어쨌든 그의 행보들이 한국 사회에서 좌우 이념 갈등의 계기가 된 것은 사실이다.

그에 대한 또 다른 비판은 '권력욕의 화신', '부정한 돈 챙기기', '신뢰할 수 없는 사람' 등의 내용이었다. 그는 대통령에 세 번 출마하여 실패하고 결국 4번 만에 당선되었다. 그동안 많은 시련을 겪었지만, 또한 많은 비난의 소지를 남겼다. 특히 1980년과 1987년 대통령 선거를 앞두고 김영삼과의 야권 후보 단일화에 실패한 것은 한국 민주주의의 도정에 많은 그늘을 드리웠다. 두 번 모두 야권 후보 단일화가 민주화 달성과 민주주의의 질 향상에 꼭 필요했다. 국민의 지지도와 당선 가능성을 볼 때 그가 양보하는 것이 바른 길이었지만, 그는 그렇게 하지 않고 국민의 이름을 들먹이면서 출마를 강행했다. 그의 권력욕이나 지지자들의 열성적인 추종이 후보직 양보를 불가능하게 했던 것이다. 그러나 그가 국민이라고 지칭한 것은 실제로는 대부분 호남인이었고, 이런 점에서 그는 국민적 지도자라기보다는 호남 지도자의 한계를 보일 수밖에 없었다. 후보 단일화 실패의 결과 민주화 세력은 정권을 두 번이나 군부세력에게 내주었다.

대다수 사람의 생각과는 달리, 양 김씨가 후보를 단일화했다 하더라도 대통령에 당선되었으리라는 보장은 없다. 그러나 그것으로 단일화 실패를 변명할 수는 없다. 그런데 그보다 더 큰 문제는 단일화 실패 과정과 선거전에서 지역감정이 극심해졌다는 사실이다. 1980년 대선 이후 근 30년 동안 지역주의와 지역감정은 한국 정치의 가장 큰 문제가 되었는데, 김대중은 이를 자신의 세력 확장과 선거 당선을 위해 활용했다. 다른 두 김씨들도 마찬가지였지만, 김대중은 인구가 열세인 호남 지역에 기반한 소수파 정치인이었기에 더 심할 수밖에 없었다.

이런 상황에서 김대중은 대선에 거푸 실패하자 정치 은퇴를 선언했다가 번복하는 등 많은 실언을 하게 된다. 이것이 김대중은 신뢰할 수 없는 사람이라는 인식을 비판자들에게 심어주게 되었다. 글쓴이도 그런 점에서 김대중을 매우 불신했으나, 가만히 생각해보면 그런 실언을 하지 않는 정치인이 얼마나 될까 싶기도 하다. 김영삼은 경쟁자인 김대중을 비난하면서 "입만 열면 거짓말을 하는 사람"이라고 했다지만, 정작 자신은 3당 합당 때 내각책임제 개헌에 동의하는 서명까지 해놓고는 발뺌하면서 권력 투쟁을 일삼고 결국 자신의 욕심을 채웠다. 이런 일들이 한국 정치에 대한 신뢰를 떨어뜨렸다는 점에서 모두 비판받아야 한다. 이런 점에서 김영삼보다 김대중에게 더 부정적인 이미지가 있는 것도 사실이다.

또 김대중은 권위주의 정권에게서 많은 선거자금을 받아 도덕성에 흠을 남겼다. 노태우 대통령에게서 이른바 '20억 원 더하기 알파'를 받은 사실을 직접 고백하여 국민에게 충격을 주었다. 그가 실제로 받은 돈은 아마 그보다 훨씬 더 클 것이다. 이는 한국 정치의 부패상을 적나라하게 드러낸 일이었지만, 부정부패와 편법으로 얼룩졌던 당시의 한국 현실을 감안하면 크게 놀랄 일도 아니었다.

사실 이상과 같은 비판이나 비난들은 일리가 있기는 하지만 김대중에게만 국한된 일은 아니었고, 한국 정치계 전체에 만연한 문제점이었다. 단지 김대중은 다른 정치인들보다도 특히 사람들의 좋고 싫음이 뚜렷하여 그에 대한 감정적 평가가 두드러졌다고 볼 수 있다.

5. 현대사에서의 위치

최근 한국에서 큰 정치인을 볼 수 없다는 탄식과 함께 그래도 김대중이 큰 정치인이었다는 평가가 심심찮게 나온다. 그가 국가 경영과 국제 문제에 대한 폭넓은 식견을 가졌던 때문이 아닌가 한다. 초대 대통령 이승만은 뛰어난 머리와 국제 감각, 그리고 카리스마적 지도력으로 대한민국의 초석을 다졌지만, 민주주의를 타락시킨 장본인으로 비판받는다. 박정희는 조국을 가난에서 벗어나게 한 영도력을 과시했지만, 역시 민주주의를 압살했고 장기독재자로서 비극적인 최후를 맞았다. 다른 대통령들은 한국 현대사에서의 위치가 그들보다 뚜렷하지 못하다. 그래도 김대중이 그 둘에 필적하는 발자취를 남긴 것으로 보는 경향이 있다.

김대중은 명석한 두뇌와 폭넓은 관심으로 여러 방면에서 자기 나름대로의 정책과 이념을 창출했다. 가장 대표적인 것이 남북한 화해와 협력, 그리고 평화의 바탕을 마련한 것이었다. 그는 뛰어난 정치가이면서 민주화 투사로서 한국 민주주의가 별 탈 없이 정착되는 데 이바지했고, 남북한 화해와 평화 분위기 조성에 공헌했다. 또한 경제위기를 극복하는 데도 성공했다. 그러나 그는 동시에 한국의 지역주의를 악화시키고, 사회적 양극화를 부추겼으며, 정치적 신뢰를 어김으로써 정치 불신을 가중시키는 부정적인 유산을 남기기도 했다.

그의 집권 5년은 진보-보수의 이념 갈등이 본격화하는 계기가 되었다. 그러나 이런 갈등이 주로 그의 잘못이라고 볼 수는 없다. 어느 사회에서나 구성원들 사이의 이념 차이는 존재하기 마련이다. 우리 사회에서는 그동안 보수 지배의 구조 속에서 김대중 정도의 이념도 좌파라고 인식되는 상황이었고, 주류 보수세력들이 여의치 않게 정권을 빼앗기자 지나치게 그를 공격한 것이 당시 이념 갈등의 근본 원인이었다고 생각된다. 김대중-노무현 집권 시기의 이른바 '잃어버린 10년'은 보수세력들이 정권을 잃어버린 10년이었을 뿐 그들의 주장대로 나라 발전을 잃어버린 10년은 아니었다. 관건은 상충하는 이념과 이익을 조정할 제도적 장치와 통합적 지도력이지만, 그때나 지금이나 한국 정치에는 그것이 부족하다.

민주주의 발전과 남북관계 개선 등의 공헌은 그가 보여주었던 여러 부정적인 모습, 곧 지역주의 악화, 호남 지도자로서의 한계, 사회적 양극화 심화, 그리고 대북 정책의 불투명성 등을 충분히 상쇄할 수 있으리라 본다. 단지 외국에서 그를 칭송하는 것만큼 과연 그가 그렇게 큰 정치인이었는지에 대해서는 자신할 수 없다. 아직 좀 더 두고 보아야 할 문제인 것 같다. 아쉬운 점은 그가 지역을 아우르고 좌·우파를 아우르는 통합적 영도력을 보이지는 못했다는 점이다. 이는 지도자로서 그가 지닌 한계일 수도 있겠지만, 근본적으로 호남 출신 지도자로서 지역감정에 의존하지 않으면 집권할 수 없고, 반대로 지역감정으로 집권하면 통합적 지도자가 될 수 없는 근원적 모순에 그 원인이 있었다고 할 수 있다.

참고문헌

김대중, 『새로운 시작을 위하여』, 김영사, 1993.
김삼웅, 『김대중 평전』, 시대의 창, 2010.
김영명, 『한국의 정치변동』, 을유문화사, 2006.
_____, 『좌우파가 논쟁하는 대한민국사』, 위즈덤하우스, 2008.
김호진, 『대통령과 리더십』, 청림출판, 2006.
문명자, 『내가 본 박정희와 김대중』, 말, 1999.
이태호 편저, 『김대중의 양날개 정치』, 새앎 출판사, 1996.

전인권, 『편견 없는 김대중 이야기』, 무당미디어, 1997.
정윤재, 『정치리더십과 한국 민주주의』, 나남, 2003.
커크 도널드 지음, 정명진 옮김, 『김대중 신화』, 부글북스, 2010.

정일권, 국군의 초석을 다지고 나라를 지키다

남정옥

1. 머리말

대한민국 현대사에서 청사淸史 정일권丁一權(1917~1994) 장군만큼 화려한 경력을 지닌 인물도 드물 것이다. 그는 한 사람이 자신의 생애 동안 도저히 이루기 힘든 다양한 삶을 살았다. 그는 대한민국에서 뛰어나게 성공한 인물

남정옥南廷屋(국방부 군사편찬연구소 책임연구원)

저서로는 『한국전쟁사의 새로운 연구』 1(공저, 국방부 군사편찬연구소, 2001), 『韓美軍事關係史, 1871~2002』(국방부 군사편찬연구소, 2002), 『6 · 25전쟁 이것만은 알아야 한다』(삼우사, 2010), 『미국은 왜 한국전쟁에서 휴전할 수밖에 없었을까』(한국학술정보, 2010), 『6 · 25전쟁 시 예비전력과 국민방위군』(한국학술정보, 2010), 『이승만 대통령과 6 · 25전쟁』(이담북스, 2010), 『미국의 마셜계획과 유럽통합정책』(한국학술정보, 2010) 등이 있고, 논문으로는 「建軍 前史: 건군 주역들의 시대적 배경과 군사경력」(『軍史』 68, 2008. 8), 「태평양전쟁기 이승만의 군사외교노선과 활동」(『대외관계사 연구』 3, 2009. 12), 「6 · 25전쟁 시 이승만 대통령의 피난과 한강교 폭파 문제」(『이승만 연구의 흐름과 쟁점』, 연세대학교 이승만연구원 제1차 학술회의, 2011. 9) 등이 있다.

몇 사람의 몫을 합친 것보다 뛰어난 삶을 살았다. 한마디로 그는 세인世人들의 입에 늘 회자膾炙되듯, 대한민국에서 대통령만 빼놓고 다 해본 '관운이 좋은 사나이' 또는 '능력 있는 사나이'였다. 이는 아무리 성공적인 삶을 산 개인이라고 해도 이룰 수 없는 일이었다.

정일권은 군인으로서, 외교관으로서, 행정가로서, 그리고 정치가로서 성공적인 삶을 살면서 각 분야 최고의 지위에까지 올랐던 입지전적 인물이다. 군에서는 최고 계급인 대장大將에 올라 육군총참모장(1957년 1월 7일부로 육군참모총장으로 개칭, 이하 육군참모총장으로 통일)과 연합참모본부의장(현 합동참모의장)까지 지냈고, 행정부에서는 수장인 국무총리(6년)를 역임했으며, 외교 분야에서는 터키·프랑스·미국 대사를 차례로 역임하고 외교 총수인 외무부장관을 지냈다. 국무총리직에서 물러난 후에는 여당인 민주공화당 의장으로 몸담고 있다가 강원도의 수복지역에서 국회의원으로 선출되어 입법부 수장인 국회의장을 지냈고, 정계 은퇴 후에는 국정자문위원과 자유수호총연맹 총재직을 수행하며 반공국가 대한민국의 자유 수호를 위해 국민과 국가에 마지막 봉사를 하다 격동 어린 77년간의 생을 마감했다.

그는 제1공화국에서부터 제6공화국, 즉 이승만李承晩 정부로부터 허정許政 과도정부와 박정희·전두환·노태우 정부에 이르기까지 군인·외교관·행정관료·정치가·국정자문위원·사회단체 지도자로서 숨 가쁜 삶을 살며 대한민국에 평생을 두고 봉직奉職한 위대한 군인이자 애국자였다. 그렇지만 정일권에게 늘 따라붙는 수식어는 국무총리도 국회의장도 아닌 '장군'이라는 직함이었다. 이는 그가 군인으로서, 나아가 장군으로서 대한민국과 국군에 미친 영향이 그만큼 컸다는 것을 역설적으로 반증한다. 정일권에게 '짧다면 짧고 길다면 길' 11년(1946~1957)간의 군인으로서의 삶은 어쩌면 생애의 근간根幹으로 작용하지 않았나 싶다. 그런 점에서 국가와 군을 위해 노력한 군인으로서 정일권의 삶이 어떠했는지를 살펴보는 것도 의미 있는 일이라고 본다.

2. 군인이 되어 건군 주역으로 활약

정일권은 어떻게 군인이 되었을까? 그의 학창시절 꿈은 법조인이었다. 그는 중국 간도지방의 룽징龍井에 있는 광명光明중학교 졸업을 앞두고 경성법전(현 서울대 법대의 전신)에 진학해 법조계로 진출하려 했으나, 은사인 장내원張迺源 선생이 만주국 육군사관학교인 봉천군관학교에 입학할 것을 권유했다. 정일권의 집안 형편이 좋지 않은 것을 알았던 장 선생은 학비 없이도 대학 수준의 공부를 할 수 있고, 또 장차 독립군의 지휘관으로 활약할 수 있는 만주국 장교가 되라는 의미에서 군관학교 입학을 권유했다. 이렇게 해서 정일권은 군인의 길로 들어서게 됐다. 이때가 1935년으로 그의 나이 18세였다.

정일권은 러시아 로마노프 왕조를 무너뜨린 볼셰비키 공산혁명이 일어난 해인 1917년 11월 21일 연해주 니콜스크(지금의 우수리스크)에서 60리 떨어진 추풍秋風이라는 유민부락에서 제정 러시아군의 통역장교였던 아버지 정기영丁其永과 어머니 김복순金福順의 3남(그의 두 형은 일찍 사망)으로 태어났다. 제정 러시아군의 중위였던 아버지는 '장차 커서 제일가는 군인이 되라'는 의미로 일권一權이라고 이름 지었다. 그의 성인 '정丁'은 병정兵丁을 의미하고, '일一'은 첫째를 의미하며, '권權'은 벼슬을 가리키기 때문에 이를 풀이하면 '제일가는 군인'이라는 것이다.

정일권의 어린 시절은 불우했다. 그는 제정 러시아군 통역장교였던 아버지가 볼셰비키 공산혁명 이후 정치적 부침浮沈을 거듭하게 되자 할아버지와 어머니 밑에서 이리저리 떠돌아다니며 경제적으로 어려운 생활을 했다. 그의 아버지는 러시아 공산주의자들로부터 박해를 받았고, 독립운동에 투신함으로써 일본의 감시를 받았기 때문에 가족과 생활을 같이할 수 없는 입장이었다. 이로 인해 정일권은 어린 시절을 연해주 니콜스크와 부친의 고향인 함경북도 경원慶源에서 보냈다. 이후 앞에서 말했듯이 룽징에서 중학교를 다녔고, 그곳에서 은사의 권유로 군인의 길을 걷게 됐다. 그는 만주 봉천군관학교를 거쳐 일본 육사(제55기)를 졸업한 후, 23세 때인 1940년에 소위로 임관했다. 이후 그는 만주국 육군대학 제1기 선발시험에 한국인으로서는 유일하게 합격하는 발군의 실력을 발휘했다. 그가 만주군 총사령부에서 대위로 근무하고 있을 때 일제가 패망했다. 이때 그는 만주군에서 촉망받는 청년장교로 성장해 있었다.

정일권은 일본이 패망하자 중국 동북지구의 교민을 보호하기 위해 한교보안대韓僑保安隊를 편성하여 이를 주도했으나, 신징新京(지금의 창춘長春) 주둔 소련군에 체포되었다. 그러나 시베리아로 연행되는 도중 가까스로 열차에서 탈출하는 데 성공한 후 평양을 거쳐 서울로 들어왔다. 평양은 이미 소련군 점령하에서 공산당의 탄압이 시작되었기 때문에 그는 부득이 38도선을 넘어 월남하지 않을 수 없었다.

정일권은 해방된 조국의 건군建軍 대열에 참여하여 1946년 1월 15일 장교 육성을 위해 설치된 군사영어학교Military English School를 제일 먼저 졸업했다. 이후 육군 정위(대위, 군번 10005)로 임관하여 태릉에 있는 제1연대의 창설 중대장으로 복무하고, 같은 해 육군 소령으로 진급하여 전라남도 광주에 주둔하고 있던 제4연대 연대장에 임명됐다. 이후 그는 조선경비대 총참모장, 조선경비사관학교(지금의 육군사관학교) 교장, 육군본부 작전참모부장, 육군 참모학교 부교장을 역임하고 1949년 32세의 젊은 나이에 육군 준장으로 진급했다. 그 당시 장군은 채병덕·김홍일·이응준·손원일·김석원·원용덕·김정렬 등 10명도 채 되지 않았다.

장군 진급 후 육군본부 작전참모부장과 육군참모학교 교장을 겸한 그는 지리산지구 전투사령관에 임명되어 지리산으로 숨어든 여수·순천반란사건의 잔당들에 대한 소탕작전을 지휘했다. 여수·순천에서 반란사건이 일어난 10월 19일 정일권은 맥아더Douglas MacArthur 육군 원수의 초청으로 일본을 방문한 이승만 대통령을 수행했다. 이후 그는 대통령을 수행하며 군사외교 분야의 경험을 쌓았다. 그는 이때부터 맥아더를 알게 되었고, 그런 인연 때문에 맥아더가 한강방어선을 시찰한 후 채병덕 육군총장의 경질을 요구하고 정일권을 추천한 것으로 알려져 있다.

3. 국군 총수로서 나라를 구하고 전후 국군 현대화에 진력

6·25전쟁이 일어났을 때 정일권은 미국에 머물고 있었다. 미국의 군사시설을 시찰하고 귀국길에 들른 하와이에서 전쟁 발발을 알리는 급보를 받은 그는 귀국을 서둘렀다. 전쟁 발발 5일 후인 1950년 6월 30일 그가 일본 도쿄東京를 거쳐 가까스로 귀국하자 이승만 대통령은 그를 육·해·공군 총사령관 겸 육군참모총장으로 임명하는 동시에 육군 소장으로 진급시켰다. 이때 전군全軍을 통틀어 소장少將 계급은 채병덕·김홍일·이응준·손원일 등 4명뿐이었다. 그의 육·해·공군 총사령관 임명에는 당시 3군 작전을 통할하고 지도할 합동참모본부의 기능이 없었기 때문에 국군을 대표하여 미군 및 유엔군과 연합작전을 협의하라는 이승만 대통령의 깊은 뜻이 담겨 있었다. 이때부터 그는 국군 총수로서 3군을 장악하고 미군 및 유엔군과 연합작전을 전개했다.

육·해·공군 총사령관으로서 정일권은 개전 초기 모든 것이 미비한 상황에서도 미군을 비롯한 유엔군과 긴밀한 연합·합동작전을 유지하여 전국戰局의 열세를 낙동강 방어선에서 극복하고 인천상륙작전 이후 북진으로 전환하여 압록강 변까지 선봉 부대를 진출시키는 지휘력을 발휘했다. 이 과정에서 그는 유엔군의 명령이 없는 가운데 이승만 대통령이 38도선 돌파를 명령하자 기지奇智를 발휘하여 워커Walton H. Walker 미 제8군사령관에게는 38도선 북쪽에서 아군을 위협하고 있는 적을 제압하겠다고 통고한 후 이미 동해안의 38도선에 도달한 국군 제1군단에게 북진 명령을 내렸다. 이에 따라 국군 제3사단 제23연대 제3대대가 1950년 10월 1일 제일 먼저 38도선을 돌파했다. 휴전 후 정부는 이날을 기념하여 '국군의 날'로 정했다. 그러나 중공군의 개입으로 전국戰局이 급변하자 그는 이를 수습하기 위해 북한 지역으로부터 철수를 단행하고 38도선에서 전선을 조정하는 역할을 담당했다.

1951년 2월 국군 최초로 육군 중장으로 진급한 정일권은 두 차례에 걸친 중공군의 춘계공세를 물리친 후 전선이 교착되고 휴전회담이 시작될 무렵 육군참모총장직에서 물러나 미국 지휘참모대학으로 유학을 떠났다. 지휘참모대학을 수료하고 귀국한 그는 3성 장군으로 전무후무하게도 제2사단장에 보직되어 중동부 전선의 요충인 삼각고지전투와 저격능선전투를 지휘했다. 육군참모총장을 지낸 3성 장군을 사단장에 임명한 것은 보직 강등에 해당되는 것으로 일종의 백의종군白衣從軍을 강요하는 것이나 마찬가지였다. 그렇지만 그는 이를 겸허히 수용하고 작전을 훌륭하게 성공시킨 후 미 제9군단 부군단장을 거쳐 국군 제2군단장을 역임했다. 군단장 시절 그는 중공군의 최후 공세인 7·13공세를 막아냄으로써 화천발전소를 지켜냈고, 중부전선을 오늘날의 휴전선으로 유지하게 했다.

이러한 정일권에 대해 이승만 대통령은 "정일권 중장이 전세 위기를 당해서 중대한 책임을 지고 혁혁한 공을 이룬 것은 휘하 장병들이 용감 충의를 다한 결과이며, 연합군의 탁월한 군략과 우수한 군기의 원조로 원유原由한 것은 물론이나 많은 적군을 맹렬히 타도하고 영광스러운 공훈을 세우기에 이른 것은 총참모장(현 참모총장)의 책임을 가진 정일권 중장이 특수한 통솔력을 발휘한 결과임을 인정하지 않을 수 없다"라며 그의 전공을 높이 치하했다.

정일권은 휴전 후인 1954년 2월에 그동안의 전공과 지도력을 인정받아 육군 대장으로 진급하는 동시에 제8대 육군참모총장에 올랐다. 전후 전력 증강 및 전후 복구, 그리고 미군 철수라는, 국가와 군의 입장에서 가장 어려운 과제를 안은 그는 다시 육군 총수로서 뛰어난 친화력과 발군의 영어 실력, 그리고 미군 고급장교들과의 전시에 맺은 친분을 매개로 육군이 안고 있는 난제들을 하나씩 해결했다. 그가 참모총장에 재임한 시절에 육군은 비로소 오늘날의 모습을 갖추게 됐다. 즉, 그는 육군을 전·후방 지역을 담당하는 2개 야전군사령부(제1군사령부와 제2군사령부)로 나누고, 그 밑에 5개 군단, 20개 전투사단과 10개 향토 및 동원 사단을 창설했다. 그리고 이들 군단과 사단에 6·25전쟁 이전에는 단 한 대도 없었던 전차와 현대화된 포병부대를 배치했다. 그리고 육군의 교육훈련을 총괄하는 교육총본부를 설치하여 운용했다.

이처럼 정일권은 육군참모총장으로서 6·25전쟁의 교훈을 잊지 않았고, 적과 싸워 이길 수 있는 체제로 육군을 완비해갔다. 1956년 이승만 대통령은 그의 2년 임기가 끝나자 연임시켜 그로 하여금 군 현대화 및 전력증강에 힘쓰도록 배려했다. 그러나 정일권은 김창룡 암살사건에 최측근인 강문봉 중장이 연루됨에 따라 육군참모총장직을 사퇴하고 연합참모본부의장으로 물러난 후, 1957년 5월 18일 11년간의 군 생활을 마감하고 육군 대장으로 전역했다.

4. 미국의 마셜 원수와 같은 업적을 이룬 위대한 군인

정일권은 전쟁에서 가장 어려운 국면에 맞닥뜨린 가장 어려운 시기에 육·해·공군 총사령관과 육군참모총장, 그리고 계엄사령관이라는 중책을 맡았다. 전쟁이 어떻게 전개될지 아무도 모르는 불리한 전황 속에서 그는 오로지 애국심에 의지해 자신이 할 수 있는 일을 찾아 무섭도록 일했다. 전쟁이 끝난 후 정일권은 "6·25전쟁 때 30대의 젊음이 아니었다면 정신력으로만 버티기에는 주어진 업무가 너무 무거웠다"라고 회고했다. 그는 마치 슈퍼맨처럼 하루도 편히 쉬는 날이 없이 육본으로, 전선으로, 미군부대로 뛰어다니며 예하 지휘관과 참모들을 독려하며 작전을 지도했다. 그에게 주어진 과제는 전쟁 초기에 무너진 국군을 재편성하고, 부족한 병력을 징집하여 전선부대에 보충하고, 미군 및 유엔군 부대와 연합작전을 협의하고, 중동부 전선의 산악지역을 담당한 국군부대의 전투를 지휘하고, 대통령의 전선 시찰을 수행하는 한편 미군 사령관과 함께 작전을 지도하고, 미 본토의 증원 병력이 도착하기 이전 일본에 있는 미군 사단의 부족한 병력을 보충하기 위해 카투사KATUSA 제도를 도입하여 추진하는 등의 일이었다. 그는 양병과 용병, 그리고 민사 및 계엄 업무와 군사외교 등을 동시에 수행해야 했다. 그만큼 해야 할 일이 많았고 촌음寸陰도 아껴 써야 할 정도로 바빴다.

1951년 6월 정일권이 육군참모총장에서 물러난 시기는 전선이 38도선 부근에서 비교적 안정되고 휴전회담도 가시화되고 있던 때이다. 이에 육군참모총장의 역할도 육군으로만 제한되고 임무도 인사와 군수 문제로 국한됐다. 실제로 그의 후임 참모총장들은 작전이 제외된 양병 임무만 수행하면 충분했다. 하지만 그는 휴전 이후에도 육군을 위해 전쟁 초기처럼 어려운 일을 수행하지 않으면 안 됐다. 이번에는 북한군의 재침과 미군의 철수에 대비하여 육군을 증편하고 현대화된 장비와 무기로 무장시켜야 되는 전시보다 어려운 업무를 수행해야 했다. 이렇게 그가 노심초사하며 육성하고 발전시킨 군대가 바로 오늘날의 대한민국 국군이고 육군이다. 그가 군과 육군에 끼친 영향은 말로 형언할 수 없을 정도로 크고 깊다고 할 수 있다.

이러한 점에서 정일권 장군은 제2차 세계대전 당시 미국의 루스벨트Franklin D. Roosevelt 대통령을 도와 전쟁에서 승리하도록 미 육군을 개편하여 오늘날의 체제와 구조적 기틀을 마련한 마셜George C. Marshall 육군 원수元帥에 버금가는 일을 했던 것이다. 마셜은 20세기 '미 육군의 아버지'로 불릴 만큼 미군에 큰 영향을 미쳤다. 정일권도 마셜처럼 전시에 이승만 대통령을 도와 나라를 지킬 수 있도록 육군을 증편하고 현대화시켰다. 이런 그의 공로는 아무리 강조해도 지나치지 않을 것이다.

5. 맺음말

정일권의 삶의 역정에는 최초·최고·최장수라는 수식어가 붙는다. 그는 민주국가의 근간인 당·정·군·외교에서 모두 최고 지위에 오른 유일한 인물이다. 그가 거친 육군대장·민주공화당 의장(여당 대표)·국회의장·국무총리·외무부장관 등의 직책이 이를 대변한다. 그는 6년간의 최장수 국무총리를 비롯하여 2곳의 사관학교(만주 군관학교·일본 육사) 수석 졸업과 2곳의 육군대학(만주 육군대학·미 지휘참모대학) 우등 졸업, 만주군 출신 첫 육군참모총장, 최초의 육군 중장, 2번의 육군참모총장(5대·8대), 2번째 육군 대장과 합참의장, 유일하게 총장을 마친 후 사단장·군단장을 역임한 백의종군형 장군, 최초의 육·해·공군 총사령관과 계엄사령관, 가장 짧은 기간에 군의 지휘관 코스를 모두 밟은 장군(중대장·대대장·연대장·여단장·사단장·부군단장·군단장·육군총장·합참의장) 등의 경이로운 경력을 거쳤다.

정일권 장군은 자기절제가 약하다는 단점에도 불구하고 깔끔한 용모와 매너, 그리고 뛰어난 언변술을 지닌 군 조직의 제1인자로 평가받고 있다. 그는 항상 따뜻한 미소로 사람을 맞이하고 대하는 신사였고, 타인의 장점은 높이 칭찬하되 단점은 철저히 덮어주는 인간미 넘치는 장군이었다. 그렇기 때문에 지금도 많은 후배가 그의 이런 모습을 기억하며 존경해 마지않는다.

이처럼 정일권은 건군에 크게 기여했을 뿐만 아니라 6·25전쟁 당시 3군을 호령한 육·해·공군 총사령관으로서 백척간두百尺竿頭의 위기에 처한 나라를 지켜낸 전쟁영웅이다. 그는 대한민국 국군을 세우고 가꾸는 데 공헌한 건군의 원훈元勳, 전시 국가수호자, 위대한 군인, 장군 중의 장군, 오늘의 국군을 있게 한 군 최고의 공로자로 평가받기에 충분한 역할을 했다.

이승만 대통령은 그에게 '지용겸인 백전백승智勇兼仁 百戰百勝'이라는 친필 휘호를 내렸다. 이는 '지략과 용맹에 인자함까지 겸했으니 백 번 싸워 백 번 이기라'는 의미로, 그의 인물 됨됨이와 자질에 대한 이 대통령의 평가를 알 수 있다. 그는 아호雅號인 '청사淸史'처럼 역사에 길이 남는 '위대한 군인 또는 애국자'로 영원히 기억될 것이다.

참고문헌

남정옥, 『6·25전쟁 이것만은 알아야 한다』, 삼우사, 2010.
정일권, 『丁一權 회고록: 6·25秘錄 전쟁과 휴전』, 동아일보사, 1986.
_____, 『丁一權 回顧錄』, 고려서적, 1996.
프란체스카 도너 리, 『프란체스카의 난중일기: 6·25와 이승만』, 기파랑, 2010.
Noble, Harold Joyce, *Embassy At War*, Seattle: University of Washington Press, 1964(해롤드 노블 지음, 박실 옮김, 『秘錄 戰火속의 大使館』, 한섬사, 1980).

강문봉, 「전시 한국군 주요 지휘관의 통솔에 관한 연구」, 연세대학교 박사학위논문, 1983.

남정옥, 「建軍 前史: 건군 주역들의 시대적 배경과 군사경력」, 『軍史』 68, 2008.

_____, 「정일권 장교자력표」, 국방부 군사편찬연구소 소장 자료.

이기동, 「朴正熙 정권의 '얼굴마담'이 된 군의 代父」, 『月刊中央』 별책부록(1995 신년호), 1995.

이종찬, 군의 정치적 중립을 실천하다

이기동

1. 머리말

한국군은 6·25전쟁을 겪으면서 급속히 팽창하여 1960년경에 이르자 60만 대군을 자랑하게 되었다. 이는 1950년 전쟁이 일어날 당시 채 10만 명이 못 된 병력에 비한다면 실로 놀랄 만한 확장이 아닐 수 없다. 특히 10년 동안 형성된 장교단(부사관 포함)의 규모는 공무원 조직에 버금가는 것으로, 전체 교직원 수와 거의 맞먹는 수준이었다. 그런데 그보다 중시해야 할 사항은 규모의 크기뿐만 아니라 군대조직 자체가 질적 측면에서 근대화를 추진할 만한

이기동李基東(동국대학교 문과대학 사학과 석좌교수)
　저서로는 『비극의 군인들—일본 육사 출신의 역사』(일조각, 1982), 『한국사강좌—고대편』(공저, 일조각, 1982), 『신라골품제사회와 화랑도』(일조각, 1984), 『백제사연구』(일조각, 1996), 『신라사회사연구』(일조각, 1997), 『전환기의 한국사학』(일조각, 1999), 『백제의 역사』(주류성, 2006) 등이 있다. 역서로는 『광개토왕릉비의 탐구』(일조각, 1982), 『일본인의 한국관』(일조각, 1983) 등이 있으며, 그 밖에 한국고대사와 한국사 전반에 관한 논문이 다수 있다.

잠재력을 갖추게 되었다는 점이다. 실제로 한국 군대는 1960년대 초, 전문 기술 분야의 숙련도와 더불어 조직 및 업무 관리기술 면에서 한국 사회의 어떤 다른 영역과 비교하더라도 고도의 기능을 발휘할 수 있는 가장 근대화된 조직이었다. 당시 촉망받는 동아시아 연구자였던 캘리포니아대학교 버클리 캠퍼스의 로버트 스칼라피노Robert A. Scalapino 교수가 1959년 미국 상원에 제출한 '콜론 보고서'를 통해 한국에서 군사 쿠데타의 발생 가능성을 내다본 것도 이 같은 점을 충분히 간파하고 내린 전망이었다고 짐작된다.

이종찬李鐘贊(1916~1983)은 6·25전쟁이 한창이던 1952년 여름 피난수도 부산에서 40일간 계속된 숨 막히는 정치파동의 소용돌이 속에서 육군 총참모장(뒤에 참모총장으로 개칭)의 중책을 맡고 있었다. 당시 이승만 대통령은 어떻게 해서든지 대통령 직선제로 헌법을 고쳐 재선을 관철하려는 목적에서 국회를 제압하는 수단으로 부산·경남 일대에 비상계엄령을 포고하고 이종찬에게 병력 동원을 명령했다. 하지만 그는 북한 및 중국 공산당 군대와 싸우고 있는 마당에 병력을 후방으로 차출하기 어렵다는 명분을 들어 대통령의 지시를 따르지 않았다. 또한 정치파동이 이른바 발췌개헌안 통과라는 기만적인 방식으로 수습될 무렵 육군본부의 일부 참모들이 이를 무효화하기로 의견을 모았을 때에도 그는 단호히 이 같은 쿠데타 논의를 중지시켰다. 그가 총참모장직에서 밀려나 진해의 육군대학 총장으로 7년 가까이 재임한 기간 중에도 일부 야당 정치인과 주위의 친지들은 때때로 그에게 부정선거를 자행하는 부패한 자유당정권을 무력으로 뒤엎어 버릴 것을 권유했고, 4·19혁명 후 그가 과도정부의 국방부장관으로 재임한 110여 일간에도 역시 더 많은 사람으로부터 같은 권유를 받았으나 이종찬을 그때마다 이를 물리쳤다.

이처럼 그가 시종일관 굳은 신념과 의지로 군의 정치적 중립을 몸소 실천했던 까닭에 진정 그를 이해한 동시대 및 후대의 인사들은 참군인의 전형이라거나 군의 정신적 대부代父라는 최고급의 찬사를 아끼지 않았다. 하지만 이 같은 칭송과 달리 후배 군인들은 반드시 그의 고매한 군인정신을 본받지는 않았다. 그리하여 4·19혁명 뒤에 집권한 민주당정권이 파벌 싸움과 사회적 혼란으로 크게 흔들리고 있던 틈을 노린 일부 군인들이 1961년 5·16군사정변을 일으켜 30년 이상 한국정치를 이끌고 간 것은 다 아는 사실이다. 이 기간 중에 1972년의 이른바 유신維新체제 선포와 1980년 신군부의 등장에 따른 진통으로 두 차례 의회가 해산되는 등 헌정의 중단이 뒤따랐다. 그리고 이종찬 자신도 만년에 비록 소극적이나마 유신체제에 참여함으로써 그 영예가 크게 훼손되고 만 것은 여간 애석한 일이 아닐 수 없다.

2. 일본군 장교로 해방을 맞기까지

이종찬은 1916년 3월 10일 서울 한복판의 매우 부유한 집안에서 장손으로 태어났다. 조부인 이하영李夏榮은 부산 기장군의 보잘것없는 집안에서 태어나 1876년 개항 후 부산에서 일본인 상점의 점원으로 출발했다. 그는 우연한 인연으로 한국 최초의 서양식 병원인 서울 제중원의 서기가 되었다가 미국 주재 한국공사관이 개설되자 서기관으로 대리공사를 겸하는 지위까지 승진한 경력을 발판으로 일본공사를 거친 뒤 러일전쟁을 전후한 시기에 외부대신과 법부대신을 지낸 입지전적인 인물이다. 그는 한국이 일본에 강제로 병합된 뒤 자작을 받아 '조선귀족'의 일원이 되었으며, 한편으로 실업계에 진출하여 고무신을 생산하는 주식회사를 차려 큰 재산을 모았다.

이종찬은 넓은 저택에서 조부의 사랑과 기대를 독차지하면서 유년기를 보냈다. 그는 경성사범학교 부속 보통학교를 인력거를 타고 다녔으며, 1928년 일본인을 대상으로 한 경성중학교(현 서울고등학교의 전신)에 입학하여 5년간 재학했다. 조부가 1929년 3월 1일 72세(만 71세)로 별세하자 순종황제의 시종을 지낸 부친 이규원李圭元이 작위를 상속했고, 이에 따라 그의 신분은 수작 예정자로서 총독부 당국의 특별한 배려 대상이 되었다. 그는 중학시절 말수가 적은 조용한 학생으로 일본인 학생들과는 잘 어울리지 못했다고 한다. 다만 그는 식민통치 아래에서 장교가 되면 일본인들에게 멸시를 당하지 않을 것으로 판단하여 1932년 4학년 1학기를 마친 뒤 일본 육군사관학교 제49기생 선발시험에 응시하여 합격했다. 이때 평양중학교 출신의 채병덕蔡秉德이 그와 함께 육사에 진학했다.

대한제국이 숨을 거두기 1년 전 무관학교가 폐교되자 재학생 40여 명이 간단한 면접시험을 거쳐 관비생으로 일본 육사의 예비교인 도쿄東京 유년학교에 유학하여 일제에 강점된 후 제26기 및 제27기생으로 육사를 졸업, 일본군 장교로 임관된 이래 1928년 이형석李炯錫이 제44기생(재학 중 1년 휴학하여 제45기생이 됨)으로 육사에 진학한 것을 제외하면 한국인의 육사 입학은 20여 년간 중단 상태에 놓여 있었다. 그러던 중 이종찬과 채병덕 두 사람이 육사에 진학한 뒤부터 매년 빠짐없이 한국인 학생들이 입학하여 해방될 때까지 12년간 모두 72명(만주국 군관학교 예과 수료자 포함)을 헤아리게 되었다. 이들 중 제2차 세계대전에서 살아남은 대다수의 육사 출신은 신생 대한민국 육군과 공군 창설의 주역으로 참여하여 6·25전쟁 때 눈부신 활약을 보였고, 뒤에 5·16군사정변을 주도하여 오랫동안 권력의 중추부를 장악하게 된다.

이종찬과 채병덕은 육사에 4년간 재학하는 동안 일본인 생도들과 마찬가지로 도쿄 시내에 그들만의 안식처인 조그만 회관을 갖게 되었다. 일본인들은 각기 향토 출신 선배 장교들이 운영하는 이른바 현인회縣人會의 일요하숙을 이용했으나, 선배나 동향회가 없는 그들은 당시 육군 교육총감부에 근무 중인 영친왕 이은李垠 중좌의 도움을 받아 20여 년 전 제26·27기 선배들이

사관후보생 시절 이용한 일본인 소유의 작은 건물을 빌려 일요하숙처로 정하고, 이를 학교 당국에 등록하기 위해 계림회鷄林會라고 이름 붙였다.

두 사람은 2학년 후반기에 병과구분을 받아 이종찬은 공병과를, 채병덕은 포병과(중포병)를 지망했다. 그들이 기술병과를 지원한 까닭은 대선배인 제26·27기생들이 거의 모두 보병과였으므로 장차 조국이 독립하여 군대가 창설될 때 기술병과 출신이 크게 부족할 것으로 판단했기 때문이라고 한다. 이들의 영향을 받아 계림회원들은 그 뒤 대부분 기술병과를 택했다. 즉 제50기의 이용문李龍文(1953년 전사, 육군소장)과 지인태池麟泰(1939년 노몽한에서 전사, 항공대위)는 각기 기병과와 항공병과를, 제52기의 최명하崔鳴夏(1942년 수마트라에서 전사, 항공대위)와 박범집朴範集(1950년 전사, 공군소장)은 각기 항공병과와 포병과를 지망했다.

이종찬은 1935년 3월 2년간의 예과과정을 마치고 보병 제3사단 예하 공병대대가 있는 아이치愛知현 도요하시豊橋에서 사관후보생으로 6개월간 대부隊附로 근무했다. 육사로 돌아와 군인으로서 가장 기본적인 것을 배우는 본과생활에 들어간 그는 이 과정을 마친 뒤 1937년 6월 29일 육사를 졸업했다. 그로부터 8일 뒤인 7월 7일, 중일전쟁이 터졌다. 제3사단이 8월 하순 동원명령을 받고 상하이上海 전선에 투입되자 그도 부대를 따라 중국에 갔다. 그는 얼마 뒤 난징南京 공략전에 참전하여 일본 군대의 중국인 학살 장면을 목격하기도 했다. 3년 가까이 중국전선에서 복무하다가 일본으로 귀환한 이종찬은 1941년 도쿄에 있는 육군 포공砲工학교에 입교했다. 1942년 포공학교를 졸업한 그는 한동안 나고야名古屋 고마키小牧 비행장 건설공사에 종사하다가 그해 가을 살아서 돌아오기 어렵다는 남방전선으로 전출 명령을 받았다.

그가 배치된 오세아니아의 뉴기니 섬은 필리핀과 오스트레일리아 사이에 동서로 길게 자리 잡은 곳이다. 이곳 원주민인 파푸안은 오랜 세월 외세에 시달림을 당해 섬 동부는 영국, 서부는 네덜란드의 지배를 받았다. 당시 서남태평양지구 미군 최고 지휘관인 맥아더 원수는 장차 필리핀을 탈환할 목적으로 일본 제18군이 점령 중인 뉴기니 섬으로 달려들었다. 미군은 섬 동쪽 끝에 상륙하여 일본군을 서쪽 방향으로 몰아붙였다. 수세에 몰린 일본군은 1943년 가을 동부 뉴기니 사라와게트산맥을 넘어 서쪽으로 후퇴를 거듭했는데, 이종찬은 패주하는 부대를 따라 정처 없이 쫓겨 가면서 몇 차례 생사의 고비를 넘겼다. 무엇보다도 일본군은 식량과 탄약을 전혀 보급받지 못해 굶주림과 질병에 몹시 시달렸다.

이종찬은 섬 서쪽 끝 마노쿠와리에 위치한 제2군 사령부 예하 제48보병단 소속 공병 소좌로 현지 원주민 2~3천 명을 집단 수용, 감시하는 관리 장교로 임명되었다. 이때 그는 보병단장인 후카보리 유키深堀遊龜 소장으로부터 원주민 여성 30명을 사령부로 보내라는 명령을 받았으나 이에 응하지 않았다. 그러자 그는 가장 위험한 작은 섬의 수비대장으로 쫓겨나고 말았다. 얼마 뒤 후카보리가 셀레베스 섬 메나도에 있는 제2방면군 사령부로 진출함에 따라 그는 뉴기니 섬으로 돌아와 공병 제15연대장 심득心得(대리)으로 발탁되었다. 그가 1945년 8·15해방을 맞은 것도 마노쿠와리에서였다. 일본이 패망하자 그는 섬에 있던 한국 출신의 장병들을 모아 집단 수용생활을 하면서 귀국선을 기다렸다. 당시 뉴기니 전선에는 서울 용산에 있던 제20사단이 동원되어 있었으므로 지원병 출신의 한국인 병사와 하사관이 적지 않았다. 이종찬이 이들과 함께 연합군 측에서 주선한 선박을 타고 인천항에 도착한 때가 그의 나이 만 30세가 되는 1946년 6월 15일이었다.

3. 6·25전쟁의 소용돌이 속에서

그는 귀국 후 꼭 3년간 낭인생활을 계속했다. 일본군에 복무했다는 수치심이랄까 죄책감이 그를 줄곧 괴롭혔을 뿐 아니라 무엇보다도 극한적인 전쟁체험의 후유증으로 일종의 허무주의에 빠져들었기 때문이다. 그의 절친한 친구인 채병덕을 비롯한 대부분의 계림회원은 미군정하의 국방경비대에 적을 두고 있으면서 그에게 입대할 것을 끈질기게 설득했으나, 그는 한가롭게 시내 다방을 옮겨 다니며 소일했다. 그러던 중 그는 1949년 5월 난데없이 반민족행위 특별조사위원회의 소환을 받게 되었다. 대한민국 정부가 수립된 직후인 1948년 9월에 일본의 식민통치에 적극 협력한 사람들을 처벌하는 반민족행위처벌법이 공포되었는데, 이 법의 조항 중에는 일본이 수여한 작위를 습작한 자는 10년 이하의 징역에 처하거나 15년 이하 동안 공민권을 정지하고, 재산의 전부 혹은 일부를 몰수할 수 있다는 규정이 있었다.

이종찬은 부친의 작위를 승계할 예정자였으나 부친이 1945년 4월 별세한 뒤 수속을 밟지 않았던 까닭으로 습작한 일은 없었다. 부친이 사망한 뒤 총독부에서 유가족에게 상속 절차를 밟으라는 통지를 보냈고, 이에 따라 뉴기니 섬에 있던 그에게 집에서 기별을 보냈으나 그는 "수속을 밟지 마라. 내 힘으로 살아가겠다"라고 답신을 했던바, 집안에서 이 사실을 정식으로 총독부에 신고하지 않은 채 몇 달간 어물어물하는 사이에 해방을 맞았던 것이다. 이처럼 그가 습작하지 않은 사실이 소명되었으므로 특위에서도 더 이상 문제 삼지 않았다. 다만 이 사건은 당시 정신적으로 방황하던 그에게 큰 충격을 주었음에 틀림없다고 생각된다. 그는 이때까지 한미한 집안을 크게 일으킨 조부를 존경해 마지않았으나, 자신이 특위에 불려가게 된 사건을 계기로 새삼스레 조부가 범한 친일행위를 재인식하게 되고 이를 원망하는 마음까지 생기는 등 정신적 갈등을 겪게 되었기 때문이다.

　바로 이 무렵 그를 군에 끌어들이려는 움직임이 있었다. 즉 이해 5월 초 교통부장관 허정許政의 집에 국방부장관 신성모申性模, 서울특별시장 이기붕李起鵬이 모여 회식하는 자리에서 그를 대령으로 임관하여 국방부에 보임하는 논의가 진행되었다. 특히 이기붕은 이종찬의 외삼촌과 보성고등보통학교 동기동창으로 오래 전부터 집안 간에 잘 알고 지내는 사이였다. 이종찬은 이 같은 이야기를 듣고 한 달 동안 자취를 감추기도 했으나, 6월 22일 본인에게 정식 통고도 없이 대령 임관 및 국방부 제1국(군무국)장에 보임한다는 발령 기사가 신문에 보도되었다. 바로 전에 국방부 참모총장에서 육군본부 총참모장으로 전임한 채병덕의 간곡한 설득에 못 이겨 그는 결국 수락하고 말았다. 미군정 시절 끝까지 민간에 남아 있던 이형석·이용문 등 육사 선후배들이 1948년 말부터 군에 입대해 새로운 출발을 기약하고 있었던 점도 그가 결단하는 데 영향을 미친 듯하다.

　이해 8월 병역법이 공포되어 징병제가 실시됨에 따라 그는 바쁜 나날을 보내게 된다. 또한 한때 육군본부 정훈감실과 통합되어 육본 관할 아래에 있던 정훈국(제2국)이 국방부에 부활하자 한동안 정훈국장직을 겸하기도 했다. 한편 채병덕은 이른바 남북 교역사건으로 제1사단장 김석원金錫源과 크게 대립한 끝에 10월 초 예비역에 편입되었다. 하지만 곧 12월 중순 현역으로 복귀함과 동시에 신설된 육군병기행정본부장에 취임했다가 1950년 4월 두 번째로 육군 총참모장으로 되돌아왔다. 6월 중순 채병덕은 당시로서는 최고위 보직인 사단장급에 대한 대폭적인 인사이동을 단행했는데, 이종찬은 이때 용산에 있는 수도경비사령관에 보임되었다. 원래 그는 6월 초 유사시에 대비해 도쿄의 연합군총사령부와 업무를 절충할 필요가 있다는 판단에서 주일대표부의 육군무관으로 내정되어 출국 준비를 서두르고 있었으나, 미 군사고문단 쪽에서 국군의 부대정비가 보다 긴요하다고 이의를 제기한 까닭에 보직이 변동되었다.

그가 새로운 보직에 발령을 받은 지 1주일 만에 6·25전쟁이 터지고 3일 뒤 서울이 북한군에 함락됨으로써 수도경비사령부는 흔적도 없이 공중분해되었다(7월 초 수도사단이 새로이 편성됨). 일요일인 25일 아침 그가 비상 소집명령을 받고 육군본부에 도착했을 때는 수도경비사령부 예하 3개 연대 중 제3연대는 작전교육국의 명령에 따라 제7사단에 배속되어 이미 포천 방면으로 출동했고, 제18연대는 휴가 및 외출 장병들을 비상소집 중이었으며, 6월 20일부로 제2연대와 교대 명령을 받은 제6사단 예하 제8연대는 강원도 홍천에서 서울로 이동 중이었다. 더욱이 제18연대도 25일 오후 제7사단에 배속되고, 얼마 뒤 서울에 도착한 제8연대를 육군본부 예비대로 묶어두는 바람에 그가 지휘할 부대는 모두 사라져버리고 말았다.

이종찬은 6월 28일 새벽 한강 인도교가 예고 없이 폭파된 뒤 구사일생으로 강을 건너 기진맥진한 몸으로 29일 수원의 육군본부에 도착했다. 채병덕은 그에게 임시 혼성수도사단장의 직함을 주면서 한강 이남으로 후퇴한 장병을 모아 한강선 방어에 나설 것을 지시했다. 그는 시흥에 있는 보병학교에서 패잔병으로써 급히 편성한 2개 대대 병력을 배속받아 영등포 정면 수비를 굳히기로 하여 우신又新초등학교에 임시 사령부를 설치했다. 이때 한강전선 시찰에 나선 당년 70세의 맥아더 원수가 그의 사령부에 들러 "도와줄 터이니 걱정하지 말고 싸우라!"고 격려했다. 이달 30일부터 북한군의 도강渡江이 시작되어 여의도에서 전투가 벌어졌다. 국군은 압도적인 병력과 화력의 열세를 무릅쓰고 7월 3일 아침 영등포 지역을 적군에게 빼앗기게 될 때까지 용감하게 싸웠다. 이종찬은 안양을 거쳐 수원으로 후퇴했는데, 이때 국군 공병대가 적군의 전차 진격을 막기 위해 수원 북문(장안문)을 폭파할 준비에 착수하고 있었다. 그러나 그는 사적만은 보호해야 한다는 신념에서 폭파 계획을 중지하도록 설득했다.

대전으로 내려온 그에게 새로운 임무가 부여되었다. 즉 총참모장직에서 해임되어 경남편성관구사령관으로 임명된 채병덕의 지휘하에 들어가 제9사단을 편성하라는 것이었다. 그는 곧바로 부산으로 가서 가까스로 2개 연대를 편성했다. 그런데 전황이 급박해진 호남 방면으로 병력을 보내라는 명령을 받고 다시 모병 작업에 착수했다. 하지만 부산지역의 인적 자원이 고갈된 상태였으므로 더 이상의 모병은 불가능했다. 그러던 중 그는 경남 하동전선에 출진했던 채병덕 소장이 7월 27일 적군의 포탄 공격을 받아 전사했다는 비보悲報를 접하고 유해가 안치된 마산 제27연대로 달려가 시신을 앰뷸런스에 싣고 부산으로 돌아왔다. 8월이 되자 그에게 각 도道지구 병사부에서 모집한 신병 교육훈련의 책임자로 임명한다는 통지가 하달되었다. 군 당국에서는 신병을 각 병과·기능별로 훈련하여 일선 전투부대의 충원 요구에 부응하고, 나아가 1개월에 1개 사단을 증설한다는 계획 아래 육군본부가 있는 대구에 그를 본부장으로 하는 중앙훈련소본부를 설치하기로 했다.

그가 대구에서 신병 훈련 업무로 분주하게 뛰어다니는 동안 사태는 급박하게 돌아갔다. 북한군의 필사적인 공세로 낙동강 방어선은 큰 위기를 맞고 있었고, 더욱이 육군의 주력인 제1군단 부군단장 김백일金白一 준장과 예하 제3사단장으로 영덕·포항에서 격전을 치르던 김석원 준장이 지휘권 행사 문제로 심각한 갈등을 빚고 있었다. 결국 총참모장 정일권丁一權 소장의 절친한 친구였던 김백일이 승리하여 9월 1일 군단장으로 승진한 반면 김석원은 전시특명검열관이란 한직으로 밀려났다. 이에 따라 이종찬이 제3사단장에 임명되어 2일 산업은행 포항지점에 설치한 사단사령부로 급히 부임했다. 이때 연일延日비행장으로 그를 마중 나온 사단 장교가 바로 김재규金載圭 소령이었다. 당시 제3사단은 그간 적군의 맹공격으로 큰 타격을 받아 예하 3개 연대가 각기 1천여 명의 병력을 간신히 유지하고 있었다. 그가 착임한 날 밤 사령부 주위 곳곳에 적의 박격포 포탄이 떨어졌고, 그는 어렵사리 미군의 지원을 받아 포항 북쪽 홍해에서 적군과 탱크전을 벌일 수 있었다.

9월 4일 경주 북쪽 안강이 적군에 돌파당하는 동시에 포항 시내로 적군이 몰려오기 시작했다. 이에 따라 국군과 미군은 형산강전선으로 후퇴하지 않으면 안 되었고, 경주와 연일비행장이 함락 위협에 직면하게 되었다. 다행히 9월 15일 맥아더 원수가 감행한 인천상륙작전이 성공을 거두게 됨으로써 낙동강전선의 위기는 순식간에 해소되었을 뿐 아니라 북한군에 대한 공세 전환이 가능해졌다. 그간 맹렬히 저항하던 북한군은 9월 19일 갑자기 무너지기 시작하여 제3사단은 포항을 쉽사리 탈환했다. 이때부터 제3사단은 같은 제1군단 예하의 수도사단과 함께 앞다투어 북진을 계속했다. 수도사단이 험준한 태백산맥을 일렬종대로 진격한 데 비해 제3사단은 운 좋게도 동해안 도로를 따라 마치 질주하듯이 추격해 갔다. 그 결과 제3사단은 10월 1일 국군 최초로 38도선을 돌파하는 영예를 차지했다(뒤에 이를 기념하여 10월 1일을 '국군의 날'로 지정함).

사단은 9일 만에 원산에, 다시 1주일 만에 함흥·흥남에 돌입한 뒤 두만강 상류지역을 향해 돌진하여 11월 5일 길주에 입성했다. 사단은 장차 함경산맥을 넘어 합수와 백암으로 진군할 예정이었으나, 이종찬은 예상하지 못한 중공군의 개입으로 처절한 후퇴를 개시하기 직전인 11월 12일 병기행정본부장으로 전보되어 함흥에서 부산 영도로 내려왔다. 그는 역시 무운武運이 좋은 군인이었다. 그는 북진이 시작된 9월 20일 육군준장으로 승진했는데, 북진 중 끊임없이 부하들에게 적군 포로에 대한 국제법 규정을 준수하도록 독려한 점이 주목된다.

4. 대통령의 계엄군 병력 동원명령을 따르지 않다

그는 부산에서 육군종합학교장을 잠시 겸임했으나 주 임무는 무기 생산장비를 매입하여 시설을 확충하는 것이었다. 이를 위해 1951년 3월 9년 만에 도쿄에 다녀오기도 했다. 그러던 중 국민방위군사건에 이어 거창양민학살사건이 발생하여 5월 초 국방부장관 신성모가 물러나고 후임에 이기붕이 임명되었다. 군의 수뇌부를 새롭게 꾸밀 필요를 느낀 이기붕은 6월 23일 육군 총참모장에 이종찬을 발령했다. 명령계통상 총참모장의 하급자인 군단장급에 소장 몇 사람이 있었으므로 그를 소장으로 승진시켜야 했다. 그는 7개월 뒤인 1952년 1월 12일 다시금 중장으로 승진했다.

본디 총참모장직은 정치와 군사가 연결되는 접점에 위치한 자리인 만큼 때로는 양자 사이에서 깊이 고뇌하지 않으면 안 되는 경우가 발생하기 마련이다. 그런데 그가 재임했던 13개월간의 정황이 특히 그러했다. 당시에는 중공군의 대공세로 초래된 동부전선의 위기가 가까스로 진정되어 유엔군이 설정한 방어선이 막 회복되어 가는 중이었는데, 그가 취임한 바로 그날 소련의 유엔대사 야코프 말리크Yakov Malik가 휴전회담 개최를 제안하는 성명을 발표했다. 공산 중국은 즉각 이 제안에 찬성했고, 미국 또한 휴전 교섭에 응하기로 방침을 세웠다. 이 무렵부터 유엔군은 대규모 기동작전을 중지하면서 현 전선을 고정하는 데 주력하여 국군의 북진을 억제하려는 듯한 태도를 취했다. 그러나 이승만 대통령은 공산군과 무승부로 전쟁을 끝내려는 휴전 협상에 절대 반대하는 입장이었으므로, 결국 이종찬은 정부와 유엔군의 불만을 일단 받아들여 그 조정을 꾀하는 데 전력을 기울여야만 했다. 그는 휴전회담 국군대표로 선임된 백선엽白善燁 소장에게 최남선이 일본 통치시대에 지은 『조선역사』(1931)를 주면서 조상들의 국난극복의 경험에서 배울 것을 희망했다.

1952년에 들어와 임시수도 부산에서는 대통령 직선제 개헌문제를 둘러싸고 행정부와 국회 사이에 대립이 고조되어 갔다. 이승만 초대 대통령의 임기 만료는 7월 23일(뒤에 논란 끝에 8월 15일로 결정)로 예정되어 있었는데, 종래대로 국회에서 선출할 경우 재선을 낙관하기 어려운 처지였다. 6·25전쟁 직전에 개원한 제2대 국회는 뚜렷한 다수당이 없는 가운데, 다수의 무소속 의원들이 이런저런 정파를 만들어 난립하고 있었지만, 절대 다수가 야당적 성향을 띠고 있는 것만은 분명해 보였다. 이 점에 불안을 느낀 대통령과 그 주변의 정치세력은 만약 직선제로 헌법을 고쳐 선거에 임한다면 충분히 승산이 있다고 판단하여 이해 1월 국회에서 개헌안이 143대 19라는 압도적 다수로 부결되었음에도 불구하고 포기하지 않은 채 계속 밀고 나갔다. 반면 다수의 국회의원은 대통령이 반대하는 내각책임제로의 개헌을 추진하여 4월 중순 개헌 정족수인 3분의 2에 해당하는 123명의 서명날인 명부를 정부에 회부하여 공고하기에 이르렀다. 이에 맞서 정부는 5월 14일 대통령 직선제 개헌안을 국회에 다시 제출했다. 이처럼 정쟁이 일촉즉발 격화되는 소용돌이 속에서 3월 말 국방부장관 이기붕이 물러나고 6·25전쟁 직전에 잠시 총참모장을 역임한 적이 있는 신태영申泰英 중장이 그 후임이 되었다. 그는 취임 후 장관 보좌관에 원용덕元容德 준장을 임명했다.

급기야 정부는 비상수단을 써서 직선제 개헌을 관철하려고 했다. 치안 불안을 초래하는 공비共匪를 소탕한다는 구실로 5월 25일 0시를 기해 경남(부산 포함)과 전남북 지역에 비상계엄령을 선포했다. 부산에 설치된 영남지구 계엄사령관에 원용덕이 임명되었다. 그런데 다음 날인 26일 오전 국회의사당으로 등청하던 40여 명의 의원들이 탑승한 국회 전용 버스가 임시 중앙청 정문 앞 검문소를 통과하다가 기중기(크레인)로 제70헌병대 차고로 끌려가는 사태가 발생했다. 대부분의 의원은 심문을 받은 뒤 석방되었으나, 내각책임제 개헌 추진 주동 의원 11명이 국제공산당사건 관련 혐의로 구속되고 그 밖의 여러 의원이 연행되자 사태의 전개에 위협을 느낀 40여 명의 의원은 숨어버렸다. 이로써 국회의 기능은 한동안 마비되었고 자유세계 지도자들의 지탄을 받았다. 이른바 부산정치파동이었다.

이보다 4, 5일 전 국방부장관은 계엄령 선포에 대비하여 대구의 육군본부로 전화를 걸어 2개 대대 병력을 부산으로 급히 보내라는 지시를 내렸다. 하지만 이종찬을 비롯하여 육군본부의 고위 참모들은 정치적 목적으로 군을 사병화하는 데 반대하여 장관의 지시에 따르지 않았다. 그 때문에 부산에서는 헌병·공병·의무병 등 비전투병력 2개 중대만으로써 계엄업무를 수행할 수밖에 없었다. 이종찬은 지난날 일본 군부의 정치 개입이 초래한 국가적 파국 등 불행했던 역사에 비춰볼 때 군의 정치적 중립만은 끝까지 고수해야 한다는 것을 신념으로 삼았다. 육군본부는 5월 26일 참모회의를 열어 군의 입장을 발표했다. 총참모장 훈령 제217호로 각급 부대에 발송된 '육군 장병에게 고함'이란 문건에서 군은 국가민족의 수호를 유일한 사명으로 하고 있는 까닭에 어떤 기관이나 개인에게 예속된 것일 수 없는 신성한 국가의 공기公器라고 천명했다. 이 훈령의 기초자는 당시 작전교육국 차장이던 박정희朴正熙 대령으로 전해지고 있는데, 이종찬의 소신이 잘 반영되어 있다고 생각된다.

이종찬은 27일 대통령으로부터 전화로 출두명령을 받고 다음 날 아침 부산에 도착했다. 그가 미 8군사령관 밴 플리트James Alward Van Fleet 장군에게 동행해줄 것을 요청하자 밴 플리트 장군은 이종찬을 대통령 앞에서 비호할 필요가 있다고 판단하여 기꺼이 응해주었다. 대통령은 이종찬의 경례를 받자마자 어찌하여 나라와 대통령에게 반역하려는 것인가라고 추궁하기 시작했다. 이종찬이 침착한 어조로 조리 있게 대응했으나 대통령은 거듭 모욕적인 언사로 그를 힐난했다. 밴 플리트가 두 사람의 대화에 끼어들어 "한국군의 작전지휘권을 위탁받고 있는 본인의 처지에서 말한다면, 이번 일에 제1선의 한국군 병력을 단 한 명도 부산에 투입할 여유가 없다"라고 이종찬의 입장을 변호했다. 대통령은 이종찬이 제출한 사직서를 반려하지 않을 수 없었다. 결국 대통령이 희망했던 계엄군의 부산 파견과 미군사령부의 비상계엄 지지 등은 수포로 돌아갔다.

대구로 돌아온 그는 모든 업무를 참모차장에게 맡기고 공관에서 칩거했다. 대통령이 가한 협박에 가까운 모욕에 대한 분노와 공포, 그리고 이에 대해 반발하는 마음이 줄곧 그를 괴롭혔다. 밴 플리트 장군은 그의 신변을 염려한 나머지 미군 헌병들을 공관에 파견해 경비토록 하는 한편 가끔 아이스크림 상자를 들고 찾아와 그를 격려했다. 그동안 부산에서는 정부가 대통령 직선제에 국회 쪽의 제안사항을 일부 덧붙인 절충 형식의 이른바 발췌개헌안을 고안하여 6월 21일 국회에 제출했고, 심의를 거쳐 7월 4일 기립투표로 이 안이 통과되었다. 이로써 40일간에 걸친 정치파동은 종지부를 찍었고 이종찬도 다시 출근하기 시작했다. 다만 작전교육국장 이용문 준장을 중심으로 한 일부 참모들 사이에서 발췌개헌안이 위협적인 분위기 속에서 통과된 것인 만큼 이를 무효화해야 한다는 논의를 진행시킨 듯하지만, 이것이야말로 군의 정치개입에 다름 아니므로 이종찬은 결단코 부정적인 태도를 보였을 터이다. 그러나 그로부터 얼마 지나지 않은 7월 23일 이종찬은 총참모장직에서 해임되어 이임식도 갖지 못한 채 미국 참모대학으로 유학의 길을 떠나지 않으면 안 되었다.

5. 맺음말

이종찬은 장래를 생각하여 미국으로 떠나라는 이기붕과 밴 플리트 장군의 간곡한 권유에 따라 8월 중순 도쿄를 거쳐 미국에 도착했다. 그는 1년 가까이 학업에 힘쓰는 한편 지난날의 일들을 뒤돌아보는 성찰의 시간을 가진 뒤 1953년 7월 중순 귀국했다. 약 1개월 뒤 그는 이응준李應俊 중장의 뒤를 이어 제2대 육군대학 총장으로 임명되어, 4·19혁명 직후 예비역에 편입됨과 동시에 허정을 수반으로 한 과도정부의 국방부장관으로 입각할 때까지 6년 8개월간 재임했다. 그가 부임한 당시 대구의 한 초등학교 교사를 임시로 빌려 쓰고 있던 육군대학은 이듬해 6월 진해의 육군사관학교가 서울 태릉으로 이전함에 따라 비게 된 교사로 옮겼다. 그는 진해만이 한눈에 바라보이는 총장 공관에서 유유자적하는 생활을 즐겼다. 그가 너무 오래 한직閑職에 방치되었다고 동정한 국방부장관이 1957년 7월 그를 육사 교장으로 발령을 냈으나, 그가 끝내 수락하지 않아 취소되는 소동이 있었다. 그가 총장에 재임하던 때 제5사단장직을 마친 박정희 준장이 육군대학에 입교해 소정의 과정을 이수했는데, 이종찬은 그의 졸업성적이 뛰어난 것을 참작하여 소장 진급 대상자로 추천하기도 했다. 또한 제3사단 부사단장으로 있던 김재규 대령이 제1군사령관 송요찬宋堯讚 중장에게서 심한 꾸지람을 받은 끝에 부대를 무단이탈하여 그를 찾아왔을 때 김재규를 위해 특별히 학생감독관이란 자리를 만들어 구제해주었을 뿐 아니라, 뒤에 그를 부총장으로 추천하여 준장으로 진급할 수 있는 길을 열어주었다.

그는 과도정부의 국방부장관으로 110여 일간 재임하는 데 그쳤으나, 당시 육군 수뇌부의 퇴진을 요구하는 이른바 정군파整軍派 중견장교들의 움직임으로 동요하고 있는 군부를 진정시키는 데 힘썼다. 군수기지사령관으로 부산에 있던 박정희 소장이 참모총장 송요찬 중장에게 3·15 대통령 선거 때 육군 내 부정선거를 독려한 데 대해 책임을 지고 사퇴할 것을 촉구한 서신을 보내어 두 사람 사이에 대립과 갈등이 깊어지고 동시에 정군파 장교들의 하극상

풍조가 고개를 들기 시작했을 때, 이종찬은 송요찬의 사퇴를 종용하여 관철시키고 박정희를 사상적으로 음해하는 반대파의 책동이 시작되자 직접 부산으로 내려가 박정희에 대한 신임의 뜻을 공개적으로 표명하면서 그에게 자중할 것을 권고했다. 특히 이종찬은 7월 17일 제헌절을 맞아 군의 정치적 중립을 다시 한 번 다짐하는 취지에서 중앙청에 3군 총장 및 해병대사령관을 출석시켜 헌법 준수 선서식을 거행토록 했다.

제2군 부사령관으로 예비역 편입이 예정되어 있던 박정희 소장이 정군파 소속 장교들을 주축으로 5·16군사정변을 일으켜 집권한 뒤 이종찬의 입지는 매우 좁아졌다. 그는 이탈리아 대사로 6년 3개월간 로마에서 따분한 나날을 보낸 뒤 1967년 9월 물러나 한동안 기술 용역회사 사장으로 일했다. 그동안 이종찬을 평생의 은인이요 스승으로 존경하며 따랐던 김재규는 박정희 대통령의 신임을 얻어 제6관구사령관(서울)·국군보안사령관·제3군단장까지 올랐다가 군에서 물러난 뒤 제1기 유신정우회維新政友會(유정회) 국회의원·중앙정보부차장·건설부장관으로 승승장구하면서 이종찬에게 여러 가지 도움을 주려고 힘썼다. 결국 이종찬은 건설부장관직에 있던 김재규의 끈질긴 설득에 넘어가 1976년 초 제2기 유정회 국회의원 승낙서에 도장을 찍고 말았다. 그로부터 얼마 뒤 김재규는 중앙정보부장으로 발탁되어 대통령의 최측근이 되었지만, 이종찬은 유정회 국회의원이 진정한 민의를 대변할 수 없다고 판단하여 국회에 거의 출석하지 않았고 의원들에게 배정된 의원회관 사무실에는 단 한 번도 나가지 않았다. 그런데 그가 김재규에게 유정회 의원을 연임할 의사가 없다고 누차 이야기했음에도 1978년 12월 하순 발표된 제3기 유정회 의원 정후보 명단에 그의 이름이 들어 있었다. 심사가 뒤틀린 그는 자조적自嘲的인 언사를 주위 사람들에게 흘렸으나, 1979년 10·26사건이 일어날 때까지 정식으로 의원 사퇴서를 국회의장에게 제출한 적은 없다. 매양 인정에 약해서 단호한 행동을 보여주지 못한 것은 그의 약점이기도 했다.

박정희 대통령이 김재규가 쏜 총탄에 쓰러진 10·26사건이야말로 어느 누구보다도 이종찬에게 정신적으로 큰 충격을 주었다. 그는 유정회에 참여한 것이 일생일대의 실수였다면서 뼈아픈 자책감에 사로잡혔다. 평소 조부의 친일행위를 마음속 깊이 원망한 그였지만, 정작 자신도 별 수 없는 인간이라고 자책하며 회한의 나날을 보내지 않으면 안 되었다. 이때부터 그의 유명한 다변도 갑자기 과묵으로 일변했고, 시력과 청력마저 현저히 떨어지는 등 건강이 눈에 띄게 악화되었다. 그는 1983년 2월 10일 향년 67세로 세상을 떠났다. 참모총장 역임자의 관례에 따라 장례는 육군장으로 거행되었고 국립서울현충원 장군묘역에 묻혔다.

조진만, 제3, 4공화국의 사법부를 이끈 대법원장

최종고

1. 머리말

일반적으로 한국 사법부의 아버지는 김병로金炳魯(1887~1964)고, 사법부를 가꾼 인물은 조진만趙鎭滿(1903~1979)이라 불린다.[1]

초대 대법원장 김병로와 제3, 4대 대법원장 조진만의 인물사는 건국 이후 제3, 4공화국까지 현대 한국의 초기 사법사라고 해도 과언이 아니다.

최종고崔鍾庫(서울대학교 법학전문대학원 교수, 한국인물전기학회 회장)
저서로는 『법학통론』(박영사, 2008), 『한국법사상사』(서울대출판부, 1989), 『한국의 법률가』(서울대출판부, 2007), 『한국의 법학자』(서울대출판부, 2007) 등 20여 권의 법학서와 『한강에서 라인 강까지: 한독관계사』(유로, 2005), 『괴테와 다산, 통하다』(추수밭, 2007), 『우남 이승만: 독립, 자유, 민주를 외치다』(청아출판사, 2011) 등의 일반서 다수, *Law and Justice in Korea*(서울대출판부, 2005), *East Asian Jurisprudence*(서울대출판부, 2009), *Staat und Religion in Korea*(Freiburg, 1979) 등의 영문, 독문 저서가 있다. 2000년부터 한국인물전기학회Korean Biographical Society를 운영하면서 『인물과 전기』 등의 단행본과 소식지를 발간했다.

그런데도 조진만에 대한 연구는 김병로에 비해 거의 없다시피 하다. 출간된 전기도 없고, 논문도 없다. 필자는 졸저 『한국의 법률가』(서울대출판부, 2007)에서 34인의 대표적 한국 법률가 중에 그를 포함시켜 서술한 바 있다.[2] 이번에 그 책을 기초로 집필하면서 다시 보니 새로운 각도에서 조명해야 할 사실들이 많이 드러난다. 그것은 무엇보다 조진만이 제3, 4대 대법원장을 지낸 시기가 5·16군사혁명 후 박정희 대통령이 제3공화국을 기초한 시기에 해당하기 때문이다.[3]

필자는 두 인물을 통해 당시 한국의 정치와 법치, 좀 더 구체적으로 말하면 '개발독재'와 법치주의의 상호관계를 들여다볼 수 있다고 생각한다.

2. 출생과 성장

조진만은 1903년 10월 20일 인천 영종도에서 조성만 씨의 차남으로 태어났다. 인천보통학교를 거쳐 서울의 경성제일고등보통학교에 입학한 그는 3·1운동으로 퇴학당하고 말았다. 이후 전문학교 입학 자격 검정시험을 봤고 동기생들보다 2년 먼저 경성법학전문학교에 입학하여 1923년 3월에 졸업했다. 졸업 후 2년 만에 일본 고등문관시험에 합격했는데, 이것은 한국인으로는 최초의 합격이어서 그는 국내에서 명성이 자자했다.

---

1 김병로에 대하여는 최종고, 「김병로, 대한민국 사법부의 아버지」, 『한국사시민강좌』 43, 일조각, 2008, 153~165쪽; 1963년 1월 14일 김병로의 사회장 장례식에서 한 조진만 대법원장의 조사는 『역대 대법원장 연설문집』, 법원행정처, 1973, 220~221쪽.
2 최종고, 「조진만」, 『한국의 법률가』, 서울대출판부, 2007, 327~334쪽.
3 조진만 자신이 '5·16군사혁명'이란 표현을 썼다.

3. 일제하의 판사와 변호사 생활

고등문관시험 사법과에 합격한 조진만은 1925년 경성지방법원 사법관시보로 실무 수습을 마치고 1927년 해주지방법원 판사로 임명되었다. 1933년에는 대구복심법원 판사로 승진하여 6년간 봉직했고, 1939년 대구지방법원 부장판사가 되었다. 최초의 조선인 부장판사(당시 재판장)인 그의 민사 판결문은 일본인 판사들도 경탄할 정도로 명쾌했다. 그러나 민족정신과 배일사상을 숨길 수 없어 일본인 판사시보는 멀리하고 한국인만 좋아한다는 등의 혐의 때문에 오래 견디지 못하고 사임했다. 그때부터 조진만은 해방 때까지 변호사로 활동했다. 이 시기에 그가 특별히 한국민족을 위해 변론을 했다거나 김병로, 이인李仁 등과 함께 활동한 면모는 보이지 않는다.[4] 일제하에서 판사로 재직했다는 사실 자체로 조진만(일본식 이름 朝家庸夫)은 친일파로 분류되어 『친일인명사전』에 이름이 올랐다.

4. 해방과 법무장관

해방 후에도 계속 변호사로 활동하던 조진만은 정부가 부산에 피난해 있던 1951년 5월 법무장관에 임명되었다. 그러나 일 년도 채 못 되어 1952년 3월에 사임하고 말았는데, 그 사정은 이러하다. 당시 육군 특무대장 김창룡이, 상주喪主를 가장하여 관에 무기를 싣고 산속으로 들어가려 한 무장간첩 일당을 잡아 이승만 대통령의 칭찬을 들은 일이 있었다. 계엄령이 해제되면서 이

---

4 일제하 한국법률가의 활동에 대하여는 최종고, 「일제하 한국 법률가의 활동과 평가」, 『법제연구』 39, 2010, 109~150쪽.

사건이 검찰로 넘어왔고 조진만 장관이 국무회의에서 그것은 조작극이었다고 보고했다. 당시 같은 자리에 있었던 선우종원 국무총리 비서실장의 증언에 따르면,[5] 격분한 대통령은 조 장관에게 "댁은 누구신가?"라고 말하고는 회의도 끝내지 않고 퇴장해버렸다. 며칠 뒤 조 장관은 해임되었고, 이 사건의 수사 결과가 발표되지도 않은 채 사건 연루자들은 모두 무죄로 석방되었다.

5. 변호사 시절

장관직에서 물러난 후 조진만이 어떻게 지냈는지 알 수 있는 기록은 없다. 이후 그는 1954년 다시 변호사로 개업했다. 이때 부산의 변호사 사무실 한편에 책상 하나를 주며 안원옥 씨에게 대중출판사를 시작케 했는데, 이것이 오늘날 법학서적의 대표적 출판사인 박영사의 출발이다.[6] 서울대 법대에서 1954년 무렵 '민사연습' 강의를 하기도 했다. 당시 강의를 들은 박병호(서울대 법대 명예교수)는 "한 케이스를 놓고 발기발기 가능한 모든 추론을 다 끌어내 설명하여 역시 대가답다고 놀라워들 했다"라고 회고했다.[7]

당시 변호사계에서는 해방 후 법률가의 부족을 메우기 위해 군 법무관 출신들이 양산되었고, 세력을 잡은 '비정통' 법률가들이 손해배상사건이나 귀속재산사건을 독점하며 판을 치고 있었다.

이에 정통 고등문관시험과 변호사시험에 합격한 변호사들은 반발을 억누를 수 없었다. 결국 1960년에 서울지방변호사회에서 서울제일변호사회가 분

---

5 법률신문사 편집부, 『법조 50년 야사』, 법률신문사, 2002, 911쪽.
6 안종만, 「고 안원옥 회장의 생애와 사상」, 한국인물전기학회 제80회 발표회, 박영사, 2011. 10. 29.
7 2011년 12월 2일, 서울대 법대 유기천 세미나실에서 대담.

리되어 나갔다. 조진만 변호사는 이 단체의 초대 회장이 된다. 성격상 주도한 것이 아니라 선배로서 추대된 것이다. 두 변호사회는 우여곡절을 거쳐 20년이 지나 통합되었다.

6. 대법원장 시절

(1) 5·16과 사법정책

1961년 5월 18일 장면 국무총리와 국무위원들이 총사퇴하겠다는 성명을 발표한 데 이어 19일에는 윤보선 대통령이 사임 성명서를 발표했다. 같은 날 군사혁명위원회는 그 명칭을 국가재건최고회의로 바꾸었다. 같은 달 21일에는 배정현 대법원장 직무대행이 '국군의 장거를 국민과 더불어 높이 찬양' 하고 사법부도 혁명정신에 입각하여 '부하 된 사명을 완수할 결의' 라는 담화를 발표하였다.

국가재건최고회의는 5월 31일 제1군사령부 법무부장인 홍필용洪弼用 대령을 대법원 감독관으로 임명했고, 6월 2일에 취임한 홍 대령이 "혁명과업 완수를 위해 사건의 신속 처리는 물론 구악과 부패 일소에 진력할 것을 요망한다" 라고 훈시함으로써 군사혁명 주체의 실질적인 사법부 통제가 시작되었다.[8] 혁명재판소 심판관을 법관이나 변호사 중에서 차출했는데, 한복韓宓 변호사는 이에 응하지 않아 구속되기도 했다.

8월 26일 비상조치법에 의해 판사 228명 중 223명은 재임명되고 5명이 탈락되었다. 9월 1일에는 8명의 새로운 대법원 판사가 임명되었다. 법관 임명이 끝난 후 40일간 단국대에서 전국의 판사 211명과 검사 226명이 특별교육

---

8 법률신문사 편집부, 앞의 책, 574쪽.

을 받았다. 1962년 1월 29일 박정희 의장은 이후락 공보실장을 대동하고 대법원을 시찰한 자리에서 "사법부가 다시는 국민으로부터 비난받지 않도록 자기단속을 철저히 해야 한다"라고 훈시했다. 이후 검찰 출신 계철순桂哲淳 변호사가 대법원 판사로 추천되어 최고회의 의장 결재에까지 올랐으나 당시 대법원장이었던 조진만이 "내가 그만두겠다"라고 강력히 반대하여 무산되었다. 1962년 4월 30일에는 전우영全禹榮 대령(1961년 3월 25사단 71연대장, 같은 해 7월 혁명재판소 상소심판부 재판장)이 법원 행정처장에 임명되었다. 이처럼 조진만이 대법원장으로 재임한 시기에는 군인이 법원 행정에 직접 개입했고, 무장 군인들이 법원에 난입하는 사건도 일어났다.[9]

(2) 대법원장 취임

혁명정부는 국가재건비상조치법을 통해 대법관직을 대법원 판사제도로 바꾸었다. 1961년 6월 31일 국가재건최고회의 박정희 의장은 서울제일변호사회의 추천을 받아 조진만 변호사를 대법원장으로 임명했다. 이로써 전해 5월 11일 조용순 제2대 대법원장이 정년퇴임한 후 14개월 만에 사법부의 법통이 이어지게 되었다. 박 대통령이 조진만을 대법원장에 임명한 배경에는 이런 일화가 전한다. 해방 후 육영수 여사의 아버지가 조진만이 당대 민사소송의 제1인자라는 소문을 듣고 찾아와 사건을 맡긴 적이 있다고 한다. 후일 박 대통령은 그를 "정직하고 믿을 만한 사람이라고 들었다"라고 평가했다.

1961년 7월 1일 대법원 회의실(강당)에서 제3대 대법원장 취임식이 거행되었다. 신임 대법원장은 취임사에서 "국민이 밀어주는 사법부, 옳은 일을 감행하는 용기를 지니고 끊임없이 근면하는 사법부, 인화가 있고 단결되며

---

9 자세히는 『법원사』, 법원행정처, 1995, 461~463쪽.

명랑한 사법부를 이룩해 나갑시다"라고 강조했다.

1961년 8월 대법원은 전국 법원의 판사들에게 '영감'이란 호칭을 쓰지 않도록 지시했다. 각급 법원은 신속한 사건 처리를 위해 노력했다. 대법원 판사 전원이 밤 11시까지 합의하는 것이 예사였다.

이듬해 제헌절 축사에서 조진만은 "5·16군사혁명의 과업인 자유민주주의의 헌정을 다시 확립해야 한다"라고 언급했다.[10] 그가 내면적으로 자유민주주의와 군사정치의 관계를 어떻게 이해했는지는 더 연구해볼 과제이다. 아무튼 그는 '자유민주사회'라는 말을 즐겨 썼고, "자유민주사회는 좋은 법률가를 많이 필요로 한다"라고 언급하기도 했다.[11]

(3) 대법원장으로서의 공적

제3, 4대에 걸쳐 만 7년 3개월 19일 동안 사법부를 이끈 그는 집권자에 의해 임명되었지만, 재임 기간 동안 집권자가 함부로 범접할 수 없는 권위로 사법부를 이끌어갔다.

그는 첫째, 무엇보다 소송제도 개선을 통해 사법의 발전을 기하려고 노력했다. 1963년에는 서울지방법원을 서울형사지방법원과 서울민사지방법원으로 분리 독립시켰다.

둘째, 민사소송과 형사소송에서 증인을 심문하는 방식에서 종래 재판장이 주도하던 직권심문방식을 버리고 당사자에 의한 교호심문제로 바꾸었다.

셋째, 소송 절차에서 판결문 작성을 간소화하고, 국한문 혼용이던 민형사 판결문을 한글 전용으로 혁신했다. 또한 타자기로 판결문을 쓰게 했다. 이에

---

10 조진만, 제14회 제헌절 경축사, 『역대 대법원장 연설문집』 제1집, 법원행정처, 1973, 175쪽.
11 조진만, 제3회 법의 날 기념사(1966. 5. 1.), 위의 책, 273쪽.

대해 변호사회에서 강력히 반발했지만 그는 이를 관철했다. 오늘날 되새겨 보면 선견지명이 있는 과감한 조처였다. 조 대법원장은 한학에도 조예가 깊었지만, 한글에 대한 애정이 매우 컸다. 법원 청사의 주춧돌에도 한글로 "큰 터에 머리를 놓았다. 길이 맑고 바르라" 라는 문구를 새겼다. 당시 이 주춧돌을 보며 출입하던 법률가들은 지금도 이 글귀를 암송하고 있다.

넷째, 가정법원을 신설했다. 원래 가사 재판은 1949년부터 서울지방법원 소년부 지원에서 담당했는데, 1963년 7월 31일에 서울가정법원이 독립 개원했다.

다섯째, 법학 교육과 법조인 양성에 관심을 두었다. 당시 서울대 법대 유기천 학장이 열성적으로 추진하여 사법대학원이 1962년 2월 17일 각령으로 서울대학교 부설로 개원되었다. 그러나 이후 사법대학원이 폐지되고 법무부 소관의 사법연수원이 만들어졌다.[12] 유기천이 1966년에 서울대 총장직에서 물러나면서 이미 승패는 결정되었다고들 하였다.[13] 조진만도 1968년에 대법원장직에서 퇴임했지만 이미 방향은 정해져 있었다. 1970년 8월 7일에 법원조직법이 개정되어 대법원에 사법연수원이 개설되었다. 1971년 1월 7일 사법연수원 개소식에는 후임 민복기 대법원장이 참석했다.

(4) 대법원장에 재취임하다

박 대통령도 이처럼 소신껏 사법부를 발전시키는 조 대법원장을 존경하며 예우한 것으로 알려져 있다. 1968년 10월, 민복기 대법원장과 대법원 판사들이 청와대를 방문했을 때, 박 대통령은 대법원 판사들에게 승용차를 마련해 주기 위해 몇 번 제안을 했지만 조진만 당시 대법원장이 사양하여 사법부 독

---

12 그 경위에 관하여는 『법원사』, 법원행정처, 1995, 558~600쪽.
13 자세히는 최종고, 『자유와 정의의 지성 유기천』, 한들출판사, 2005, 115~120쪽.

립에 영향을 미칠까 봐 보내지 못했다고 털어놓은 바 있다.

1963년 12월 17일부터 개정 헌법이 시행되어 대법원장과 대법원 판사를 임명할 때는 법관추천회의의 제청이 있어야 했다. 이에 따라 1964년 1월 13일 법관추천회의가 개최되었는데, 배정현 대한변호사협회 회장은 회의 연기를 주장하다 퇴장했다. 그러나 추천회의는 조진만을 제4대 대법원장으로 제청하기로 결의했다. 다음 날 박 대통령은 임명동의를 국회에 요청했고, 대한변호사협회는 국회의장에게 임명부동의 건의서를 제출했다. 이에 국회에서도 격론이 있었으나 결국 가결되었다. 박 대통령은 1964년 1월 31일 조진만을 대법원장으로 재임명하고, 2월 1일에 제4대 대법원장 취임식이 열렸다. 박 대통령은 이어 12인의 대법원 판사를 임명하고, 3월 3일 청와대에서 임명장을 수여했다.

1966년 12월 27일 서울법원 청사 증축 준공식을 가졌을 때도 박 대통령이 참석했다. 박 대통령과 조진만의 관계는 시종 좋았던 것으로 보인다. 조진만은 1968년 10월 19일 퇴임식을 가졌다.

7. 변호사로 생을 마감하다

대법원장직에서 퇴임한 후 조진만은 종로구 도림동 사저에서 은거했다. 그는 4년간 병환을 앓았는데, 문병 오는 사람이 그리 많지 않았다. 이런 그를 홍승만洪承萬 변호사 등이 찾아가 새로이 한국합동법률사무소 소장으로 초빙했다. 조 변호사는 매일 이 사무실에 나와 주로 공증 업무를 보았다. 지금 보면 대법원장을 지낸 분이 왜 다시 변호사를 하느냐고 비판적으로 보는 이가 적지 않을 것이다. 김병로 초대 대법원장은 퇴임 후 자의 반 타의 반으로 야당 정치 활동을 했는데, 조진만 대법원장은 평생 법률가로 충실했다고 볼 수 있다.

그는 1979년 2월 12일 조용히 타계하여 동작동 국립묘지 국가유공자 묘역에 안장되었다.

8. 인간 조진만

그는 법관 시절부터 독서를 많이 했다. 중국 고전에서부터 역사서들까지 폭넓게 읽었다. 그의 평생 지론은 '법률가는 고독한 인생'이라는 것이었다. "법관을 하면 친구를 다 잃는다. 법관은 기록을 보고 재판하는 것 외에 사사로운 교제를 해서는 안 된다"라고 입버릇처럼 얘기했다. 조언趙彦, 조윤趙胤 두 아들도 서울대 법대를 졸업하고 판사와 변호사로 활동하는데, 아버지와 많이 닮았다는 평을 듣는다.

필자는 1975년에 조진만 변호사를 단 한 번 대면한 일이 있다. 당시 저술한 『사도법관 김홍섭』(육법사, 1975)의 서문을 부탁하기 위해서였다. 필자는 그가 젊은 학자 지망생이 쓴 책을 가상히 여겨 격려의 뜻에서 수락해주실 것으로 기대했다. 그러나 그는 "김 판사를 좋아하기는 하지만 서문은 써줄 수 없다"라고 일언지하에 거절했다. 서운하기도 했지만 역시 듣던 대로 깐깐하신 분이라 느끼면서 돌아섰다.

오늘날 이런 법관 상이 무슨 의미를 가질까? 보는 관점에 따라 평가를 달리하겠지만, 적어도 조진만이 대법원장으로 있던 1960년대 초 · 중기에는, 근검 노력으로 국가를 재건하겠다는 대통령의 정치적 이념과 청렴결백한 대법원장의 법조윤리가 요즘 표현으로 하면 코드가 맞았다고 하겠다. 이것이 한국사법사에서 조진만 시대의 빛과 그림자라 하겠다.

이한빈, 경제관료·실학자로 국가의 초석 놓다

김광웅

1. 들어가는 말

이한빈李漢彬(1926~2004)은 함경남도 함흥군에서 태어났다. 호는 출생지인 면 이름을 따라 덕산德山이라고 했다. 요즘 흔히 쓰는 용어로 융합인으로서 일생을 보냈다. 제1공화국 정부 경제관료로 경륜을 시작해 외교관, 교육자, 시민운동가, 종교인으로 그야말로 다방면에서 국가와 사회에 기여한 드문 인물이다. 제1공화국 정부에서 10년간 일하고 제2공화국에서 재무차관

김광웅金光雄(서울대학교 명예교수, 서울대학교 리더십 센터 상임고문)
저서로는 『방법론 강의』(박영사, 1997), 『국정운영 새틀 짜기』(나남, 2001), 『바람직한 정부』(박영사, 2003), 『국가의 미래』(매일경제신문사, 2006), 『통의동 일기』(생각의 나무, 2009), 『우리는 미래에 무엇을 공부할 것인가』(공저, 생각의 나무, 2008), 『창조리더십』(생각의 나무, 2009), 『서울대 리더십 강의』(21세기북스, 2011), 『융합학문, 어디로 가고 있나?』(서울대학교 출판문화원, 2011) 등이 있다.

을 잠시 했으며 제3공화국 군사정부가 들어선 후에는 외교관(주스위스 대사, 주오스트리아 대사, 주EEC 대사, 주바티칸 공사 겸임)으로 변신해 해외 공관에서 국위를 선양했다. 제4공화국에서는 경제부총리로도 잠시 일했다.

외교관으로 관직생활을 마친 이한빈은 미국 하와이 소재 동서문화센터 East-West Center 특임 교수를 지낸 후 서울대학교 행정대학원장을 시작으로 교육자로 변신해 유능한 행정가와 학자들을 길렀다. 원장 퇴임 후 다시 동서 문화센터 산하 기술개발센터Technology Development Institute 소장으로 재직했고, 귀국 후 경희대학교 평화복지대학원 원장으로, 그리고 숭전대학교 (현재 숭실대학교) 총장으로 교육자로서의 삶을 이어갔다. 이 기간 동안 덕산이 펴낸 많은 국·영문 저서는 학계에 진취적 분위기를 진작했다. 교육자 생활을 마친 후에는 '자유지성 300인회' 공동대표로 '사랑의 쌀 나누기 운동'에 앞장서고 공명선거를 위한 시민운동가로 나섰다. 또한 기독교 장로로서 시골 오지의 교회라면 어디든지 찾아가 설교로 사회에 봉사했다.

2. 전후의 열악한 행정환경

이한빈이 나라를 꾸미는 데 기여한 것을 기리기 위해 당시의 시대배경 중 행정부가 어떤 상황에 처해 있었는지를, 특히 행정의 어려움, 그중에서도 재정난과 인물난 등에 초점을 맞추어 몇몇 고위직의 공헌과 더불어 이한빈의 역할을 더 들여다보기로 하겠다.

당시의 행정환경은 열악한 상태 그 자체였다. 통신수단과 교통수단은 물론 정부 사무실에서 쓰는 비품까지 부족하고 불편하기가 이루 말할 수 없었다. 이러한 시대 상황에서 정부는 봄이면 초근목피草根木皮로 연명하는 국민을 위해 당장 식량문제부터 시작해 모든 문제를 해결하고 내일을 준비해야

했다. 지금 시대를 사는 사람들은 스마트폰에 팩스며 복사기며 첨단기기를 당연한 것으로 여기지만 당시는 복사기는커녕 전화조차 제대로 보급되지 못한 상황이었다. 복사를 하려면 일본어로 속칭 '가리방がりばん'이라고 부르는 날카로운 펜으로 유지에 직접 글자를 쓰고 그 유지를 판에 붙인 다음 검은 잉크를 묻힌 롤러를 밀어 그 아래에 놓은 종이에 글자가 묻어나게 하는 식으로 일하는 시대였다. 행정부의 초기 모습이 어떠했는지는 이것만으로도 어림할 수 있다.

장관인 국무위원들의 수준과 능력 역시 수준급에 못 미쳤던 듯싶다. "정부 같은 큰 조직을 맡아 운영해본 경험이 없어 장관들의 능력이 부족하다"라고 이승만은 미국인 고문 올리버에게 실토하곤 했다. 어느 날 올리버에게 변영태 외무부장관에 대해 한참 불만을 토로하다가 그가 경무대에 들어오자, 하는 일이 얼마나 어려우냐며 격려했다고 한다. 올리버는 이 장면을 목도하고 지도자의 심지와 지혜를 엿볼 수 있었다고 말했다.[1] 당시 장관들은 대부분 서울 출신 인물들로 외국에서 공부한 경험이 있는데도 그러했다. 하지만 관리 능력을 빼면 인물 면에서는 지금의 장관들보다 나을지 모른다.

행정의 어려움은 또 있었다.

이곳에서도 비서를 구할 수는 있으나 서신과 문서 등을 전적으로 책임지고 다룰 수 있는 그런 사람이 필요하오. 실정대로 모든 서신을 초안부터 타자를 쳐서 작성해야 하는데 정한경鄭翰景 박사가 말을 받아쓰고 있는데 솜씨가 좀 서투르오. 여비서는 직접 필자가 될 수 없을 것이니 아무리 능하더라도 받아쓰기를 하지 않고서는 업무를 진행시킬 수가 없소. 노블 박사가 대부분의 공식 서신을 준비하고 있으나 나는 보다 범위가 넓은 서신들을 다루어야 하는데 그의 서신은 대개가 내용이 미국

1 로버트 올리버 지음, 박영일 옮김, 『이승만 없었다면 대한민국 없다』, 동서문화사, 2008, 239~240쪽.

측의 의견을 따르고 있으니 말이오. 모든 영문 관계 서류를 쓸 수 있고 받아쓰기도 하며 또 다룰 수 있는 또 하나의 올리버 박사가 필요하다는 말이오. 지금을 위해서도 그렇지만 장차 모든 협약, 조약 등을 점검하기 위한 또 한 사람의 인물이 필요하오. 한인들은 마음이 좋고 그저 권력을 잡는 일이면 무엇이든 서명 동의하지만 앞으로 잘 되어갈 것이니 근심은 아예 마시오.[2]

그런 가운데 정부는 서서히 자리를 잡아갔다. 정치 면에서는 정치학자들이 폄하하듯 권력투쟁만 일삼는 정부라는 인상이 짙었다. 그러나 어수선했던 정부 출범 초기를 지나 1950년대 중·후반에 이르면 경제계획을 제대로 세우는 등 나라의 기초를 닦았다.

첫 국무회의에 출석했을 때 보고 느낀 바로는 상당히 능률적인 내각이었고 나라를 위해 몸 바쳐 일하겠다는 사람들이 모였다는 것이 솔직한 첫인상이었다.[3]

경제기획원 전신인 부흥부復興部 장관을 지낸 송인상의 인상기다. 송인상은 대통령이 국무회의에서 장관들에게 발언하게 하여 활발한 토론으로 이어지도록 부추기는 분위기였다고 회고했다. 경무대(지금의 청와대) 국무회의에서는 주로 대통령의 관심사항을 의안으로 처리했고 국무회의가 끝난 후 해당 장관이 결재를 받을 때는 서로 도와 대통령을 설득하는 일도 있었다. 군사정부 이후 대통령 앞에서 해당사항이 없는 다른 부처 장관은 기계처럼 앉아 일언반구도 하지 않는 국무회의와는 전혀 다른 최고의결기관이었다. 그리고

---

2 위의 책, 239~240쪽.
3 송인상 지음, 최병진·박동순 엮음, 『부흥과 성장: 회남 송인상 회고록』, 21세기북스, 1994, 160쪽. 참고로 당시 국무회의 고정 멤버는 부흥부 본인을 포함해 조정환 외무, 장경근 내무, 김현철 재무, 이호 법무, 김용우 국방, 최규남 문교, 김일환 상공, 정재설 농림, 손창환 보사, 문봉제 교통, 이응준 체신 등 12부 장관과 오재경 공보실장, 강명옥 법제실장, 신두영 국무원 사무국장 등이었다.

지금의 장관들이 대통령에게 자기네 부처 일만 챙기고 돋보이게 하면서 다른 부처를 은근히 깎아내리는 분위기와는 딴판이었다.

당시 정부에는 경무대에 4~5명의 이사관급 비서들이 있었을 뿐, 비서실장도 없었다. 인적 자원도 부족했겠지만, 미국식으로 보면 장관이 보좌역이기 때문에 아마도 이승만 대통령이 비서진을 많이 두지 않았던 것 같다. 동시에 장관들이 책임지고 각 부처를 운영해야 한다고 생각했을 것이다. 지금처럼 국회에서 의원들에게 답변하는 장관에게 청와대 비서관이 일일이 쪽지를 보내주는 비서정치는 상상조차 하기 어려운 시대였다.

인적 자원 수준을 가늠할 수 있는 자료는 또 있다.

조 박사[조병옥]에게 예절에 관한 책 한 권 사 보도록 해주기 바라오. 외교관이 지켜야 할 일들이 반드시 있는 법이오. 그렇지 못하면 그 사람뿐만 아니라 나머지 사람들도 어렵게 될 것이오. (중략) 중국 사람들은 상하이에 외교관을 위한 학교를 가지고 있지만, 우리는 자체적으로 외교관들에게 최선을 다해 주어야 할 것이오. (중략) 아직은 포크나 나이프를 제대로 쓰는 방법을 배운 일이 없소. 옷을 올바르게 입는 일도 그들의 대부분이 아직 익숙하지 못한 형편이오. 지난 40년간 한국에는 이런 문제가 없었소. 이 모든 일에 많은 요령이 필요하오.[4]

정부를 운영하면서 당면한 문제가 한두 가지가 아닌 듯싶다. 옷 입는 것부터 식사 때의 예절조차 모르는 고위관리들을 위해 대통령이 하나하나 신경을 써야 했으니 걸음마를 막 시작하는 어린아이를 데리고 조심스러워하는 심정이었을 것이다.

하지만 이를 어렵다고 말할 만한 시대가 아니었다. 대한민국은 일제로부터 해방되었지만 남북과 남남으로 이념적 대립이 끊이지 않아 정치사회적으

---

4 송인상, 위의 책, 243쪽.

로 혼란스러웠고, 정부의 국정수행 체계도 잡히지 않았다.

3. 정부의 초석을 놓는 데 기여하다: 공직자로서의 삶

그 시대의 어려운 사정은 다음 통계를 보면 능히 짐작하고도 남는다. 당시 국민총생산—정확히는 국민소득개산國民所得槪算이라고 기록함—액은 1천억 환으로, 인구가 2,016만 명이고 환율이 1,200대 1이었으니 일인당 국민소득은 4,960환, 즉 4달러에 불과했다.

어려웠던 정치 상황은 여기서 굳이 밝힐 필요는 없다. 그러나 행정은 정치로부터 자유로울 수 없었다. 좌우 간뿐만 아니라 같은 쪽에서도 서로 어긋나고 대립했다. 정치인들이 자유와 민주, 신탁과 반탁 등을 아무리 외쳐댄들 국민이 매일 끼니를 걱정하는 상황에는 조금도 도움이 되지 않았다. 정치란 예나 지금이나 국민과 거리가 있기는 다를 바 없는 것 같다.

정부는 해방과 자유를 맞은 지가 언제였던가 싶게 또 다른 짐을 져야 할 운명에 처했다. 좌우 이념 대립으로 혼란은 그칠 줄 몰랐고, 나라 경제가 후진국 중에서도 후진국 수준이었으니 국정운영 능력에 한계가 있을 수밖에 없었다.

그러나 이승만 대통령은 정부 운영에 심혈을 기울였다. 정부를 맡아본 경험이 있는 인물이라고는 일제강점기 관료 출신밖에 없었기에 이들에게 의존해야 했다. 이들은 조직의 중간 영역에 주로 자리 잡았지만, 새로운 일을 창안해내기보다는 일상 업무를 집행하는 일에만 전념하는 전형적인 관료였다. 정부가 하는 일은 법과 규정을 제대로 집행하는 것만으로도 일차적 목표는 달성한다. 그러나 법과 규정이 제대로 정비되지 않은 상태에서 간신히 헌법—그것도 어중간한 형태의—을 제정했던 것만으로도 국가와 정부의 위용을 갖추는 토대를 마련했다고 할 수 있을 것이다.

이승만은 해외 경험 때문이기도 하고 당시 한국을 둘러싼 국제정세의 어려움 때문에 주로 미국과 계속 협상해야 했다. 6·25전쟁 포로 석방 문제며 한미방위조약 체결, 원조를 받아내는 문제 등이 결코 쉽지 않은 가운데 미국의 의사에 반하는 태도를 견지해 서로 매우 힘들었지만, 도움을 받아야 할 입장인 이승만 정부는 미국을 설득하여 모든 실마리를 풀어야 했다.

행정 체제나 부처가 자리를 제대로 잡지 못했던 것은 오히려 당연했는지 모른다. 내무부, 외무부 등 기본적인 업무를 수행하기 위한 부처가 조직되었다. 공공지출이 국민총생산의 5분의 1도 안 되는 규모였다.

어려운 행정 사정은 정부가 출범하자마자 발발한 6·25전쟁으로 인해 더욱 악화되었다. 없는 살림에 국고를 전쟁에 모두 다 쏟아 부어야 했다. 남한을 지원하러 온 연합군의 군비도 당장은 정부가 부담했다. 나중에 차용해준 군비를 되돌려 받기 위해 경제사절단이 여러 번 유엔에 가야 했다.

1950년 6월 25일에 발발한 6·25전쟁은 같은 민족 간에 서로 피를 흘리며 싸운 쓰라린 민족의 비극이었다. 뿐만 아니라 이 전쟁은 남북한 양측에 엄청난 인적·물적 피해를 가져다주었다. 이 전쟁으로 남한에서는 군인 13만 5천 명이 전사하고 44만 3천 명이 부상을 당했으며, 100만 명에 가까운 민간인이 사망하거나 학살 또는 부상당하고 납치되고 행방불명되었다. 또한 북한에서 포로가 되어 갖은 고생을 하던 군인 8,333명이 포로교환 시에 생환했다. 북한은 지금까지 함구하고 있지만 최근에 공개된 소련 측의 자료에 따르면 포로교환이 끝난 1953년 말에도 약 4만 명 이상의 포로가 북한에 억류 중이었다고 한다. 대한민국 정부가 행한 조사에 따르면 남한이 입은 물질적 피해의 총 규모는 4,123억 원에 달한다.

이한빈이 대한민국 정부의 공직에서 처음 한 일은 예산의 구조와 기능을 제대로 짜는 것이었다. 예산은 정부의 기본 틀과 다름없다. 돈이 있어야 정부가 운영되고 이를 적절히 관리해야 운영이 원만해진다. 정부를 운영하려면 인적 자원, 물적 자원, 직업정신(사기), 기술, 정보, 시간과 기회 등이 제대로 움직여야 하는데 이를 가능하게 하는 것이 예산이다. 물론 이를 운영하는 주체가 사람이기 때문에 인적 자원이 중요함은 두말할 나위가 없다.

이한빈은 1951년 하버드대학교에서 경영학 석사를 마치고 은사(존 M 고스)가 장면 총리에게 써준 추천서 덕분에 정부에서 일하게 되었다. 은사는 추천서에 이렇게 썼다. "이 군은 훌륭한 직업공무원이 될 것이라고 사료됩니다. (중략) 인간적으로 매력적이며, 조용하고 겸손한 성품을 가졌지만 번뜩이는 유머감각이 있고, 이해가 빠르며 정직하고 성실한 성품을 지녔습니다."[5] 그때 이한빈의 나이 26세. 약관의 나이에 재무부 예산과장으로 관직을 시작했으니 현대 행정사의 증인이자 나라를 꾸미고 가꾼 인물이라고 말하지 않을 수 없다. 7년 만에 예산국장이 된 이한빈은 어려운 행정 여건 속에서도 미래를 준비하는 열정과 아이디어로 행정부처의 초석을 놓기 시작했다.

이한빈은 세출 7,340억 환과 세입 3,040억 환, 즉 4,300억 환의 적자 예산을 운영해야 했다. 당시 대한민국 정부가 유엔에 요구한 원조 총액은 자본재, 직접 군원, 소비재, 구호물자 등을 포함해서 5억 6백만 달러였다. 6·25전쟁을 전후해 인플레이션이 하도 심해 전쟁 발발 후 1년 반이 지난 1951년 말에는 물가가 25배나 뛸 정도로 재정 상태가 취약했다. 한국은행권 발행고는 전쟁 전 690억 환에서 1952년 1월에는 6,000억 환, 1953년 2월에는 1조 3,000억 환을 넘었다.

당시에는 예산의 목적별 분류와 경제·성질별 분류를 결합한 횡적 분류 cross classification가 되어 있지 않았기 때문에 성과주의 예산이라는 것은 엄

---

5 이한빈, 『일하며 생각하며: 이한빈 회고록』, 조선일보사, 1996, 40쪽.

두도 못 내었다. 이 같은 상황에서 백두진 재무장관의 역량으로 극심한 인플레이션도 가라앉고 국가 재정 상태는 서서히 바로잡혀 갔다. 이한빈은 백두진 장관이 해외 회의에 나갈 때마다 수행원으로 동행했다. 어려서부터 선교사에게 영어를 배우고 서울대학교 영어영문학과에 다닌 후 하버드대학교에서 수학해 유창한 영어 실력도 도움이 되었을 것이다. 그는 사무관 때부터 장관, 총리, 대통령 등을 모시고 유엔이 있는 뉴욕과 미국 정부가 있는 워싱턴에 네 차례나 수행하며 고위회담에 배석하고 원조기관과 수혜기관의 줄다리기 경제외교를 감각으로 익혔다. 그리고 이를 정부 운영에 그대로 반영하고 집행했다.

제1공화국 정부 후반기에 이르러 이한빈은 송인상 부흥부 장관을 도와 경제개발계획의 기초를 닦았다. 한미합동경제위원회와 한국경제개발 5개년 계획의 산실이 된 산업개발위원회 등에서 이한빈은 경제관료로서 탁월한 역량을 발휘했다.[6]

자유당의 부패와 무능, 4·19혁명 후 민주당 신·구파 간의 갈등과 분쟁 등으로 개발계획이 주춤했지만 민주당 때는 재무차관으로서─비록 단명이었지만─정부 전이 때 가교 역할을 하면서 국정에 기여했다.

이한빈은 경제와 재정 분야에서 국가에 공헌하며 대한민국을 가꾸었을 뿐만 아니라 과도정부 송요찬 내각수반에게 새로 생기는 각 부처 기획조정관들(기획원 김태동, 외무부 김영주, 재무부 이철승, 문교부 이창석, 보사부 강봉수 등)을 천거하는 역할까지 했다. 그는 정부가 필요한 일꾼을 가릴 수 있는 시대감각과 능력을 갖추고 있었다.

---

6 이한빈은 여기에서 그치지 않고 1959년 부흥부 산하의 산업개발연구원을 설립하는 일을 도왔다. 원조기금을 관리하는 기관으로 신태환, 고승제, 주원, 박동묘, 안림 등 당대 혁혁한 경제전문가들이 상층부에 자리 잡았다. 이한빈, 위의 책, 100~101쪽.

이한빈이 역대 정부의 쟁쟁한 경제관료, 이를 테면 백두진, 송인상, 김영선 등과 같은 재무장관들을 제치고 대한민국을 꾸민 인물로 기억될 수 있는 것은 그가 경제관료로 건국 초기부터 정부에 공헌했을 뿐만 아니라, 공직을 떠난 후에도 각계에서 활동하며 학구적 삶을 살고 후학을 양성했으며 정의로운 시민 운동에 앞장 섰기 때문이다. 또한 미래지향적 시관을 가지고 아름다운 내일을 창조하려는 예술적·융합적 사고를 하고 실천했기 때문이다.

4. 세계의 변화에 눈뜨고 미래를 예견하여 인재양성에 정열을 쏟다: 교육자로서의 삶

이한빈은 대한민국 정부 초기, 세계에 눈뜬 몇 안 되는 인물 중 하나이다. 그것은 아마도 하버드대학교에서 수학하고 젊은 시절 외교관으로서 유럽을 섭렵했던 덕택일 것이다.

그가 한국미래학회를 창설한 것은 서울대학교 행정대학원 원장 시절인 1968년의 일이다. 그때부터 21세기의 변화를 내다보고 '2천년회'를 조직하여 당시에는 생소한 델파이 기법으로 서기 2천 년의 한국사회를 예견했다. 이한빈은 환태평양국가Pacific Rim들이 세계의 중심에 설 것이며 세계의 축이 아시아로 이동할 것이라고 강의 때마다 역설했다. 그는 현재의 변화를 반세기 전에 이미 예견하는 혜안을 가졌던 것이다.

그는 하와이 동서문화센터에서의 연구 성과를 펴낸 *Korea: Time, Change and Administration*(1965)에서 '발전형 시관론'을 주창하여 공직에서 일하는 관료들에게 나라의 앞날을 위해 어떤 시관time perspectives과 변화에 대한 태도attitude for change를 갖추어야 하는가를 제시했다. 그 일환으로 그는 전통 행정학의 경지를 넘어 생태행정학과 발전행정학을 창도하고 환경의 중요성을 예견하며 도시계획의 필요성을 강조했다.

1970년에는 사회변동과 국가발전에 관심을 갖고 『창조와 개척』을 발간했다. 그는 이미 1960년대에 스위스에서의 경험을 살려 『작은 나라가 사는 길』을 낸 바 있다. 이 책들에 이한빈은 동아시아의 작은 나라일 뿐인 조국이 경제적으로 부강한 나라가 되기를 바라는 충정과 가없는 노력을 담았다. 1980년대에는 논문집 『미래로 가는 길』을 발간했고, 1990년대에는 수필집 『미래완료의 시관』, 『2000년을 바라보면서』, 『한나라의 앞날』, 『한국의 미래와 미래학』 등 미래 인재양성에 초점을 맞춘 책들을 펴내었다.

1996년 고희를 맞은 이한빈은 『일하며 생각하며』라는 제목의 회고록을 출판했다. 이 책에 실린 〈알프스의 해 질 녘〉은 그가 스위스에 있을 때 쓴 시로, 그를 시인이라고 부르기에 부족함이 없는 작품이다. 서울대학교 영문학과에서 기른 기초 실력 덕분이었을 것이다. 이 시는 1963년 7월 『한국일보』 일요시단에 실리기도 했다. 시의 일부를 옮긴다.[7]

은빛의 바다/설산의 바다/[심플롱]으로부터 [그랑 상 베르나르]까지/조화의 파노라마/(중략)/저 석양에 홀로 솟은 형제봉/[바이스 혼]과 [로트 혼]/그대들은 무슨 고독한 대화를 속삭이느뇨/(중략)/찬란했던 하루를 얘기하는가/아니 광명한 내일을 일러주는가/아아 멎어주오/한 순간만 멎어주오/암흑이 온 누리를 덮기 전/한 번만 더/오늘도 내일도 아닌 이 순간/[알프스]의 저녁햇빛을 비쳐주오.

이한빈은 정의로운 공정사회를 구현하려고 애쓰는 한편 종교인, 예악인으로서도 아름다운 세상을 꾸미려 애썼다. 새로운 아이디어에 늘 목말라했던 창도자advocator이자 실천가 이한빈은 피아노를 치고 교회 성가대원으로 노

---

7 이한빈, 위의 책, 132쪽.

래를 부르는 예악인이기도 했다. 공자의 흥어시興於詩, 입어예立於禮, 성어락
成於樂을 평생 실천한 인물이다.

5. 나라를 바로 세우려고 애쓰다: 시민운동가로서의 삶

끝으로 이한빈은 나라의 기초를 더 군건히 하고 사회의 질서를 바로잡으며
아름다운 세상을 꾸미려고 애썼다. 이를 위해 말년에 그가 한 '사랑의 쌀 나
누기 운동'과 '공명선거를 위한 시민운동'을 간단히 소개하는 것으로 글을
맺는다.

이한빈은 '사랑의 쌀 나누기 운동'을 한국교회 지도자들 사이에서 일어난
조용한 정신운동이라고 그 성격을 규정한다. 1980년대 내내 쌀 풍년이 들어
소비 일변도의 생각으로 꽉 차 있던 사회분위기를 일신하기 위해 한경직 목
사를 비롯한 사회인사들이 모여 고안해낸 시민운동이다. 실행위원장을 맡은
이한빈은 명사들로부터 기업으로부터 모금하고 백화점에서 바자도 열어 한
달 만에 10억 원을 모았다. 이 돈으로 우선 북한에 쌀 1만 가마를 보냈다. 직
교역이 불가능한 시절이라 부산에서 홍콩을 거쳐 보내게 되는데, 북쪽 카운
터파트는 금강산개발회사라는 간판으로 북쪽의 지시를 받아 홍콩에서 활동
한 박경윤 여사였다. 1990년 7월 3일 부산을 출항한 '사랑의 쌀' 1만 가마는
7월 20일 홍콩에서 북한 선박에 이적된 후 27일 남포에 도착했다. 그동안 간
헐적으로 이루어지던 인도적 차원의 북한 돕기 운동이 본격화되는 계기가 되
었다.

'사랑의 쌀'은 북한만 향하지 않고 필리핀과 방글라데시 같은 어려운 상황
에 처한 나라에도 국제적으로 사랑의 날개를 펼쳤다. 특히 1990년 여름에는
필리핀에 화산이 폭발하여 수백만의 난민이 발생해 국제적 도움이 절실했

다. 유엔아동기금UNICEF 대표의 도움으로 이 일이 성사되었다. 1991년에는 방글라데시로, 1992년에는 수단으로 사랑의 쌀이 널리 퍼졌다. "'사랑의 쌀 나누기 운동은 해방 후 한국 교회가 한 일 중에 가장 잘한 일이다"라고 강원 용 목사는 찬양했다.

1980년대 중반 이후 민주화 전기를 맞으며 사회의 어지러움은 지속된다. 학원소요, 노사분규, 통일문제 등 쉴 틈 없이 쟁점이 쏟아졌다. '자유지성 300인회'가 발족한 것은 1990년 10월 4일의 일이다. 이들은 독재세력과 폐 쇄정책을 배격하고 "정치, 경제, 사회 등 여러 분야에 걸쳐 겨레의 전진을 방 해하는 망동폭력세력을 배격하기 위해" 결성되었다. 이들은 또한 북한의 지 식인과 청년학생들 속에 점증하는 민주화, 자유화, 개방화 기운을 긍정적으 로 평가하며 지지하기를 주저하지 않았다.

경제정의실천시민연합과 나란히 탄생한 자유지성 300인회는 50대와 60대 회원이 대부분이었다. 6명의 공동대표 중 하나인 이한빈은 1984년 7월부터 『조선일보』 '아침 논단'에 '보통사람론'을 펴면서 중산층이 두껍게 자리 잡 기 시작한 한국사회에서 이제 나라의 주인은 보통사람들이며 공직자들은 앞 으로 여당에 봉사하지 말고 국가에 봉사하는 공복이 되라고 외쳤다. 나라의 주인인 국민은 이제 국가를 위해 누가 어떤 일을 해야 하는가를 바로 내세우 며 당당히 투표하라고 공명선거운동을 폈다. "먹지 말고 받지 말고 바로 찍 자!"가 당시의 표어였다.

공명선거실천운동은 그 후 불교, 천도교, 유교 등 여러 종교단체가 합세해 '공명선거를 위한 시민단체연합(공선협)'으로 확대되었는데, 강문규 YMCA 연맹 총무, 송월주 스님과 함께 이한빈은 공동대표로 바른 민주선거에 불을 붙였다.

평생을 공인으로 살았던 이한빈은 나라에 대한 충성의 마음, 충성을 실행하는 의무감, 여기에서 보람을 찾는 명예의식이 체화된 인물이다. 개인적인 모습도 대학이 배출하고자 하는 자질이자 옛 선비의 품성을 교과서처럼 갖추었으나 문학, 역사, 철학의 문·사·철에 정통하고, 과학과 예술에 대한 사랑이 남달랐다. 그리하여 서양사람은 이한빈을 '신사'라고 불렀고 주변에선 '군자'라 부르곤 했다. 한마디로 준수한 외모, 설득력 있는 언술, 감동적인 도도한 문장, 어려움 속에서도 흔들리지 않던 현철한 판단력을 두루 갖추었다. 아름다운 인생을 산 이한빈은 후학들의 자부요 자랑은 물론 온 국민이 빚을 졌다고 해도 과언이 아닐 것이다.[8]

인물은 때를 만나야 한다는 말이 있다. 때를 만나지 못하면 자신의 역량이 발휘되기 어렵다는 뜻이다. 리더십 이론 중 상황론으로 보면 맞는 말이다. 그러나 인물이라면 때의 의미와 흐름을 파악하고 거기에 자신의 역량을 맞추어 일을 해내야 한다. 이한빈이 바로 그런 인물이다.

---

8 덕산추모사업회 엮음, 『나라가 먼저지 언제나 그렇지』, 나남, 2005, 586~587쪽에 실린 김형국의 글 일부를 옮겼다.

유일한, 선각적 민족기업인 유일한

김기원

1. 시대의 선각자

제약업이 중심인 유한양행을 창립한 유일한柳一韓(1895~1971)은 1895년 평양에서 태어나 1971년에 별세했다. 그는 당대 최고의 부자가 아니었고, 유한양행도 한국 재계를 주름잡는 대기업 집단에 속하지 않는다. 하지만 그는 그 어떤 대기업 총수 못지않게 국민의 존경을 받은 기업인이었다. 보다 정확히 표현하면 그는 이른바 재벌총수들과는 격을 달리했다. 그저 돈만 많이 번 게 아니라 기업인의 모범, 나아가 사회지도층의 모범을 보였기 때문이다.

우리는 재벌총수들이 온갖 비리에 연루된 모습을 너무나 자주 봐왔다. 많

김기원金基元(한국방송통신대학교 경제학과 교수)

저서로는 『경제학 포털』(필맥, 2006), 『재벌개혁은 끝났는가』(한울, 2002), 『미군정기의 경제 구조』(푸른산, 1990), 『한국산업의 이해』(공저, 한국방송통신대학교 출판부, 2002) 등이 있으며, 논문으로는 「김대중-노무현 정권은 진보였나」(『노무현이 꿈꾼 나라』, 동녘, 2010), 「외국자본에 대한 합리적 인식과 대응」(『세계화와 개방정책』, 대외경제정책연구원, 2005), "Corporate Restructuring: With an Emphasis on Jaebol"(*Korea Journal*, 2002 Spring) 등이 있다.

은 재벌총수가 천문학적 규모의 탈세를 저지르고, 회사 재산을 개인 돈처럼 함부로 빼돌리며, 형제간 또는 부자간에 험악한 재산 다툼을 일으키고, 뇌물을 통한 정경유착으로 사회를 오염시키며, 중소기업과 노동자를 마구 쥐어짰던 것이다. 그래서 재벌총수들이 검찰과 법원에 불려 다니는 일이 예삿일처럼 돼버린 것이다. 이는 한국자본주의가 압축적으로 발전한 탓에 아직껏 기업윤리가 제대로 자리 잡지 못하고 정치권과 같이 기업 환경도 낙후되어 있는 탓이다.

이런 천민자본주의 풍토 속에서 유일한은 동시대 기업인, 아니 오늘날의 기업인도 좀처럼 따라가기 어려울 만큼 시대를 앞서 간 선각자였다. 비리를 멀리하고 근검절약을 통해 기업을 키워간 그는 막스 베버Max Weber가 말한 프로테스탄트 정신으로 가득 찬 진정한 근대적 기업가였다. 게다가 자신의 재산을 개인과 가족을 위해 쓰기보다는 교육 사업에 기부했다. 오늘날 많은 재벌총수가 회사 돈으로 사회공헌 운운하고 있는 것과는 차원이 다른 셈이었다.

그러면 유일한은 어떻게 이런 선각자적인 기업가가 될 수 있었을까. 결론부터 미리 말하자면, 아마도 그가 선진 미국의 합리적 기업가 정신을 배웠고, 또한 일제강점을 극복하려는 애국애족 정신을 간직하고 있었기 때문이 아닌가 싶다.

유일한은 유기연의 장남으로 태어났다. 유기연은 잡화점, 비단장사, 싱거미싱 대리점을 경영했으며, 미국 선교사에게 세례를 받은 인물이었다. 그런 유기연의 결정으로 유일한은 아홉 살의 어린 나이에 미국으로 건너갔다. 그는 침례교회가 알선한 미국인 자매의 집에 기거하면서 초등학교를 마친 후 독립운동가 박용만이 독립군을 양성하기 위해 설립한 한인소년병학교를 다녔다. 이어 유일한은 헤스팅스고등학교를 거쳐 미시간대학교에 진학했다.

대학시절 그는 학비와 생활비를 조달하려고 중국 잡화를 수입해 팔기도 했으며, 1919년 한국에서 3·1운동이 일어나자 그해 4월에 필라델피아에서 개최된 한인자유대회에 참석했다. 대학 졸업 후에는 제너럴일렉트릭GE의 회계사로 잠시 일했으나 곧 독립해 식품회사를 설립하고 숙주나물을 중국요리점에 공급하는 사업을 벌였다. 그리고 1924년에는 서재필 등과 함께 한국, 중국, 러시아의 토산품을 수입하는 류한주식회사New-Il Han & Company를 설립했다.

1926년에 들어서 그는 소아과 의사인 중국인 부인과 함께 한국으로 귀국했다. 그리고 귀국할 때 들여온 약품 등을 밑천으로 같은 해에 유한양행을 창립했다. 오늘날 재계를 주름잡고 있는 어떤 재벌보다도 이른 시기의 창립이었다. 유한양행에서는 의약품을 위주로 염료, 화장품 등을 수입했고, 1936년에 제약업을 시작해 부천에 소사공장을 건설하고 안티푸라민 등을 통해 큰 수익을 거두었다. 이 과정에서 새로운 광고 기법을 도입하고 중국에 지사를 설치하면서 사세를 확장했다. 그리하여 당시 한국인이 세운 제약회사 중에서는 유한양행이 가장 큰 규모에 이르게 되었다.

그러나 제2차 세계대전이 발발하면서 전시통제가 강화되자 유한양행은 원료 조달에 애로를 겪고, 세금 면에서 압박을 당하고, 임원들이 체포당하는 등 어려움에 처하게 되었다. 그리하여 미국을 방문한 유일한은 귀국하지 않고 CIA(Central Intelligence Agency, 중앙정보국)의 전신인 OSS(Office of Strategic Service, 전략첩보기구)에서 한국 담당 고문 일을 맡았다. 1942년에는 로스앤젤레스에서 한인국방경위대 창설에 관여했으며, 1945년에는 한국인들을 무장시켜 한국에 침투시키려는 계획인 NAPKO 작전에 참여해 공작원 훈련까지 받았다.

해방이 되면서 남북한이 분단되자 유한양행은 북한과 중국에 있는 시설을 모두 잃게 되는 타격을 입었다. 이런 가운데 유일한은 1946년에 귀국해 상공회의소 초대 회두를 역임했으나 이승만과의 불화로 또다시 도미했다. 그 후 1953년에 귀국해 ICA(International Cooperative Alliance, 국제협동조합연맹)의 원조 자금을 기초로 기업을 복구하는 데 나서 1950년대 말에는 다시 한국 최대의 제약회사로 부상했다. 또 유일한은 유한공고를 설립하는 등 교육사업에도 큰 힘을 기울였고, 자신의 재산 대부분을 학교재단에 바쳤다. 나아가 재계의 일반적인 행태인 세습경영에서 탈피해 전문경영인 체제를 확립해놓은 다음 1971년에 별세했다.

2. 기업가 정신

유일한의 기업가 정신으로는 첫째로 근검절약의 청교도 정신을 지적할 수 있다. 몇 가지 에피소드를 통해 그의 삶을 살펴보자.

어느 날 사장실에 들어간 임원이 새 만년필로 결재하는 유일한을 보았다. 유일한이 만년필을 너무 오래 사용하자 보다 못한 임원들이 새것으로 바꾸라 했지만 아직도 쓸 수 있는 걸 왜 바꾸느냐고 하던 터였다. 그래서 임원이 어찌된 영문인지 물으니 그는 이렇게 대답했다. "내가 이 만년필을 구입할 때, 고장 나면 언제라도 수리해준다고 설명서에 씌어 있었는데 얼마 전에 고장이 나서 맡기게 되었네. 그랬더니, 그 회사에서 자기네 제품을 19년 동안이나 사용한 사람은 아직 한 사람도 없었다면서, 고장 난 만년필은 기념으로 회사에서 보관하고 대신 새 만년필을 보내준 것이라네."

그는 종이 한 장도 아무렇게나 쓰다가 버리지 않았고, 사업 구상을 위한 메모도 이면지를 이용했다. 직원과 같이 해외출장을 갈 때도 가급적 호텔 방 하나를 같이 썼다. 죽음 뒤에도 화려함과는 거리를 멀리하려는 듯 자신이 평소에 입던 양복을 깨끗이 세탁해 수의로 입혀줄 것을 유언으로 남겼다. 개인적으로 남긴 유품도 옷 두어 벌과 구두 두어 켤레에 불과했다.

또 그는 계산이 분명했다. 그는 제일 좋아했던 딸에게도 1원 한 장까지 계산하게 했다. 어린 딸이 매달 받는 용돈 외에 필요한 돈을 요구하면 차용증을 쓰고 언제까지 갚겠다는 약속을 하게 했다. 어느 임원이 집 짓는 데 돈이 모자라니 빌려달라고 하자 그 임원이 보유한 주식을 담보로 맡기게 하고, 자신의 유언장에 그가 갚지 못한 돈을 받아서 학교재단에 넣으라는 내용까지 명기할 정도였다. 막스 베버가 합리적 자본주의를 논하면서 정확한 계산을 강조했던 점이 생각나는 대목이다.

1950년대 말 미국 출장에서 돌아온 유일한은 공장에 마중 나온 임원에게 봉투 하나를 내밀었다. 회사에서 나온 간행물을 유일한에게 부치며 쓴 봉투였다. 영문을 몰라 하는 임원에게 유일한은 봉투를 보라고 말했다. 거기에는 100환짜리 14장으로 1,400환어치 우표가 붙어 있었다. 1,000환짜리 한 장과 100환짜리 4장이면 될 것을, 이리하면 우표를 붙이는 데도 시간이 많이 걸리고 우체국에서 소인 찍는 데도 시간이 더 걸려서 결국 회사와 나라 모두에 손해가 아니냐는 질책이었다.

둘째로, 위와 같은 근검절약 정신과 더불어 유일한은 유한양행이 자신의 소유물이 아니라 하나님의 재산이라는 청지기 정신을 갖고 있었다. 그는 "기업의 소유주는 사회다. 단지 그 관리를 개인이 할 뿐이다"라고 말했다. 이런 정신을 가졌기 때문에 그는 1936년에 유한양행을 주식회사로 전환할 때 임원과 종업원에게 주식 일부를 분배했다. 그리고 1974년 정부가 기업 공개를 촉구하기 이미 12년 전에 주식을 공개했다. 또 공개 후 증자 과정에서는 남보다 먼저 사원지주제도를 실시했다. 종업원 복지제도도 남달라 1936년에 소사공장을 지으면서 기숙사, 운동장, 수영장 및 각종 위생시설을 같이 건립해 당시 한국의 어느 기업보다도 앞선 복지 수준을 내보였다.

유일한의 청지기 정신은 무엇보다도 유한양행의 경영권과 개인재산 처리에서 가장 명확히 드러났다. 그는 유한양행의 후계구도를 구축하기 위해 아들을 경영에 참여시켜야 한다는 임원들의 권유에 따라, 미국에서 학교를 마치고 변호사 자격을 갖고 있던 유일선을 귀국시켜 3년간 부사장직을 맡겨보았다. 그러나 유일선은 한국말을 몰라 직원들과 소통도 원만하지 않은데다 과도하게 기업 이윤만 추구하는 모습을 보였다. 그러자 유일한은 아들을 쫓아내 버렸다. 그리고 세상을 떠나기 2년 전에 공식적으로 경영권을 전문경영인에게 이양하고 현업에서 물러났다.

그는 나아가 유언장에도 이를 명시해 자신이 소유한 유한양행 주식을 '한국사회 및 교육원조 신탁기금'에 기증한다고 밝혔다. 딸에게는 유한공고 안의 묘소와 주변 땅을 물려주었으며, 손녀에게는 학자금으로 자기 주식배당금 중에서 일부를 마련해주었지만, 아들에게는 재산을 주지 않고 "너는 대학까지 졸업했으니, 앞으로는 자립해서 살아가라"라고만 했다. 그의 딸은 유한재단 이사장으로서 자신이 원한다면 경영일선에 나설 수도 있었지만, 아버지 뜻에 따라 전문경영인 체제를 지켰고 자신의 재산도 별세할 때 유한재단에 모두 기부했다.

셋째로, 유일한의 기업가 정신은 사업보국 정신으로 나타났다. 그는 기업이 이윤을 추구하는 것은 당연하지만, 그것은 합법적이고 우량한 제품의 제조 판매를 통해 얻어야 한다고 했다. 그리하여 일자리를 만들고, 정직하게 납세하고, 남는 것은 기업을 키워준 사회에 환원해야 한다고 주장했다. 여기에서 그의 사업보국 정신을 엿볼 수 있다. 그의 기업가 정신은 청교도 윤리에 머무르지 않고 애국애족의 정신까지 아우르고 있는 셈이다. 유일한은 아들에게 자신의 우선순위는 국가, 교육, 기업, 가정인데 그의 생각은 어떤지 물어본 적이 있었다. 이에 아들은 자신은 그 반대라고 했고, 이 같은 가치관의 충돌로 부자는 결국 결별하게 된 셈이다.

유한양행 초창기에 만주를 거쳐 각지를 돌아다니고 온 영업사원이 유일한에게, 마약 붐이 불고 있으니 우리 회사도 여기에 손대면 큰돈을 벌 것이라고 제안한 적이 있다. 이에 유일한은 격노하면서, "나는 불쌍한 동포에게 도움이 되는 일, 사회에 유익한 일을 하고자 약업을 하는 것이다. 어찌 날 보고 국민에게 그런 어마어마한 해악을 끼치는 일을 하라고 하느냐?"라고 소리쳤다. 또한 드링크류가 날개 돋친 듯 팔려나가던 시절에 다른 이들이 유한양행도 드링크류를 제조하자고 제안하자, 유일한은 "한강 물에 설탕을 넣어서 팔자는 것이오? 국민의 건강을 지키겠다는 제약업자들이 국민의 건강을 좀먹어가면서 돈이나 뜯어내자는 것은 강도보다도 더 나쁜 짓이오"라고 하면서 거부했다.

사익보다 공익을 우선한 그의 자세는 다음 사건에서도 극명하게 드러났다. 서울시에서 한강 인도교 건설을 위해 땅을 수용하는 과정에서 보상금 문제로 갈등이 벌어졌는데, 유한양행 소유 땅도 거기에 포함되어 있었다. 땅 주인들이 투쟁위원회를 구성했는데, 유한양행 직원도 거기 들어갔다. 나중에 이를 알게 된 유일한이 직원을 불러 사정을 들었다. 직원이 "지금 은행 감정가가 평당 14,000원인데 4,500원에 수용하겠다는 건 공권력의 횡포입니다"라고 말했다. 그러자 유일한은 "정부라면 국민의 재산권도 정당하게 보상해 줘야 하겠지. 그러나 다리는 시급히 건설해야 되고 예산은 모자라는데 무조건 반발만 하면 결국 불편한 건 죄 없는 시민뿐일세"라고 호통쳤다. 그리고 원래 그 땅을 평당 얼마 주고 샀는지 물었다. 30원에 샀다는 대답을 들은 그는 "30원에 사서 4,500원에 팔면 됐지 그 이상 더 뭘 바라" 하면서 당장 토지 수용에 응하라고 지시했다.

3. 교육사업과 민족운동

유일한은 기업보다 교육에 더 높은 가치를 부여했다. 외국여행을 할 때에도 기업가 명함보다 교육자라는 명함을 소지하기를 더 즐길 정도였다. 본디 유한양행을 창립할 때도, 선교사들이나 김성수가 설립한 학교를 보고 감명을 받았으나 자신의 재산만으로는 학교를 설립하는 데 부족해서 우선 기업을 일으켜 그 자금을 조달하고자 한 것이었다. 그는 해방 이후 마침내 교육기관을 설립하기에 이르렀으며, 재산도 교육재단에 기부했다.

유일한은 1953년 고려공과기술학원을 창설하여 학비 면제의 무상교육 체제하에서 기술자를 양성하고자 했다. 1957년에는 새로이 고려공과학원을 건립했는데, 여기서도 학비가 무료임은 물론이고 약간의 용돈까지 지급했다. 이후 그는 유한공고, 유한공업전문대학을 설립했다. 이런 식으로 유일한이 세운 학교들은 다른 대기업이 세운 학교에 비해 그 규모가 특별히 크지는 않았다. 하지만 그가 재산 대부분을 이 교육재단에 넘겼다는 점에서 교육사업에 대한 그의 열정을 이해할 수 있지 않을까 싶다.

유일한이 기업 이외의 방식으로 우리 사회에 기여한 분야가 해방 이후엔 교육사업이었다고 한다면, 해방 이전엔 민족운동이었다. 그의 민족운동은 학업과 기업 활동 중간중간 간헐적으로 이루어지기는 했으나, 그 일관성은 계속되었다. 비록 그가 총을 들고 일본군과 싸운 일은 없으나, 기업인으로서는 누구도 따라오기 힘들 정도로 열심히 독립운동에 참가했다. 게다가 그는 자신의 독립운동 경력을 내세우려 하지 않았고, 생전에 누가 이에 대해 취재를 하면 자신은 별로 한 것이 없다고 손사래를 쳤다.

유일한은 아홉 살의 나이로 도미할 때, 후에 무장 독립 노선을 주장한 박용만과 동행했다. 그 결과 박용만이 설립한 한인소년병학교를 다녔으며, 미시간대학교 재학 중에는 한인자유대회에 참석했다. 이 대회에서 유일한은 '한국국민의 목적과 열망을 석명하는 결의문' 작성에 참여하고 그것을 대회 석상에서 낭독했다. 유일한은 이 무렵부터 일본경찰의 감시 대상이 되었다.

그러다가 1938년에 재차 도미하면서 그는 보다 본격적인 독립운동을 전개했다. 1941년에 개최된 해외한족대회의 집행위원으로 활동했으며, 1942년 한인국방경위대가 편성되어 그 명칭을 맹호군이라 했는데, 유일한은 그 부대를 창설할 것을 적극 주창했다. 또한 앞에서 언급했듯 1945년에는 미국 OSS의 NAPKO 작전에 소속되어 한 달 이상 훈련을 받았다. 이 작전은 충칭 임시정부의 직할 무장부대인 광복군을 한국에 침투시키려 한 OSS의 계획과 비슷한 성격이었다. 다만 침투작전은 맥아더 사령부의 승인이 늦어진 탓에 실천에 옮겨지지는 못했다.

4. 유일한과 한국 자본주의

유일한은 한국 자본주의의 발전 속에서 유한양행을 키워갔다. 하지만 그는 여타 기업가와는 다른 차별성을 갖고 있었다. 철저한 합리주의와 애국애족 정신을 보유한 선구자적 기업가였던 것이다. 따라서 여타 기업가들과는 달리 정경유착을 단연코 거부했다. 그는 미국에 체류하면서 애국애족 차원에서 독립운동 자금을 지원했다. 하지만 해방 후 이승만과 자유당의 정치자금 요청은 받아들이지 않았다.

본디 유일한은 이승만과 사이가 나빴던 박용만이나 서재필과 가까웠고, 이승만이 자신의 독립운동 지원 자금을 개인생활에 쓰는 걸 보고 실망하기도 했다. 게다가 독립운동이 아닌 정치권력과의 결탁은 그의 기업가 정신으로는 용납하기 힘든 일이었다. 그래서 그는 이승만의 미움을 사 초대 상공회의

소 회두에서 물러나 미국으로 쫓겨나듯 갔고, 이런 와중에 정부의 특혜로 고속 성장할 수 있는 기회를 박차버렸다. 도리어 정치자금 제공을 거부한 탓에 세무 사찰을 비롯한 탄압까지 받았다. 그는 만연한 탈세 풍조 속에서도 납부 기일이 하루만 늦어도 직원을 문책하는 등 결벽증에 가까울 정도로 성실하게 세금을 납부했기 때문에 큰 탈은 없었으나 정권과는 거리가 멀어졌다.

이런 점에서 그는 천민적 한국 자본주의 현실에 제대로 적응하지 못했다고 평가할 수도 있다. 하지만 그는 한국 기업가가 걸어야 할 바람직한 미래상을 제시했다. 이렇게 시대보다 너무 앞서 나간 선구자였기 때문에 그는 최고 부자가 되지 못했다고 할 수도 있다. 재계에서의 그의 위치는 해방 이후 점점 낮아졌다. 그럼에도 불구하고, 아니 오히려 그 때문에 유일한은 누구보다도 존경받는 기업가로 국민의 마음속에 영원히 남아 있는 것이다. 한국이 바람직한 선진국으로 발전하려면, 유일한과 같은 기업가가 천연기념물적인 존재가 아니라 크게 어렵지 않게 찾아볼 수 있는 존재가 되어야 할 것이다.

참고문헌

유일한연구편찬위원회, 『유일한 연구』, 경영사학회, 1994.
유한양행, 『유일한』, 1995.
임정진, 『정직과 나눔을 실천한 기업가 유일한』, 작은씨앗, 2006.
조누가, 『유일한 평전』, 작은씨앗, 2005.
조영권, 『유일한 이야기』, 웅진주니어, 2007.

이병철, 한국을 정보사회 첨단기술국가로 만든 선도경영인

구종서

1. '거대 경제제국건설'의 꿈

영남의 지주 가문에서 태어난 이병철李秉喆(1910~1987)은 20세 때인 1930년 일본 와세다早稻田대학 전문부 정경과政經科에 입학했다. 그러나 2학년 때 각기병으로 중퇴하고 돌아와 요양하다가, 26세 때인 1936년 정미소를 시작

구종서具宗書(한국문명사연구소장)

저서로는 『격변하는 세계, 도전하는 한국』(나남, 1994), 역사소설 『무인천하』(중앙M&B, 2003), 『항몽전쟁』(살림, 2007), 『세계의 정복자 대 칭기스칸』(청미디어, 2007), 『불멸의 민족혼 삼별초』(청미디어, 2007), 『칭기스칸에 대한 모든 지식』(살림, 2008) 등이 있으며, 역서로는 『고르바초프』(중앙일보, 1985), 『동양적 전제주의』(법문사, 1991) 등이 있다. 논문으로는 「朝鮮末의 근대적 政治스펙트럼」(『실학사상연구』 13, 1999), 「동아시아 발전모델과 한국」(『한국정치학회보』 30-2, 1996), 「身分葛藤의 관점에서 본 高麗 武人支配時代의 특성」(『문명연지』 3(2-1), 2001) 등이 있다.

으로 사업에 들어섰다.

삼성그룹의 창업자 이병철은 잇단 정변政變과 고난을 견뎌내며 '제일주의' 정신을 기조로 평생 37개 기업을 벌여 모두 일류기업으로 육성, 한국 제일의 기업인이 됐다. 처음 사업을 시작할 때는 '성공한 기업인'이 목표였으나, 1950년대 한국 제일의 경영자가 됐을 때는 '거대재벌', 1970년대에는 '경제 제국'의 건설이 그의 꿈이었다. 이병철의 51년 경영사는 수습기·창업기·조정기·발전기·정리기의 5단계를 거치면서 그의 3대 꿈의 실현과정이었다.

2. 수습기(1936~1948): 개폐업 반복하며 경영지혜 키워

수습기는 식민통치하에서 실험과 시련을 겪으면서 기업가로서의 수련을 거친 시기다. 제조업보다는 생산된 물건을 취급하는 소규모의 소비형 사업이었다. 수습기는 전기 마산시대(1936~1937)와 후기 대구시대(1938~1948)로 구분된다.

(1) 마산시대: 정미·운수로 토지자본을 상업자본화

이병철은 부친으로부터 300석분의 토지 6만 평을 받아 팔아서 1936년 마산에서 협동정미소協同精米所를 열었다. 마산은 한반도 남부지역 농산물이 집산되는 항구였고, 한국에서 쌀을 실어가던 일본은 마산을 미곡반출기지로 삼고 있었기 때문에, 농경사회의 중요 기업이었던 정미사업은 활황이었다.

개업 5개월 후 일본인이 하던 트럭 10대의 히노데자동차회사日出自動車會社를 매입하고, 10대를 더 사서 20대로 운수업을 병행했다.

두 업소에서 수익을 올린 이병철은 '경남부동산'을 설립, 토지 매입을 시작했다. 이듬해인 1937년 이병철은 연 수확 1만 석에 이르는 마산과 김해 일

대의 땅 200만 평을 구입, '만석꾼'의 지주귀족地主貴族이 됐다.[1]

그러나 1937년 일본이 중일전쟁中日戰爭을 벌여 비상경제체제로 들어가면서 자금동결령을 내려 은행대출을 모두 중단했다. 식산은행殖産銀行 대출로 사업하던 이병철은 땅을 팔고 사업도 정리하여 은행대출을 갚고 영업을 중단했다. 전쟁으로 사업은 청산했지만, 이병철은 1년여의 마산시대 영업에서 전통적인 농업자본農業資本(토지자본)을 상업자본商業資本으로 전환하는 데 성공했다.

(2) 대구시대: 무역·양조

정치환경 변화로 사업을 정리한 이병철은 2개월간의 중국여행을 떠났다. 펑톈奉天(지금의 선양瀋陽)과 베이징北京·상하이上海를 둘러보면서 중국인들의 기업 활동을 살폈다. 그는 국제무역의 유익성을 발견하고 귀국했다.

이병철은 마산에서 남긴 3만 원으로 1938년 대구에서 종업원 40명의 삼성상회三星商會를 설립했다. 삼성상회는 1941년 6월 3일 상호를 바꿔 '주식회사 삼성상회'로 법인등록을 마쳐 기업형태를 근대화했다.

삼성상회는 청과물과 건어물을 중국과 만주에 수출하는 무역회사이면서, 제분(밀가루)과 제면(국수)도 함께 했다.[2] 수익이 쌓이자 이병철은 1939년 일본인이 경영하던 조선양조朝鮮釀造를 사들여 막걸리와 약주를 생산했다. 양조도 호황을 누려 1년이 안 되어 연 1만 석이 소모되는 생산량을 기록하면서 양조계의 선두주자로 올라섰다.

---

1 마지기[斗落]는 한 말[斗]의 씨를 뿌릴 만한 토지의 넓이를 나타내는 단위. 밭과 논에 따라 차이가 있으나, 일반적으로 200평을 한 마지기로 삼아왔다. 마지기는 실제 면적이 일정하지 않아 대략 밭 한 마지기는 100평, 논은 150~300평 내외이다.

2 오늘의 삼성은 마산시대를 제쳐놓고, 대구의 삼성상회를 삼성의 원조기업元祖企業(모기업母企業)으로 규정해 '1938년'을 삼성 탄생의 해, '대구'를 삼성의 발상지로 삼고 있다.

그러나 1941년 12월 일본이 미국을 공격하여 태평양전쟁이 일어나자, 일본은 국수와 술 등의 생산량 95퍼센트를 군납용으로 공출供出토록 명령했다. 그 후 이병철은 사업 확장을 포기하고 현상 유지에만 주력했다.

1945년 해방을 맞았지만, 남북이 분단되고 도처에서 좌우충돌이 일어나 폭동과 테러가 반복되어 사회가 혼란했다. 이병철은 움직이지 않고 대구에 머물러 있으면서 향후의 사업계획을 구상했다. 10년간의 대구시대 사업에서 상업자본 확대에 성공하여 산업자본産業資本으로 전환할 수 있는 자금토대가 마련됐다.

3. 창업기(1948~1961): 소비재 생산의 경공업

(1) 전시무역의 성황: 삼성물산

1948년 미군정이 끝나고 독립정부가 들어서자 이병철은 대구의 조선양조를 간부들에게 위임하고 서울로 올라와 그해 주식회사 형태의 '삼성물산공사三星物産公司'를 설립했다. '공사'는 중국인들이 신뢰하는 기업 명칭이기 때문에 대중화권對中華圈 교역용으로 붙인 칭호다.

남북 분단과 중국 공산화로 북방 출입이 막히자, 이병철은 거래지역을 남방으로 돌려 화교권인 홍콩·마카오·싱가포르와 교역했다. 대부분이 수입이고, 수출은 목화씨에서 기름을 짜고 남은 찌꺼기인 면실박棉實粕과 동해산 건어물이 전부였다. 무역이라야 홍콩에서 연락선처럼 주기적으로 왕래하는 무역선을 통해 물품을 주고받는 수준이었다. 수입품 경기는 좋아 개업 2년 만인 1950년 삼성물산이 543개 무역회사 중 무역규모 7위에 올랐다.

그러나 그해 6·25전쟁이 일어나자 이병철은 피난조차 못한 채 서울에 머물러 있었고, 인천과 용산의 보세창고에 보관되어 있던 수입품들은 소진됐다. "6·25전쟁 발발로 삼성물산은 하루아침에 공중분해되고", 보세창고의 물품들은 "전쟁의 포연 속에 흔적도 없이 사라져버렸다."[3]

서울이 수복됐으나 중공군이 개입하여 압록강까지 올라갔던 전선이 남하하자 이병철은 대구로 피난했다. 조선양조에 들렀더니 과거의 진용陣容이 그대로 있으면서, 그동안 적립한 3억 원을 내놓았다. 이병철은 이 돈을 가지고 부산으로 가서 1951년 '삼성물산주식회사'를 설립했다.

삼성물산 재설립은 6·25전쟁으로 모든 것을 잃은 이병철에게는 새로운 시작이었다. 전시였기 때문에 비용이 많이 들어가는 제조업보다는, 자금이 적게 들면서도 수익을 빨리 올릴 수 있는 무역부터 시작했다. 무역을 재개하자, 홍콩 에이전트agent(대리상代理商)가 전란으로 보내지 못한 면실박 판매대금 3만 달러를 송금했다.

대구의 3억 원과 홍콩의 3만 달러는 이병철이 기대조차 하지 않았던 거금이었다. 이 자금으로 일본·미국까지 교역을 확대하여, 1952년엔 기업자산이 당초의 20배가 되고 순이익도 20억 원에 달했다. 삼성물산은 그 자금으로 계열회사를 설립하여 삼성 모기업母企業의 자리를 굳혔다. 1953년 7월 휴전이 이뤄지자, 이병철은 삼성물산을 다시 서울로 옮겨 무역을 계속했다. 1957년 삼성물산의 교역량은 한국 전체 교역량의 3.81퍼센트를 차지하여 확고한 상위권 무역회사로 부상했다.[4]

(2) 경공업 개시: 제당·모직이 새 문화 형성

휴전이 되고 이병철은 1953년 8월 부산에 '제일제당', 1954년 9월에는 대구에 '제일모직'을 설립하여 소비용 경공업을 펴나갔다. 이것은 전후 복구와

---

3 삼성회장비서실 편, 『삼성60년사』, 1998, 41쪽.
4 위의 책, 45쪽.

민생 안정을 추구하는 국가정책과 일치되는 수입대체산업輸入代替産業이었다.

당시 설탕은 전량 수입이었다. 외제설탕 가격은 1근에 300원이었으나, 제일제당은 그 6분의 1 이하인 48원에 내놓았다. 소비자들은 값이 너무 싸다고 질을 의심했고, 상인들은 수익이 적다고 취급하지 않았다. 이에 이병철은 설탕 값을 100원으로 올렸다. 그때부터 제일제당의 설탕 매출량은 나날이 늘어났고, 뒤이어 여러 제당회사가 생겨나 1957년에는 7개 사가 등장했다. 그러나 제일제당이 단연 우세하여, 1959년에는 국내 설탕 수요량의 62.1퍼센트를 충당했다. 곧이어 국산설탕이 수요 100퍼센트를 채워 완전수입대체가 이뤄졌다.

1955년까지 한국의 모방毛紡은 100퍼센트 수입품이었다. 당시 남자 양복 1벌 가격은 3개월분의 봉급과 맞먹었다. 제일모직이 영국제 양복지와 대결하면서 국산화가 시작되어 1956년엔 수입품이 77.3퍼센트, 국산이 22.7퍼센트였다. 그러나 1957년에는 그 비율이 역전되어 국산이 우세하게 되었고, 1959년에는 국산이 94.8퍼센트에 이르러 수입대체에 성공했다. 옷값도 '마카오양복'이라는 이름의 영국제(6만 원)의 5분의 1(1만 2,000원)이었다.[5]

설탕의 대량생산과 저가판매는 1950년대의 한국에서는 볼 수 없었던 '커피문화시대'를 이루고, 값싼 제일모직 복지가 한국에 '맞춤복시대'를 가져왔다고 황명수는 설명했다.[6]

(3) 금융업진출

해방 이후 미군정은 일제강점 당시 모두 일본인 소유였던 시중 금융기관을

---

5 김성수, 「한국경제발전에 있어서 호암의 산업적 기여에 관한 고찰」, 『경영사학』 15, 1997, 84~86쪽.
6 황명수, 「한국의 대표적 기업가 호암 이병철 연구」, 『한일경상논집』 4, 1988, 3~4쪽.

인수하고 있다가 정부가 수립되자 한국에 이양했다. 정부는 경제건설과 민생 안정을 위해 자금이 필요했기 때문에, 1954년 시중은행 민영화를 추진하여 유력 기업인들에겐 매입을 권유했다.

무역과 제조업에서 성공한 이병철은 1957년 흥업은행(지금의 우리은행 전신)을 매입하여 전체 주식의 83퍼센트를 인수했다. 1958년에는 상업은행 주식 33퍼센트와 안국화재(지금의 삼성화재)를 인수하고, 1959년에는 조흥은행 주식 55퍼센트를 매입했다. 다른 대기업들도 은행주식을 매입했지만, 삼성은 당시 시중은행 자산 절반을 소유하는 규모였다.[7]

창업기는 '소비재 재벌'로 불리던 이병철이 국제무역에 성공한 뒤, 비록 경공업이지만 제조업으로 전환하고 15개 기업을 일류기업으로 육성하면서, 다시 금융자본에 뛰어들어 명실공히 '한국 제일의 기업인'이 된 시기였다. 1950년대에 '성공한 기업인'의 초기 목표를 달성한 이병철은 삼성을 한국 제일의 기업군으로 육성하여 한국 재벌사財閥史의 막을 열었다.

4. 조정기(1961~1968): 사업구조가 통제된 시련의 시대

(1) 정경협력체제 형성한 '박정희-이병철 회담'

1948년 이후 한국기업들의 성공은 일본인 귀속재산 불하와 은행융자 등 정부 특혜로 가능했다. 그 때문에 대기업주들은 정권교체 과정에서 '부정축재자'로 낙인찍혔다.

1960년 4월 학생혁명 때 기업인들이 부정축재로 규탄받자, 장면張勉 정부는 이병철 등의 기업인들을 탈세 혐의로 조사한 뒤, 부정축재자 24명과 그

---

7 삼성회장비서실 편, 앞의 책, 57~59쪽.

들의 46개 기업체에 벌과금 87억 원, 추징금 109억 원을 부과했다. 5·16군사정변 후에는 기업규모 상위 11명이 부정축재 혐의로 구속됐다.

이병철은 '부정축재 제1호'로 지목되어 있었지만, 외유 중이었기 때문에 구속을 면하고 있었다. 구속된 피의자들은 "부정축재 1호는 동경에 있는데, 왜 우리 조무래기들만 체포하느냐"고 불평했다. 박정희 정부는 이병철에게 조기 귀국을 명령했다.

이병철은 6월 26일 귀국하여 공항에서 기관에 연행됐고, 다음 날 박정희와의 면담이 이뤄졌다. 이병철은 "부정축재자로 지칭되는 기업인에겐 아무 죄가 없다. 나도 탈세한 부정축재자로 지목됐으나, 현행 세법은 수익을 넘는 세금을 징수할 수 있도록 규정된 전시비상사태의 세법이다. 이런 세법의 세율대로 세금을 납부한 기업은 도산을 면치 못했을 것"이라고 말하며 다음과 같이 덧붙였다.

"기업하는 사람의 본분은 많은 사업을 일으켜 많은 사람에게 일자리를 제공하면서 그 생계를 보장해주는 한편, 세금을 납부하여 그 예산으로 국토방위는 물론이고 정부 운영, 국민 교육, 도로항만시설 등 국가 운영을 뒷받침하는 데 있다. 부정축재자를 처벌한다면 그 결과는 경제 위축으로 나타나, 당장 세수稅收가 줄어 국가 운영이 타격받는다. 오히려 경제인들에게 경제건설의 일익을 담당하게 하는 것이 국가의 이익이다."

박정희는 이병철에 공감하면서 군사 정부의 당면 정책들을 설명했다. 정변 후의 군사 정부는 빈곤과 침체 상태에 있는 국가의 혁신적인 건설과 자주국방을 최고의 목표로 삼고 있었다. 박정희는 "경제건설이 가장 시급한 문제이고, 이것을 경제인들이 나서서 도와주어야 한다. 그러나 이미 사회 문제화된 부정축재에 대한 처리는 불가피하다"라고 밝혔다.

다음 날 6월 28일 박정희는 구속 중이던 부정축재 기업인을 전원 석방하고, 8월 12일에는 7개 기업에 378억 400만 원을 추징한다고 통보했다. 삼성엔 그중 약 27퍼센트인 103억 400만 원이 부과됐다. 이병철은 "세금 추징 대신 공장을 건설하여 그 주식을 국가에 헌납하는 것이 더 유익한 해결 방안"이라고 전달했고, 박정희는 이를 그대로 수용했다.[8] 신권력과 구경제의 갈등 원인이었던 부정축재 문제는 권력과 재력 정상의 합의로 원만히 해결됐다. 경제건설이라는 큰 목표 아래 이뤄진 대타협이다.

정부는 경제개발정책 전담기구로 '경제기획원'을 설립하고, 재계는 정부와 기업을 연결하는 기구로 대기업 결합체인 '한국경제인협회'(지금의 전국경제인연합회)를 만들어, 이병철이 초대 경제인협회장을 맡았다. 이로써 정부와 재계의 협력체제가 제도적으로 이뤄졌다. 정치와 경제, 권력과 재력의 협력은 박정희 근대화전략의 강건한 토대가 됐다. 그 후 기업인들은 정부의 경제개발5개년 사업에 적극 참여했고, 박정희는 이들을 도와 국가주도하에 계획적인 산업근대화를 추진했다.

(2) 사업구조 재조정

이병철은 국가주도하에 경제발전을 추진하는 권력의 힘에 밀려 기존 사업체계를 대폭 수정해야 했다. 정부주도개발을 추진하던 박정희는 자본권資本權을 정부가 장악하기 위해 민간에 불하돼 있던 금융주를 회수했다.

이병철은 제1금융권인 3개 은행 소유주를 모두 국가에 환납했다. 대신 그밖의 기존 사업을 계속하면서, 제2금융권인 증권과 언론·교육·문화 방면으로 진출했다. 1963년 동양텔레비전과 라디오서울을 창설하고, 보험회사인 동방생명과 동양화재·동남증권을 인수했다. 동화백화점(지금의 신세계)도 인

---

8 李秉喆, 『湖巖自傳』, 중앙일보사, 1986, 108~116쪽 요약.

수하여 현금 조달이 가능한 체제를 갖춰 나갔다.

1964년 이병철은 대구대학을 인수(뒤에 박정희에 인도)하고 삼성장학회를 창립했다. 1965년엔 성균관대학을 인수하고, 다시 『중앙일보』를 창간하여 신문과 각종 잡지·도서를 출판하는 사업을 펴나갔다. 이병철은 그해 10억원을 기증하여 삼성문화재단을 설립하고, 언론문화 사업에 필요한 종이문제를 해결하기 위해 '새한제지공업'(지금의 한솔제지)을 인수, 한국 신문용지의 52.3퍼센트를 공급했다.

당시 한국 인구의 60퍼센트 이상이 농업에 종사하고 있었지만, 남북분단으로 흥남비료가 끊김으로써 비료를 수입에 의존했다. 박정희의 요청에 따라, 이병철은 1964년 '한국비료'를 설립하고 외국 차관을 도입하여 근대적인 비료공장건설을 시작했다. 건설작업이 80퍼센트 정도 진척돼 있던 1966년 한국비료 사원들의 사카린 밀매사건이 일어났다. 이병철은 비료공장을 국가에 헌납하고 사업일선에서 물러나겠다고 밝혔다. 정부 측은 공장은 완공한 다음에 헌납하라고 응답했다.

1967년 공장을 준공한 이병철은 소유주 전부(51퍼센트)를 국가에 기증했다. 이병철은 일선에서 2년 가까이 물러나게 되었고, 한국비료는 국영기업으로 운영되어오다가 1994년 정부의 국영기업 민영화정책에 따라 삼성이 다시 인수했다. 이 사카린사건은 이병철 개인이나 삼성의 기업 이미지에 큰 피해요 상처였다. 이병철은 그때의 심정을 "한비사건은 파란 많던 나의 생애에서 더할 나위 없는 쓰디쓴 체험이었다"라고 표현했다.[9]

---

9 삼성회장비서실 편, 앞의 책, 166쪽.

5. 발전기(1968~1977): 중화학공업으로 도약한 황금시대

물러났던 이병철은 1968년 현업에 복귀하여 소비재 중심의 경공업에서 벗어나 수출용 생산재 중심의 대규모 산업에 진출했다. "전자산업은 어느 모로 보나 우리 경제단계에 꼭 알맞은 산업"이라고 판단한 이병철은 1969년 '삼성전자三星電子'를 설립하고, 그해 일본의 산요전기山洋電機(자본 출자 40퍼센트), 스미토모상사住友商社(자본 출자 10퍼센트)와 합작하여 삼성이 50퍼센트를 출자, '삼성산요전기三星三洋電氣'를 설립했다.[10]

삼성전자 이후로 한국의 전자산업 전체가 급진적인 발전을 보였다. 삼성은 흑백텔레비전에서 1978년 200만 대를 생산하여 일본의 마쓰시타전기松下電氣(지금의 파나소닉)를 누르고 연간 생산에서 세계 최고기록을 수립했다. 1981년에는 미국 기업도 능가하는 흑백텔레비전 생산량을 보여 세계 정상에 올라섰다.[11]

무역과 전자에서 자금을 확보한 이병철은 1972년 섬유회사 '제일합섬', 의복업체 '삼성복장', 광고회사 '제일기획'과 전자계열사인 '삼성코닝'을 설립하여 사업을 다양화했다.

이병철은 1974년 7월 '삼성석유화학'을 설립하여 화학공업에도 나섰다. 삼성석유는 미국·일본의 석유화학기업과 합작했다. 삼성이 자본의 50퍼센트를 출자하고, 미국이 35퍼센트, 일본은 15퍼센트였다. 석유화학공업은 소재산업과 수입대체산업으로 중요한 역할을 하는 한국의 전략기간산업이었다. 그러나 1973년 제4차 중동전쟁으로 제1차 석유파동이 일어나 세계적으

10 安春植,「湖巖과 三星電子의 사업전개: 특히 半導體事業을 중심으로」, 『경영사학』 4, 1989, 140쪽.
11 李秉喆, 앞의 책, 207쪽.

로 석유사정이 악화되고 물가고와 경기침체가 중첩돼 있었다.

이병철은 1974년 8월에는 한일합작으로 '삼성중공업'을 설립하여 본격적인 중공업 분야로도 진출했다. 삼성이 자본의 75퍼센트, 일본이 25퍼센트 출자했다. 이어서 1977년에는 '삼성종합건설'을 설립하고, 거제도에 있는 진로계열의 우진조선宇進造船을 인수하여 '삼성조선'을 설립했다. 그해 다시 대성중공업大成重工業을 인수하고, 1983년 삼성조선과 대성중공업을 '삼성중공업'으로 통합하여 대형화했다.

자본과 인력이 대규모로 투입된 발전기는 이병철 경영사에서 가장 활기차게 발전했던 융성기였다. 이 시기에 이병철은 닥쳐온 시련들을 극복하면서 자신의 기업들을 한국의 대표기업으로 성장시켜 그룹화함으로써 삼성이 한국 최대 재벌財閥로 확고하게 자리를 굳히도록 하여 제2의 목표인 '거대재벌'의 꿈을 이뤄냈다.

6. 정리기(1977~1987): 반도체 독려하면서 자기 정리

1976년 9월 일본에서 위암수술을 받은 뒤로 이병철은 기력을 잃어가고 있었던 것 같다. 그는 즐기던 담배를 끊고, 1979년 2월 3남 이건희李健熙를 삼성그룹 부회장에 임명하여 후계문제를 정리해놓은 뒤, 조용히 자기 정리에 들어갔다.

그 후의 상황을 보면 이병철의 조치들은 적절했다. 자기와 함께 한국 경제 근대화를 이끌었던 박정희가 1979년 10월 피살되고, 새로이 전두환 군사정권이 들어서면서 경제 환경도 급변했다. 이병철은 1982년 2월 프로야구단 '삼성라이온즈'를 창설하고, 3월에는 미국 보스턴대학에서 명예 경영학박사 학위를 받았다. 그 후 그는 중요 사업을 이건희에게 맡기고, 강연을 하거나 글을 쓰는 작업들에 몰두했다.

이때 삼성의 가장 중요한 과제는 반도체였다. 반도체 사업에 먼저 관심을 가지고 도전한 것은 이건희였다. 1974년 '한국반도체'가 파산에 직면하자 이건희가 그 인수를 제의했으나 이병철은 이를 거부했다. 당시 세계가 산업사회에서 정보사회로 변해가고 있음을 인식한 이건희는 자기 사재로 한국반도체를 인수함으로써 삼성의 반도체 사업이 시작됐다.[12]

이건희는 각국을 돌아다니면서 유학 중인 첨단기술 전공의 한국인 인재를 구하는 한편, 미국으로부터는 반도체기술을 받아들이는 데 성공했다. 9년 동안 이건희의 모습을 지켜본 이병철은 1983년 2월 드디어 반도체 투자를 결정하여 대규모 투자를 시작했다.

삼성은 그해(1983) 국내 처음으로 64킬로바이트 D램을 개발하는 데 성공했다. 1984년에는 순수 우리 기술과 설계로 256킬로바이트 D램을 개발했다.[13] 그러나 그때 세계는 극심한 반도체 불황에 부딪혀 64킬로바이트 D램 가격이 급락했다. 삼성이 매년 수천억 원씩의 적자를 내자 '삼성 자멸론自滅論'까지 일어났다.

이병철·이건희는 시설투자를 계속 확대하여, 1986년에는 1메가 D램 개발에도 성공했다. 그해부터 반도체 가격이 다시 올랐지만, 이병철이 사망한 1987년까지 삼성의 적자는 계속됐다. 이 적자가 1988년부터 흑자로 돌아 삼성은 누적된 적자를 만회하고도 거액의 수익을 올렸다.[14] 삼성의 반도체 사업은 이건희의 기회 포착, 이병철의 투자 결단, 이건희의 세계 제패로 이어져 한국을 오늘의 세계 정보산업 기술선진국으로 올려놓았다.

---

12 이채윤, 『이건희, 21세기 신경영노트』, 행복한마음, 2006, 36~38쪽.
13 위의 책, 44~46쪽.
14 위의 책, 46~47쪽.

이병철은 1986년 자서전『호암자전湖巖自傳』(중앙일보사) 출판과 '삼성경제연구소' 개설, 1987년 10월 '삼성종합기술원' 개원으로 자기 정리를 마감하고, 다음 달 11월 77세로 사망했다.

이병철의 사망 전해인 1986년은 한국의 흑자무역 원년이다. 그의 생애 마지막 해인 1987년 삼성은 한국 국민총생산의 15.1퍼센트를 차지했고, 반도체 메가 D램을 개발하여 세계 1위의 첨단기술을 보유하고 반도체 시장점유율 세계 9위 기업이 되었다.[15]

이병철은 '무역-소비재공업(경공업)-전자공업-중화학공업-반도체-서비스산업'이라는 경제개발 성공모델을 실험 완성하여, 개발도상국들의 발전공식으로 제시했다. 이런 이병철의 경영전략을 기러기 떼가 나는 모습에 비유하여 '안항전략雁行戰略'이라 한다.

이병철은 주식회사제도와 대외수출무역을 실행하여 봉건사회 식민국가로 일관돼 온 우리나라 기업사회에 근대형 경영방식을 도입하고 현대적인 각종 생산산업에 진출하여 대성한 선진경영의 선도자다. 과거 우리나라에 이병철 이상의 토지 자산가는 있었는지 모르지만, 이병철 이상의 산업가産業家는 없었다.

이병철은 거대재벌을 형성하여 '경제제국 건설'의 꿈을 실현했다. 경제제국의 실체는 '삼성'이다. 후계자 이건희가 '경제제국'의 첨단적인 발전과 세계적인 패권을 향해 삼성을 끌어가고 있다. 그의 집념으로 삼성은 1989년 반도체 분야에서 일본과 동렬에 서고, 1991년부터는 기술개발과 시장 점유율에서 미국·일본을 앞서 계속 세계 1위를 지켜왔다. 이병철의 경제제국 삼성

---

15 장진호, 「한국經營史에서의 湖巖의 위치」, 호암 탄신 100주년기념 국제학술심포지엄 논문집 『한국경제성장과 기업가정신』, 155~157쪽.

을 이건희가 '세계경제제국'으로 완성할 것인가, 또 그의 후계자들이 이 제국을 어떻게 유지해나갈 것인가 관심사다.

참고문헌

김광희, 『박정희와 개발독재 (1961~1979)』, 선인, 2008.

김보현, 『박정희 정권기의 경제개발』, 갈무리, 2006.

김용서 외, 『박정희 시대의 재조명』, 전통과현대, 2006.

김진홍, 『湖巖 李秉喆』, HMU, 2008.

박상하, 『삼성신화: 호암 이병철과의 대화』, 알라딘하우스, 2010.

『삼성60년사』, 삼성회장비서실, 1998.

『삼성60년사 (사진편)』, 삼성회장비서실, 1998.

야지마 긴지 저, 이정환 역, 『이병철의 기업가정신』, W미디어, 2010.

李大根 외, 『새로운 한국경제발전사』, 나남, 2008.

李秉喆, 『湖巖自傳』, 중앙일보사, 1986.

이채윤, 『이건희, 21세기 신경영노트』, 행복한마음, 2006.

李海珠, 『韓國經濟發展論』, 釜山大 출판부, 1996.

정성화, 『박정희시대연구의 쟁점과 과제』, 선인, 2005.

조기준, 『한국경제사신강』, 일신사, 1995.

高承禧, 「湖巖의 문화정신」, 『경영사학』 15, 1997.

김광수, 「湖巖의 경영관을 통해본 기업의 사회적 책임」, 『경영사학』 15, 1997.

김병하, 「湖巖의 생애와 경영이념」, 『경영사학』 3, 1988.

金聖壽, 「韓國經濟發展에 있어서 湖巖의 산업적 기여에 대한 고찰」, 『경영사학』 15, 1997.

김 신, 「韓國 기업경형학계에 있어서의 三星의 위치」, 『경영사학』 38, 2005.

安春植, 「湖巖과 三星電子의 사업전개: 특히 半導體事業을 중심으로」, 『경영사학』 4, 1989.

李建熹, 「湖巖의 한국경영사학에서의 위치」, 『경영사학』 15, 1997.

송재용, 「한국기업과 삼성의 경영 패러다임 변화와 호암의 경영이념」, 호암 탄신 100주년 기념국제학술심포지엄 논문집 『한국경제성장과 기업가정신』, 2010.

야나기마치 이사오, 「삼성의 창업자 이병철 회장의 이념과 행동—인재경영을 중심으로」, 호암 탄신 100주년 기념국제학술심포지엄 논문집 『한국경제성장과 기업가정신』, 2010.

장진호, 「한국 經營史에서의 湖巖의 위치」, 호암 탄신 100주년 기념국제학술심포지엄 논문집 『한국경제성장과 기업가정신』, 2010.

조기준, 「湖巖의 삶의 철학과 기업의 역정」, 『경영사학』 15, 1997.

황명수, 「한국의 대표적 기업가 호암 이병철 연구」, 『한일경상논집』 4, 1988, 3~4쪽.

_____, 「湖巖의 경영이념 재조명」, 『경영사학』 15, 1997.

_____, 「湖巖 李秉喆 생애와 經營理念」, 『경영사학』 15, 1997.

정주영, 일자리 창출을 선도한 도전적 기업가

1. 국가 경제 발전을 선도한 기업가   3. 경제인을 넘어선 사회지도자
2. 기업가 정신과 리더십   4. 역사적 시사점

1. 국가 경제 발전을 선도한 기업가

한국 경제 발전에 나름대로 공헌한 다수의 기업가가 있지만, 많은 사람이 기업가 정신을 가장 훌륭하게 구현한 대표적 인물로 현대그룹을 창업한 아산 峨山 정주영鄭周永(1915~2001)을 꼽는다. 정주영이 이끌었던 현대그룹의 역사는 곧 전후 한국 경제 발전과 성장의 역사라 해도 과언이 아니다. 그의 생애를 돌이켜보면 우리는 기업가 정신이 국가 발전에 얼마나 중요한 역할을

이동기李東琪(서울대학교 경영대학 교수)

　저서로『한국기업의 경영사례』(공저, 서울대학교출판부, 2009),『서울대학교 경영연구소 경영사례 시리즈 6』(공저, 우듬지, 2009),『서울대학교 경영연구소 경영사례 시리즈 7』(공저, 우듬지, 2009),『영화산업 기업전략』(공저, 영화진흥위원회, 2007),『한국기업 해외직접투자 전략의 변천』(공저, 서울대학교출판부, 2006),『인터넷 시대의 전략적 제휴』(서울대학교 경영대학 전자상거래지원센터, 2004) 등이 있고, 논문으로「해외자회사의 경영진 현지화 결정요인에 대한 실증연구」(『국제경영연구』제20권 1호, 2009),「현대자동차의 글로벌화 사례 연구」(『국제경영리뷰』제12권 제3호, 2008),「합작투자기업의 지분구조가 경영성과에 미치는 영향」(『경영학연구』제32권 제3호, 2010) 등이 있다.

하는지를 깊이 깨닫게 된다. 요즘 우리는 세계적인 경제위기, 사회적 양극화, 높은 청년실업 등의 어려운 여건하에서 미래 발전의 돌파구를 찾기 위해 고심하고 있다. 이러한 때에 지속적으로 기업을 창업하고 국가 경제 발전을 선도해간 정주영의 생애와 기업가 정신을 되새겨보는 것은 매우 큰 의미가 있을 것이다.

정주영은 1915년 11월 25일 강원도 통천군 송전면 아산리에서 정봉식과 한성실의 6남 2녀 중 장남으로 태어났다. 정주영은 아무리 일해도 겨우 끼니를 거르지 않으면 다행인 농부의 삶에서 벗어나고자 16세에 소 판 돈 70원을 가지고 상경하였다. 장남인 정주영을 계속 찾아 나선 아버지 때문에 다시 고향으로 돌아가야 했지만 이후에도 가출을 반복하다가 경성에 있는 복흥상회라는 쌀가게에서 일을 시작하게 되었다. 복흥상회를 인수한 정주영은 경일상회라는 이름으로 자신의 첫 가게를 열었다. 그러나 1939년 일제의 쌀 배급제 실시로 경일상회가 폐쇄되자 자동차 수리 공장을 운영하기로 하고 아도서비스를 설립하였다. 그런데 이 역시 1943년 일제의 통제정책 때문에 운영이 불가능해졌다. 이후 정주영은 자신의 사업에서 가장 두려운 존재로 정변을 언급할 정도로 정치적 격동 속에서 많은 난관에 맞닥뜨리게 된다.

해방 후 1946년에 정주영은 현대자동차공업사를 설립하였다. 우연히 건설업에서 오고 가는 돈의 규모가 자동차공업사와는 비할 바가 아니라는 것을 알게 된 그는 1947년에 현대토건사를 설립하였다. 1950년 1월 두 회사를 합병하여 현대건설주식회사를 설립하였는데, 이것이 현대그룹의 모태가 되었다. 1967년 현대자동차주식회사를 출범하여 자동차 제조업에 진출했고, 1973년에는 현대조선중공업주식회사를 설립하여 중화학공업화를 지향한 한국산업 발전에서 핵심적 역할을 수행하였다. 1980년대에는 현대전자산업을 설립하여 자동차와 관련성이 크고 미래성장 잠재력이 큰 전자산업에 진출하였고, 현대증권 등을 통해 금융산업에도 진출하는 등 지속적으로 사업 다각화를 추진하였다. 이렇게 지속적으로 신성장동력을 발굴하고 세계화를 추진해온 현대그룹의 성장사에 대해 정주영은 다음과 같이 말하였다.

현대는 단순히 장사를 하는 기업이 아니라 국가의 경제 발전을 위해서 분투하는 중추적 역할을 하는 집단이다. 나는 자신 있게 말하는데 현대그룹의 과거 50년 동안의 성장은 우리 현대 자신을 위해서 노력했을 뿐만 아니라, 한국의 경제 성장을 일으키는 데 선도적 역할을 담당했다고 생각한다. 나는 사업보국주의 이념을 경영 철학으로 삼았다.[1]

지속적인 성장가도를 달리던 한국 경제는 1997년 외환위기를 겪으면서 구조조정기를 맞게 되었고 현대그룹도 자동차, 중공업 등의 소그룹화와 계열 분리를 진행하였다. 구조조정이 어느 정도 마무리되어가던 2001년 3월, 마치 한국 경제 고도성장기의 마감을 상징하듯 정주영 회장은 생을 마쳤다.

2. 기업가 정신과 리더십

정주영이 반세기에 걸쳐 기업을 창업하고 성장시키는 과정에서 나타난 기업가 정신을 한마디로 정리하기란 쉬운 일이 아니지만, 핵심적 요소를 꼽아보자면 긍정적 사고와 도전정신, 창조적 발상과 혁신, 결단력과 추진력, 성실과 신뢰 등을 들 수 있다.

---

1 한국경영사학회, 『경영사학』 제20집 제5호, 2005, 84쪽.

(1) 긍정적 사고와 신념

사업을 추진해 나가면서 잘될까 하는 의구심을 갖고 있는 사람은 잘할 수 있다는 강한 신념으로 일을 시작하는 사람과는 추진력과 성취욕 면에서 엄청나게 다른 결과를 낳을 수 있다. 이런 관점에서 보면 정주영은 후자에 해당하는 대표적인 인물이다. 그는 "참으로 다행스럽게도 나는 매사를 나쁜 쪽으로 생각하기보다는 좋은 쪽으로 생각하며 느끼고, 그 좋은 면을 행복으로 누릴 수 있는 소질을 타고난 사람인 것 같다"라며 자신이 지닌 긍정적인 사고방식을 표현한 바 있다.[2]

긍정적인 사고란 단순히 낙관주의적 사고를 의미하는 것이 아니다. 정주영은 우물이 나오지 않을 곳에서 우물이 샘솟을 것이라 믿으며 계속해서 땅을 파는 것을 긍정적인 사고방식이라고 하지 않는다. 일말의 가능성이 있는 일에 착수한 이상 그 일이 반드시 성사되도록 가능한 최대, 최선의 노력을 하여 결국 성공을 성취하는 마음가짐과 태도가 정주영이 말하는 긍정적인 사고방식인 것이다.

1960년대 말, 한국의 최대 선박건조능력은 10만 3백 톤이었고, 최대 건조실적은 미국에서 수주한 1만 7천 톤짜리뿐이었다. 경험이 일천했음에도 정주영은 수십만 톤 규모의 조선소를 건립한다는, 세간의 시선에는 무모한 계획에 착수하였다. 문제는 돈이었다. 1971년 정주영은 조선소 사업계획서와 울산 미포만의 백사장 사진 한 장만을 들고 차관을 얻기 위해 영국 런던으로 떠났다. 현대는 배 한 척 만든 경험이 없는 회사였다. 막대한 금액의 차관을 쉽게 내어줄 은행을 찾기가 쉽지 않으나 결국 런던의 바클레이스은행으로 하여금 현대의 가능성을 믿게 하였다. 차관을 얻은 것이다. 또 영국 정부기관

---

2 정주영, 『이 땅에 태어나서』, 솔, 1998, 403쪽.

인 수출보증국의 승인을 얻기 위해 조선소도 없이 선박을 수주하는 모험을 감행해서 그리스 선주를 설득하는 데 성공했다. 결국 그는 조선소 착공과 26만 톤급 유조선 2척 건조를 병행하여 세계 조선사상 유례가 없는 사례의 주인공이 되었다. 정주영의 긍정적인 사고와 신념 없이는 결코 이루어질 수 없었던 일이다.

(2) 창조적 발상과 도전정신

현대건설이 사우디아라비아 주베일 산업항을 건설할 당시 정주영은 시간과 비용을 절감하기 위해 모든 기자재를 울산조선소에서 제작하여 대형 바지선에 싣고 세계 최대 태풍권인 필리핀 해양을 지나 동남아 해상, 인도양을 거쳐서 걸프 만까지 가는 모험을 감행하였다. 수송 도중 태풍으로 사고가 날 것에 대비해 대형 파이프 재킷을 해면에 뜨게 하는 공법을 새롭게 강구하였다. 정주영의 도전정신이 엿보이는 대목은 재킷 설치 공사 착수와 함께 재킷을 연결하는 빔도 설계대로 울산에서 제작한 사실이다. 수심 30미터나 되는 곳에서 파도에 흔들거리면서 중량 5백 톤짜리 재킷을 한계오차 5센티미터 이내로 20미터 간격으로 설치한다는 것은 거의 불가능한 일이라고 한다. 이러한 사정으로 그 당시 선진 기술을 가진 기업들도 일단 재킷 설치가 끝난 후 그 간격을 재서 빔을 제작하는 방식을 선택하였다. 그러나 정주영은 창조적인 발상과 그칠 줄 모르는 도전의식으로 가로 18미터, 세로 20미터, 높이 36미터나 되는 재킷 89개를 울산에서 운반해와 성공적으로 설치하였다. 세계 언론들은 사우디아라비아 주베일 산업항을 극찬할 수밖에 없었다.

1980년 초 정주영은 바다를 메워 토지를 만드는 대규모 간척사업에 착수하였다. 서산 앞바다는 밀물과 썰물의 차이가 커 물막이를 하려면 20만 톤 이상의 돌이 필요한 상황이었다. 이때 정주영은 공사비 절감과 공기단축 방안을 강구하다 대형 유조선으로 조수를 막으면 바위덩어리 외에 흙 등 현장 근처에서 쉽게 구할 수 있는 재료로도 물막이를 할 수 있다는 아이디어를 제시하였다.

현대의 기술진들은 유조선 공법의 실행 가능성을 분석하고 성공가능성이 높다고 결론지었다. 정주영은 직접 유조선에 올라 최종 물막이 공사를 진행, 마무리하여 이 공법을 일명 정주영 공법이라고 부르게 되었다. 이 공법 덕분에 현대건설은 계획공기 45개월을 35개월이나 단축하여 9개월 만에 완공함으로써 총 공사비를 280억 원 절감하였다. 이 공법의 우수성은 미국의 『뉴스위크』와 『뉴욕타임스』에 소개되었고, 런던 템스 강 하류 방조제 공사를 수행한 세계적 철구조물 회사인 랜달팔머 & 트리튼사가 유조선 공법에 대해 문의해올 만큼 세계의 이목을 집중시켰다.

이외에도 정주영의 창조, 혁신 정신과 관련된 일화는 수없이 많다. 눅눅한 공사장에서 골재가 마르지 않는다는 직원들의 푸념에 꾸짖으며 직접 골재를 구우라고 지시한 일, 비닐하우스 공법을 창안하여 그 어떤 추운 날씨에서도 계속 건설할 수 있는 상태를 만들어낸 일 등 정주영은 본인의 신념인 '하면 된다'를 관철하기 위해 끊임없이 생겨나는 제약조건을 극복하는 혁신을 만들어냈다.

(3) 결단력과 추진력

정주영은 1960년대 초부터 현대건설의 전환점을 해외 진출이라는 모험에 걸었다. 그는 모험이 조직에 활력을 불어넣어주는 핵심요소라 생각하였다. 1965년 태국 파티니-나라티왓 고속도로 건설공사를 수주하면서 해외 진출의 새로운 역사가 시작되었다. 유럽 건설회사들이 선점하고 있던 태국 현장에서 국내 도로공사에 사용하는 재래식 장비와 언어가 다른 외국인 노동자를 쓰면서 엄청난 시련을 겪었고 상당한 손실도 보게 되었다. 또한 전쟁이 한창이던 베트남에서 목숨을 건 준설공사를 수행하여 1970년대 중반 중동으로 진출하는 기반이 된 해외 준설공사 경험을 쌓게 되었다. 정주영은 1973년 제1차 오일쇼크 이후의 국가적 위기상황에서 중동 진출을 결심하였다. 1975년 중동 진출에 대비해 회사 내에 아랍어 강좌를 열고 아랍어로 영화도 만들게 하였다. 특히 위험이 크다고 반대하던 동생 정인영 부사장을 다른 회사로 전보시켜 사내의 반대론을 잠재우는 조직 개편을 단행하였다. 이러한 결단의 결과 선진국 기업들과의 경쟁에서 어려움은 있었지만 결국 중동에서 대형공사를 수주하겠다는 목표를 달성하였다.

정주영은 자동차산업이 '기계공업의 꽃'으로 산업을 주도할 것이라고 예상하였다. 정주영은 자동차산업에 착수하여 1966년 12월 미국 포드사와 자동차 조립 생산계획을 맺고 합작회사 형태로 승용차를 생산하기 시작했다. 그런데 정주영은 곧 포드사와 결별하였다. 정주영은 100퍼센트 우리의 기술력으로 생산한 국산 자동차를 목표로 한 것이다. 그는 우리의 기술과 고유 브랜드로 자동차를 생산해야 앞으로 세계무대에서 살아남고 우리나라의 기계공업 발전에 기여할 수 있다고 생각하였다. 이런 경영철학의 결실이 1976년 1월 최초의 국산 고유모델인 포니 자동차이다. 정주영의 추진력에 힘입어 자체기술과 고유모델 개발에 진력한 현대자동차는 1986년에는 국내 최초로 미국시장에 진출하였다. 수출지향의 소국 경제구조에서 우리의 수출품이 경공업 위주에서 중공업 위주로 한 단계 발전한 사건이라 평가할 수 있을 것이다. 이제는 현대자동차의 고유 브랜드를 단 승용차가 세계 190여 개 나라의 소비자들에 의해 선택되고 있다. 과거의 정주영의 결단이 없었다면 오늘날에 볼 수 없을 쾌거이다. 정주영의 결단은 단지 무모한 모험이 아니라 조직에 활력을 불어넣고 끊임없는 학습과 역량 개발을 추구하는 치밀하게 계산된 모험이었다고 볼 수 있다.

(4) 성실과 신뢰

정주영은 일용직 일꾼으로 전전하다 1934년 19세 때 경성의 쌀가게 복흥상회의 배달원으로 취직해 처음으로 비교적 안정적인 직장을 가졌다. 그 후 정주영은 근면함과 성실성으로 주인의 신임을 얻어 22세가 되던 해에 가게를 인수해 경일상회를 세우고 처음으로 사업을 시작하였다. 그는 이 시기에 상인에게는 돈보다 신용이 첫째라는 것을 체득하게 되었다.

정주영은 아도서비스를 운영하던 시절 자동차 수리소에 불이나 수리 중이던 고급 자동차가 불에 타고 수리소까지 잃는 일을 겪게 되었다. 그러나 이미 쌓아놓은 신용을 바탕으로 그를 전적으로 믿어주던 대금업자에게서 다시 돈을 빌려 자동차와 수리소를 원상 복구했을 뿐만 아니라 열심히 일하여 빚과 이자를 모두 청산할 수 있었다. 신용은 그에게 그 무엇과도 바꿀 수 없는 기업가로서의 중요한 가치였다.

현대건설의 고령교 복구사업과 관련해서도 유명한 일화가 있다. 고령교는 낙동강에 있는 다리이다. 현대건설이 1954년에 최초로 수주한 토목공사이며 당시 한국 토목 기술의 산실이라고 평가받는다. 당시 극심한 인플레이션으로 처음에 예상하였던 비용으로는 토목공사에 필요한 돈을 댈 수 없었다. 적자가 늘어났지만 기업인은 "주판알을 엎고 일할 때도 있다"면서 정주영은 모든 손해를 감수하였다. 결국 공사를 완료해 정주영은 돈으로 환산할 수 없는 신용을 얻게 되었다. 현대건설은 그 후 국내외 굵직굵직한 대형 공사들을 수주하여 건설업계에서 두각을 나타내기 시작하였다.

3. 경제인을 넘어선 사회지도자

정주영은 기업이 얻게 되는 기업 이익의 일부를 사회에 돌려주어야 사회적 책임을 다하는 것이라고 생각하였다. 그는 1977년 자신이 보유한 현대건설 주식의 절반을 출연하여 아산사회복지사업재단을 설립하고 의료사업, 사회복지 지원 사업, 장학사업, 연구개발 지원 사업 등의 종합적 사회복지사업을 전개하였다. 의료사업 분야에서는 당시 전국 55개 종합병원 중 49개가 대도시에 밀집한 현실을 개선하기 위해 신규 종합병원 5개를 의료 취약지역에 건립하여 의료서비스의 지역 간 불균형 문제를 해소하고자 하였다. 복지단체 지원 사업 분야에서는 장애인과 노약자의 삶의 질 향상과 관련된 사회복지단체의 자립기반을 조성하는 데 중점을 두었다.

정주영의 사회지도자적 역할은 올림픽 유치 성공 사례에서도 잘 드러난다. 전두환 정권 초기인 1980년 5월에 서울올림픽 유치 추진위원장을 맡아 적극적 추진력과 리더십을 발휘하여 마침내 다음 해에 경쟁상대인 일본 나고야를 누르고 서울을 제24회 올림픽 개최지로 확정 짓는 성과를 거두었다. 올림픽 유치 역시 오랜 기간 준비해온 경쟁상대 나고야에 비해 매우 불리하고 어려운 여건 속에서 이루어낸 결실이었다. 정주영의 사회 개혁에 대한 꿈은 직접적인 정치 참여로까지 이어졌다. 1992년 통일국민당을 결성하고 대통령에 출마했으나 낙선했고 곧 정계 은퇴를 선언하였다.

생애 말년에는 남북한 경제협력사업인 금강산 관광사업 추진에 몰두하였다. 당시 김대중 정부의 정책적 지원을 받아 소떼 500마리를 몰고 북한을 방문한 그는 1998년 11월에 금강산 관광사업을 시작하였고 대북사업을 전담할 (주)현대아산을 설립하였다. 남북경제협력사업은 물론 사업적 측면도 있었지만 남북경제 통합과 남북통일의 기반을 조성한다는 사명감이 크게 작용한 사업이었다. 이렇듯이 정주영의 기업가 정신은 국가 경제 발전의 선도를 넘어 사회복지, 정치개혁, 남북통일 등의 국가적 과제로 적용영역을 지속적으로 확장해 갔다고 볼 수 있다.

4. 역사적 시사점

정주영의 기업가 정신과 경영철학은 그가 현대그룹을 이끈 50여 년의 역사 속에서만 의미를 갖는 것은 아니다. 그는 어려운 대내외 여건하에 놓여 있는 오늘날의 우리에게도 큰 교훈과 시사점을 전해주고 있다. 1990년대 후반의 외환위기 이후 재벌그룹의 양적 성장 위주 경영과 불투명한 기업 지배구조 등이 도마에 오르면서 정주영과 같은 창업 1세대 기업가들의 행태가 비판의 대상이 된 적도 물론 있었다. 또한 외환위기 이후에는 효율성과 주주가치를 중심으로 하는 합리적 경영이 한국기업 경영의 주요 흐름으로 자리 잡았던 것도 사실이다. 그러나 2008년의 미국발 글로벌 금융위기 이후 우리나라가 매우 도전적인 상황에 처하게 되면서 기업가 정신의 중요성에 다시 주목할 필요성이 높아졌다.

국내외 경제 불황, 높은 청년 실업률, 사회적 양극화 등의 어려운 과제를 해결하는 핵심적 방법 중 하나는 최근 들어 사회 전반적으로 퇴조한 기업가 정신을 되살리는 것이다. 물론 오늘날에 요청되는 기업가 정신의 구체적 모습은 정주영과 같은 1세대 기업가들이 보여주었던 것과 다소 다를 수 있다. 그러나 기업 발전과 사회 발전을 동시에 추구하며 신념과 도전정신, 혁신적 사고, 추진력으로 커다란 성과를 이루어내었던 기업가 정신의 본질이 갖는 의미는 크게 달라지지 않았다고 본다. 정주영 기업가 정신의 교훈을 꿰뚫어 보는 예비 창업자, 중소벤처 기업가, 대기업 경영자가 많을수록 일자리 창출,

양극화 해소 등의 국가적 과제도 풀려나갈 것이라 믿는다.

참고문헌

전도근, 『신화를 만든 정주영 리더십』, 북오션, 2010.

정주영, 『이 땅에 태어나서』, 솔, 1998.

_____, 『시련은 있어도 실패는 없다』, 제삼기획, 2009.

현대건설50년사편찬위원회, 『현대건설 50년사』, 현대건설주식회사, 1997.

현대경제연구원, 『정주영 경영을 말하다』, 현대경제연구원, 2011.

홍하상, 『정주영 경영정신』, 바다출판사, 2006.

김성수, 「전후 한국경제성장을 이끌어온 현대그룹의 창업자 정주영 회장 연구」, 경영
　　사학 제20집 제5호, 2005.

길영희, 교육입국을 위해 지도자 양성에 압장서다

김학준

1. 돈과 권력이 통하지 않는 선생님
2. 배움의 집과 르네상스 시대

3. 미래의 지도자들을 위한 희망의 집

1. 돈과 권력이 통하지 않는 선생님

길영희吉瑛羲(1900~1984)는 인천중학교, 제물포고등학교의 교장으로 10여 년에 걸쳐 많은 인재를 길러 사회의 각 방면에 배출한 우리나라의 대표적 교육자 가운데 한 사람이다. 그는 1900년 11월 30일에 평안북도 희천군에서 태어나 평양고등보통학교를 졸업했다. 의사로서의 길을 걷고자 경성의학전문학교에 입학했으나, 재학하던 때 일어난 3·1운동에 참여한 까닭에 감옥생활을 경험했고 퇴학을 당했다. 그것은 그의 진로에 새로운 전환점이 되었다. 그는 히로시마고등사범학교를 졸업하고 교직에 들어선 것이다.

김학준金學俊(단국대학교 이사장)
  저서로는 『북한의 역사』 1·2권(서울대학교출판부, 2008), 『서양인들이 관찰한 후기 조선』(서강대학교출판부, 2010), 『독도연구』(동북아역사재단, 2010) 등이 있고, 논문으로는 「김영국 교수의 정치학: 삶, 그리고 연구와 강의를 중심으로」(『한국정치연구』 제11집 제1호, 2002), 「1993년 이후 정치학 분야에 있어서의 한국학의 흐름들과 특징들」(『한국정치 연구』 제17집 제1호, 2008) 등이 있다.

일제강점기에 조선인으로 고등사범학교를 졸업하면 교육계에서 이른바 출셋길을 걸을 수 있었다. 으레 공립 고등보통학교로 배치되거나 총독부로 발령을 받았다. 그러나 민족주의자를 자처하던 길영희는 그 길을 외면하고 조선인들의 학교에서 교편을 잡았으며, 특히 총독부가 조선인들에게 창씨개명을 강요하자 분연히 교직을 떠났다. 그 대신 인천의 송도에 농장을 마련하고 스스로 농사를 지었다.

일제가 패망하면서 일제가 인천에 설립한 인천중학교는 자연히 한인들에게 돌아왔다. 그때 일본인 교장이 떠남에 따라 공석이 된 이 학교 교장에 인천시민들은 길영희를 추대했다. 그리고 6년제 인천중학교가 3년제 인천중학교와 3년제 제물포고등학교로 나뉘게 됐을 때, 그는 제물포고등학교 교장을 겸하게 됐다.

인천시민들은 그를 '석두石頭', 곧 '돌대가리'라고 불렀다. 돈을 모르며 돈에 움직이지 않는다는 뜻이었다. 입학시험 때 오로지 성적만으로 합격–불합격을 결정할 뿐, 이른바 보결생을 전혀 받지 않았다.

여기서 우선 그의 옷차림과 음성에 대해 간단히 설명하고 지나가야 하겠다. 그의 옷차림은 꼭 두 가지 가운데 어느 하나였다. 겨울에는 한복에 두루마기였고 다른 계절에는 국민복이었다. 그만큼 외양에 관심이 없었고, 한국적인 것에 대한 애착이 깊었으며, 검소하고 질박하게 생활했다. 또 그의 음성은 대단히 커서 운동장에서건 강당에서건 마이크가 필요 없었다. 당시 조회시간은 우국지사 또는 애국투사의 열정적인 연설장을 방불케 했는데, 그는 훈화를 통해 학생들에게 참으로 많은 가르침을 주었다.

그는 학생들에게 수신교과서적인 얘기를 한 적이 없었다. 예컨대 "청소를 잘 해라", "예절을 잘 지켜라", "약속을 잘 지켜라", "옷을 깨끗이 입어라", "품행이 방정해야 한다" 등의 흔히 할 수 있는 말을 입에 올린 적이 없었다.

그 숱한 조회시간에 언제나 국가적·민족적 차원의 문제들에 관해 말했다. "너희는 커서 이 나라의 국사國士가 되어야 된다. 나라의 선비가 되어야 한다. 항상 이 나라 이 겨레의 운명을 걱정하고 이 나라 이 겨레를 이끌어 나가기 위해 자신을 과감히 버릴 수 있는 국사가 되어야 된다. 이것이 내 교육의 궁극적인 목표이다." 이러한 말은 사실 어린 학생들에게 어울리지 않는 내용이었는지도 모른다. 그러나 그는 학생들을 앞으로 우리나라를 이끌어갈 지도자로 대접했기에 그처럼 차원 높은 격려를 주었던 것이다.

그의 가르침으로 이 학교의 졸업생들에게 깊이 남아 있는 것은 "너희는 이 혼탁한 세상에서 빛과 소금이 되어야 한다" 라는 훈화였다. 교모의 배지를 빛과 소금 두 가지만으로 도안했던 것은 바로 그의 이 절실한 염원을 반영한 것이다. '학식은 사회의 등불, 양심은 민족의 소금' 이라는 그의 교훈 역시 이러한 배경에서 나왔다.

공립 중·고등학교의 교장으로서 선생은 당시 자유당 치하의 세상을 거침없이 '혼탁한 세상' 이라고 단정했고, 그 때문에 자유당 정권 말기에는 당국의 날카로운 주목의 대상이 되기도 했다. 당시의 세상을 거세개탁擧世皆濁이라고 공언한 그는 이 더러움과 흐림으로부터 우리 겨레를 건져낼 세력이 바로 자신의 제자들이라고 확신하고 학생들에게 빛과 소금을 생활의 지표로 삼게 했던 것이다. 그는 또 학생들을 끊임없는 맑은 샘물에 비유하기도 했다. 맑은 샘만 마르지 않는다면 탁류는 차차 깨끗한 물줄기로 바뀔 것이라고 가르치며 제자들이 앞으로 사회에 진출해 맑은 물을 힘차게 뿜어내 줄 것을 기대했다.

배움의 과정에 있는 것에 지나지 않는 소년들에 대한 기대가 이처럼 컸기에, 그는 또한 학생들에게 엄격한 도덕률을 부과했다. 무감독시험제도가 바로 그것이었다. 스승이 제자의 시험을 감독해야 하는 학교에서 무슨 국사가 나올 것이며 무슨 맑은 물이 나올 것이냐고 그는 반문했다. 점수 몇 점을 더

얻고자 스승과 급우를 속이며 부정행위를 저지르는 학생들이 어떻게 애국지사가 될 수 있겠느냐고 말했다. 여기서 이 학교에서는 명예제도가 시작되고, 그것은 마침내 흔들릴 수 없게 정착됐다.

2. 배움의 집과 르네상스 시대

불의를 미워하고 정의와 진리를 사랑하라고 역설한 그는 자신의 제자들에게 용기 있는 인간이 되어야 한다고 가르쳤다. 불의를 미워하고 정의를 사랑하되 용기가 없으면 아무런 소용이 없다고 생각한 것이다. 이러한 그에게 아마도 대단히 괴로웠던 때는 바로 1960년 4·19혁명을 전후한 시기였을 것이다. 1960년에 들어서자 자유당 정권은 이승만 대통령의 종신 집권과 이기붕의 부통령 당선을 위해 기상천외한 부정선거를 시나리오에 따라 진행시키고 있었다. 자유당 정권은 중고등학교 학생들을 자유당의 선거유세장으로 동원하기도 했다. 바로 이 무렵 대구의 경북고등학교 학생들이 정부의 학생동원에 반발하는 대대적인 시위를 벌였다. 돌이켜 생각하면, 이것이 위대한 4·19혁명의 시작이었다. 2월에 경북고등학교에서 타오른 자유와 민주의 횃불이 3월에는 마산의 시민봉기를 촉발시켰고, 마침내 4월에는 서울과 전국을 진동시켜 이승만 대통령의 하야를 낳은 것이다. 이 일련의 민주혁명과정에서 자신이 교장으로 가르친 학생들은 뒤처져 따라갔다. 이것이 한국의 국사를 키워낸다는 그의 평소의 교육자적 자부심에 커다란 상처를 주었음은 물론이다.

다만 그때 고등학교 3학년생들 가운데 뛰어난 수재인 박순철朴淳鐵이 서울대학교에 수석합격 하고 홍우일洪又一이 서울대학교 약학대학에 수석합격 했을 뿐만 아니라 몇몇 주요 대학교의 전체 수석 또는 단과대학 수석을 석권함으로써 그나마 체면을 조금 만회했다고나 할까.

막상 말이 나왔으니 계속한다면, 서울대학교 전체 수석으로 상징된 인천중학교-제물포고등학교의 '실력 있는 명문학교'로서의 성가는 그의 각별한 노력과 정열의 소산이었다. 우선 그는 교사 채용에 많은 신경을 썼다. 교감 선생을 꼭 후보자의 출신학교에 보내 학업성적을 하나하나 따져보고 우수한 사람이라고 판정이 되어야 채용했다. 그뿐 아니라 일단 학교로 불러 시험을 치게 하고 어느 기준에 이르지 못하면 돌려보냈다. 우수한 교사들이 모여야 명문을 만들어낼 수 있다고 믿었던 것이다.

이처럼 훌륭한 교사들이 열심히 가르치는데도 그는 예고 없이 자주 교실에 들렀다. 수업 중에 불쑥 문을 열고 들어와서 "너희 나에게 하고 싶은 얘기 없니?" 하고 물었고, 교단의 교사를 향해서는 "얘들 열심히 하고 있나요?" 하고 학생들의 학업열을 확인했다. 흔히 있었던 일은 아니지만, 가끔 교실 뒷자리에 앉아 잠시 수업을 직접 듣기도 했다. 그의 이러한 태도는 물론 교사에 대한 불신에서가 아니라, 학생들에 대한 깊은 애정에서 나왔을 것이다.

'실력 있는 학생들'을 배출하려는 그의 욕구는 그가 작사한 교가 제3절에 잘 나타나 있다. "여기는 배움의 집, 〔인천중학교, 제물포고교〕. 하늘의 별도 따자, 땅도 들추자. 누리의 온갖 진리 캐고 말련다. 아아 네가 참 우리나라 학도로구나"라는 대목은 학교를 진리탐구를 본령으로 삼는 우수한 명문학교로 발전시키려는 그의 야심과 기대를 그대로 나타낸 것이었다.

뛰어난 인재를 배출하겠다는 그의 야심이 크게 촉발된 때는 특히 1957년에 소련이 미국을 앞질러 인류사상 최초로 인공위성 스푸트니크를 발사한 때였다. 그는 소련의 과학적 업적에 흥분하면서, 우리나라도 하루빨리 과학기술을 발전시켜야 한다고 강조하고 과학실험을 적극 권장했다.

여기서 그의 관심은 곧 문학으로 쏠렸다. "우리 인천중학교-제물포고등학교 졸업생들 가운데 노벨상 수상자가 나와야 하겠다. 그런데 과학 분야에서는 아무래도 나오기가 어렵겠다. 과학기술 분야에서 선진국을 따라가기란 보통 어려운 일이 아니다. 그러나 문학 분야에서는 노력만 기울이면 나올 수 있을 것이다." 이것이 인천중학교와 제물포고등학교를 '스푸트니크 시대'로 부터 '노벨문학상 시대'로 전환하게 한 그의 말이었다.

이때부터 이 학교에는 『춘추』라는 교지가 창간되고 이에 대한 예산이 크게 늘어났으며, 제인문학상濟仁文學賞제도가 신설되었다. 백일장도 빈번히 열렸다. 학생들은 이 시기를 인천중학교-제물포고등학교의 '르네상스 시대'로 비유하기도 했는데, 확실히 글 잘 짓는 학생들이 각광을 받기 시작해 가히 '문필 공화국' 시대가 열렸다.

이 무렵 한 학생이 선생님께 공개 질문을 했다. "선생님은 저희에게 너무나 다른 여러 가지를 주문하십니다. 스푸트니크가 발사됐을 때는 과학자가 되라고 하시고, 이제는 노벨문학상 수상자가 되라고 하십니다. 비분강개하실 때는 애국투사가 되라고 하시고, 빛과 소금이 되라고 하십니다. 때로는 농촌으로 들어가 농민을 일깨우는 덴마크의 달가스E. M. Dalgas를 본받으라고 하십니다. 저희는 도대체 무엇이 되어야 할지 모르겠습니다." 대강 이러한 내용이었다. 이에 대해 그는 껄껄 웃고 나서 이렇게 답변했다. "가르치는 사람은 한 학생만을 상대하는 것이 아니라, 취미가 다르고 성격이 다르며 포부가 다른 다양한 학생들을 상대한다. 그러므로 여러 가지로 다르게 얘기해서 될 수 있는 대로 다양하게 관심을 자극시켜야 한다. 과학자가 되라는 얘기에 감명받아 과학자의 길을 밟으려는 학생도 있을 것이고, 노벨문학상 수상자가 나와야 한다는 얘기에 자극받아 문학수업에 들어설 학생도 있을 것이며, 달가스가 되라는 얘기에 고무되어 농촌지도자가 될 학생도 나올 수 있을 것이다."

그의 이 말이야말로 학생들을 진정으로 사랑하는 교육자로서의 진면목을 보여주었다고 생각된다. 가르치는 사람이 자칫 범하기 쉬운 과오는 자신의 가치관만을 학생들에게 고집해 전달하려는 자세이다. 가치란 진정으로 다양한데, 가르치는 사람이 자기의 주관이나 편견에 따라 어느 하나만을 강요하는 경우, 자신의 개성과 판단 및 능력에 따라 운명을 개척해 나가려는 학생들을 오도하거나 불필요한 부담을 줄 것이다.

그는 이처럼 지식 면에서의 교육에 비상한 열의를 쏟았지만, 그것에 못지않게 인격 면에서의 교육에도 깊은 관심을 보였다. 그 증거의 하나가 바로 유한흥국流汗興國, 곧 '땀 흘려 나라를 일으킨다'라는 교훈이다. 일제강점기에 일제와 타협하기를 거부하고 농장을 경영하며 몸소 밭을 갈고 거름을 주는 노동에 종사했던 선생만이 생각할 수 있는 교훈이었다.

그는 우리 겨레의 통폐 중 하나가 지도층의 게으름 또는 노동 천시라고 보았다. 글이나 읽는 사람은 손에 흙 묻히는 것을 부끄럽게 여겨 관직이나 탐하고 그 뜻이 이뤄지지 않으면 사회의 기생적 존재로 생활하는 폐습을 가슴 아파했다. 근로의 정신이 지배적인 조류가 될 때, 후진사회인 한국도 저개발 상태를 극복하여 잘사는 나라를 만들 수 있다는 믿음을 지니고 있었다. 이것은 그가 도산 안창호의 무실역행務實力行으로부터 영향을 받은 것이기도 했다.

이러한 평소의 신념이 바로 유한흥국의 교훈으로 나타났다. 그는 실제로 학생에게 노동을 시켰다. 그러니까 제물포고등학교 교사를 새로 지을 때의 일이다. 그는 교사를 짓는 데 필요한 벽돌을 전교생으로 하여금 나르게 했다. 학급마다 일정량이 할당되어 점심시간 또는 수업이 끝난 뒤에는 반드시 그 작업량을 끝내도록 했다. 그가 강조한 유한흥국의 정신은 그로 하여금 학생들에게 농촌으로 돌아가라는 가르침을 주게 했다. 배운 사람들이 농촌으로 들어가 땀 흘려 일해야 하며, 또 땀 흘려 일하는 그들이 농촌을 부흥시키고 발전시켜야 한다는 것이었다. 이 때문에 그는 농대 진학을 적극 권장했다.

선생님은 지덕知德 두 면뿐만 아니라 체육 면의 교육도 중시했다. 개교기

넘일인 11월 27일에 벌어지는 전교생 마라톤 대회는 인천의 장관이었다. 인천중학교−제물포고등학교로부터 인천소년교도소를 돌아오는 마라톤 대회는 체력과 지구력을 지도자의 중요한 자질로 간주한 그의 깊은 뜻에서 나온 것이었다.

겨울에는 부평 일대의 눈 덮인 산으로 도보 행진한 다음 토끼사냥을 하게 했다. 토끼가 잡혔다는 얘기를 필자의 6년 재학기간 동안 한 번도 들어본 일이 없지만, 그는 학생들로 하여금 들과 산을 뛰고 달리면서 호연지기浩然之氣를 키우도록 가르친 것이다. 이처럼 호방한 성품을 지녔기에, 학생들이 겨울에 춥다고 떠는 시늉을 하거나 웅숭그리는 것을 몹시 못마땅해 했다. 한겨울의 추위 때 넓기만 한 운동장에서 한 시간 동안 조회를 서는 것은 학생들로서는 괴로운 일이었다. 그래서 어딘가 추워하는 기색들을 보이면, 연단에서 사자후를 토하던 그는 불호령을 내렸다. 나라를 건질 예비 애국지사들이, 농촌을 부흥시킬 예비 달가스들이, 천하대세를 논할 예비 국사들이 도대체 이 무슨 볼품없는 꼴들이냐고 대갈일성 했다. 거기서 그치지 않고 그 스스로 앞장선 채 전교생이 운동장을 서너 바퀴씩 뛰게 했다.

3. 미래의 지도자들을 위한 희망의 집

그의 교육 목표를 요약하면 한국을 이끌어 나갈 지도자의 양성이었다. 그는 인천중학교와 제물포고등학교에서 훈련받은 예비지도자들이 대학을 거쳐 사회에 쏟아져 나가기만 하면 그들이 우리나를 바로잡고 건전한 방향으로 발전시킬 것이라는 확신을 가졌다. 그가 작사한 교가 1절이 '여기는 희망의 집〔인천중학교, 제물포고교〕'로 시작되는 까닭이 여기에 있다.

어린 제자들을 이처럼 미래의 지도자로 보았기에, 그는 학생들의 발표력을 대단히 중시했다. 그래서 고등학교 1학년 이상의 모든 학급이 1주일에 1번씩 전교생 앞에서 1시간 정도의 발표회를 갖도록 했다. 음악도 좋고 연극도 좋으며 웅변이나 논문발표도 좋았다. 자신의 생각과 느낌을 남 앞에서 발표해 보라는 것이었다. 이 발표회를 반드시 참관한 그는 전교생 앞에서 일일이 강평을 해주었다. 무안을 주는 일도 적지 않았다. "너는 도대체 말하는 태도가 그게 뭐냐? 뭘 그렇게 수줍어하고 왜 그렇게 남이 알아들을 수 없게 우물우물 거리느냐?" 이렇게 나무라는 경우가 적잖았다.

해방 직후 인천중학교의 교장으로 추대되어 외부의 여러 압력과 유혹을 뿌리치고 교육입국의 일념으로 교직에 헌신했던 그는 1961년 5·16군사정변과 더불어 학교를 떠났다. 이른바 세대교체론이 제기되어 교직자의 정년퇴직 연령을 65세에서 60세로 내렸기 때문이다. 그러나 교육자로서의 그의 삶이 여기서 끝난 것은 아니었다. 그는 곧 충청남도 예산군 덕산면 가루실에 농민학교를 세워 농촌의 청소년들을 가르치다가 1984년 3월 1일 별세했다.

※ 이 글은 필자가 『사랑하는 나의 부모님과 은사님』(정우사, 1993)에 수록했던 글을 축약한 것이다.

신봉조, 오직 한길, 여성 중등 교육에 헌신하다

고혜령

1. 머리말

근대 한국 여성 교육은 1886년 5월 미국 감리교회 선교사 스크랜턴Mary F. Scranton에 의해 시작되었다. "이름조차 갖지 못한 조선의 여성들에게 교육을 통해 인간답게 살 기회를 주기 위해" 문을 연 이화학당梨花學堂은 20세기 모두冒頭에 최초의 여의사인 박에스더, 최초의 미국 대학 졸업 학사인 하란사를 배출했으며 최초의 여성 박사이자 교수, 대학 총장인 김활란, 그리고 3·1

고혜령高惠玲(한국고전번역원 이사, 고려사이버대 외래교수)
　저서로는 『고려후기 사대부와 성리학 수용』(일조각, 2001), 『목은 이색의 생애와 사상』(공저, 일조각, 1996), 『민란의 시대』(공저, 가람기획, 2000), 『조선의 청백리』(공저, 가람기획, 2003), 『우리 역사 길라잡이』 1(공저, 국사편찬위원회, 2008), 역서로는 『조선시대 선비들의 백두산 답사기』(공역, 혜안, 1998) 등이 있다. 논문으로는 「고려 말 이인임의 연구」(『역사학보』 제91집, 1981), 「稼亭 李穀과 元 士大夫와의 交游」(『민족사의 전개와 사상』, 일조각, 1990), 「고려 사대부와 元 制科」(『국사관논총』 24, 국사편찬위원회, 1991), 「『목은집』을 통해 본 李穡의 불교와의 관계」(『진단학보』 102, 진단학회, 2006. 12) 등이 있다.

운동의 별 유관순 열사를 낳은 여성 리더의 산실이다.

1910년에 이르러 이화학당은 유치원에서 대학과까지 시스템을 갖추게 되었고, 1935년 이화여전梨花女專이 신촌으로 이전함에 따라 정동貞洞은 이화여자고등보통학교가 지키게 되었다. 선교회가 운영해온 이화는 1938년 '조선교육령'으로 '이화고등여학교'로 개편되었고, 기독교 계통 학교에 대한 일제의 갖가지 압력으로 학교 운영이 어려워지자 한국인에게 학교 경영을 이양했다.

이런 배경에서 '이화고등여학교'는 처음으로 조선인 교장 신봉조辛鳳祚(1900~1992)에게 맡겨졌다. 1938년부터 1961년까지 23년간 이화여자중·고등학교¹의 교장직을 맡아 교육자로서, 또한 교육행정가로서 학교 발전의 견인차 역할을 한 사람이 바로 화암和巖 신봉조이다.

신봉조는 젊은 시절에 기독교를 접하고 독실한 신앙인이 되었으며, 교육자가 되기로 마음먹었다. 그는 당시 일제하에서 독립과 번영을 위한 지름길이 교육이라고 믿었고, 특히 여성 교육의 중요성을 인식했다.² 특히 그는 여성 교육을 통해 우리나라를 지상에서 가장 살기 좋은 나라로 만들어야 한다고 생각했다. 나라를 이끌어가려면 좋은 사람을 만들어내야 하고 좋은 사람을 기르는 데는 '어머니'의 존재가 중요하다는 인식에서였다. 신봉조는 여성 중등교육의 일선에서 오직 한길을 걸은 교육자이자 교육행정가로서 대한민국을 가꾼 인물이라 할 수 있다.

---

1 4년제 이화고등여학교는 해방 후에 6년제 이화중학교로 개편되었고, 다시 4년제 중학교와 3년제 고등학교가 병설되었다가 1951년에 중학교 3년, 고등학교 3년의 이화여자중·고등학교로 개편되었다. 1969년부터 중학교평준화시책에 따라 이화여자중학교가 폐교되고 현재는 이화여자고등학교만 있다.
2 신봉조, 「최원영 씨에게 한 말」, 『큰 스승 신봉조』, 정우사, 1995, 144쪽.

2. 교육에 뜻을 두다

강원도 정선旌善이 고향인 신봉조는 1900년 8월 20일(음력 7월 23일) 신기묵辛綺默의 아들로 태어났다. 정선공립보통학교를 졸업하고 학비를 벌기 위해 한 달 동안 우편국에 근무한 후 상경하여 1915년 배재학당培材學堂에 입학한 그는 졸업할 때까지 고학을 하면서도 줄곧 최우등을 놓치지 않았다.

1919년 3월 1일, 배재고등보통학교 4학년 졸업반이었던 신봉조는 학생들을 인솔하여 3·1운동에 참여했다. 이로 인해 서대문형무소에 수감되어 징역 6개월에 3년간 집행유예의 형을 선고받고 그해 9월 석방된 이후 1920년 연희전문학교 문과에 입학했다. 연희전문 재학 시절에는 선교사인 베커Rev. Arther Becker 목사의 집에서 장작을 패고 스토브에 불을 피우는 등의 아르바이트를 하며 공부하는 한편 수업이 끝나면 차미리사가 주동하여 시작한 야학강습소(후에 근화여학교槿花女學校로 발전함)에서 여성들을 가르쳤다.[3] 차미리사의 생애를 그린 최은희崔恩喜의 『씨 뿌리는 여인』에는 아래와 같이 소개되어 있다.

1919년 9월 종교宗橋예배당 종각을 빌려서 칠판을 걸었다. 학생들에게는 수업

---

3 차미리사(1880~1955)는 여성운동가·교육가로서, 경기도 고양 출신이며 미리사는 세례명이다. 남편이 죽은 뒤 기독교에 입교, 선진국의 실정 및 여성의 사회활동에 관심을 갖게 되었다. 선교사의 주선으로 중국 유학의 기회를 얻어 쑤저우蘇州에 있는 버지니아여학교를 졸업한 후에 양주삼梁柱三과 미국 샌프란시스코로 건너가, 안창호安昌浩와 함께 기울어가는 국운을 만회하기 위해 『독립신문』을 발간했다. 그 뒤 캔자스Kansas주의 더스칼대학 신학과를 졸업하고 1917년 귀국하여 배화여학교培花女學校의 교사와 기숙사 사감으로 활동했다. 3·1운동 때에는 국내외 비밀 연락의 중요한 역할을 담당했다. 1919년 가을부터 여자야학강습소를 시작했고, 1920년에는 조선여자교육협회를 조직하여 여성을 대상으로 한 문맹퇴치와 계몽운동에 헌신했다. 여자야학강습소를 근화여학교槿花女學校로 발전시켰고 후에 '근화'라는 명칭이 무궁화를 상징한다는 일제의 시비에 따라 명칭을 덕성학원德成學園으로 바꿨다.

료도 받지 아니하고 선생에게는 월급도 지불하지 못하는 것은 두말할 필요도 없다.

선생의 이 사업에 찬동하고 맨 먼저 야학생들에게 시간을 제공한 이는 연희전문학교에 재학 중인 신봉조 씨였다. 이 청년은 기독교 신자로서 신앙심이 두텁고 봉사 정신이 가득하여 하루도 빠지는 날이 없었다. (중략) 차 선생과 이 청년은 선생 노릇, 소사 노릇, 경영자 노릇 등 몇 사람 몫을 한꺼번에 껴맡아서 손이 되고 발이 되어 짐을 나누고 정성을 다하였다. (중략) 신 씨는 낮에는 연전延傳에 나가 강의를 듣고 저녁이면 부지런히 달려와서 학교 일을 보살피는 것이었다.

야학강습소를 본격적인 학교로 확장하기 위해 차미리사는 신봉조와 의논하여 전국순회강연을 계획했다. 신봉조는 노순路順을 정하고 강연단을 짜고 '여자 교육의 급선무'라는 연제를 택하여 선발대로 앞장서는 등 우리나라 여성 계몽운동에 노력했다.

1924년 3월 연희전문학교 문과를 졸업한 신봉조는 모교인 배재고등보통학교에서 조선어 문법과 영어를 교수했다. 어학에도 남다른 재주가 있어서 학과목 이외에도 상급반 학생들을 위한 에스페란토 반을 조직하여 지도하고 『에스페란토 교본』을 발행했는데, 이는 국내 최초의 에스페란토 저술이다. 에스페란토어에 대한 그의 관심은 국권을 잃은 조선에서 세계 공용어인 에스페란토를 통해 세계 평화를 찾으려는 데서 시작되었다. 그에게 에스페란토어는 세계 평화와 희망의 언어였고 미래에 대한 약속이었다.

만 3년 동안 배재에서 가르치다가 1927년 4월에 도일渡日한 그는 배재 교비생校費生으로 도호쿠제국대학東北帝國大學 사학과에 입학하여 1930년 3월에 졸업했다. 졸업하기 전인 1929년 12월 25일 피아니스트 한만복韓萬福(한희숙)과 결혼한 그는 배재에 복직하여 역사, 지리를 가르치고 교무주임과 훈육주임을 겸하면서 교육 전반을 책임졌다.

1930년대 후반 미국 선교회가 운영하는 학교에 대한 압력이 가해졌다. 미국 북장로교회에서는 종교적 압력에 맞서 총교육 인퇴引退를 결정했으나, 감리교회에서는 선교사가 물러나고 조선인 교장으로 학교를 지속시키고자 했다. 이에 따라 이화고등여학교를 맡고 있던 처치Marie E. Church 교장의 후임으로 신봉조가 교장으로 선임되었다.

1938년 12월 2일 신봉조가 38세의 나이로 이화고등여학교 교장에 취임했다. 이화 역사상 최초의 한국인 교장이자 최초의 남성 교장이 된 그에게 이 직책은 명예로운 자리이기보다는 학교를 지켜내기 위한 혹독한 시련의 자리였고, 그는 한동안 그치지 않을 고통의 멍에를 짊어져야 했다.

3. 위기를 넘어 명문 이화여중·고를 만들다

1941년 12월 8일 태평양전쟁이 발발하자 조선총독부는 한국에서 선교회가 운영하는 학교를 모두 적산시敵産視했다. 학교를 계속 운영하려면 총독부가 정한 기한 내에 한인에 의한 유지재단을 설립하고 그들이 강요하는 황국 식민교육을 따르는 수밖에 없었다. 이화는 존폐 위기에 서게 되었다. 신봉조는 당시 영창서관 주인 유하有廈 강의영義永으로부터 철원에 있는 전답 28만 8천여 평을 희사받음으로써 유지재단을 결성하여 위기를 모면했다.

그러나 항 민족정신의 온상인 이화학원을 없애려는 총독부는 갖가지 수단을 동원했고, 학교 안에 소방도로를 내기 위해 학교 건물(심슨홀)을 철거하겠다는 등 가해지는 압력이 절정에 이르렀다. 난관은 끊임이 없었고 교장 직책은 더욱 힘들어졌다. 신봉조는 학교를 살리기 위해 방공防共 훈련, 꽃꽂이 실습 등을 실시하며 신문이나 기타 매체를 통해 일본 제국주의에 순응할 수밖에 없었다. 이런 행적들은 '오로지 생명을 부지한다'는 일념으로 학교를 지켜나가기 위해 그가 어쩔 수 없이 선택해야 하는 일이었다.

신봉조는 취임 이후 학교의 교훈을 '순결·희망·발전'으로 바꾸었는데, 앞길이 캄캄한 암흑기에 우리 민족의 순결을 간직하고, 때가 올 때까지 희망을 갖고 기다리며, 고난을 헤치고 발전해 민족정기를 기르자는 의미를 은연중 학생들에게 심어주기 위해서였다.

1945년 8월 15일 해방과 더불어 교훈은 '자유·사랑·평화'로 바뀌었다. 이로써 인류 공통의 목표인 자유와 기독교의 사랑과 세계 평화를 추구하는 세계인을 만들자는 교육의 목표를 세우고, '이화 발전 15개년 계획'을 세워 질과 양 면에서 이화를 국내 제일의 여성 교육기관으로 만들어 나가게 되었다.

우수 교사를 확보하고 좋은 학생을 유치해야만 좋은 학교를 만들 수 있다는 신념하에 신봉조가 초빙한 장기원張起元, 유홍열柳洪烈, 이광린李光麟, 민석홍閔錫泓, 이민재李敏載 등 이화를 거쳐 간 교사들은 후에 우리나라 학계를 이끈 최고의 학자군學者群이었다. 또 우수 학생 유치에 심혈을 기울이고, 학교의 문을 넓혀 해외에서 오는 학생들에게 편입학의 문을 열어두었다. 상하이와 만주, 이북의 학생들이 이화를 찾아왔다. 이화에서 길러진 인재들은 우리나라 여성계의 리더가 되었고, 학문, 예술, 체육 각 분야에서 국내뿐 아니라 세계적인 무대에서 활약하는 성과를 이루었다.

신봉조는 교장으로서 몇 가지 독특한 제도를 도입했다. 유능하고 우수한 학생을 발굴, 육성하여 월반제越班制를 실시함으로써 오늘날의 수월성秀越性 교육을 이미 도입했고, 예능반 제도를 두어 예술 교육의 특성상 필요한 학생들의 편의를 도모했다. 건강을 중요시하여 장기적인 치료를 요하는 학생을 배려하는 특수병고제特殊病故制를 두기도 했다. 또한 학생들이 인생을 살아나가는 데 필요한 충분한 교양을 위해 고등학교 교과과정에 심리학, 철학 등의 과목을 넣은 것도 신봉조 교장의 독자적인 교육 철학에서였다. 독창적인 교과과정은 학생들로 하여금 자유로이 생각하고 사물에 대해 다원적으로 접근할 수 있는 사고와 배려의 정신을 키워주었다.

신봉조는 해방 이후 뛰어난 행정력을 발휘하여 학교 발전의 기반을 이루었다. 해방 후 철원의 토지가 38도선 이북으로 편입됨에 따라 다시 학교 경영이 어려워지자 졸업생 백창성의 부친인 백상규白象圭[4]의 100만 평 토지를 기부받아 학교 재정을 확보했다.

또 인접한 순화동의 철도청 소유 토지를 불하받아 학교 부지를 확장하고, 노천극장을 건립하여 전교생이 모여 다양한 행사를 여는 아름다운 광장을 마련했으며, 스크랜턴 기념관 건축 등 시설의 확충에 노력하여, 이화여자중·고등학교는 우수한 교사와 학생, 그리고 좋은 시설까지 제대로 갖춘 최고의 명문 사립 여학교로 부상했다.

4. 세계 무대를 향한 예술 교육 선도

이화의 인간 교육은 개성을 살리는 교육으로 나타난다. "인간에게 가장 중요한 것은 개성이며, 사람은 누구나 자기만 가진 재주가 있다. 그 개성을 살려서 사회에 기여하는 사람이 돼라"라는 신봉조 교장의 말을 이화여고생들은 조회시간에 귀에 못이 박이도록 들었다. 그는 모든 방면에서 자기의 특기를 드러내는 교육을 강조했다. 여자로서 나라와 세계에 빛이 될 수 있는 인재를 양성하고자 이화여중·고를 자유스럽고 독특한 개성을 지닌 학교로 성장시켜 나갔다.

---

4 1880년 출생. 구한말 한호농공은행장, 일제강점기에 한성은행 두취頭取를 역임한 백완혁의 2남. 한성외국어학교 입학 후 도미하여 브라운대학 정치경제학과를 졸업하고, 구한국 내부참서, 농공상부 참서 등을 역임하다 국권피탈 후 관직에서 사퇴했다. 해방 후 대한적십자사 창설에 적극 참여하여 적십자사 부총재 등을 지냈다. 1950년 제2대 국회의원으로 장단에서 당선되었으나 6·25전쟁때 납북되었다.

신봉조의 예술 교육에 대한 선구적인 의지는 수많은 세계적인 예술가를 길러내는 바탕이 되었다. 우리나라를 세계에 알리는 데는 뛰어난 예술가를 길러내는 것이 가장 빠른 길이라고 생각한 그는 1952년 부산 피난 시절에 '이화아동음악콩쿨'을 개최했다. 세계적인 음악가 정경화, 신수정, 정명화, 김남윤, 강동욱 들이 이 관문을 통해 발굴되어 세계 무대로 진출했고, 지금도 전통이 유지되어 '이화경향음악콩쿠르'는 지속되고 있다.

또 그는 피난지 부산의 어려운 여건에서 주변의 반대를 무릅쓰고 예술학교를 설립했다. 그렇게 설립된 '이화예술고등학교'는 곧 남녀공학 체제로 가기 위해 서울예술고등학교로 명칭을 바꾸었다. 이후 서울예고는 세계적인 한국인 예술가들을 키워내는 온상으로 자리 잡았다.

5. 신봉조의 교육 이념

(1) 원대한 이상: 자유 · 사랑 · 평화

신봉조의 교육 이념은 이화의 교훈을 '자유 · 사랑 · 평화'로 삼은 데서 드러난다. 이는 비단 이화만의 교훈이 아니라 전 인류의 최고 이상으로서, 온 겨레와 인류가 이 큰 이상 아래 지상 낙원을 이룩해야 한다라는 원대한 사상을 품은 것이었다. 그는 아래와 같이 말했다.

이 학교는 한 학교의 존재로는 생각할 수 없을 만큼 원대한 사상을 가지고 있습니다. "이화학원은 한민족의 이상적 국가 건설의 모형이다"라는 것입니다. 바꾸어 말하면 장래 이화학원의 이상이 실현되어 성취되는 날은 우리나라가 지상에서 제일 살기 좋은 나라가 된다는 것입니다. 좋은 나라, 살기 좋은 나라는 좋은 사람들이 만드는 것인데, 좋은 사람을 만들어낼 수 있는 것은 어머니들의 힘이요, 이러한 어머니들을 기르는 곳이 여학교인 때문에 이러한 우리의 이상은 허황한 것이 아니라

는 자신을 가지고 있습니다.[5]

(2) 신앙과 기도 생활에 대한 강조

신봉조 교장은 어느 졸업식사에서 "이화와 예고를 졸업하는 이들에게 가장 귀한 선물은 신앙생활의 길을 배운 것"[6]이라고 말했다. 이화의 모든 의식은 예배로 시작된다. 이화에 처음 입학하는 학생들에게 기독교는 생소한 것일 수도 있다. 중·고교 6년간 또는 고교 3년간 예배로 시작되는 모든 행사와 성경 과목, 이를 통해서 배우는 기독교의 사랑과 감사는 많은 학생을 기독교도로 만들었다. 그는 신앙은 인생의 가장 높은 가치를 유지하고 사람다운 생활의 궤도를 벗어나지 않게 하는 가장 좋은 방법이라고 했다.

(3) 여러 갈래의 길

이화동산에는 여러 갈래의 길이 나 있다.

우리 학교에는 사방으로 드나드는 문이 있고, 동산에는 팔방으로 통하는 수많은 길을 만들어놓았다. 이 학원에서 자라나는 청년들이 장차 인생의 격랑을 헤쳐갈 적에 곧은 직선으로만 나가다가 혹시 길이 끊어졌을 때 그들이 막다른 지점에서 절망에 울지 않고 다시 좌우를 돌보아 스스로의 앞길을 현명하게 개척해나가는 굽히지 않는 끈기를 길러주기 위해서이다.[7]

그는 길 하나를 내는 데도 동산을 꾸민다는 현실적인 문제보다 여기서 얻는 하나하나의 산 체험이 젊은 학도들의 피가 되고 거울이 되어 힘차고 보람

---

5 신봉조, 「1954. 5. 31. 이화창립 68주년 기념사」, 『큰 스승 신봉조』, 정우사, 1995, 175쪽.
6 신봉조, 「1956. 3. 5. 이화, 예고 졸업식 식사」, 위의 책, 177쪽.
7 이인수, 「선생님의 교훈」 1961, 위의 책, 307쪽.

신봉조-고혜령 **151**

있게 살아갈 수 있기를 염원하는 자애를 가졌다.

(4) 역사를 인식하는 교육

신봉조는 1954년 학생들의 활동을 담은 교지校誌를 만들면서 '거울The Mirror of Ewha' 이라고 제명題名했다.

> 나는 이화의 거울이다. 거울의 본령은 참 모습을 비추는 것이다. 좋은 거울일수록 보다 여실히 그 물상의 정체를 나타낸다. 지금부터 이화학원에서 일어나는 가지가지의 사실은 이 거울 속에 영롱히 드러나고 영상될 것이다. 이화의 거울은 이미 지나간 과거를 남기고 오직 오지 않은 미래를 예측하고 포착해 오는 것이다. 그릇되고 부실한 것을 고치고 다듬어 바르고 참되고 아리따운 것으로 끌어올리는 역할을 하려고 한다.[8]

'거울' 이란 제명에서, 학생들이 과거를 되돌아보고 미래를 예견하는 지혜를 기를 수 있도록 하려는 신봉조의 역사 인식을 알 수 있다.

역사학을 공부한 신봉조는 해방 후, 이화여고의 졸업생이자 교사였던 박인덕의 증언에 따라, 3·1운동 때 천안 아오내 만세운동을 주도하고 감옥에서도 만세를 부르다 숨진 유관순의 행적을 세상에 알려 '3·1만세 운동의 꽃' 으로 자리매김하게 했고, 3월 1일 파고다공원에서 기미독립선언문을 낭독한 사람이 정재용임을 밝혀 독립운동의 역사를 바로 세우는 데 앞장섰다.

(5) 체벌 없는 학교, 끝없는 학생 사랑

인생의 성공과 행복의 기초는 건강이다. 신봉조는 특히 가정주부의 건강

---

8 신봉조, 「창간사」, 『거울』 창간호, 1954. 4. 5.

은 개인의 건강에 그치는 것이 아니고 한 가정의 행복과 불행을 결정짓는 중요한 핵심이 된다[9]고 자주 언급했다. 때문에 햇볕이 내리쬐는 운동장에 학생들을 장시간 세워놓는 조회나, 마룻바닥에 앉아 벌을 서게 하는 일을 절대 금지했다. 학생이 문제를 일으켜 처벌 대상이 되었을 때는 교무회의를 여러 차례 다시 열고, 학생의 입장, 학부모의 입장, 담당 교사의 입장을 들어서 결국 그 학생을 처벌하지 않도록 했다.

학생들의 의자를 새것으로 교체할 때, 가장 편안한 의자를 선택하기 위해 견본을 열 개쯤 가져다 놓고, 매일 아침 위치를 바꾸며 선생님들과 학생들이 앉아보고 품평하도록 한 후에 선택했다는 일화는 그의 꼼꼼함과 학생 사랑의 자애로움, 치밀함을 보여주는 단적인 이야기이다.

신봉조의 학생 사랑은 졸업생 사랑으로 이어져, 졸업생들이 큰 상을 받거나 미술전시회, 음악회 등을 열면 반드시 축하 전화를 하고, 전시회나 음악회에 직접 참석하여 졸업생들을 감동시켰다.

6. 청빈과 소박한 삶

화암 신봉조를 추억하는 사람들의 회고담을 보면, 하나같이 그의 신교동 누옥을 말하지 않는 이가 없다.

이화여고의 교장이라면 신식 저택에 멋진 가구는 기본이라고 생각하는 사람들이 찾은 신봉조 교장 집은 결혼과 함께 장만한 작은 한옥으로 평생 한 번도 이사하지 않았으며 '고졸한 가구', '짝이 채 맞지 않는 커피 잔들'로 채워져 있었다. 이화여고의 그 큰 살림을 운영하고 학교를 키우며 많은 건물을 지

---

9 신봉조, 「1958년 졸업생에게」, 『큰 스승 신봉조』, 정우사, 1995, 195쪽.

은 그는 실제 집의 관리는 피아노를 전공한 부인에게 의지한 채 머릿속에는 오직 이화뿐이었다. 자녀들이 모두 자력으로 미국에 유학하고 거기에서 살았지만 한 번도 미국을 방문한 일이 없다는 사실은 기이하게 느껴지기도 한다.

그의 작은 사무실에는 그 흔한 안락의자도 없이 딱딱한 나무의자 몇 개가 있을 뿐이었고, 본인을 위한 기념행사를 절대로 허락하지 않는 그를 위해 제자들이 몰래 준비한 '이화 육성발전 40년'을 기념하는 책자의 발행 계획이 알려지자 심하게 질책하여 중단되기도 했다.

신봉조는 이화여고 교무실에 걸려 있는 편액의 '언온기화言溫氣和'라는 문구대로 화합을 가장 중요시하며 오직 이화와 제자 사랑의 평생을 보내다가 1992년 12월 27일, 한 졸업생의 음악회에 참석한 후 폐렴으로 별세했다.

신봉조의 이력에서 가장 중요한 부분은 물론 이화의 교장직과 이사장직이다. 이외에도 그는 상명학원, 연세대학교, 새빛학원, 인덕학원, 배재학당 등 여러 학원의 이사 또는 이사장으로 활동하며 그의 교육 이념을 실현하고자 했다. 또 강원도 홍천에 팔렬중·고등학교를 세워 농촌 교육의 뜻을 이루었다.

이화여중·고 교장직을 마친 후 이화학원 이사장으로서 30년 가까이 학교 발전에 매진한 신봉조는 평생을 오직 한길, 교육에 종사한 공로로 서울특별시 문화상(교육 부문, 1970), 국민훈장 모란장(1972), 5·16민족상(교육 부문, 1979)을 수상하고 '인간 상록수' 추대(1986)의 영예를 안음으로써 '한국의 페스탈로치'라는 이름에 걸맞은 생을 보냈다.

여성 교육을 통해 대한민국을 가꾼 신봉조의 교육 이념과 학생에 대한 사랑을 되돌아보면서 현재 한국의 각박한 교육 현실에서 우리 교육이 가야 할 방향에 대한 대안을 찾을 수 있지 않을까 한다.

참고문헌

고춘섭,『수양산인 정재용 전기』, 수양산인기념사업회, 2008.
곽종훈 편,『한국 에스페란토 운동의 선구자 신봉조 선생』, (사)한국에스페란토협회, 2003.
국사편찬위원회,『한민족독립운동사자료집』11 · 14 · 15 · 16 · 17 · 18.
심치선 외,『큰 스승 신봉조 ─ 한국여성교육에 바친 한평생』, 정우사, 1995.
이화여자고등학교,『梨花百年史』, 1994.
_____,『거울』(교지).

장준하, 애국애족의 언론인, 그 시대의 순교자

계창호

1. 머리말

광야의 6,000리를 걸어 충칭重慶의 대한민국 임시정부를 찾아간 26세의 열혈 애국청년 장준하張俊河(1918~1975). 임시정부의 난맥상에 실망하고 조국 해방에 한줌 흙이 되고자 미군 특공대에 지원했던 장준하. 마침내 임시정부 요인들과 함께 귀국하여 김구 주석을 보좌하면서도 소위 애국지사와 지도자들의 권모술수에 또다시 환멸을 느끼고 신학교에 들어간 장준하. 마침내 장준하는 『사상계思想界』라는 잡지 하나로 4·19혁명의 토양을 가꾸고 씨앗을 뿌렸다.

그러나 민주화와 민권회복의 기쁨도 잠시, 1961년 5월 군사쿠데타로 집권

계창호桂昌鎬(사단법인 북한연구소 소장)
편저서로는 『광복 50년과 장준하』(장준하 선생 20주기 추모문집, 나남, 1995) 등이 있다.

한 박정희에 정면으로 저항하며 고난을 겪고 결국 『사상계』는 역사 속으로 사라졌다. "펜이 칼보다 강하다"라는 말이 유신체제 아래서는 무력함을 느낀 장준하는 직접 현실정치에 뛰어들었다. 겁도 없고 도시 무서움을 모르는 장준하는 오로지 유신타도와 민권회복에 골몰하다가 1975년 8월 18일 등산길의 약사봉藥師峰에서 불의의 사고를 당해 불귀의 객이 되었다.

장준하는 한 시대의 선각자요 순교자였다. 불의에 목숨 바쳐 저항하는 의義와 용勇의 정신을 행동으로 보여주었고 신념을 위해 죽음도 무릅쓰는 불굴의 저항정신을 몸소 실천하였다. 그리고 단재丹齋 신채호를 잇는 애국애족의 언론인으로서, 혼미와 혼돈의 길목에서 민족의 갈 길을 비추는 생명의 등불로서, 양심적 지식인의 표본으로서 우리 현대사에 커다란 발자취를 남겼다.

2. 어린 시절과 청년 시절

장준하는 3·1운동이 일어나기 한 해 전인 1918년 8월 27일 평안북도 의주義州에서 장석인張錫仁 목사의 3남 1녀 중 장남으로 태어났다. 1919년 부친이 의주 영산永山시장 만세시위에 가담했다가 쫓기는 바람에 이듬해 조부 장윤희張潤熙 이하 온 가족이 의주 안쪽의 삭주朔州 외남면 청계동 산골마을로 이사를 갔다. 부친은 선천宣川의 신성信聖중학교와 평양 숭실崇實전문학교를 다닌 지식인이고, 조부 역시 의주에서 신학문을 가르치는 양성陽成학교라는 사학을 세워 스스로 교사로 일한 교육자이면서 기독교 장로였다. 15세에 삭주 인근의 대관보통학교를 졸업하고 이듬해 평양의 숭실중학교에 입학한 장준하는 이 학교 교사로 근무하고 있던 부친과 합류했다. 모친도 삭주에서 내려와 한 가족이 모두 평양에 모여 살게 되었다. 그러나 부친이 갑자기 신성중학교로 발령이 나서 장준하도 신성중학교로 전학했다.

선천은 평안북도에서 정주 다음가는 큰 읍이다. 1930년대에는 인구가 3,000명밖에 안 되었지만 우리나라에서 기독교 세가 가장 왕성했던 고장이며 주민의 80퍼센트 이상이 기독교 교인이었다.

기독교는 교육열을 높이고 따라서 민족의식도 고양되어 선천의 항일운동은 어느 곳보다 활발하고 격렬했다. 이러한 선천, 그중에서도 특히 민족의식이 강렬했던 신성중학교에서 수학한 장준하는 가정의 배경과 훈도 이외에도 선천의 민족투쟁을 보고 민족항일정신이 뼛속까지 배게 된다.

1937년 장준하는 신성중학교 5학년 졸업반이었다. 당시 신성중학교 교장은 장이욱張利郁(후일 서울대학교 총장)이었다. 그해 여름 일제日帝는 안창호가 이끄는 수양동우회修養同友會의 일제 검거에 나서, 회원이던 이광수, 주요한, 신원국, 김윤경 등 지도급 인사들을 검거하고 이어 전국에서 150여 명을 구속했다. 이때 장이욱도 학교에 들이닥친 경찰에게 붙들렸다. 이에 격분한 장준하는 이튿날 전교생을 이끌고 시위를 벌였다. 장준하를 선두로 전교생이 "장이욱 교장을 석방하라." 외치며 교문을 박차고 나왔다. 그러나 긴급 출동한 경찰병력에 밀려 강제 해산되었다. 이것은 장준하가 처음으로 일으킨 항일거사이다.

부친의 희망대로 신성중학교를 마친 장준하는 숭실전문학교에 진학한 후 평양신학교에 들어가 목사가 될 요량이었으나, 1937년에 교장 매쿤McCune의 신사참배 거부가 문제가 되어 숭실전문학교가 다음 해에 폐교되는 것으로 결정되었기 때문에 진학하지 못하고 일단 평안북도 정주定州의 신안新安소학교의 교사로 부임했다.

1941년 2월 24세의 장준하는 3년간 봉직한 신안소학교 교사를 그만두고 일본 도쿄에 있는 도요東洋대학으로 유학을 떠난다. 그는 예과 1년을 마치고 1942년 원래의 뜻대로 일본신학교에 들어갔다. 그런데 1943년 10월 조선인

학도지원병제도가 실시되자 장준하는 학도병에 지원하기로 마음먹었다. 징병에 지원하는 것이 요시찰 대상으로 일경日警의 감시를 받고 있던 부친과 가족을 돕는 길이라 생각했던 것이다. 그는 입대 후 탈출을 계획하고 있었다.

1943년 11월 지원을 위해 고향에 돌아온 장준하는 1944년 1월 5일에 9년 연하의 김희숙과 급작스레 결혼했다. 김희숙은 장준하가 신안소학교에 재직할 때 가르친 제자로, 사랑하는 제자를 정신대 징발에서 구하기 위한 방편이었다. 그리고 15일 뒤인 1944년 1월 20일 장준하는 일군에 입대했다. 김희숙은 장준하가 떠난 뒤 삭주에서 시부모를 모시고 살았다.

3. 탈출, 그리고 장정長征

장준하는 1944년 1월 20일 평양의 사동寺洞에 있는 일본군 제42연대에 입대했다. 함께 입대한 200명의 조선인 대학생들은 일본군 이등병이 되었다. 그리고 한 달간의 훈련을 마치고 중국 장쑤성江蘇省 쉬저우徐州로 배치되었다. 장준하는 시어머니와 함께 마지막으로 면회 온 아내에게 "내 편지 말미에 성경 구절이 적혀 있으면 내가 일군에서 탈출한 것으로 알라"고 했다.

1944년 7월 7일, 중일전쟁 7주년 기념일 회식 등으로 어수선한 틈을 타서 미리 모의한 김영록, 윤경빈, 홍석훈 등 세 명과 함께 탈출을 감행했다. 이미 삭주의 아내에게는 성경 구절을 넣은 약속의 편지를 띄운 터였다. 이틀 만에 중국군 유격부대에 당도한 장준하는 여기서 평생의 동지가 되는 김준엽金俊燁을 만났다.

중국군 유격부대에 당도한 지 11일째가 되는 7월 20일, 이 부대가 공산군의 습격을 받아 후퇴하자 장준하, 김준엽, 김영록, 윤경빈, 홍석훈 등 5명은 이 부대를 떠나 임시정부가 있는 충칭으로 떠났다. 걸어서 가야 하는 6,000

리 대장정의 출발이었다.

장준하 일행은 쉬저우를 떠난 지 50여 일 만인 9월 10일, 대략 중간지점이 되는 안후이성安徽省 린취안臨泉에 도착했다. 린취안에는 중국 중앙군관학교 분교가 있고 그 안에 한광반韓光班이라는 대한민국 광복군 간부훈련반이 설치되어 있었다. 장준하 일행은 이곳에서 소정의 훈련과정을 마치고 중국군 소위로 임명되었다.

장준하는 학도강의를 구상해 이 부대 안에 있는 80명의 학병출신 훈련생들이 각자 전공에 맞는 주제로 강의를 하고 강의 원고를 모아 책으로 엮어냈다. 이것이 장준하 잡지의 첫 작품인 『등불』이다. 등사판도 없어 몇 사람이 똑같은 잡지 두 권을 붓으로 직접 써서 만들었다. 『등불』은 장준하 일행이 린취안에 있는 동안 2호까지 발행되었다. 『등불』의 발행은 임시정부시절의 『제단』 발행과 더불어 후일 장준하가 『사상계』를 발행하는 씨앗이 된다.

린취안에서 70여 일 머문 장준하는 일행과 함께 1944년 11월 21일 한파가 중원을 덮기 시작한 때 충칭의 임시정부를 향해 또다시 장정의 길을 떠났다.

4. 임시정부를 찾아가다

린취안 한광반의 학도병 가운데 장준하와 함께 장정에 오른 일행은 35명이었다. 일행은 한파와 허기를 이기며 천신만고 끝에 이듬해 1945년 1월 31일, 마침내 일군 탈출 이후 반년 만에 충칭에 다다랐다. 일행은 서로 얼싸안고 감격의 눈물을 흘렸다. 그날 저녁 눈물로 범벅이 된 환영회가 열렸다. 김구 주석이 격렬한 환영사를 했고 장준하가 일행을 대표해 감격 어린 답사를 했다. 이렇게 해서 장준하의 임시정부 생활은 시작되었다.

그러나 장준하는 임시정부의 실상을 눈으로 보고 크게 실망했다. 임시정부는 한국독립당을 비롯하여 조선민족혁명당, 조선민족해방동맹 등 7개의 정당, 단체가 연립하여 직책을 나누어 맡으면서 서로 반목하고 공공연히 파벌싸움을 벌이고 있었다. 그리고 경쟁적으로 신참 광복군 일행을 자기 파당으로 끌어들이려고 갖가지 회유책과 술수를 썼다.

지루한 나날이 계속되는 가운데 장준하는 『등불』을 속간했다. 린취안에서의 편집팀이 그대로 작업을 맡아 제3호를 냈다. 임시정부에서는 등사판인쇄가 가능해 80부를 만들었다. 그리고 제4, 5호는 150부를 만들어 임시정부 요인, 광복군 산하 주요기관과 충칭에 있는 교포들에게까지 배포해 큰 반향을 일으켰다. 『등불』에는 임시정부와 독립운동 선배들의 각성을 촉구하는 학병 출신들의 글이 많았고 교양, 문예 등 다양한 분야로 구성되어 종합잡지의 체제를 갖추었다. 장준하는 이를 통해 임시정부의 행동통일과 이론화를 모색하고 독립운동 진영의 새로운 연대와 시대에 부합하는 민족의 진로를 제시하고자 했다.

1945년 4월 29일 임시정부의 행태에 실망한 장준하 일행 35명은 광복군 참모장 이범석李範奭 장군의 요청으로 시안西安의 광복군 5지대支隊에 편입되었다. 쿤밍昆明에 주둔한 미군과 연합해 국내 침투 작전에 참가하기 위해서였다. 그는 미군 OSS(Office of Strategic Service, 전략첩보기구)대원으로 편입되어 3개월간의 특수훈련까지 받았으나 미국의 원자탄투하 앞에 일본이 무조건 항복함으로써 침투작전은 실현되지는 못했다.

김구는 어떻게든 광복군을 연합군의 일원으로 조국에 들여보내고자 전력을 다했다. 8월 14일과 18일 두 번의 시도가 있었지만 실패하고 결국 1945년 11월 23일이 되어서야 김구 이하 장준하를 포함한 15명의 임시정부 요원 제1진이 꿈에 그리던 조국 땅을 밟았다.

장준하는 환국하는 날로부터 이듬해 말까지 김구 밑에서 수석비서로 일했다. 그리고 1946년 6월 뒤늦게 귀국한 이범석 장군이 그해 10월에 조직한 조선민족청년단(속칭 족청)에 가담하게 되었다. 이범석의 성화에 못 이겨 김구의 양해를 얻어 1947년 12월 족청 교무처장으로 자리를 옮긴 것이다. 그러나 장준하는 정부수립과 더불어 이범석이 국무총리와 국방장관을 겸하며 승승장구할 때 그 곁을 떠나 중단했던 신학공부를 마치기 위해 한국신학대학에 편입했다. 장준하는 자신의 영달에만 골몰하는 이범석에 실망했던 것이다.

5. 『사상계』의 탄생

1949년 6월 한국신학대학을 졸업한 장준하는 문교부장관 백낙준白樂濬의 부름을 받아 문교부 산하 국민사상연구원의 사무국장 자리에 앉는다. 그리고 6 · 25전쟁이 일어나자 정부를 따라 부산에 내려가 1952년 『사상思想』이라는 월간지를 낸다. 『사상』은 공산주의와 전쟁을 치르는 상황에서 국민의 반공의식 고취와 국민정신 확립을 목적으로 발행된 연구원의 기관지였다. 그러나 『사상』은 판매부진으로 제4호를 마지막으로 문을 닫았다. 장준하는 연구원을 그만두고 『사상계』를 창간했다. 『사상』의 간행취지를 잇는다는 뜻에서 '사상'에 '계界' 자를 덧붙여 제호를 『사상계』라 했다. 편집기획에서 원고청탁, 원고정리, 판매, 수금에 원고료, 인쇄비 등 발행 경비도 모두 혼자서 처리해야 했다. 1953년 창간호부터 11월호까지 부산에서 내고 12월호부터는 서울에 올라와서 발행하게 되었다. 장준하는 '독립운동을 하는 정신과 집념'으로 『사상계』를 키워나갔다.

『사상계』는 환도 후 어려운 환경과 여건하에서도 꾸준히 사세를 확장해 나가면서 그 체제에 있어 몇 번의 변화를 거쳤다. 처음은 학생계몽 단계이다. 1955년 5월호에 "학생에게 보내는 특집" 게재를 시작으로 학술지 성격에서 학생 등 젊은 층을 주 독자층으로 하는 고급교양지로 변신했다. "학생에게 보내는 특집"이 실린 5월호는 단번에 6,000부가 매진되고 2,000부의 중쇄판도 순식간에 없어지는 돌풍을 일으켰다. 『사상계』를 들고 다녀야 대학생 행세를 하는 신풍속도가 생겨날 정도였다.

여기에 함석헌咸錫憲과 윤형중尹亨重의 지상 종교논쟁도 『사상계』의 인기 상승을 가속화시켰다. 이로써 『사상계』는 1만 부를 훌쩍 뛰어넘어 일약 3만 부를 돌파했다. 당시 제일가는 신문 『동아일보』가 7만 부였으니 잡지 3만 부는 경이적인 기록이 아닐 수 없었다.

다음은 정론지 단계이다. 1952년 발췌개헌안 통과 등 '부산정치파동'으로 인한 이승만 대통령 재선, 1954년 4사5입 개헌안 통과로 3선 금지 조항 철폐, 1956년 이승만의 제3대 대통령 당선과 장면 부통령 저격사건 등 이승만 정부의 끝없는 독재행진에 맞서온 『사상계』는 1957년 9월호에서 "독립투쟁사상에서 본 한글운동의 위치"라는 특집을 꾸며 정부의 '한글간소화안' 발표로 촉발된 '한글파동'을 정면 비판하고 나섬으로써 현실정치에 관여하는 정론지로 바뀌기 시작했다. 그리고 1958년의 조봉암 사형사건과 1959년 경향신문 폐간 등을 계기로 확고한 정론지가 되었다. 장준하는 1958년 8월호에 함석헌의 저 유명한 "생각하는 백성이라야 산다"를 싣고 첫 필화사건도 겪는다.

1959년 2월 '2·4보안법'에 항거하는 뜻으로 실은 '백지권두언'은 큰 반향을 불러일으켰다. "무엇을 말하랴"는 제목만 달고 내용은 백지상태로 비워둔 채 발행한 것이다.

6. 4·19혁명의 토양을 갈다

마침내 4·19혁명이 일어나고 자유당 정권이 무너졌다. 혁명의 바탕에는 장준하의 공훈이 깔려 있다. 『사상계』를 통해 학생을 비롯한 지식층에 민주의식을 고취시키고 민주사상을 계몽하는 데 힘쓰는 한편으로 이승만 정부의 독재와 비정秕政을 정면 비판하는 등 혁명의 토양을 가꾼 공이 있다는 얘기다.

장준하는 『사상계』 외에도 '사상문고'라는 많은 단행본을 출판하여 민주화계몽을 시도했다. 또한 1959년 8월부터는 '전국순회문화강연회'를 만들어 사상계 편집위원을 주축으로 저명학자들을 동원해 전국 16개 도시를 순회 강연했다. 이 강연회는 겉으로는 문화강연회였지만 실제로는 자유당 말기의 난맥과 폭정을 고발하고 국민의 민주의식을 일깨우기 위한 국민계몽운동이었다.

4·19혁명으로 제2공화국이 탄생했다. 허정 과도정부에 이어 내각제 개헌으로 장면 정권이 들어섰다. 이후 사상계는 새 정부의 진로와 정책을 모색하는 강력한 싱크탱크의 역할을 했다. 장준하는 4·19혁명 이후의 정부는 바른 지식인이 주도하는 새 정치의 정부라야 한다는 생각에 사상계사 안에 유수한 각계 인물들로 구성된 '국제연구소'를 설치하고 30여 명의 연구위원들로 하여금 각 분야의 정책과제를 연구하여 논문을 내게 했다. 그리고 1차로 이 중 10개의 논문을 추려 『사상계』 1961년 2월호부터 3회에 걸쳐 발표했다.

얼마 후 장준하는 새 정부에서 건설본부에 참여하게 되었다. 본부장을 장면 총리가 직접 맡을 만큼 새 정부는 국토건설사업에 역점을 두었다. 장준하는 사업 추진을 위해 국토건설대를 설치하고 사무직 1,614명, 기술직 452명의 대학출신 젊은이들을 발탁해 정신사상교육을 실시했다. 장준하는 이렇게 기른 젊은이들을 후일 지방행정요원으로 배치함으로써 국가행정을 쇄신하려는 꿈을 가지고 있었다. 그러나 이 꿈은 5·16군사정변의 총성으로 깨어졌다.

7. 5·16군사정변, 긍정에서 항거로

장준하는 5·16군사정변 초기에는 이를 인정하고 긍정적 태도를 보였다. 『사상계』1961년 6월호의 권두언에서 "자유당과 본질적으로 다를 것이 없는 민주당은 혁명과업의 수행은커녕 추잡하고 비열한 파쟁과 이권운동에 몰두해 (중략) 누란의 위기에서 민주적 활로를 타개하기 위해 최후의 수단으로 일어난 것이 5·16혁명이다. (중략) 5·16혁명은 4·19혁명의 부정이 아니라 그 계승이 되어야 하는 것이다"라고 썼다.

그러나 장준하의 이러한 5·16군사정변에 대한 인식과 관계없이 군사정권은 장준하에게 호의적이지 않았다. 장면 정부 때 재무부장관 김영선으로부터 재정지원을 조금 받은 것이 빌미가 되어 장준하는 부패언론인으로 찍혀 부정축재처리위원회, 혁명검찰, 혁명재판소, 서울지방국세청 등으로 불려 다니며 신문을 받았다. 그러나 장준하는 1962년 8월 31일 막사이사이상을 받고 힘을 얻었다.

1962년 11월 미국『뉴스위크』지의 이른바 4대 의혹사건에 대한 보도를 반박하는 글을 실어달라는 중앙정보부의 요청을 거절함으로써 장준하와 군사정권의 대립이 시작되었다. 1963년 3월 16일, 박정희가 2·18 민정복귀선언을 뒤집고 4년의 군정연장을 결정하자 장준하가 곧바로『사상계』4월호(창간 10주년 기념호)에 각계 원로와 중진들을 총동원한 군정비판 대특집을 냄으로써 절정을 달렸고, 11월호에 박정희의 남로당 관련 사상문제를 집중 비판하는 "진위를 가리라"를 실으면서 마침내 장준하와 박정희는 결코 돌아올 수 없는 대결의 다리를 건너고 말았다. 『사상계』1963년 4월호는 삽시간에 5만 부가 매진되고 이어 재판 1만 부, 3판 5만 부를 잇달아 찍었다.

박정희 정권은 마침내『사상계』고사枯死작전에 들어갔다. 전국 서적도매상에 압력을 가해 많은 수를 주문했다가 잡지가 내려오면 모조리 반품하게 하고 인쇄소와 제본소에도 작업을 거절케 하는 등 압력을 행사했다. 또 세무 사찰을 하여 추징금을 매겼다. 1964년 8월 동아일보사에서 종합 시사월간지 『신동아』가 발행되면서 『사상계』의 어려움은 심해졌다. 통상 400면을 내던 『사상계』의 지면이 100면, 또 50면으로 줄고 격월로까지 발행하는 어려운 처지가 되었다. 그러나 장준하의 박정희 정권 항거의 열은 더해 갔다.

8. 행동하는 지성

1963년 10월 민정이양을 선언한 박정희가 민주공화당 후보로 대통령에 당선됨으로써 12월 제3공화국이 탄생했다. 박정희는 제1차 과업으로 1964년 벽두부터 개발자금 조달을 위해 대일 청구권 교섭을 시작했다. 장준하는 이해 『사상계』 3월호에 한일회담 반대 특집을 꾸며 150면의 긴급증간호를 냈다. 그리고 직접 한일회담 반대 전국 순회강연에 나서는 등 현실정치에 깊숙이 발을 들여놓고 글과 말의 양수걸이로 박정희에 대한 투쟁을 본격적으로 시작했다.

장준하는 박 정권 규탄 강연과 윤보선 후보에 대한 지원 유세 등으로 두 번의 옥살이를 했는데, 1967년 6월 8일 국회의원 선거에서 동대문 을구에 신민당 공천으로 두 번째 투옥 중 출마하여 당선되었다. 이후 장준하는 3선개헌 반대, 베트남파병 반대 등으로 사사건건 박정희와 부딪쳤다. 장준하에게는 자신은 일본군을 탈출하여 6,000리를 걸어 임시정부를 찾아 고국 침투 훈련까지 받은 광복군 대위이고, 박정희는 일본 육군사관학교를 나와 광복군과 대치했던 일본군 대위라는 우월의식이 있었다.

한편 『사상계』는 1970년 5월 김지하의 '오적시五賊詩필화사건'으로 끝내

정간 처분되어 우리 현대사에 큰 공적을 남긴 채 17년의 사상계시대를 마감했다. 그리고 장준하는 1971년 총선에서 무소속으로 출마했다가 낙선했다.

장준하의 투쟁은 1972년의 시월유신 반대투쟁으로 절정에 이른다. 1973년 12월 24일 재야인사들과 제휴하여 '유신헌법 개정을 위한 100만인 서명운동'을 발기했다. 그리고 1974년 대통령 긴급조치 제1호 위반으로 세 번째로 투옥, 군법회의에서 15년형을 선고받고 복역하다가 지병인 협심증으로 형집행정지가 되어 풀려났다.

유신체제로 모든 집회와 시위가 금지된 1975년 1월 8일, 입원 요양 중이던 장준하는 민주개헌과 구속된 학생들의 즉시석방을 요구하는 "박정희 대통령에게 보내는 공개서한"을 발표했다. 또 재야인사들과 '민주회복 국민회의'를 조직하여 1975년 2월 21일 '민주헌장'을 선포해 민주회복 세력의 대동단결을 호소했다. 정국은 연일 학생시위가 벌어지고 긴급조치가 잇달아 선포되는 초긴장상태에 다시 들어갔다. 그러나 장준하는 굴하지 않고 쟁쟁한 재야인사들과 접촉하며 박정희 정권 타도에 골몰했다.

이처럼 박정희에 날을 세웠던 장준하도 한때 박정희를 지지한 적이 있다. 1972년 7월 4일 남북공동선언이 발표되고 8월에 남측 적십자 대표단이 분단 20년 만에 평양 땅을 밟았고 9월에는 북측 대표단이 서울에 와 이산가족 상봉을 위한 적십자회담을 했다. 1천만 이산가족을 위시해 전 국민이 감격과 흥분에 휩싸였을 때 장준하는 함석헌의 『씨올의 소리』 1972년 9월호에 "민족주의자의 길"이라는 장문의 논평을 발표하고 7·4남북공동성명을 지지했다.

그러나 그 후 장준하는 이것이 유신체체 준비를 위한 박정희의 술책이었다고 판단하고 분개하며 박정희 타도의 강도를 더욱 높여 갔다. 박정희가 남북통일을 막았다고 본 것이다. 그리하여 7·4남북공동성명의 감격에 대한 배신감, 남북통일에 대한 절절한 희망, 온힘을 다했던 『사상계』 사멸에 대한 절망과 분노가 복합되어 장준하는 '민족통일'이라는 새로운 '대항무기'를 들게 되었다. 이즈음 자유당 반독재투쟁과 박정희와의 대결에서 동지로 뭉쳤던 『사상계』 동인 대부분이 박정희에 회유되거나 흡수되어 군사정부에 들어감으로써 장준하는 외로운 처지가 되었다. 황산덕이 법무장관, 엄민영이 내무장관이 되었으며, 장면 정권의 김영선까지 통일원 장관이 되었고, 심지어 신상초 같은 반골도 유신국회의원이 된 것이다. 동지들이 흩어지고 떠나 간 뒤 장준하 곁에는 소위 재야세력만 남았다. 그래서 '민족통일'이라는 장준하의 새 무기는 재야세력과 함께 단련되었고 장준하 사후엔 재야세력에게 승계되었다. 그리고 장준하는 통일지상주의자로 치부되었다.

그 출신 성분으로나 성장 과정, 그리고 그의 분신인 『사상계』의 면면한 정신으로 볼 때 장준하를 북한에 동조하는 통일지상주의자로 구분하는 것은 잘못된 일이다. 장준하가 "모든 통일은 좋은가? 그렇다. 통일 이상의 지상명령은 없다"라고 외친 "민족주의자의 길"을 쓸 때는 북한은 우리보다 오히려 잘사는, 우리의 반쪽으로만 알려져 있었고, 북한이 박정희에 비할 수 없는 1인 독재 국가이고 인간의 목숨을 홍모처럼 여기는 최악의 인권 탄압 국가인 줄은 별로 알려지지 않았던 때이기도 하다. 장준하는 순전히 '못난 조상이 되지 않기 위하여' 온몸을 던졌을 뿐이다.

장준하는 우리 역사에 큰 족적을 남겼지만 부인과 호권, 호성, 호경, 호연, 호진 등 다섯 자녀에게는 사글셋집만 남기고 홀연히 갔다.

참고문헌

계창호 엮음,『광복 50년과 장준하』(장준하 선생 20주기 추모문집), 나남, 1995.

김삼웅,『장준하 평전』, 시대의창, 2009.

김준엽,『장정長征』, 나남, 1987.

박경수,『재야의 빛 장준하』, 해돋이, 1995.

안병욱,『한국사 인물열전―장준하 편』, 돌베개, 2003.

장준하,『돌베개』, 靑翰文化社, 1971.

_____,『사상계지 수난사』, 사상계사, 1985.

_____,『민족주의자의 길』, 세계사, 1992.

천관우, 국사의 풍모 지닌 언론인, 사학자, 민주화운동가

정진석

1. 세 신문의 국장, 네 신문 논설위원,
   두 신문 주필
2. 언론계 입문, 미국유학

3. 신문윤리강령 기초, 악법 철폐 투쟁
4. 『신동아』 필화, 민주화운동
5. 뛰어난 필력의 논객, 긍정적 역사관

1. 세 신문의 국장, 네 신문 논설위원, 두 신문 주필

천관우千寬宇(1925~1991) 선생은 언론인, 사학자, 민주화운동가로 올곧은 일생을 살았다. 그는 우국적인 한말 언론인의 사상과 행동을 계승한 논객이자 문장가로 국사國士의 풍모를 지녔던 인물이다. 해방 이후의 언론인 가운데 천관우는 여러 면에서 가장 뛰어난 활동을 벌이면서 언론 발전에 기여한 인물로 평가

정진석鄭晉錫(한국외국어대학교 명예교수)

　저서로는 『일제하 한국언론 투쟁사』(정음사, 1975), 『한국언론사연구』(일조각, 1983), 『한국현대언론사론』(전예원, 1985), 『대한매일신보와 배설』(나남, 1987), 『한국언론사』(나남, 1990), 『기자 최병우 평전』(관훈클럽, 1992), 『인물 한국 언론사』(나남, 1995), 『역사와 언론인』(커뮤니케이션북스, 2001), 『언론과 한국 현대사』(커뮤니케이션북스, 2001), 『한국 영어신문사』(커뮤니케이션북스, 2003), 『고쳐 쓴 언론유사』(커뮤니케이션북스, 2004), 『언론조선총독부』(커뮤니케이션북스, 2005), 『극비, 조선총독부의 언론검열과 통제』(커뮤니케이션북스, 2007), 『제국의 황혼』(공저, 21세기북스, 2011), 『선구자 서재필』(공저, 기파랑, 2011) 등이 있다.

할 수 있다. 시대가 요구했던 언론인의 덕목과 자질을 두루 갖추고 있었으며 권력과 타협하지 않는 기개 있는 자세로 후배 기자들의 사표가 되었다. 저술을 통해 고대사부터 근세에 걸치는 기간을 두루 섭렵하여 사학자로서도 많은 업적을 남겼다. 또한 민주화운동에 참여하여 이 나라의 민주화에 크게 기여했다.

천관우는 여러 신문사에서 논설위원과 주필로 재직하면서 글을 쓰고 편집국장을 맡아 신문 제작을 총괄했다. 『조선일보朝鮮日報』, 『민국일보民國日報』, 『동아일보東亞日報』 세 신문의 편집국장을 역임했고, 이 세 신문과 『한국일보』를 포함하여 네 신문의 논설위원이었으며, 『서울일일신문日日新聞』, 『동아일보』의 주필을 지냈다. 논객으로서만이 아니라 신문 제작을 총괄할 수 있는 능력과 인품을 동시에 갖춘 사람이 아니면 이처럼 여러 신문의 요직을 역임할 수는 없다. 그는 사학자, 민주화운동가로도 큰 발자취를 남겼지만 이 글에서는 '언론인 천관우'의 업적을 중심으로 살펴보고자 한다.

천관우는 충청북도 제천군 금성면 북진리에서 농업을 하는 가정의 2남 3녀 가운데 막내로 태어났다. 어려서부터 한문을 배웠는데 그 실력과 붓글씨 솜씨가 널리 알려져 천재라는 소리를 들을 정도였다. 태평양전쟁 말기였던 1944년 4월에 경성제국대학(현 서울대학교) 예과豫科에 입학했다가 해방 이듬해인 1946년 7월 예과를 수료하고 곧 국립서울대학교 문리과대학 사학과에 진학하여 사학을 전공했다. 졸업논문은 「반계磻溪 유형원柳馨遠 연구 — 실학 발생에서 본 이조사회의 일 단면」이었다. '조선 후기 실학파의 일조一祖'로 불리는 유형원의 정책론을 개괄한 논문으로 『역사학보』 제2호와 제3호(1952~1953년)에 게재되어 이후 실학연구에 결정적인 영향을 미쳤을 정도로 학계에서 인정을 받았다.[1] 졸업 후 대학에 남아 학자의 길을 가고자 했으나 6·25

---

1 이기백, 「賀序」, 『천관우 선생 환력기념 한국사학논총』, 정음문화사, 1985, 1쪽.

전쟁이 일어나자 언론계에 입문하게 되었다. 이후 직업 언론인으로 종사하는 동안에도 사학자로서 연구를 계속했다.

2. 언론계 입문, 미국유학

1951년 1·4후퇴 때에 천관우는 서울이 공산군에게 두 번째로 함락되는 위기의 순간에 부산으로 피난을 가서 대한통신大韓通信 기자가 되었다. 학자의 길을 걷고자 했으나 시국이 허락지 않아 생계의 수단으로 시작한 직장이었는데 일생의 직업이 된 것이다. 기자생활을 1년 남짓 하는 동안에 미국으로 유학을 떠날 기회가 생겨 1952년 9월부터 이듬해 5월까지 유네스코 기금으로 미네소타Minnesota대학 신문학과에서 공부했다. 전쟁 중에 미국 대학에서 연수받은 첫 번째 언론인이었다. 1950년대에 천관우가 발표한 언론학 관련 논문과 신문윤리강령의 초안 마련은 미국 연수에서 얻은 학문적 바탕이 깔려 있었다. 이 시기에 쓴 기행문 「그랜드 캐년[大峽谷]」은 인문계 고등학교 2학년 국어 교과서에 실렸던 명문이다.

천관우는 귀국 후 1954년 3월부터 서울대학교와 홍익대학교 강사로 언론학 또는 역사학을 강의했다. 홍익대학교는 1954년 3월 9일 한국 최초로 4년제 대학에 신문학과를 설립했는데 천관우도 이때 대학의 정규 신문학 교육에 참여한 것이다. 1955년 7월까지 홍익대학교에 출강했고 서울대학교에서는 1959년 8월까지 강의했다. '매스컴'이라는 용어를 한국 언론계에 처음 도입하고 소개한 사람이 천관우였다는 설도 있는데[2] 아마도 이 시기 서울대학교와 홍익대학교에서 언론학을 강의하면서 그 용어를 사용했을 것이다.

---

2 『경향신문』, 1966년 1월 19일 자, 『썰물 밀물』 서평.

1954년 6월 9일 『한국일보』가 창간될 때에 천관우는 창간 사원으로 참여했다. 조사부 차장으로 출발했으나 5개월 후인 11월에는 논설위원이 되었다. 당시 그는 29세 청년이었다. 한문 실력과 문장력이 뛰어나다는 평가가 반영된 인사였겠지만 당시 새로 출발한 『한국일보』가 파격적인 인사와 혁신적인 아이디어로 언론계에 신선한 새 바람을 일으키려고 했던 이유도 있었다. 이듬해인 1955년 3월부터 고정칼럼 '지평선' 집필을 맡았다. 천관우는 이때부터 짧은 단평을 쓰는 칼럼니스트로서 주목받기 시작했다. 1956년 1월에는 『조선일보』 논설위원으로 자리를 옮겨 4월 1일부터 고정칼럼 '만물상'을 개설하여 집필했다.

그 후의 언론계 경력을 요약하면 다음과 같다. 1958년에는 『조선일보』 편집국장이 되었다가 다시 『한국일보』 논설위원(1959)으로 복귀하여 단평 '메아리' 난을 개설하고 집필을 거의 전담하다가, 4·19혁명에 따른 언론계의 개편이 한창이던 1960에 『세계일보世界日報』 편집국장으로 자리를 옮기면서 각 신문의 유능한 기자들을 영입하여 제호를 『민국일보』로 바꾸고 신문 제작에 새로운 바람을 불러일으켰다. 1961년에는 『서울일일신문』 주필이 되었으나 곧 5·16군사정변이 일어나고 그해 말 이 신문은 자진 폐간했다. 1963년 1월에는 『동아일보』 편집국장으로 입사하여 만 3년간 재임하는 동안 1964년에 월간 『신동아新東亞』를 복간하는 작업을 지휘하여 1년간 그 주간을 겸임했다. 1965년 말에는 『동아일보』 주필 겸 이사가 되어 역시 만 3년간 재임했다. 이 무렵인 1966년부터 1969년 사이에는 한국 신문편집인협회 부회장을 맡았다. 그러나 1968년 말 '『신동아』 필화 사건'으로 『동아일보』를 퇴사했다가 3선개헌이 확정된 후인 1970년에 상근이사로 복귀했다. 1971년 말 국가비상사태선언 직후에 『동아일보』를 두 번째로 퇴사하고 그로부터 만 10년간 자택에서 주로 한국고대사 관련 저술에 종사했으며, 『동아일보』 재직 때에 출강했던 몇몇 대학의 강사직도 퇴사 후에는 맡을 수 없게 되었다.

　1979년 10월 26일 대통령 박정희朴正熙 서거 이후 정치상황의 급변에 따라 언론계에도 해빙 바람이 불었다. 천관우는 1981년 3월에『한국일보』의 상임 고문으로 언론계에 복귀해 고정칼럼 '담배 한 대 물고'를 집필했고 이후 이 사(1983. 5. 15), 고문(1984)을 거쳐 사빈(1989)으로 추대되었다. 처음 몸을 담았던『한국일보』에서 마지막을 보낸 것이다.

3. 신문윤리강령 기초, 악법 철폐 투쟁

　천관우는 서울의 주요 언론사 논설위원, 편집국장, 주필을 두루 거친 당대를 대표하는 언론인이었다. 그러나 그가 한국 언론사에 남긴 업적은 특정 신문사에서 맡았던 직책으로만 평가하기에는 부족하다. 그는 자신이 소속된 신문에 글을 쓰고 신문 제작 과정을 주도함으로써 언론 창달에 기여했지만 언론 단체를 통한 활동과 언론 관련 매체에 기고한 글로도 언론계에 많은 영향을 미쳤다.『기자협회보』,『신문평론』(현『신문과 방송』)과 같은 언론 전문지를 비롯하여 일반대중 대상 종합잡지 등에 언론의 자유와 독립성, 언론과 민주주의의 상관관계에 관련된 논리를 제공하는 글을 기고했고 이를 모아 책으로 펴내기도 했다.

　1957년 4월 한국신문편집인협회가 창립될 때에 천관우는 발기인의 한 사람으로 '신문윤리강령'을 기초하는 일을 맡았다. 그는 최병우와 함께 1950년에 몬테비데오Montevideo에서 열린 유엔보도자유소위원회가 기초하여 발표한 '국제신문인윤리강령안'을 위시하여 미국신문편집인협회의 윤리강령, 미국신문기자노조의 행동강령, 미주리대학에서 연구 발표한 신문윤리강령 등 폭넓은 자료와 문헌을 검토하여 한국 실정에 맞는 윤리강령을 기초했다.[3] 윤리강령은 언론의 자율기능을 존중하고 이를 지켜야 한다는 선언적 헌장으로 이후 언론인들의 행동지침이 되었다.

천관우는 신문윤리강령이 "언론계의 자율로 발의되고 채택" 되었다는 사실에 매우 긍지를 지니고 있었다. 4년 뒤인 1961년 7월 30일에 '신문윤리강령실천요강'이 채택되면서 '강령'도 약간 개정되었고, 그 후 세월이 흐르는 동안 언론 현실에 부합되지 않는 부분도 생기게 되어 1996년 4월 8일 신문윤리강령 및 동 실천요강, 신문광고윤리강령을 시대에 맞도록 개정하여 오늘에 이르고 있다. 천관우는 신문윤리강령을 기초했을 뿐 아니라 자신이 그 강령을 몸소 실천했던 언론인이었다.

천관우는 언론계가 공동으로 추진하는 여러 사업에 참여했다. 1960년 6월 8일에는 편집인협회가 언론정화특별위원회를 구성하여 4·19혁명 이후에 난립한 언론사의 사이비 기자 문제 등을 논의하고 언론계를 정화할 것을 다짐했는데 천관우는 이 위원회의 위원으로 선임되었다. 언론계가 자체 정화와 윤리 문제를 논의하기 시작한 배경이었다.

편집인협회는 언론정화특별위원회의 활동보고를 토대로 10월 21일 언론의 자유와 책임에 관한 성명을 발표하고, 언론 자체의 노력으로 정화를 이룩할 것을 천명했다. 편집인협회는 이와 함께 언론의 권위를 되찾기 위해 언론계가 관청으로부터 받아왔던 특전을 자진해서 반납할 것을 결의했다. 이에 따라 11월 2일 자로 교통, 국방 양 장관에게 공문을 보내 각 사에 발급된 철도 무임승차권과 종군기자 차량을 반환하는 한편, 한국일간신문발행인협회, 한국통신협회, 한국주간신문협회, 한국잡지협회, 평론가협회에도 이 운동에 적극 협조할 것을 요청했다.

---

3 한국신문윤리위원회, 『한국의 신문윤리』, 1965, 12~13쪽.

1963년 38세 되던 해 1월 천관우는 『동아일보』 편집국장에 취임했다. 『조선일보』, 『민국일보』를 거쳐 세 번째 편집국장이었다. 천관우의 『동아일보』 재직 기간은 언론인 생활의 전성기에 해당한다. 정치적으로는 그해 12월 17일 제5대 박정희 대통령이 취임하여 제3공화국이 출범했다. 이른바 6·3사태에 따라 비상계엄이 선포되었다가 7월 28일 비상계엄은 해제되었으나 8월 2일 심야 국회는 민정당 의원이 총퇴장한 가운데 '언론윤리위원회법'을 통과시켜 언론 파동이 시작되었다.

천관우는 언론윤리위원회법 반대투쟁에 앞장섰다. 8월 10일에는 프레스센터에서 500여 명의 신문, 통신, 방송 등 언론사 대표들이 모여 언론윤리위원회법의 철폐를 요구하는 '선언문'을 채택했는데 천관우는 이 선언문의 문안을 기초했다.

이때에 대부분의 신문사는 정부의 압력에 굴복했으나 『동아일보』, 『조선일보』, 『경향신문』, 대구의 『매일신문』이 윤리위원회의 소집에 반대하자 정부는 이 신문사들에 보복조치를 취하기 시작했다. 신문 구독의 금지, 제지업자들에게 압력을 가해 신문용지의 가격 인상 강요, 해외 특파원에 대한 외환지불 중지 등의 조치를 취했다. 이에 네 신문의 편집국장 천관우(『동아일보』), 선우휘鮮于煇(『조선일보』), 민재정閔載禎(『경향신문』), 김창식金昌式(대구『매일신문』)은 9월 1일 공동성명을 발표해 "악법철폐를 위해 끝까지 감투敢鬪할 것"이라고 밝혔다.

5·16군사정변 이후 언론과 정권이 정면에서 맞닥뜨린 언론 파동은 우여곡절 끝에 9월 8일 언론계 대표가 유성에 머물고 있던 박정희 대통령을 찾아가서 언론윤리위원회법의 시행 보류를 요청하고 박 대통령이 이를 받아들이는 형식으로 일단 수습되었다. 언론계의 강력한 저항에 직면한 정부가 결국 이 법의 시행을 보류하여 법이 폐기되지는 않았지만 언론계의 요구가 관철되

는 선에서 마무리된 것이다.

4. 『신동아』 필화, 민주화운동

천관우는 『동아일보』 편집국장 취임 후 1964년 6월부터 월간 『신동아』의 복간을 준비하면서 이 잡지의 주간을 겸했다. 『신동아』는 일제강점기였던 1931년 11월에 창간되어 1930년대의 대표적인 종합잡지로 자리 잡았고 다른 신문사의 잡지 발행을 선도했었다. 그러나 1936년 8월 손기정孫基禎의 베를린 올림픽 마라톤 우승 때 『동아일보』가 일장기를 말소한 사건으로 폐간되었던 것인데, 1964년 천관우가 복간 작업의 주간을 맡아 9월에 중간重刊했다. 중간된 『신동아』는 새로운 잡지 스타일을 선보여 독자들의 인기를 끌었으며 대표적인 종합잡지의 지위를 확고히 다졌다.

천관우는 『신동아』 복간의 주역이었으나 1968년에 일어난 '『신동아』 필화사건'으로 신문사를 떠나야 하는 고초를 겪었다. 이때 천관우는 『신동아』 주간은 아니었고 『동아일보』 주필이었지만, 중앙정보부는 천관우를 신문사에서 물러나도록 동아일보사에 압력을 가했던 것이다. 이 사건을 계기로 권력에 휘둘리는 허약한 모습의 언론 현실에 대해서 언론계는 부끄러움과 무력감을 느꼈다. 천관우는 『동아일보』를 떠난 직후인 1969년 1월 10일 자 『기자협회보』에 기고한 글에서 당시의 언론 상황을 "한국 특유의 비극인 연탄중독 같은 것"에 비유했다. "잠든 사이에 스며든 가스에 취해 비명 한번 못 질러보고 어리둥절하고 있는 상태"라는 것이었다. 함께 신문사에서 물러났던 홍승면洪承勉(『신동아』 주간 겸 논설위원)과 손세일孫世一(『신동아』 부장)은 곧 복직했지만 천관우는 가장 늦게, 3선개헌이 끝난 후인 1970년 2월에 복귀해 상근이사로 『동아일보』 사사社史 편찬을 담당했다.

천관우는 언론계와 학계에서 활동하면서 정치에는 간여하지 않았지만, 민주화운동에 참여하는 동안 자연히 정치 영역을 넘나드는 행동도 하지 않을 수 없었다. 『동아일보』에 재직 중이던 1971년 4월 19일 민주수호국민협의회 창립 공동대표의 한 사람으로 피선되면서 민주화운동의 길로 들어섰다. 신문사에 앉아서 글을 쓰는 일만으로는 도저히 견딜 수 없을 정도로 숨이 막히는 상황에서 민주화운동의 현장에 뛰어든 것이다. 창립 대표위원은 천관우, 김재준金在俊, 이병린李丙璘이었는데 후에 함석헌咸錫憲, 법정法頂 스님도 공동 대표가 되었다. 이해 12월 6일 대통령 박정희가 국가비상사태를 선포한 후에 천관우는 『동아일보』에서 두 번째로, 이번에는 완전히 물러나고 말았다.

해직 후에는 정보기관의 감시가 따라다녔고, 심할 때에는 외출을 금지하거나 방문객의 출입을 제한하는 경우까지 있었던 일종의 연금상태에 놓이기도 했다. 그런 가운데 그는 역사논문을 집필하는 저술생활과 민주화운동을 전개하며 약 10년간 칩거했다.

불광동 천관우의 스무 평 남짓한 집에는 그의 행동을 감시하는 기관원이 수시로 드나들었다. 기관원의 방문은 시기에 따라 빈도가 달랐다. 그는 당시 『동아일보』와의 인터뷰에서 다음과 같이 밝히고 있다. "심할 때는 나 자신이 '연금'으로 느낀 일이 몇 번 있었다. 민주 질서가 하루 빨리 제도적으로 회복되고 나 같은 사람도 '멋있는 기자생활'을 다시 해볼 수 있는 날이 하루 빨리 오기를 기다리고 있다."[4] 1974년 9월 23일에는 천관우와 함석헌이 연행되었다가 이틀 뒤에 귀가한 일도 있었다. 천관우는 유신정권이 무너진 뒤인 1981년에야 『한국일보』 고문으로 언론계에 복귀할 수 있었다.

---

4 이부영, 「어떻게 지내십니까」, 『동아일보』, 1974년 12월 23일 자.

5. 뛰어난 필력의 논객, 긍정적 역사관

천관우는 1950년대부터 뛰어난 문장력을 지닌 칼럼니스트로 확고한 위치를 구축했다. 29살 논설위원 시절부터 신문의 고정칼럼을 담당하여 필력을 떨쳤던 것이다. 한학에 능통한 사학자로 서양의 매스컴 이론을 공부한 학문적 배경을 지녔으므로 당대의 칼럼니스트로서 더할 나위 없는 자격을 갖춘 인물이었다. 또한 기개와 용기를 지니고 권력에 저항했으며 자유민주주의에 대한 확고한 신념을 지니고 있었다. 북한을 향해서는 진정성을 가지고 대화에 응할 것을 요구했다. 역사학자로서는 한국의 역사를 긍정적인 시각에서 탐구하고 역사의 대중화를 추구했다.

1965년 12월에는 여러 신문에 쓴 글을 모아 첫 칼럼집『썰물밀물』(어문각)을 출간했다.『한국일보』주필 오종식吳宗植은 천관우가 쓴 글을 보고 첫눈에 그 필력에 놀랐다고 말하면서 "현대 산문의 한 틀을 지었다"고 평가했다. 그 후 신문평론집『언관 사관言官史官』(배영사, 1969), 언론인들의 평전 등을 담은『한국근대사 산책』(정음문화사, 1986)을 출간했다. 그 밖에 여러 역사학 저서가 있지만 생략한다.

천관우는 우국적인 한말 언론인의 사상과 행동을 계승한 논객이자 문장가의 맥을 계승한 언론인이었다. 언론인의 사명에 대해 천관우는 "언론인이 현실의 역사 창조에서 담당하는 기능은 제한되어 있다. 그러나 그 역사의 방향이 사회정의에 바탕을 둔 것으로 되기 위한 감시와 비판을 기능으로 하는 점에서 언론인의 사명이 너무나도 무겁고 너무나도 험한 것"이라고 말했다.[5]

1980년 신군부가 등장한 이후에는 관변 단체의 주요 직책을 맡기도 했다.

---

5 천관우,「신년유감」,『기자협회보』, 1969년 1월 10일 자.

국토통일원 고문(1980. 2~1985. 4)을 시작으로 이듬해 4월에는 사단법인 민족통일중앙협의회 초대 의장(1981. 4~1983. 4)에 선출되었다가 임기가 끝난 후에는 동 협의회 중앙지도위원(1983. 6~1985. 12)으로 남았고, 독립기념관 건립위원회 준비위원(1982. 8)과 동 위원회 이사(1983), 국사편찬위원(1982. 7~1989), 문화재위원회 위원(1983. 2~1985. 2), 국정자문위원(1985.4~1988)을 역임했다.

학술 활동도 병행하여 1984년 12월에는 한국사상사학회가 창립되면서 초대 회장에 피선되어 1988년까지 재임했다. 대학 강의는 건국대학교 대우교수(1981. 3~1983. 2), 인하대학교 객원교수(1985. 9~1991)로 출강했다.

천관우를 기념하는 문집으로는 『천관우 선생 환력기념 한국사학논총』(정음문화사, 1985)이 생전에 출간되었고, 사후에는 천관우 선생 추모문집간행위원회가 펴낸 『巨人 천관우─우리 시대의 '言官 史官'』(일조각, 2011)이 있다. 뒤의 책에는 언론인, 역사학자, 민주화운동가로 살았던 천관우의 모습을 그린 글 62편이 실려 있다.

고황경, 바른 인성교육을 외친 여성교육의 선각자

이광자

1. 시작하면서
2. 고황경 박사의 학창시절

3. 고황경 박사의 주요 활동 및 업적
4. 마치면서

1. 시작하면서

　격렬했던 역사의 소용돌이 속에서 여성이 사회의 단단한 주역으로 살아갈 수 있음을 몸소 실천하고 가르쳐준 위대한 여성, 바롬 고황경高凰京(1909～2000) 박사는 독실한 기독교 신앙인으로서, 사회현상을 정확하게 직시하고 해결할 수 있는 통찰력을 지닌 사회학자로서, 적극적인 국제 활동을 통해 대한민국의 국위 선양에 힘썼던 민간외교관으로서, 여성의 지위 향상을 위해

이광자李光子(서울여자대학교 총장)

　저서로는 『여성, 가족, 사회』(공저, 여성한국사회연구회, 1991), 『한국가족의 부부관계』(공저, 여성한국사회연구회, 1992), 『여성과 한국사회』(공저, 여성한국사회연구회, 1993), 『오늘의 여성학』(공저, 서울여자대학교, 1994), 『성교육』(공저, 현문사, 1996), 『인간관계의 이해』(공저, 학지사, 1999), 『21세기의 사회학』(공저, 학지사, 1999), 『한국사회와 여성 연구』(공저, 여성한국사회연구회, 1999), 『사회 심리학』(공저, 아세아문화사, 2001) 등이 있고, 논문으로는 「IMF 이후의 한국 가족생활 형태의 변화」(『여성연구논총』 13, 1998), 「지역사회의 체계화와 활성화를 위한 대학의 역할과 사명」(『여성연구논총』 14, 1999), 「광복 이후 우리나라 관·혼·상·제의 변화에 관한 연구」(『한국가족복지학』 4권, 1999) 등이 있다.

181

여성의 사회교육 및 가족계획사업 등을 추진한 사회운동의 선각자로서, 그리고 우리나라 최초로 생활관교육Residential College을 서울여자대학교에 도입한 창조적 교육자로서 다양한 활동을 펼쳤다. 특히 바롬 고황경 박사는 1961년 서울여자대학 초대학장Founding President으로 취임한 이래 40년간 참사람다운 최고의 여성인재를 육성하고자 그의 전 생애를 온전히 바침으로써 우리나라 여성의 지위 향상과 바람직한 사회 발전에 큰 업적을 남겼다. 그러나 세월이 흐르고 세대가 바뀌면서 고황경 박사의 교육철학과 정신, 업적을 제대로 알지 못하는 사람들이 늘어나고 있는 것 같아 그를 존경하는 제자의 한 사람으로서 안타깝고 서글픈 마음이 들 때가 있다. 이에 바롬 고황경 박사의 삶과 교육사상, 주요 활동 등을 다시금 되짚어보고 이를 통해 그의 업적과 사회적 가치를 재확립해보고자 한다.

2. 고황경 박사의 학창시절

고황경은 1909년, 세브란스병원의 외과의사인 아버지 고명우高明宇(1883~납북) 박사와 정신여학교 1회 출신인 어머니 김세라金世羅(1885~1971) 여사의 둘째딸로 독실한 기독교 신앙을 지닌 유복한 가정에서 태어났다. 특히 그의 든든한 버팀목이었던 부친 고명우는 주체적인 여성의 삶을 강조하면서 여성도 최대한 교육의 기회를 누려야 한다는 가치관을 가지고 딸이 배움의 열정을 키워갈 수 있도록 지원을 아끼지 않았다. 그는 이러한 아버지의 격려 속에서 경성공립여자고등보통학교(경기여자고등학교의 전신)를 졸업하고, 일본으로 유학을 떠났다. 그 당시 우리나라는 일제 식민치하에 있었는데, 고황경은 우리나라를 식민지로 만든 일본이 증오의 대상이기는 하지만 또 한편으로는 우리가 반드시 극복하고 넘어서야 할 대상으로 판단하고 그들의 민족성과 문화, 생각을 직접 접하고 몸소 체험해야 한다고 생각하였다. 이에 고황경은 일본으로 건너가 학업을 계속하면서 도시샤同志社여자전문학교 영문학과 (1924~1928)와 도시샤대학 법학부 경제학과(1928~1931)를 졸업하였다.

일본 유학 시절 고황경은 식민지 국민의 냉엄한 현실을 직접 경험할 때마다 신학문의 필요성을 절감하였고, 일본 유학을 마친 후 곧바로 미국으로의 유학을 결정하였다. 더구나 한국인으로서는 첫 번째로 바버장학금barbour Scholarship(동양인 여성에게 주어지는 4년간의 장학금)을 받게 되면서 1931년 언니인 고봉경高鳳京과 함께 쉽게 미국 유학길에 오를 수 있었다. 고황경은 1931~1933년 미시건대학교 대학원에서 경제학을 전공(석사)하고, 1933년 미시건대학 대학원 박사과정에 입학하여 사회학을 전공하였다. 그리고 1935년 4월 귀국하여 학위청구논문을 준비하던 중 이화여전 부교장으로 있던 김활란 박사의 초빙 제의를 받아 이화여전 교수로 임용되었다. 그는 교수로 학생들을 지도하는 바쁜 중에도 「디트로이트에서 발생한 소녀 범죄의 계절적 분포Seasonal Distribution of Girl Delinquents in Detroit」라는 주제로 학위논문을 완성하여, 우리나라 여성으로서는 두 번째 박사(철학박사) 학위자가 되었다.

3. 고황경 박사의 주요 활동 및 업적

고황경은 그의 전 일생을 농촌계몽과 사회봉사, 여성지도자 양성에 쏟았다. 이러한 그의 정신과 실천적 활동은 경성자매원의 설립과 운영, 대한어머니회의 창설로 나타났고, 기독교정신과 생활교육, 농촌생활의 근대화에 이바지하는 서울여자대학의 초대학장으로 이어졌다.

(1) 이상촌의 실현: 경성자매원京城姉妹園의 설립 및 운영

고황경은 학업을 마치고 귀국한 후 실천적이고 개척적인 활동을 벌이기 시작하였는데 그 시작이 바로 '경성자매원'의 설립(1937년 7월 21일 개원)이었다. 이는 언니인 고봉경과 함께 진행하여 1945년 해방 때까지 계속된 사업으로, 생후 1살부터 4살까지의 유아를 위한 영아부嬰兒部, 15세 이상 20세 미만의 소녀들을 위한 소녀부, 집안이 가난하여 학교를 가지 못하는 7세에서 14세까지의 여아를 대상으로 한 자매학원姉妹學院, 60세 이상의 노부인들을 위한 경로부敬老部, 집안이 가난하여 병원의 혜택을 받을 수 없는 가정의 부인과 어린이들을 위해 무료진찰과 치료를 해주는 시료부施療部, 보건문제를 상담하고 임신부에게는 진찰과 상담을 해주는 임신상의부姙娠相議部, 부인들을 대상으로 여러 가지 인사문제를 상담해주는 인사상담부人事相談部로 나뉘어 운영하였다. 앞의 세 부서가 여성교육을 위한 프로그램이었다면 무료진료봉사활동인 시료부와 임신상의부는 사회사업적 성격을, 그 외의 부서활동은 여권운동사업과 노인들을 위한 위안프로그램의 성격을 띠고 있었다. 이처럼 경성자매원의 교육 및 사회 활동은 이상촌을 실현하고자 했던 고황경의 체계적이고 실질적인 의지가 잘 드러난 활동으로 당시 농촌계몽에 대한 새로운 본보기를 제시하여 사회적으로 큰 반향을 불러일으켰다. 당시 『동아일보』(1940년 2월 12일 자)에서는 '사회독지가여, 많이 성원하라'라는 사설을 통해 연 300원가량이 드는 경성자매원의 운영비를 후원해줄 것을 대신 호소하기도 하였다. 이러한 일들이 가혹한 일제강점기에 진행되었다는 것은 실로 대단한 일이 아닐 수 없다.

(2) 민간외교관으로서의 활동

고황경은 미군정청 시절인 1946년, 6개월간 교육사절단의 한 사람으로 미국을 방문하여 미국 시민에게 한국 상황을 이해시키고 설득하여 4억 2,500만 달러의 원조를 받기도 하였다. 당시 고황경은 교육사절단의 자격으로 미국을 방문하였지만 일제가 4년간 미국 고위관리들에게 심어놓은 한국인에 대한 잘못된 인식―한국인은 야만인이고 독립할 능력이 없는 이씨 부족국가다―을 바꾸어놓는 일과 일본의 비인간적이고 잔악했던 식민지 정책을 알리는 일에 주력하였으며, 태평양전쟁으로 파탄에 이른 한국 경제의 재건을 위해 미국이 적극적인 원조를 해줄 것을 요청하였다.

1948년 남조선과도정부 부녀국장직을 마친 고황경은 1949년 미국 프린스턴대학과 콜롬비아대학에서 인구문제를 연구한 후 3개월간의 유럽여행을 떠났다. 그러나 유럽여행 도중 6·25전쟁이 발발하였다는 소식을 듣게 되었다. 그는 곧바로 귀국하려 했으나 "외국어에 능통한 당신의 능력을 살려 민간외교관으로서 유엔UN에 가입한 여러 나라의 협조를 구하러 다니는 것이 더 조국을 위하는 일"이라는 여러 사람의 만류로 귀국하지 못하고 6년 동안 해외에 머물면서 적극적인 민간외교 활동을 펼쳤다. 민간외교관으로서 대표적인 그의 활동은 1950년 6·25전쟁 후 영국을 중심으로 한 유럽에서의 강연 활동을 통해 잘 드러난다. 그는 유럽에 머물면서 유엔에 가입한 여러 나라에게 6·25전쟁의 부당성을 알리고 유럽 국가들이 한반도 평화 유지에 함께 동참해줄 것을 요청하는 강연을 하였는데, 1950년 9월 1일부터 1956년 봄까지 무려 800여 차례나 하였다.

고황경은 강연을 통해 한국 민족의 오랜 역사와 문화를 소개하고, 일제의 침략과 남북 분단에 대한 내용을 설명하였다. 일본은 과거 그들이 자행한 한국 침략을 정당화하기 위해 의도적으로 한국의 문화 수준을 야만시하도록 선전해놓았기 때문에 그는 한국의 역사와 문화를 바로 알리는 데 중점을 두었다. 이처럼 고황경은 진정한 애국이란 맹목적인 국가 사랑이 아니라 국가가

고황경 ― 이광자 **185**

발전하는 방법을 찾아 힘을 보태고, 국가가 세계에서 제자리를 찾을 수 있도록 돕는 일이라 생각하며 이러한 민간외교 활동에 더욱 정성을 기울였다.

또한 1963년 유엔총회에 한국 민간대표로 참석하여 외국인들에게 한국에 대한 바른 인식을 심어주고, 우리나라와 우리 국민에 대한 호의적인 태도를 가질 수 있도록 적극적인 민간외교 활동을 전개하였다.

(3) 여성교육의 선각자: 대한어머니회의 설립과 서울여자대학의 초대학장

고황경의 투철한 애국애족정신과 여성지도자 양성에 대한 의지, 그리고 계몽운동에 대한 투철한 신념은 1950년대 후반 대한어머니회의 창설과 서울여자대학 초대학장으로 이어진다.

① 대한어머니회의 창설과 사업

고황경은 어린 시절 '여성운동'을 강조하였던 부친의 영향과 6·25전쟁 직전 미국에서 하였던 '가족계획사업' 공부를 통해 여성운동에 대한 신념을 보다 확고히 구축하였다. 이로 인해 그는 7년간의 탁월한 민간외교관으로서의 역할을 마치고 귀국하여 대한어머니회를 창설하였다.

대한어머니회는 1958년 3월 발기인대회를 열어 '강력한 국가는 깨달은 어머니로부터', '요람을 흔드는 손이 세계를 흔든다'라는 강령을 걸고 "자원 없는 나라에서 정신 차리고 살 수 있는 길은 어머니의 의식개혁밖에 없다"라고 주창하며 전국의 어머니들을 일깨우는 활동을 적극적으로 전개하였다. 또한 '대한민국 어머니헌장'을 제정하고, 가족계획사업뿐만 아니라 소비자운동, 여성자질 향상을 위한 여러 가지 프로그램, 어머니학교, 아버지학교, 환경운동, 생활 개선, 국어순화운동 등 다양한 사업을 추진하였다. 대한어머니회가 전개한 이런 활동들은 오늘날 많은 여성단체가 하고 있는 프로그램의 좋은 본보기가 되었다.

② 서울여자대학[1] 초대학장으로서의 주요 활동과 교육프로그램

1920년대 대한예수교장로회의 숙원 중 하나가 여성고등교육기관의 설립이었다. 이를 위해 1923년 대한예수교장로회 제12회 총회에서 여자대학의 설립을 결의하고, 1924년 제13회 총회에서 여자대학 설립인가를 신청하였으나 그 당시 일본 정부는 한국을 식민지화함에 있어 고등교육기관의 설립이 그들에게 불리함을 알고 여러 가지 구실을 내세워 인가해주지 않았다. 이후 여러 격동기를 거쳐 여자대학의 설립인가를 신청한 지 만 30년이 지난 1956년 2월에 서울여자대학 기성회가 조직되었고, 드디어 1958년 7월 재단법인 정의학원으로 문교부의 인가를 받아 서울여자대학이 탄생하게 되었다.

1961년 서울여자대학의 초대학장으로 취임한 고황경은 그 당시 지식위주의 편향된 교육을 실시하는 대학들이 무질서하게 늘어나는 상황을 안타깝게 여겼다. 이에 그 시대 한국사회가 꼭 필요로 하는 소수 정예의 실천위주 여성교육을 실현하고자 우리나라 최초로 '전교생 생활관교육'을 서울여자대학에 도입하였다. 이는 기존의 대학들과는 전혀 다른 새로운 대학교육으로, 서울여자대학만의 독특한 공동체 인성교육을 통해 참교육을 실현하고자 했던 그의 의지가 반영된 것이다.

고황경은 서울여자대학에서 실천하고자 하는 교육목표를 "첫째는 도의교육, 즉 마음의 훈련이오. 둘째는 지식교육, 즉 머리의 훈련이오. 셋째는 실천

---

[1] 서울여자대학은 1961년 4개학과(기독교 교육학과, 사회학과, 가정학과, 농촌과학과)로 개교한 이래 1988년 종합대학교로 개편되어 현재 서울여자대학교로 교명을 사용하고 있다. 이에 시기에 따라 서울여자대학교의 명칭을 서울여자대학과 서울여자대학교로 혼용하여 명기하고자 한다.

방법, 즉 손의 훈련이다"[2]라고 밝히면서 생활교육에서 도의교육과 실천교육을 강조하였다. 즉, 인간이 바로 된 후에야 지식도 기술도 인간 행복에 바로 쓰인다고 확신하고 이를 실현하고자 지식에 편중된 교육보다는 도의교육을, 이론 위주의 교육보다는 실천교육을, 도구적 교육보다는 신앙의 실천을, 그리고 지배하는 지도자가 아닌 섬기는 지도자를 양성하는 데 온 힘을 기울였다. 그는 1961년 초대학장으로 취임하여 1984년까지 서울여자대학을 운영하면서 개성이 분명한 새로운 대학을 만드는 데 성공하였다.

서울여자대학의 가장 큰 특성은 '바롬인성교육'이라 할 수 있다. '바롬인성교육'은 1961년 개교 당시부터 서울여자대학 교육의 핵심을 이루어온 '생활교육'을 2011년 개칭한 것으로 바롬 고황경 박사가 구상하고 발전시킨 교육이다. 고황경은 서울여자대학이라는 터전 위에 바롬인성교육을 깊게 뿌리 내리도록 하여 서울여자대학만의 고유한 정체성을 만들었다. 따라서 고황경과 바롬인성교육, 서울여자대학은 각각이 아니라 셋으로 구성된 하나라고 볼 수 있다.

그렇다면 현재 '바롬인성교육'으로 불리고 있는 공동체 인성교육은 그 당시 어떠한 교육이었을까?

고황경은 개교 당시 교육이 지식이라는 한 부분에만 치중하는 경향을 안타깝게 여겨, 이러한 모순을 제거하고 교육 본래의 사명에 충실하고자 생활교육을 도입하였다. 즉, 학생들이 지식을 제대로 습득하여 이 사회의 바람직한 변화를 이끌 수 있는 실천위주의 교육을 강조한 것이다. 바롬인성교육(그 당시 생활교육이라 불리었음)에 대한 그의 설명은 다음과 같다.

---

2 고황경 외, 「생활교육이 여자대학교육에 미치는 영향: 서울여자대학교의 생활교육을 중심으로」, 『서울여대논총』 제2집, 1972.

서울여자대학에 있는 생활관은 학생들의 생활 본거지로 하루 24시간 중 교실과 운동장에서 보내는 시간을 빼면 전부 이곳에서 지내게 되는 만큼 제일 긴 시간을 보내는 것은 물론이요, 극히 평범한 일, 즉 먹고 자고 옷을 바꾸어 입고, 몸을 깨끗이 하고 단장하는 등의 일을 반복하는 곳이다. 생활관은 자신의 가정도 아니오, 하숙도 아니오, 여관도 아니오, 또 일반이 잘못 생각하고 있듯이 기숙사도 아니다. 평범하게 반복되는 일상생활 가운데서 대학생다운 대학생이 되고 장래 사회인으로서 바람직한 사고방식과 행동을 실천할 수 있도록 자극을 주고 다듬어주는 수련장소인 것이다. 수백 명이 한 지붕 밑에서 한솥밥을 먹으면서 그날의 필요한 준비를 다하면서도 남의 자유를 침범하지 않고 내 자유를 보장해 나간다는 능력은 훈련 없이 자동적으로 이루어지지 않기 때문에 이러한 훈련의 장소로 마련된 곳이 생활관이다. 1961년 4월 15일 98명의 신입생 전원이 생활관에 들어왔을 때부터 우리는 개개인 여럿이 모인 '우리'가 먼저 행복해야 나도 행복할 수 있다는 것을 직접 체험하게 하였고, 이렇게 해서 민주주의란 이론으로 얻어지는 것이 아니라 생활 속에서 찾아야 한다는 것을 깨닫는 실습을 하게 하였다.[3]

또한 고황경은 지도자란 그 시대의 사회현실을 정확하게 이해하고 있어야 한다는 철학을 가지고 있었다. 이에 고황경은 1960~1970년대 전체 인구의 대부분을 차지하는 농민을 제대로 이해하지 않고서는 지도자로 바르게 설 수 없다고 생각하고 농촌생활을 직접 체험하는 '농촌생활실습교육'을 실시하였다. '농촌생활실습교육'은 방학 중 전교생이 농촌에 가서 노동을 도우면서 농민들과 함께 생활하는 교육으로 농번기에 일손을 도와주는 농촌봉사가 아니라 농촌과 농민을 함께 이해하는 학습과정으로 실시되었다. 이를 통해 사회지도자로 성장할 여학생들은 농촌을 바르게 이해하고 노동의 의미를 아는 지도자로 성장할 수 있었다. 이외에 특별교육과정으로 '걸스카우트 지도자과정', '4H클럽 지도자과정', 'Y-TEEN클럽 지도자과정'을 구성하여 누구

---

3 고황경, 「서울여자대학교의 교육이념과 특성」, 『대학교육』 8, 1984, 124~129쪽.

나 도시와 농촌에서 청소년을 지도할 수 있는 지도력을 함양할 수 있게 하였다. 또한 '응급처치와 가정보건', '자전거', '스케이트', '수영', '유도(호신술)'와 같은 교육과정을 구성하여 어느 상황에서나 대처할 수 있는 기본능력과 지식을 가르쳤다. 즉, 농촌봉사에 유용하고 그 외에도 교육 불편을 극복할 수 있는 손쉬운 방편으로 자전거 타기를 가르쳤으며, 위험에서 자기를 보호할 수 있는 기술을 가르쳐 위기상황에 직면했을 때 당황하는 대신 침착하게 문제를 극복할 수 있는 마음의 자세를 갖게 하였다. 또한 소비자의 권리의식과 소비자 보호정신을 함양하기 위해 학생 전원이 조합원이 되어 경제주체로서 훈련을 쌓는 '소비조합교육'을 실시하였으며, 우월감을 갖는 장학생이 아니라 봉사정신을 갖춘 지도자를 양성하기 위해 학교가 지정하는 근로를 하는 학생들에게 장학금을 주는 '근로장학생' 프로그램을 운영하였다. 또한 '영어교육'도 강조하였는데 생활관에서 생활하는 학생들에게 저녁이 되면 이브닝 프로그램으로 기자재가 갖추어진 영어실습실에서 영어실습교육을 하게 하였다.

특히 고황경은 영어교육의 중요성을 강조하는 것과는 별개로 한글을 사랑하는 마음이 각별하였다. 1972년 한글학자 한갑수 선생에게서 '바롬'이라는 호를 받아 사용할 만큼 한글 사랑이 남달랐던 그는 1964년 대한어머니회의 '고운말쓰기운동'을 시작으로 1971년부터는 서울여자대학에서 '우리말 바로쓰기운동'을 추진하였다. 1970년대부터는 '국가발전과 우리말', '우리말과 우리 얼'이라는 주제를 가지고 전 국민을 대상으로 연설할 만큼 국어순화운동에 적극적이었으며, 국어순화운동전국연합회 회장으로 활동하면서 전국 규모의 운동으로 확대해 갔다.

4. 마치면서

개인의 안위와 편안한 삶보다는 사회와 국가의 성장과 발전, 여성교육을 위해 일생을 바친 고황경은 2000년 11월 2일 그가 가장 많은 정성과 사랑을 쏟았던 서울여자대학교 캠퍼스에서 생을 마감하였다. 그는 한 세기 앞을 내다보는 미래지향적인 교육비전과 여성교육에 대한 굳은 신념을 가지고 무無에서 유有를 창조하여 아름다운 씨앗 서울여자대학교를 이 땅에 뿌리내리게 하였으며, 독특하고 뚜렷한 교육철학을 가지고 공동체 인성교육인 '바롬인성교육'을 꾸준히 실천하여 서울여자대학교를 '바른 인성교육의 요람', '잘 가르치는 대학'으로 굳건히 자리매김하게 하였다. 우리는 그의 숭고한 업적과 정신이 녹아 있는 '바롬인성교육'이라는 귀한 유산을 더욱 내실화하고 발전시켜 대한민국 고등교육이 보다 강인한 생명력을 가지고 올곧게 성장할 수 있도록 큰 역할을 해야 할 것이다.

참고문헌

림영철, 『바롬 고황경: 그의 생애와 교육』, 삼형, 1988.
이귀우, 『바롬교육 36년사』, 서울여자대학교, 1998.
김신일, 「여성교육의 선구자 바롬 고황경의 교육철학」, 『바롬교육으로의 초대』, 정민사, 2002.
_____, 「바롬 고황경 선생의 교육철학」, 『바롬교육으로의 초대 II』, 정민사, 2009.
송보경, 「바롬 선생의 사회활동과 서울여자대학교의 위상: 해방 후 활동을 중심으로」, 『바롬교육으로의 초대 II』, 정민사, 2009.
이원명, 「바롬 선생의 가계와 활동을 통한 삶의 재조명」, 『바롬교육으로의 초대 II』, 정민사, 2009.
취재부, 「여성교육의 선구자 고황경 박사」, 『생명샘』 10, 1977.

함석헌, 민중 중심 고난사관의 종교철학 사상가

1. 생애   2. 그의 사상과 삶이 한국현대사에 끼친 영향

1. 생애

함석헌咸錫憲(1901~1989)은 한민족사에서 가장 큰 변화와 시련이 중첩되던 20세기를 거의 통째로 살고 간 사람이다. 신천옹信天翁은 바보새albatross를 한문자로 표시한 것인데, 함석헌의 아호로서 세인들이 즐겨 쓴다. 그의 생애는 그의 사상 발전 과정과 활동 시기를 따라서 볼 때 4단계로 대별할 수 있다.[1]

제1기(1901~1923)는 탄생부터 오산학교를 졸업할 때까지의 청소년기이

___

김경재金敬宰(한신대학교 명예교수)

저서로는 『폴 틸리히: 그 생애와 사상』(대한기독교출판사, 1979), 『한국문화신학』(한국신학연구소, 1983), 『폴 틸리히 신학연구』(대한기독교출판사, 1987), 『기독교와 문화』(한신대학교 출판부, 1988), 『해석학과 종교신학』(한국신학연구소, 1994), 『김재준 평전』(삼인, 2001), 『이름 없는 하느님』(삼인, 2002), 『아레오바고 법정에서 들려오는 저 소리』(삼인, 2005) 등이 있으며, 논문으로는 「함석헌의 역사이해」(『함석헌 사상을 찾아서』, 2001), 「종교시에 나타난 하느님 이해」(『씨올 생명 평화』, 2007), 「함석헌의 사관에서 '뜻으로 봄'의 해석학적 조명」(『함석헌 연구』 제2집, 2010) 등이 있다.

192 특집―대한민국을 가꾼 사람들(교육 · 언론 · 여성 · 종교)

다. 평안북도 용천군 부라면 원성동 해변마을에서 부모 함형택과 김형도의 장남으로 태어났다. 양반·상놈의 차별이 별로 없던 평민적 해변마을에서, 중농 이상의 가정에서 일가친척이 먼저 기독교로 개종한 가정배경에서 태어난 것은 그의 성격 형성에서 자유·평등·평화·저항의 기질을 얻게 하였다. 평양고등보통학교 졸업반 때(1919) 3·1만세운동에 적극적으로 참여한 후 일본인 교장이 강요하는 '반성문'을 쓰는 조건으로 학교 복학하는 일을 양심상 할 수 없어서 자퇴하고, 민족학교 오산학교로 편입하였다. 그곳에서 남강 이승훈과 다석 유영모를 스승으로서 만나는 사건은 함석헌의 삶의 방향 설정에서 결정적 전환점이 되었다.

제2기(1924~1938)는 일본 도쿄東京고등사범학교에 유학하여 본격적으로 역사학 및 인문학 분야에 최고 지성인으로서 훈련을 쌓고 귀국하여 모교인 오산학교에서 10년간 역사교사로서 봉직한 시기이다. 이 시기 함석헌의 사상 발전에 영향을 준 인물과 사건으로서는 도쿄 유학시절 우치무라 간조內村鑑三가 이끄는 무교회 성서연구회에 참석하여 우치무라 선생과 신앙의 동지 김교신을 만난 사건이다. 그리고 모교에서 역사교사로서 가르치면서 조선민족사에 대한 깊은 사색과 연구 결과로서 『성서조선』 잡지 독자들의 동계 성서강습회(1933. 12. 30.~1934. 1. 5.)에서 「성서적 입장에서 본 조선역사」를 발표하여 그 초판을 저술한 사건이다.

제3기(1939~1955)는 일제 식민통치의 혹독한 시련 속에서, 남하(1947) 이후 이승만 자유당 정권하에서 여러 차례 투옥을 겪고 그의 사상이 고난의 풀무불 용광로 안의 쇳물처럼 완전 용해되고 정련되어 독자적 사상가로서 성숙을

---

1 함석헌의 생애와 그의 활동시기 구분에 대해 다음 자료 참조. 김성수, 『함석헌 평전』, 삼인, 2001; 이치석, 『씨올 함석헌』, 시대의 창, 2005; 노명식 엮음, 『함석헌 다시 읽기』, 인간과 자연사, 2002, 12~25쪽.

완결하던 시기이다. 사상적으로 특히 기존 기독교 울타리와 심지어 그의 스승 우치무라에게 영향 받던 무교회신앙 울타리마저 벗어나서 우주적 정신으로 환골탈태한 시기였다. 그런 창조적 변화는 여러 차례 감옥 생활을 하면서 독서와 사색으로 가속화되었다. 그리고 결정적으로 6·25 민족전쟁 경험을 통과하면서 역사, 종교, 문명, 인간 이해에 결정적 허물 벗기를 경험하였다.

제4기(1956~1989)는 함석헌 사상의 결실 수확기였다. 겉으로 보면 정치적 억압과 투옥, 시국의 혼란, 가정의 시련, 질병으로 인한 입원 등 고난의 연속이었다. 그렇지만 깊이 보면 '씨올사상'이라고 통칭되는 함석헌 사상이, 『사상계』에 실린 논설문들과 민주인권의 비폭력 저항 행동과 『씨올의 소리』 창간을 통해 한 시대의 거목으로서 또렷이 드러나게 된 시기였다. 이 기간 동안 함석헌은 「한국 기독교는 무엇을 하고 있는가?」(1956), 「생각하는 백성이라야 산다」(1958), 「5·16을 어떻게 볼가?」(1961) 등 타인의 추종을 불허하는 논설문들을 『사상계』에 발표하여 명실공히 현대 한국사회를 정신적으로 일깨우고 이끌어간 나라의 '어른'이었다. 흔히 함석헌을 인도사회에서 마하트마 간디가 끼친 영향에 비교하면서 '한국의 간디'라고 별칭을 붙이는데, 터무니 없는 지나친 평가라고 말할 수는 없을 것이다. 세계 퀘이커 본부에서 함석헌을 두 번이나 '노벨평화상' 후보자로 추천한 것이 아무 근거 없는 일은 아니었던 것이다.

2. 그의 사상과 삶이 한국현대사에 끼친 영향

함석헌의 인물과 사상 탐구는 학계에서 혹은 사회의 다양한 연구기관에서 이제 막 시작되고 있는 형국이지만, 그의 삶이 보여준 다양한 면모와 그의 탁월한 공헌에 대해 우리사회 지성인들이 여러 측면을 언급하면서 평가하고 있다.[2] 예 들면, 함석헌은 독특한 사관을 가진 탁월한 역사철학자(천관우 · 노명식), 탈국가주의적 비폭력 평화사상가(안병무 · 정지석), 동서 종교사상을 회통 융합한 종교사상가(유동식 · 박재순), 탁월한 언론인(송건호 · 김삼웅), 시인(고은 · 송현)이라고 평가하는 것이다. 아래에서 함석헌 사상의 두 가지 측면만을 제한된 지면 안에서 조명함으로써 그가 한국현대사에 끼친 영향력의 원천을 드러내보려고 한다.

(1) 민중 중심의 고난사관을 제시한 최초의 역사철학자

함석헌이 남긴 전집 중에서 단연 대표적 작품은 『뜻으로 본 한국역사』이다.[3] 김교신이 주간으로 발행하던 『성서조선』 월간지에 22회 걸쳐서 연재한 내용이 『성서적 입장에서 본 조선역사』(1950) 단행본으로 간행되었고,[4] 1960년대 초에 증보개정판으로 출판되면서 책이름을 『뜻으로 본 한국역사』로 변경한 것이다.[5]

이 책을 통해 함석헌은 격동과 광기의 시기랄 수 있는 20세기를 '생각하며 깨어 있는 사람'으로서 살고자 고민하였던 이 땅의 수많은 사람에게 역사란

---

2 함석헌의 다양한 면모에 대한 사상적 조명을 보려면 다음 자료를 참조. 함석헌 선생 팔순기념 문집간행위원회, 『씨올 인간 역사』, 한길사, 1982; 씨올사상연구회 편, 『씨올 생명 평화』, 한길사, 2007; (사)함석헌기념사업회 엮음, 『함석헌 사상을 찾아서』, 삼인, 2001; (사)함석헌기념사업회, 『함석헌 연구』 vol. 1~2, (사)함석헌기념사업회; 박재순, 『씨올사상』, 나눔, 2010; 함석헌학회 편, 『생각과 실천: 함석헌 사상의 인문학적 조명』, 한길사, 2011.

3 『함석헌 전집』 전 20권, 한길사. 전집 중에서 제1권이 『뜻으로 본 한국역사』이다.

4 함석헌, 『聖書的 入場에서 본 朝鮮歷史』, 聖光社, 4283(1950). 4. 1. 함석헌은 1930년대 『성서조선』에 연재(1934. 2. ~ 1935. 12.)한 것을 첫째 판이라 부르고, 첫째 판에 이어 제16장 '해방'이라는 새로운 장章을 붙여 1950년에 간행된 후 6 · 25전쟁으로 불탄 성광사출판사의 단행본을 둘째 판이라 불렀다. 그리고 1961년 해인사에서 한 달간 거주하며 둘째 판을 전체적으로 수정하고 제목을 '뜻으로 본 한국역사'라고 고친 판(1962년 출판)을 셋째 판이라 부른다. 넷째 판(한길사, 1965)을 내면서 저자는 '넷째 판에 부치는 말'로 개정증보판의 의미를 자상하게 피력하고 있다.

무엇인가, 사람답게 산다는 것은 무엇인가, 약육강식의 세계 현실 속에서 윤리와 정의를 말할 수 있는가 등의 근본 물음에 대해 한 시대의 '멘토'로서 용기와 지혜를 주었다. 1930년대 일본의 식민통치시기에 200여 명의 작은 신앙 동지들 앞에서 피력한 조선역사 이해였지만, 1960~1990년 약 30년 동안과 그 후 오늘날에는 종교 유무를 떠나 인권과 민주주의, 민족통일을 위해 고난 당했던 수많은 젊은이와 지식인, 민중에게 '비판적 초월의식'을 가진 자유인이 될 수 있게 하는 사상적 고전이 되었다.

함석헌은 민중 중심의 고난사관으로써 한국역사 전체를 통시적으로 해석한 최초의 역사철학자로서 공헌하였다. 1930년대 한국사회에는 함석헌 외에도 훌륭한 민족사학자들의 연구물이 있었다. 박은식의 『한국통사』(1915)와 『한국독립운동지혈사』(1920), 신채호의 『조선사연구초』(1929)와 『조선상고문화사』(1931~1932), 그리고 최남선의 『조선역사』(1930) 같은 저술들은 대표적인 민족사학계의 명저들의 사례일 것이다.

함석헌의 『뜻으로 본 한국역사』가 오늘도 여전히 수많은 독자의 관심을 끄는 이유가 어디에 있을까? 『뜻으로 본 한국역사』가 엄정한 의미에서 역사학에서 규정하는 학문적 저서인가에 대해 설왕설래하지만, 저자는 처음부터 그 책을 쓰는 목적을 분명히 하고 있다. 함석헌의 말을 직접 들어보자.

사실事實의 자세한 기록은 (역사) 전문가의 일이다. 그들의 역사는 사실事實의 역사, 기술記述의 역사, 연구研究의 역사다. 그러나 민중(씨올)은 그것보다도 해석의 역사, 뜻의 역사를 요구한다. 세계의 밑을 흐르고 있는 정신을 붙잡게 해주는,

---

5 함석헌, 『성서적 입장에서 본 조선역사』의 자세한 탄생 내력과 집필 동기에 대해 다음 두 가지 논문을 참조. 지명관, 「함석헌의 조선사관에 대한 고찰」, 『함석헌 사상을 찾아서』, 삼인, 2001, 203~234쪽; 이치석, 「'성서적 입장에서 본 조선역사'는 어떻게 쓰였을까?」, 『씨올 생명 평화』, 한길사, 2007, 395~437쪽.

어떤 분명한 주장을 가지는, 말씀을 가지는 역사를 요구한다. 그리고 전문가의 사명은 마지막에 한 권의 민중(씨울)의 역사를 쓰는 데 있다. (중략) 역사가의 자격은 그 기억에 있지 않고 판단에 있다.[6]

위의 인용문을 음미해보면, 당시 과학적인 사관임을 주장하는 실증사학이나 변증법적 유물사관을 비판하고 있다. 소위 과학적 역사학도이기를 주장하면서 역사의 '의미', 곧 '뜻'을 묻는 것은 비학문적이거나 비과학적인 역사연구 태도라고 보는 계몽주의 이후 역사주의에 대해 함석헌은 비판하고 있다. 그러한 역사관은 역사적 사건을 마치 자연현상을 대하듯 '원인과 결과'의 상관관계만을 추구하기 때문에, 과학적 사관에 철저하면 할수록 결국 유물사관에 이르고 만다는 것을 강조한다.[7]

그러면 함석헌의 역사관을 흔히 통상적으로 '종교사관'이라고 말한다면, 그 의미는 무엇인가? 역사주관자인 신의 독단적 역사경륜 또는 '절대정신'(헤겔)의 계획대로 역사는 전개되어간다고 보는 초월적 역사결정론이나 기독교적인 역사섭리론을 주장하는 것인가? 언뜻 겉으로 읽으면 그렇게 보인다. 그러나 적어도 4년 동안 대학교육 과정에서 역사를 전공하면서 근대 이후 서구 역사철학의 사상사를 철저히 공부하고 깊이 사색한 함석헌이 그런 유의 소박한 역사철학을 주장할 리 없다. 그러면 '성서적 입장에서 본다'는 표현과 '뜻으로 본다'는 표현의 차이가 무엇이며, 그 참된 의미는 무엇인가?

함석헌은 유신론자이거나 무신론자이거나, 종교가 있거나 없거나, 사람인이상 자기 삶과 활동에서 "정신적 값어치, 보람을 찾는 것이 사람이요",[8] 가치

---

6 함석헌, 『뜻으로 본 한국 역사』, 한길사, 1983, 37쪽.
7 위의 책, 43쪽.
8 위의 책, 38쪽.

와 보람을 찾는 인간의 '지정의知情意' 활동은 결국 뜻을 묻고 찾는 것이지 않느냐고 강조한다. '뜻으로 본 한국 역사'란 무슨 특정 종교의 신의 뜻에서 본다는 말이 아니다. 함석헌은 기독교신앙 토양에서 자란 사람이니까 그 표현에서 자연히 기독교적 용어가 묻어나오는 것이다. 그러나 '뜻으로 본'이라는 말을 그는 스스로 이렇게 설명한다.

> 여럿인 가운데서 될수록 하나인 것을 찾아보자는 마음, 변하는 가운데서 될수록 변하지 않는 것을 보자는 마음, 정신이 어지러운 가운데서 될수록 무슨 차례를 찾아보자는 마음, 하나를 찾는 마음, 그것이 뜻이란 것이다. 그 뜻을 찾아 얻을 때 (중략) 그것이 역사를 앎이요, 역사를 봄이다.[9]

함석헌의 '민중 중심의 고난사관'에서는 뜻 · 하나님 · 생명 · 역사 · 하나 · 민중(씨올)이 서로 구별할 수는 있으나 서로 분리할 수는 없는 실재이다. 그래서 그러한 이름으로 언표된 실재들은 서로 쉽게 자리바꿈이 된다. 궁극적 '실재' 혹은 '진리'를 어떤 자리에서 어떤 계기를 통해서 경험하고 이해하느냐에 따라 표현이 달라진 것이다. "뜻이라면 뜻이고, 하나님이라면 하나님이고, 생명이라 해도 좋고 역사라 해도 좋고 그저 하나라 해도 좋다. 그 자리에서 역사를 보자는 말이다."[10]

함석헌 역사철학의 기본 생각이 그러하기 때문에, 그의 역사관은 기존의 영웅사관, 엘리트중심사관, 자연주의적 순환사관, 변증법적 유물사관, 사회진화론자들의 제국주의사관 들을 모두 부정하고, 실질적 역사 담지자로서 '민중(씨올) 중심의 고난사관'을 초지일관 주장하였다. 함석헌에게서 '민중'

---

9 위의 책, 38~39쪽.
10 위의 책, 19쪽.

은 좀 더 철저하게 자기혁명적 성찰을 통해 순수 인간 본연의 모습으로 돌아가기를 게을리하지 않는 '씨올'로서 규정된다. '씨올'은 단순한 정치사회적 계급론으로서 규정할 수 없는 측면, 곧 인간의 존재론적 측면을 강하게 내포한다.

> 민중이 뭐냐? 씨올이 뭐냐? 곧 나다. 나대로 있는 사람이다. 모든 옷을 벗은 사람, 곧 올 사람이다. 올은 실實, 참, 리얼real이다. (중략) 그 한 올이 이 끝에서는 나로 알려져 있고, 저 끝에선 하나님, 하늘, 브라만으로 알려져 있다. 민民이란 곧 그런 모든 우연적ㆍ일시적 제한, 꾸밈을 벗고 바탈대로 있는 인격이다. (중략) 그러므로 하늘이 언제나 바다의 품에 깃들여 있듯이 하늘의 뜻은 언제나 씨올의 가슴에 내려와 있다. (중략) 씨올을 받듦이 하늘나라 섬김이요, 씨올을 노래함이 하나님을 찬양함이다.[11]

그의 역사관이 고난사관인 것은 조선민족이 지나온 역사와 일제 식민지배 기간에 고난을 당해왔다는 사실 때문만이 아니다. '고난'이란 생명의 한 원리이기 때문에 약육강식의 동물적 단계를 초극하여 인간다운 문명사를 이뤄가는 데 불가피한 것이라고 본다. 고난은 미화하거나 자초할 것은 아니지만, 인생과 역사의 죄성을 정화하고 승화시키는 기능을 갖는다. 민중(씨올)은 언제나 역사 속에서 능동적으로나 피동적으로 '고난'을 짊어져 왔다. 의식주 생필품을 생산해왔고, 목숨 바쳐 외침外侵으로부터 나라를 지켜왔고, 권력이 독재와 불의不義로 치달을 때 죽음으로써 나라의 기강을 바로잡아왔다.

함석헌의 한국사 해석에서 역사 판단의 척도는, 한 시대의 임금의 정치가 얼마나 부국강병에 성공했느냐가 아니라, 나라의 주인인 민중(씨올)을 얼마

---

11 『죽을 때까지 이 걸음으로』(함석헌 전집 제4권), 한길사, 1983, 66~67쪽.

나 바르게 섬겼는가, 그리고 역사의 중추신경에 해당하는 '인애仁愛와 정의
正義'라는 생명원리에 얼마나 충실했는가 여부로 판단하였다. 그 결과, 삼국
을 통일한 김춘추와 이씨 조선을 건립한 이성계는 비판되고, 임경업과 사육
신은 새롭게 재평가된다. 주체성과 자아 찾기가 중요한 것이었다.

(2) 비폭력 평화사상에 따른 탈국가주의와 '영적 종교' 론

함석헌이 현대 한국사회에 끼친 충격의 근본 뿌리를 캐 들어가면 그의 순
수한 종교철학적 사상에 가 닿는다. 그의 씨올사상은 기독교의 성경을 비롯
하여 불교의 화엄경, 우파니샤드와 힌두교 사상, 노장철학, 공맹철학 등 인류
의 경전에 뿌리 내리고 있다. 함석헌은 깊은 사색인이었을 뿐 아니라 다독의
독서인이었다. 그는 20대 초의 청년기에 이미 H. G. 웰스, 앙리 베르그송, 톨
스토이, 윌리엄 블레이크, 마치니, 셸리 등 낭만주의 사상가, 그리고 니체의
저서들을 일본어로 읽었다. 60대 이후에는 영국의 퀘이커교 창시자 조지 폭
스와 예수회 신부 테이야르 드 샤르댕을 영어로 접하고 깊이 공감하였다. 그
는 동양고전에 정통하였고, 서구정신의 뿌리를 이해하였다. 특히 1930년대
한국 지식인들 중에서 보기 드물게 종교와 과학의 관계에서 갈등이론이나 독
립이론을 넘어서 높은 차원의 대화 및 통섭의 필요성을 주장하였다.[12]

함석헌이 1960년대 이후 30년 동안, 특히 한국의 근대화와 산업화를 중앙
집권적 국가권력에 의해서 군부정권이 추동해나갈 때, 그는 인권과 민주주의
를 파수하기 위한 '행동하는 양심'으로서 저항적 항쟁 맨 앞에 언제나 서 있었

---

12 함석헌, 『역사와 민족』(함석헌 전집 제9권), 27~100쪽 참조. 함석헌의 '종교와 과학의 관계'
　　입장은 이언 바버의 네 가지 이론모델에 따른다면 '대화이론'과 '통합이론'에 가깝다. 이언
　　바버Ian. G. Barbour 지음, 이철우 옮김, 『과학이 종교를 만날 때』, 김영사, 2000, 제1장과 제
　　2장 참조.

다. 사람들은 함석헌을 반골 기질의 정치적 비판가라고 본다. 그러나 「5·16을 어떻게 볼가?」 시사평론에서도 뚜렷이 나타나듯이, 그의 독재정치에 대한 비판은 단순한 정치학 차원에서가 아니라, 그것을 언제나 넘어서 깊은 철학적 인간학과 종교적 차원에서였다.

그는 독재권력을 냉혹하게 아무 두려움 없이 비판하되 적개심이나 폭력성을 제거한, 순수하고도 가장 강한 정신적 용기를 지닌 '비폭력 저항운동가'였으며, 나라는 사랑하되 '국가주의'는 사라져야 한다고 확신한 탈국가론적 새로운 문명의 유목인nomade 평화주의자였다. 그는 속칭 '종교인'이었으나, 이제까지 인류를 이끌어오던 세계종교들이 환골탈태하거나 해체되고 새로운 '영적 종교'로 거듭나야 한다고 주장했다. 그는 새 문명이 동터야 한다고 외치는 '들 사람'이었고, 새 문명 의식으로 깨어서 살고 간 한 '씨올'이요 사상가였다.

그는 기존 질서와 물욕과 온갖 권위주의에 안주하려는 현대 한국인들에게, 항상 '불편한 진실'을 외면하지 말고 정면대결 돌파하라고 경책하고 격려했던, '민족의 큰 스승'이었다.

손양원, 사랑과 화해와 용서를 가르친 한국교회의 지도자

이상규

1. 시작하면서

장로교 목사인 손양원孫良源(1902~1950)은 주기철朱基徹 목사(1897~1944)와 더불어 한국교회 인물 중에 가장 존경받는 두 사람으로 지칭되어왔다. 전기 작가인 안용준은 그를 '사랑의 원자탄'으로 비유했고, 신학자인 박형룡朴亨龍은 손양원 목사에게 '성자'라는 존호를 써도 무방하다고 말했다. 손양원

이상규李象奎(고신대학교 신학과 교수)

저서로는 『교회개혁사』(성광문화사, 1997), 『부산지방 기독교 전래사』(글마당, 2001), 『교회개혁과 부흥운동』(SFC, 2004), 『헬라 로마적 상황에서의 기독교』(한들출판사, 2006), 『한국교회 역사와 신학』(생명의 양식, 2007) 등이 있고, 역서로는 『기독교강요란 어떤 책인가?』(고신대학교 출판부, 2000), 『기독교신앙과 전쟁책임』(한국교회와 역사연구소, 2009), 『초기 그리스도인들이 본 전쟁과 평화』(KAP, 2010), 『헤리티지 스토리』(CLC, 2011), 편저로는 『거창교회와 주남선목사』(거창교회, 2009) 등이 있다.

목사는 자기의 두 아들을 죽인 원수를 용서했을 뿐만 아니라 양자로 삼기까지 했고, 이타적 사랑을 실천한 인물로서 우리의 귀감이 되고 있다. 그는 능력 있는 인물로 도회지의 대형교회 목사로 일할 수 있었으나, 자기 본위의 안거위락安居爲樂을 거부하고 전라남도 여수의 나환자들을 위한 목회자로 봉사했다. 그에게는 가족중심주의를 뛰어넘는 인간애가 있었고, '자녀-가족'이라는 경계를 넘어서는 보편적 사랑을 실천하고자 했다. 이렇게 볼 때 그는 대한민국을 가꾼 사람으로 지칭될 수 있을 것이다.

2. 가정 배경과 수학의 날들

손양원 목사는 1902년 6월 3일 경상남도 함안군 칠원면 구성리 685번지에서 손종일孫宗一의 장남으로 출생했다. 1909년부터 부모를 따라 교회에 출석하기 시작했고, 1919년 10월 3일에는 오스트레일리아 출신 선교사 맹호은孟晧恩(F. J. L. Macrae)에게 세례를 받았다. 고향의 서당에서 한학을 배운 그는 칠원공립보통학교(1914~1919)를 졸업하고 서울 중동중학교(1919. 4.~)에 입학했으나 아버지가 3·1운동에 가담한 일로 체포되자 학업을 중단하고 고향으로 돌아와 마산 창신학교에 편입했다. 19살 때인 1921년에는 일본 도쿄의 스가모巢鴨중학교 야간부에서 수학하고 1923년에 귀국했다. 이듬해 1월 17일에는 부모의 권유로 정양순(본명 정쾌조)과 결혼하고, 그해 3월 재차 도일하여 7개월간 체류한 후 귀국했는데, 이때 일본의 성결교聖潔敎 인물인 도쿄東京 이타바시板橋성결교회 목사 나카타 쥬지中田重治의 영향을 받았으며 또 일본의 기독교인 무교회無敎會 신앙을 접하게 된다.

귀국한 손양원은 진주의 경남성경학원에서 수학하면서(1926. 3.~1929. 3.) 목회자로서의 삶을 시작했다. 즉 경남지역의 울산방어진교회, 양산교회 전도사로 일하면서 남창교회, 원동교회, 그리고 밀양수산교회를 설립하는 등 복음전도자로 활동했다(1926~1934). 특히 손양원은 부산 감만동의 나병원癩病院 내 상애원相愛園교회에서 일하면서 오스트레일리아 출신의 노블 매켄지 Noble Mackenzie 선교사와 접촉하게 된다. 이때 한국의 나환자들을 위한 외국인의 헌신적인 봉사를 목격하면서 내 민족의 환자들을 내가 돌보아야 한다는 결심을 하게 된다. 1935년 4월에는 목사가 되기 위해 평양신학교에 입학, 3년간 수학하고 1938년 3월 졸업했으며, 이후 부산지방 순회 전도사로 김해, 양산, 함안 등지에서 활동했다.

손양원 목사의 삶은 3가지 측면에서 정리할 수 있는데, 나환자들과 함께한 그의 목회적 삶(1940년 이전), 신사참배 반대와 투옥(1940~1945), 그리고 해방 이후 두 아들의 죽음과 순교(1945~1950)가 그것이다. 이를 순차적으로 소개하고자 한다.

3. 나환자들을 위한 봉사

일본에서 나카타 쥬지의 나환자들을 위한 전도를 보면서, 그리고 부산 감만동 나병원 교회 전도사로 일할 때 매켄지 선교사의 헌신적인 활동을 보면서 손양원은 나환자들을 위한 목회자로 살기로 다짐했다. 그래서 그는 1939년 7월 15일에 전라남도 여수군 율촌면 신풍리 231번지에 위치한 애양원愛養院 교회 목사로 부임했다. 이 교회는 나환자들로 구성된 교회였다. '애양원'은 미국 남장로교 선교부가 1909년 광주 양림에서 시작한 나환자 보호 및 치료 기관이었는데, 지역민들의 거센 반발 때문에 1925년 여수의 한적한 섬인 신풍으로 옮겨갔고, 1936년 애양원으로 개칭된 것이다. 이곳에서 손양원은 세상에서 버림받고 소외된 약 1,000명의 환자들을 돌보며 영혼의 목자로 헌신했다. 그가 남긴 '애양원을 사랑하게 하옵소서'라는 글을 보면 나환자들에 대한 사랑과 연민의 마음을 읽을 수 있다.

주여 나로 하여금 애양원을 참으로 사랑할 수 있는 사랑을 주옵소서. 주께서 이들을 사랑하심같이 사랑을 주시옵소서. 이들은 세상에서 버림을 받은 자들이옵고 부모와 형제의 사랑에서 떠난 자들이옵고 세상 모든 인간이 다 싫어하여 꺼리는 자들이오나 오 주여, 그래도 나는 이들을 진정으로 사랑하게 하여 주소서.

이 글 마지막은 이렇게 맺고 있다. "오 주여, 나의 남은 생이 몇 해인지는 알 수 없으나 이 몸과 맘 주께 맡긴 그대로 이 애양원을 위해 충심으로 사랑케 하여 주시옵소서."[1] 손양원은 수시로 이 글로 자신을 다스리며, 내면에 이는 갈등을 극복하고자 했다. 말하자면 애양원에서의 목회는 수신진덕修身進德의 과정이었다. 애양원에 부임한 이후 손양원은 애양원 직원들의 좌석과 환우들의 좌석 사이의 분리막을 제거하고, 환자들을 대할 때 흰 장갑을 끼는 것이 관례였으나 장갑도 끼지 않고 악수하고 식사도 함께 하는 등 격의 없이 환자들을 대하며, 이들에게 그리스도의 사랑을 실천하고자 했다. 외부인들은 전염의 위험 때문에 접근을 기피했으나 손양원은 중환자실로 분류되던 14호실에도 거침없이 출입했다. 이 일로 나환자들은 물론이지만 선교사들도 크게 탄복한 것으로 알려져 있다. 그는 진정으로 이들을 사랑했으며 영혼의 목자로 봉사했다.

---

1 손동희, 『나의 아버지 손양원 목사』, 아가페출판사, 1994, 62~64쪽.

4. 신사참배 반대와 투옥

한국교회에 대한 일제의 박해는 다양했으나 가장 대표적인 경우가 신사참배 강요였다. 1930년대 이후 일본의 군국주의가 득세하면서 전시체제로 돌입했고, 소위 '국민정신 총동원'의 일환으로 신사참배가 강요되었다. 신사神社란 일본의 토착종교인 신도神道의식을 행하는 곳인데, 국조신國祖神이라는 천조대신天照大神과 그 밖의 종신宗神, 그리고 천황天皇을 현인신現人神으로 섬기는 일종의 민족종교이다. 일제는 국민정신 통일이라는 취지에서 1935년부터 신사참배를 강요하기 시작했다. 한국교회는 이를 우상숭배 강요로 보아 반대했다. 손양원은 이는 신교信敎의 자유를 훼손하는 부당한 요구라고 거부했다. 이 일로 손양원도 1940년 9월 25일 애양원교회에서 체포되어 여수경찰서에 구금되었다. 후에는 광주 형무소(1940. 9. 25. 이후)를 거쳐 청주보호교도소(1943. 10. 8. 이후)에 수감되어 있던 중 해방과 함께 8월 17일 석방되었다. 그의 죄명은 '치안유지법 위반'이었다. 그의 신사참배 거부는 신앙적 결단에 의한 것이었지만 결과적으로는 반일 민족운동에 속했다. 그는 투옥으로 온 가족이 뿔뿔이 흩어지는 등 많은 고통을 당했으나 끝까지 신앙을 지켰다.

5. 두 아들의 죽음과 살해자에 대한 용서

일제하에서 5년간 감옥생활을 했던 손양원은 해방 후 다시 애양원교회의 목회자로 돌아갔다. 해방 정국은 정치적으로나 사회적으로 혼란했다. 1948년 10월 19일 발발한 여수·순천麗水順天반란사건은 손양원 가족에게도 지울 수 없는 상처를 남겼다. 비록 반란은 일주일 만에 진압되었으나 많은 양민이 희생되었다. 이 당시 좌익 세력은 기독교는 친미적이라 하여 기독 학생들에게 폭력을 가했는데, 이 와중에 손양원의 두 아들 동인東印과 동신東信이 좌익학생들에 의해 끌려가 처참하게 살해되었다. 두 아들의 죽음 소식을 접한 손양원은 비통한 가운데 크게 상심했으나 기도하는 중에 하나님의 사랑을 실천하기로 각오하고, 두 아들을 죽인 범인 안재선을 양자로 삼기로 결심했다. 순천 승주昇州교회의 나덕환 목사를 통해 우선 구명활동을 전개했다. 즉결처분 직전에 있던 안재선을 양자로 삼겠다고 했을 때 취조하던 경찰은 피우던 담배를 떨어뜨리며 "손양원 목사! 손양원 목사! 당신은 참으로 위대하십니다"라고 감탄했다고 한다. 손양원은 10월 27일 거행된 두 아들의 장례식에서 답사를 하면서 아홉 가지 감사를 했는데 이것은 유명한 일화로 남아 있다.[2]

손양원은 구명운동을 통해 안재선을 석방시켰고, 그를 양자로 삼아 입적했다. 두 아들을 살해한 자를 용서하고 양자로 삼은 일은 손양원의 신앙과 삶을 이해하는 중요한 척도가 된다. 이 일을 통해 진정한 용서와 사랑과 화해를 보여주었고, 이 사건을 통해 손양원은 한국교회사에서 가장 존경받는 인물 중 하나가 되었다. 그가 이런 결단을 할 수 있었던 것은 일상의 삶 속에서 그리스도적 사랑을 실천하려는 의지가 있었기 때문일 것이다. 이 소식을 들은 백범白凡 김구金九(1876~1949) 선생은 1949년 4월 17일 자 『서울신문』에 이렇

---

2 "1. 나 같은 죄인의 가정에서 순교의 자식이 나게 하셨으니 감사하고, 2. 허다한 성도 중에 이런 보배를 나에게 주셨으니 감사하고, 3. 삼남 삼녀 중에서 가장 귀여운 맏아들과 둘째 아들을 바치게 하셨으니 감사하고, 4. 한 아들의 순교도 귀하다 하거늘 두 아들이 순교하게 하셨으니 감사하고, 5. 예수 믿고 와석종신臥席終身해도 복이거늘 전도하다 총살 순교했으니 감사하고, 6. 미국 가려고 준비하던 아들이 미국보다 더 좋은 천국으로 갔으니 더욱 감사하고, 7. 사랑하는 아들 죽인 원수를 회개시켜 양자 삼고자 하는 마음 주신 것을 감사하고, 8. 아들의 순교가 열매 맺어 무수한 천국의 열매가 생길 것을 믿으니 감사하고, 9. 역경 속에서 하나님의 사랑 깨닫게 하시고 이길 수 있는 믿음 주시니 감사하다." 안용준, 『사랑의 원자탄』, 신망애사, 1974, 186~187쪽.

게 썼다.

(전략) 여수 교회의 손양원 목사의 사적을 듣고서 나는 그분의 종교가다운 온정과 자비심에 탄복하고 경의를 표했다. 공산당을 진정으로 이긴 사람은 손양원 목사이다. 그는 무고한 동포들을 학살한 좌익 소아병자를 완전히 고쳐서 선량한 인간이되게 하였다. 자기의 사랑하는 두 아들을 학살한 좌익 학생에게 온정과 원호의 손을 쥐어주면서 회유시킴으로써 다수의 좌익 사람들로 하여금 잔인한 파괴 행동을버리고 순수한 인간성을 회복하게 하였다. 이 땅의 정치가들에게도 손 목사와 같은아량과 포용성과 수완이 있다면 공산주의도 이길 수 있고 남북통일도 실현할 수 있을 것이다. 정치는 감정을 삼가고 이지를 발휘해야 한다.[3]

공산주의를 이길 수 있는 힘이 기독교적 사랑에 있을 수 있음을 암시했다. 그리고 이 점에 대한 구체적인 사례로 두 아들을 죽인 원수를 포용하여 인간성을 회복하게 한 손양원의 사랑을 제시하고 있다.

6. 김구와의 교분

비록 연령적으로는 백범은 손양원보다 26살이 연상이었으나 손양원을 진심으로 신뢰하고 존중했다. 손양원 또한 백범을 충심으로 존경하고 신뢰했다. 두 사람의 관계는 기독교 신앙을 공유하고 있다는 점에서 더욱 견고했을 것이다. 두 사람은 상호교류하며 협력했다. 백범은 자신이 서울 염리동에 설립한 창암昌巖학원의 교장으로 손양원을 초청했을 만큼 깊은 신뢰 관계를 유지하고 있었다. 이 학교가 개원하게 된 때가 1949년 3월 14일이었는데 손양

---

3 국한문혼용체로 쓰인 백범의 글은 김구 지음, 도진순 엮음, 『백범 어록』, 돌베개, 2007, 372∼373쪽에 재편집되어 게재되어 있다.

원은 애양원을 두고 떠날 수 없다며 사양했다. 특히 백범은 암살되기 3개월 전인 1949년 3월 26일 손양원과 만났고, 이 자리에서 손양원에게 한 편의 글을 써주었다. 이날은 상해임시정부가 수립된 지 30주년이 되는 해였고, 안중근安重根(1879~1910)이 뤼순旅順감옥에서 순국한 지 39주년이 되는 해였다. 이때 백범의 나이 74세였다. 이날 써준 시는 백범이 평소에도 자주 인용하고 애송했던 조선 후기의 문인 이양연李亮淵(1771~1853)의 시였다.

踏雪夜中去　눈 내린 들판을 걸어갈 때
不須胡亂行　발걸음을 어지러이 말 것은
今日我行跡　오늘 내가 걸어간 발자국이
遂作後人廷　뒷사람의 이정표가 될 것이기에

두 사람 모두 앞서 간 사람이 후대에게 어떤 모범을 보일 것인가를 고민했다는 점에서 백범의 정신이나 손양원의 신앙은 다르지 않았다. 이들에게는 얕은 간계나 사사로움은 상상할 수 없는 것이었다. 손양원이 사사로움을 구했다면 애양원보다는 목회 성공의 세평을 좇았을 것이고, 두 아들을 살해한 이들을 용서하지도 못했을 것이다. 그의 이런 신앙적 대의大義가 후대에 존경을 불러일으키고 오늘의 우리에게도 선한 모범이 되는 것이다.

7. 6·25전쟁의 발발과 순교

6·25전쟁은 손양원의 짧은 나그네적 삶을 순교로 마감하게 했다. 전쟁이 발발하자 주위에서 피난을 권했지만 손양원은 거절했다. 교회도 지켜야 하지만 병들어 행동이 자유롭지 못한 나환자들을 두고 혼자 피할 수 없다는 것이었다. 동료 목사를 비롯한 여러 사람으로부터 피하라는 충고를 받았으나

"세상에 피난처가 어디 있는가! 피난처는 오직 주님 품뿐이다"라며 피난을 거절했다. 그는 "나마저 도망가면 누가 나환자들의 벗이 되겠느냐"라고 말했다. 전쟁이 발발한 지 한 달 후인 7월 27일 여수가 북한군의 수중에 넘어갔다. 끝까지 나환자들의 벗이 되어 강단講壇을 사수하던 그는 1950년 9월 공산당원에게 체포되었고, 9월 28일 밤 순천으로 옮겨가던 중 미평美坪의 과수원에서 총살당했다. 그 역시 48년의 짧은 삶을 마감하고 순교자의 길을 간 것이다. 손양원과 함께 끌려가던 중 기적적으로 탈출한 김창수의 증언에 의하면 손양원은 공산주의를 거부하며, 죽음 직전까지도 인민군을 향해 "제발 예수 믿고 천당 가야 한다"라고 전도했다고 한다. 손양원은 위급한 상황에서도 자신의 안위를 구하지 않고 교회와 성도들을 섬기고자 했고, 세상의 욕망에 물든 삶을 추구하지도 않았다. 그는 가난하고 외로운 이들의 벗이길 원했고, 병든 자와 함께 울고 웃으며 하늘의 위로를 전하는 소박한 전도자이기를 원했다. 그는 전라남도 여수군 율촌면 신풍리 애양원교회의 가난하고 병든 이들을 섬기는 영혼의 교사였을 뿐이다. 그가 죽음을 당하고 보름이 지난 10월 13일 고려고등성경학교 교장인 오종덕吳宗德 목사의 집례와 고려신학교 교장 박윤선朴允善 목사의 설교로 장례식이 엄숙하게 치러졌다. 1995년에는 독립유공자로 선정되어 건국훈장 애족장이 추서되었다.

8. 정리하면서

손양원 목사는 세상에서 버림받은 나환자들을 위한 헌신적인 삶을 살았고, 두 아들을 살해한 자를 진정으로 용서하고 그를 양자로 받아들이는 기독교적 사랑을 실천했다. 또 그는 신사참배 강요에 저항하며 믿음을 지켰고 신교의 자유를 확보하고자 했다. 이런 신념에서 해방 이후에는 국기경례 문제에 대해서 반대하며 국기에 대한 주목으로 바꾸기 위해 애썼다. 손양원은 국가를 상징하는 것에 대한 정도 이상의 경의는 군국주의적 폭력이 될 수 있다는 점을 읽고 있었다. 손양원의 해방 후의 삶은 해방 이전의 신사참배 반대 투쟁과 동일한 신념과 가치를 실현하기 위해 노력한 삶임을 알 수 있다. 그의 목회와 집회 인도, 국기배례 반대운동은 신의神意의 실현을 자신의 사회적 활동을 규정짓는 가치체계로 인식했음을 보여준다. 손양원은 자기희생적 삶을 살았고 자신 또한 순교자의 길을 갔다.

1950년 10월 29일 서울 남대문교회에서 그를 추모하는 예배가 개최되었을 때 설교자였던 박형룡 목사는 이렇게 말했다. "그는 위대한 경건인이요, 전도자요, 신앙의 용사요, 나환자의 친구요, 원수를 사랑한 자요, 성자이다. 그의 일생은 기도로 호흡 삼고 성경으로 양식을 삼아 영적 만족과 감사, 충만함으로 찬송을 끊지 않은 희세의 경건인이었다. (중략) 그는 원수를 사랑한 위대한 사람이다. 사랑하는 두 아들을 죽인 자를 용서하고 오히려 자식으로 삼아 회개시켰다. 그는 양떼를 위해 의의 영광스러운 면류관을 쓰신 위대한 순교자이다." 그는 사랑과 화해와 용서를 가르친 한국교회의 지도자이자 대한민국을 가꾼 사람이었다.

참고도서

김구 지음, 도진순 엮음, 『백범 어록』, 돌베개, 2007.
____ 지음, 도진순 엮음, 『쉽게 읽는 백범 일지』, 돌베개, 2005.
대한예수교장로회총회 편, 『대한예수교장로회 총회회의록』 11, 대한예수교장로회총회, 1985.
손동희, 『나의 아버지 손양원 목사』, 아가페출판사, 1994.
손세일, 『이승만과 김구』, 일조각, 1970.

안용준, 『사랑의 원자탄』, 신망애사, 1974.

이만열, 『역사에 살아 있는 그리스도인』, 한국기독교역사연구소, 2007.

이치카와 츠요시市川剛, 『사랑의 원자탄, 손양원을 둘러 싼 기나긴 여행』(개인출판물), 2007.

Ahn, Y. J., *The Seed Must Die*, 신망애사, 1967.

Mackenzie, Helen., *Mackenzie: Man of Mission*, Melbourne: Hylands House, 1995.

이상규, 「해방 이후 손양원의 생애와 활동」, 『한국기독교와 역사』 35, 2011.

김수환, 온 국민이 사모한 가톨릭교회의 수장

구중서

1. 긴 조문 행렬

한국 천주교의 김수환金壽煥(1922~2009) 추기경이 2009년 2월 16일 저녁, 87세를 일기로 세상을 떠났다. 장례일인 2월 20일까지 나흘 동안 근래 우리 사회에서 보기 드문 일이 일어났다.

김수환 추기경의 운구가 서울 강남성모병원(지금의 서울성모병원)을 떠나 명동대성당 제단 앞에 도착하면서부터 신자와 시민의 조문이 이어지기 시작했다. 명동대성당으로부터 가톨릭회관 밖을 돌아 충무로로 이어진 행렬이

구중서具仲書(수원대학교 명예교수)

저서로는 『대화집 김수환 추기경』(지식산업사, 1981), 『한국문학과 역사의식』(창비, 1985), 『자연과 리얼리즘』(태학사, 1993), 『문학적 현실의 전개』(창비, 2006), 『사랑하고 또 사랑하고 용서하세요－김수환 추기경 평전』(책만드는집, 2009) 등이 있으며, 논문으로는 「중흥과 타락의 문학」(『현대문학』, 1968년 10월호), 「한국 리얼리즘 문학의 형성」(『창작과 비평』, 1970년 여름호), 「문학과 세계관의 문제」(『한국문학의 현단계 1』, 창작과비평사, 1982) 등이 있다.

신세계백화점 쪽에 이르며 3킬로미터를 뻗쳐 나아갔다. 이 조문 행렬에 참여한 사람 수가 40만 명을 넘은 것으로 헤아려졌다. 겨울 날씨가 추웠는데도 이들은 힘들어하는 내색이 없고 오히려 얼굴에 고요한 평화가 깃들어 있었다. 지쳐서 행렬에서 벗어나는 이도 없고 염치없이 새치기로 끼어드는 이도 없었다. 그러면서 사람들은 1분에 두세 발짝씩 앞으로 걸어 나아갔다. 조문을 마치기까지 세 시간 또는 네 시간이 걸리기도 했다.

이 숙연한 조문 행렬의 대중뿐 아니라 온 국민이 함께 사모해 마지않은 김수환 추기경은 어떠한 생애를 살았는가.

2. 순교자의 후예

한 알의 밀이 죽어 땅에 묻혀야 새로운 싹이 나고 열매를 맺는다는 것은 성서의 말씀이고 부활의 원리이다. 가톨릭 교회사 속의 주요한 성당들은 순교자의 무덤 위에 세워졌다. 성당별로는 제대 밑 지하실에 순교자의 유해 조각이라도 모시고 있는 것을 영광으로 생각한다.

한국 천주교는 조선조 말엽 약 1백 년 동안에 1만여 명이 넘는 순교자를 냈다. 이들 중 많은 순교자가 이름 없이 죽어갔다.

김수환의 조부인 김보현은 천주교 신자로서 충청도 논산군 연산면 고정리 일대에서 신자들의 마을을 형성하고 살았는데 병인년(1866년) 박해 무렵에 모두 포졸들에게 잡혀갔다. 그의 문중은 광산 김씨로 선대에서 관찰사, 좌의정 등의 벼슬을 했다. 그러나 포졸들에게 잡혀간 70여 명의 문중은 거의 다 순교했고, 그 형장도 제대로 알려져 있지 않다.

신자들 중에서 조모 강씨姜氏 부인은 임신 중이었는데, 국법이 임부의 처형은 금했기 때문에 풀려났다. 이 조모가 한데 볏짚가리 위에서 둘째 아들을 낳았는데 이름을 영석永錫이라 했다. 이 영석이 바로 김수환의 아버지가 된다.

프랑스 파리외방전교회 소속으로 서울 명동성당에서 사목하고 있던 뮈텔 신부와 로베르(김보록) 신부는 충청도 연산의 신자인 양반집 부인이 자식과 함께 거리를 헤맨다는 소식을 듣고 이들을 수소문해 서울로 데려오고 생활을 보살폈다. 청소년의 나이에 이른 영석은 신부들이 구해다 주는 학질약 금계랍을 민간에 팔러 다니고 시골로 돌면서 천주교 신자들을 따라 옹기 장수로도 나섰다.

로베르 신부가 경상도 대구 성당의 주임이 되자 영석이 따라가 지내다가 달성 서씨 가문의 딸에게 장가들어 여섯 자녀를 두었는데, 막내가 김수환 스테파노이다. 성장한 김수환은 바로 손위 형 동한과 함께 대구 유스티노 예비 신학교에 입학하게 되는데 모두 어머니의 권유에 따른 것이다. 소년 김수환은 계속해서 서울에 있는 동성상업학교 을조乙組에 진학하는데, 이 과정을 소신학교라고도 불렀다. 천주교 신학교 진학을 목표로 하는 이 예비과 학생들은 모두 교회로부터 학비를 받아 공부했다.

과연 순교자의 후예답게 김수환의 생애는 소년기에서부터 하느님의 섭리를 따르는 형세였다.

3. 나는 황국신민이 아니다

고등학교 과정인 소신학교(동성상업 을조)의 수업시간에는 신부가 아닌 일반 교사들도 들어와 가르쳤다. 이 교사들은 일제의 식민지가 된 조선 백성의 울분과 저항의식을 학생들에게 전해주었다.

유난히 마음속으로 민족의식을 키워나간 김수환은 그러한 성향의 고뇌를 은밀히 일기장에 적기도 했다.

결국 소신학교 졸업반인 5학년의 수신 시간 시험 답안지를 통해서 김수환은 심각한 문제를 일으키고 만다. 그 무렵 일본 천황이 조선의 청소년 학도들을 격려하는 유시문을 내려 보냈는데, 이에 대한 황국신민으로서의 소감을 답안지에 쓰는 문제에서였다. 김수환은 답을 쓰지 않고 있다가 답안지 제출 시간 직전에 자신의 이름을 쓰고 시험지의 여백란에 다음과 같이 적었다.

"나는 황국신민이 아님. 따라서 소감이 없음."

이 답안지로 인해 김수환은 교장실에 불려가 심하게 꾸지람을 들었다. 이러한 답안지 내용이 밖에 알려지면 학교가 폐교를 당할 수도 있고 교회가 박해를 당할 수도 있다는 것이었다. 그러나 당시 동성상업학교 교장이었던 장면 박사는 김수환의 후견인이었던 대구 대목구代牧區의 무세 주교와 의논하고 오히려 그를 일본에 있는 천주교 재단 대학인 조치上智 대학에 진학시키기로 했다.

시국 사정을 생각하면 김수환의 성격에 위험의 소지가 있지만 한편으로는 정의로운 의기를 지녀 장차 큰 인물이 될 수도 있음을 인정한 셈이다. 일본 조치대학 철학과에 유학을 하게 된 후에도 김수환은 식민지 조선의 처지에 대해 계속해서 불만을 지니고 있었다. 그 대학의 독일인 신부인 게페르트 교수가 "자네는 장차 신부가 되려는가 아니면 조선 민족을 위한 혁명가가 되려는가?" 하고 그에게 물었다.

"민족이 저를 필요로 한다면 항일 투쟁에 나서야 한다고 생각합니다."

이것이 김수환의 답변이었다.

"그러나 자네는 신부가 되어야 하네."

게페르트 신부는 이렇게 당부했다. 역시 정의감이 강한 인물은 교회에도 필요하다는 생각에서였다.

1944년에 이르러 조치대학에서 졸업할 날도 얼마 남지 않았는데, 당시 일본의 상황은 학병에 나가기를 강요해왔다. 김수환은 조선인 학생들과 함께 학병에 나가지 않을 방도를 궁리했고, 심지어는 학우 한 명과 조선의 함경도 방면으로 밀항해 중국의 조선독립군을 찾아갈 계획도 세워보았다. 그러나 일본 경찰의 감시망을 벗어날 수가 없었다.

김수환이 부득이 학병으로 일본군에 입대하게 되자, 게페르트 교수가 그를 자기 방으로 불러 머리에 손을 얹고 하느님의 가호가 있기를 기도하다가 울음을 터트렸다. 그는 작별 인사도 제대로 하지 못하고 게페르트 교수의 방을 나왔다. 게페르트 교수는 식민지 조선의 처지에 대해 동정심이 컸으며, 장차 기회가 있으면 조선에 건너가서 가톨릭 대학을 세우고 싶다고 말하기도 했다. 과연 뒷날에 그는 한국에 와서 가톨릭 계통의 서강대학교를 설립하게 된다.

일본군에 입대한 후에 김수환 훈련병은 2등의 우수한 성적 때문에 간부후보생반에 배치되었는데, 그곳에서 교관의 질문에 문제가 될 답변을 해 이등병으로 강등되고 말았다. 김수환은 남태평양에 있는 치치지마라는 곳에 주둔해 있을 때 해방을 맞이하는데 당시 패전한 일본군으로부터 조선인 병사와 근로자들을 격리하는 활동에 나섰다. 그는 미군 사령부와 교섭을 해 조선인들이 본국에 일찍 돌아갈 수 있게 하는 데 성공했다. 그리고 자신은 맨 마지막에 귀국길에 올랐다.

제2차 세계대전 종전의 와중에서 이미 김수환은 이처럼 동포들을 돕는 지도자 역할을 했다. 그리고 서울에 돌아와 가톨릭 신학교에 편입하고, 6·25전쟁 중인 1951년에 사제로 서품된다.

4. 더 넓은 세계로

　대구교구 소속인 김수환 신부가 처음으로 부임한 곳은 안동성당(오늘의 목성동성당)이었다. 그의 나이는 갓 서른이었다. 한 성당의 주임신부가 되었지만 6·25전쟁 중의 시골 성당은 극도로 가난하고 질서도 없었다. 주임 신부가 밥을 제대로 먹을 규모도 마련되어 있지 못했다.

　그러나 김수환 신부는 소년 시절을 부모가 옹기 장사라든가 행상을 하는 가난 속에서 보낸 경험 탓인지 그 시골 성당 사람들이 다정하게만 느껴졌다. 김수환 신부는 달리 궁리를 하고는 당시 부산에 자리 잡고 있던 가톨릭구제회를 찾아갔다. 이 구제회는 미국 가톨릭주교회의가 전쟁으로 황폐해진 한국 민간인들의 생활을 돕기 위해 설치한 구호사업 본부였다.

　구제회를 찾아간 김수환 신부는 시골 성당 경제의 극심한 궁핍을 설명하고 거액의 지원금을 받아왔다. 이 돈을 어떻게 쓸 것인가. 김수환 신부는 마을 신자들의 가정 경제 사정을 대체로 파악한 후 고해성사 하는 공간에서 적절히 돈을 나누어주었다. 고해소에서 일어난 일은 소문을 내지 않는 법이니 비밀리에 신자들의 복지에 도움을 준 셈이다.

　이렇게 되자 그는 순박한 시골 신자들과 더 깊은 정이 들었다. 김수환 신부는 몇 해 뒤 김천성당(지금의 황금동성당) 주임으로 옮겨 갔다. 이 성당은 성의중고등학교도 관할했다. 이곳에서 김수환 신부는 어린 여학생들과도 어울리면서 역시 즐겁게 지냈다.

　그러나 김수환 신부는 좀 더 넓은 세계를 접하고 깊은 학문을 통해 자기 성장의 계기를 갖고 싶었다. 그는 지난날 일본 조치대학 시절의 은사였고 서울의 서강대학교에 와 있는 게페르트 신부를 찾아가 의논했다. 그 결과 김수환 신부는 독일의 뮌스터대학교에 유학하게 되었고 역시 게페르트 신부의 자문으로 사회학 전공인 회프너 신부를 만나 지도를 받게 된다.

　독일 유학 중에 김수환 신부는 교회의 사회참여 의무와 열린 신앙의 정신자세 등 유익하고 심오한 성찰의 계기를 접했다. 그러나 박사학위 과정의 실제에서는 그에게 운이 오지 않는 것 같았다. 교체되는 지도교수와의 연계가 마냥 연기되었다. 당시 한국에서 독일에 파견된 광부와 간호사들의 사목 지도 요청을 거부할 수도 없었다. 독일 유학 기간이 7년에 이르자 김수환 신부는 사목자의 임무를 환기하며 본국으로 돌아오게 된다. 유학 동안 그는 유럽에서 견실하게 추진되던 제2차 바티칸공의회의 사회참여 사상을 절실하게 체득했다.

　김수환 신부는 국내에서도 국외에서도 사람들을 좋아하고, 사목적 임무수행을 우선시했다. 뮌스터대학교의 지도교수였던 회프너 신부가 뮌스터 교구장이 되어 학교를 떠남으로써 김수환 신부에게 박사학위를 주지는 못했지만 뒷날 추기경이 되는 순서는 제자였던 김수환이 오히려 앞서게 되었다.

　게페르트 신부와 회프너 신부, 이들은 김수환의 스승으로 맺은 인연을 평생 동안 이어갔다. 이러한 인연들이야말로 성직자 김수환이 즐겨 말하던 이른바 '신비'에 해당한다고 말할 수 있을 것이다.

5. 누룩은 반죽 속에 들어가야

　독일 유학 7년 만에 박사학위 받기를 포기한 김수환 신부는 1963년 11월 귀국 길에 오른다. 오스트리아와 이탈리아, 프랑스를 3개월 동안 여행하고 이듬해 봄 대구로 돌아온 그는 바로 『가톨릭시보』(지금의 『가톨릭신문』) 사장 직을 맡는다. 신문사의 어려운 재정 여건 속에서 사장 신부는 스스로 월급을 받지 않았다. 그러나 사원들의 보수는 정확히 챙겨주었다. 그러면서 교도소

수감자들을 방문하는 한편 행려병자 수용소인 희망원도 방문하기를 그치지 않았다.

아직 젊은 나이인데 어디 경치 좋은 곳에 가서 쉬며 즐기기보다 가장 불우한 상태에 있는 사람들을 만나 대화하고 위로하는 것에 시간을 다 쓴 이유는 무엇일까. 그것이 그리스도 복음의 정신이며, 세상을 구원하기 위해 누룩이 밀가루 반죽 속에 들어가 부풀게 하고 변화를 이루듯 교회가 사회 속에 들어가야 한다는 제2차 바티칸공의회의 정신에 맞기 때문이다.

김수환 사장 신부가 『가톨릭시보』를 통해 열심히 전개한 일은 당시 한국교회가 잘 모르던 제2차 바티칸공의회의 정신을 홍보하는 것이었다.

시대에 대응해 교회를 쇄신하는 역사적 각성과 남다른 실천의 결과로 김수환 신부는 1966년에 주교로 승품되어 천주교 마산교구장으로 부임하게 된다. 마산교구장 취임식 자리에서도 김수환 주교는 "제2차 바티칸공의회의 정신에 따라 교회를 쇄신하는 것이 우리 교구의 최대 사명"이라고 선언했다.

남다른 사회참여 의지에 따라 김수환 주교는 마산교구장으로서 한국천주교 가톨릭노동청년회 총재 주교를 겸임했다. 그리고 1967년 5월에 인천 강화도의 심도직물 노조탄압 사건의 해결에 임하게 된다. "백만장자의 아들이든 가난한 견습공이든 그들의 인격과 영혼은 동등하게 존엄하다"라는 것이 가톨릭노동청년회의 기본 인식이다.

김수환 총재 주교는 한국천주교 주교회의의 후원을 등에 업고 정부에 시정을 촉구하여 해고 노동자 전원을 복직시키는 데에 성공했다. 이 심도직물 사태 해결은 한국 사회에서 노동사목 또는 산업선교활동을 개척하는 업적이 되었다.

교회의 이와 같은 사회참여 활동에 관해 김수환 주교가 근원적으로 제시한 원리는 바로 '인간을 위하여'라는 것이었다. 『성서』의 「창세기」에 제시되어 있듯이 인간은 하느님의 모습대로 창조된 존엄한 존재이기 때문이라는 것이다. '가장 존엄한 인간을 위하여'라는 이 명제는 성직자 김수환의 일생 동안 일관되게 함께했다.

6. 한국 민주화의 결정적 주역

마산교구장 김수환 주교는 1968년에 대주교가 되면서 천주교 서울대교구장이 되었고, 바로 그 이듬해에 47세의 세계 최연소 추기경이 된다. 바야흐로 한국이라는 국가 공동체 전체가 자연스럽게 김수환 추기경의 일정한 참여를 받아들이게 되었다.

이 '참여'의 범주에서는 원리적으로 어느 한 부분도 제외되지 않는다. 참여의 목표는 '평화'이다. 평화는 휴전의 상태도 아니고 억압 속의 침묵도 아니다. 평화는 바로 '정의의 실현'이다(제2차 바티칸공의회 「사목헌장」 제78항). 정치는 책임의 분담이며, 정치권력은 인간의 자유와 책임에 바탕을 둔 도덕적인 힘에 의해 공동선을 목표로 해야 한다(「사목헌장」 제74항).

이러한 가톨릭교회의 정신에 따라 김수환 추기경은 평화와 공동선을 일관되게 추구했다. 1970년대 한국의 정치 현실에서 제3공화국 박정희 정권은 독재정치를 계속 강화하고 있었다. 3선개헌과 금권선거 이후에도 이른바 국가보위법을 국회에서 날치기로 통과시켜 초헌법적으로 대통령의 비상대권 발동이 가능해졌다.

이와 같은 현실 속에서 김수환 추기경은 1971년 성탄절 자정 미사를 명동대성당에서 집전하게 되었다. 이 미사의 추기경 강론은 KBS 방송을 통해 전국에 방송되는 것이 관례였다. 모든 언론이 통제된 상황에서 김수환 추기경은 이 성탄 메시지를 통해 정의의 발언을 하기로 결심했다.

"여러분은 과연 이른바 국가보위법이 필요불가결의 것이라고 양심적으로 생각하고 계십니까?" 오늘날 아무도 이러한 발언을 하지 않기 때문에 한 종교인으로서 정부와 여당 국회의원들에게 던지는 물음이라고 김수환 추기경이 성탄 메시지에서 토로했다. 이어서 KBS의 중계방송은 중단되었다.

유신헌법의 전야와 같은 당시의 현실에서 박정희 정권의 초법적 독주에 비판적 질문을 던지는 일은 실로 김수환 추기경이 아니고는 아무도 하지 못했다. 추기경의 이 성탄 메시지를 듣고 국민은 비로소 다시 생각하기 시작했다. "저렇게 말할 수도 있구나. 과연 이 시대의 양심은 살아 있다." 이리하여 반군사독재 한국 민주화 운동은 다시 용기를 낼 수 있었다. 민청학련 시위와 3·1절 명동성당 기도회를 비롯한 수많은 민주화 투쟁이 잇달아 일어났다.

그리고 1987년 6월 10일, 직선제 개헌을 수용하는 6·29민주화선언을 도출한 결정적 항쟁의 날이 왔다. 박종철 군과 이한열 군의 죽음으로 격앙된 시위 군중은 해가 저물어도 흩어지지 않았다. 이날 밤 대학생 3백여 명이 명동 대성당으로 들어와 성당 밖의 경찰 병력과 대치했다. 안기부와 경찰이 학생들의 연행을 기도했으나 김수환 추기경이 나서서 "나를 밟고 넘어가라"며 막았다. 그리고 학생들의 명예로운 안전 귀가 보장을 경찰로부터 받아냈다.

김수환 추기경이 앞장서서 이루어낸 6·10항쟁의 승리가 곧 한국 민주화의 결정적 마루턱이었다. 평화적 정권교체와 지속적인 민주주의의 발전은 모두 이러한 토대 위에서 생긴 일이다.

김수환 추기경이 언제나 잊지 않고 스스로 환기시킨 한마디 말이 있다. 그것은 "성직자에게는 사목이라는 임무의 본령이 있다"라는 것이었다. 그는 1998년 5월에 서울대교구장에서 은퇴하고 혜화동 주교관으로 옮겨 가 여생을 지냈다. 그러나 선종의 날이 오기까지 그는 세상에 참여하는 일은 퇴임하지 않고 인간을 위한 일들에 대해 사랑으로 임했다.

실로 부조리했던 한국 사회의 정치현실 문제에 맞서는 것 외에 그는 더 크고 많은 일을 했다. 타 종교에 대한 열린 마음 강조, 가톨릭의대 장애학생 입학 추진, 외국인 노동자들을 무료로 치료하는 라파엘 클리닉 지원, 미전향 장기수의 집 방문, 틈만 나면 달동네 빈민 골목을 찾아나선 일 등 그는 '사랑하고 또 사랑하는' 마음으로 사람들을 맞이하고 함께했다.

구산 스님(소봉호), 한국불교의 정체성을 되찾고 세계화를 일구다

인경 스님

1. 들어가는 말

스님의 법명은 구산九山이고 세속의 이름은 소봉호蘇蓬鎬(1910~1983)이다. 출생지는 전라남도 남원 땅이다. 태어난 해는 국권피탈이 일어난 1910년이고 입적한 해는 민주화 운동이 한창이던 1983년이다. 태어난 1910년은 일제의

인경印鏡 스님(동방대학원대학교 명상심리학 교수, 한국명상치료학회 회장, 명상상담연구원 원장)

    저서로는 『몽산덕이와 고려후기 선사상연구』(불일출판사, 2000), 『불교학의 해석과 실천』(공저, 불일출판사, 2000), 『염지관 명상, 알아차리고 머물러 지켜보기』(명상상담연구원, 2005), 『화엄교학과 간화선의 만남』(명상상담연구원, 2006), 『쟁점으로 살펴본 간화선』(명상상담연구원, 2011), 『현재, 이 순간에 머물기』(명상상담연구원, 2011) 등이 있으며, 역서로는 『위빠사나명상, 단지 바라보기만 하라』(길출판사, 1991), 『심리치료와 불교』(불광출판사, 2010), 『알아차림과 수용』(명상상담연구원, 2010), 『수용전념치료가이드』(명상상담연구원, 2011) 등이 있다. 논문으로는 「공안선과 간화선」(『철학사상』 21, 2005), 「불교에서 본 영성」(『사회정신의학』 10-2, 2005) 등 50여 편이 있다.

식민지배가 공식적으로 시작된 해이다. 1945년에 해방되었지만 1950년에 6·25전쟁이 일어나 1953년에 휴전되었다. 하지만 사회는 안정을 찾지 못하고 1961년 쿠데타가 일어났고 곧 군사독재가 시작되어 1980년 중반까지 계속되었다.

이것이 구산 스님이 살았던 대한민국의 간단한 현대사이다. 스님은 시대적으로 참 어려운 시기를 살았다. 이런 격동의 역사적인 시기에는 그 시대를 사는 개인들에게 어떤 중요한 과제가 부여될 것이다. 그 과제는 개인마다 처한 환경과 가치관에 따라서 다를 것이다. 어떤 이들은 정치적 안정을 최우선시했고, 또 어떤 이들은 경제적 성장에 초점을 맞추었다면, 이후 어떤 젊은 세대는 민주화에 자신의 삶을 던졌다. 구산 스님은 어떠하였을까?

2. 불교 정화운동의 중심에 서다

스님은 젊었을 때 승가에 투신하여 승려가 되었다. 1923년에 아버지가 갑작스레 별세하자 어린 나이에 10대 가장으로 가사를 돌보게 되어, 용성소학교 정문에 '명치明治 이발관'을 운영하였다. 이로 말미암아 훗날 부처님 제자 가운데 이발사 출신인 '우바리존자'의 이름을 딴 별명을 얻게 되었다. 1934년 20대 초반에 우연히 큰 병을 얻어 신음하였다. 그 무렵 진주에 사는 불자인 하河 처사라는 분을 알게 되었다. 그분에게서 "몸은 마음의 그림자이며, 사람마다 원만히 갖추어 있는 자성自性 자리는 본래 청정하거늘, 어디에 병이 있겠느냐?"라는 법문을 듣고 지리산 영원사靈源寺에 들어가 100일간의 관음기도를 시작한다. 스님은 이 관음기도 기간 동안 차츰 병이 쾌차하자, 이것이 불보살의 가피력임을 깨닫고 불제자가 되기를 발원하였다. 송광사를 찾아가 1937년 음력 4월 8일 마침내 스님은 당시 금강산 도인으로 알려진 효봉 선사

曉峰禪師로부터 사미계沙彌戒를 받고 승려가 되었다.

해방 이후 불교계의 가장 큰 시대적 과제는 정체성을 확립하는 것이었다. 일제 치하에서는 승려들에게 강제로 결혼을 하도록 하는 대처승 정책을 폈다. 해방이 되자 왜곡된 불교계 내부를 정비하면서 결혼하지 않는 비구 중심의 본래적 승가의 정통성을 확립하는 문제가 시급하였다. 불교계에서는 이 것을 정화淨化운동이라고 한다. 하지만 이것은 결코 쉽지가 않은 문제였다. 오랜 기득권을 가진 친일세력의 저항이 거세었고, 정부의 비협조적인 태도에도 문제가 있었다. 이에 당시 종정이던 효봉 선사와 함께 구산 스님이 전면에 나섰다. 1954년 10월 9일에 효봉 선사는 단식에 돌입하였고, 일제 때에 만주에서 독립운동을 했던 지효智曉 스님은 1955년 6월 10일에 할복을 하였고, 구산 스님은 1955년 8월 2일에 전국승려대회 개최를 방해하는 정부를 상대로 546자 혈서로 탄원서를 작성하여 보냈다.

이런 노력의 결과로서 정부는 이틀 후 8월 4일 정례 기자 회견에서 "불교정화에 대해서 왜색승려는 물러가라"고 언명하게 되고, 마침내 전국승려대회개최를 위한 양측, 비구승과 대처승의 합의가 이루어지면서 비구승 중심의 교단으로 정비되었다. 오늘날 대한불교 조계종이 오랜 역사적인 전통을 유지할 수 있었던 데에는 구산 스님의 혈서투쟁이 중요한 부분을 차지했음은 분명하다. 하지만 스님은 이런 역사적인 공덕을 뒤로하고 1957년에 전라남도 백운산에 은거하여 출가 본연의 수행자로 돌아가 정진하여 마지막 깨달음을 얻는다. 바로 이 점이 후학들이 스님을 존경하는 근본적인 이유가 아닌가 한다.

3. 네 번의 깨달음을 얻다

구도자로서 스님은 네 번의 깨달음을 경험하였다. 첫 번째는 1943년 경상북도 청암사 수도암에서 용맹 정진하다가 일어났다. 문득 시계 소리에 첫 번째의 깨달음을 얻게 된다.

一聲呑盡三千界(한 소리가 온 삼천 세계를 삼키고)
獨露這漢九重喝(한 이슬이 저 한수에 구중으로 소리치네.)
時計聲聲廣長舌(때때로 나는 소리 헤아리면 장광설이요)
金木片片淸淨身(쇠와 나무 편편히 청정법신이로다.)

이 게송은 시계 소리, 온 우주를 삼키는 시계 소리를 듣고서 일체의 나무와 소리가 그대로 진리임을 깨닫게 되는 영적 체험이다. 나와 세계가 한 치의 어긋남도 없이 하나가 된 경험이다. 이곳은 어떤 번뇌도 허용되지 않는 일여一如의 세계이다.

두 번째는 1947년 가야산 '법왕대法王臺'에서 두 철을 공부하던 때 일어났다. 한 철을 마치고 별 소득이 없어 하산하려 하는데, 꿈에서 "이곳은 스님과 인연 터이다. 떠나지 말고 한바탕 더욱 용맹 정진하라. 금생의 복으로는 공부 성취가 어려우니 내생의 복을 당겨 받으시오"라는 산신山神의 말을 듣게 된다. 이를 계기로 구산 스님은 죽기를 각오하고 한 철을 더 공부하여 심안이 열리게 된다.

月印千江波印月(달이 일천 강에 비치고)
天藏萬物我藏天(하늘은 만물을 안고 나는 하늘을 안았도다.)
一切名相元理足(일체의 명상이 그대로 진리이거늘)
莊嚴法界豈言眞(장엄한 법계를 어찌 진리라 말하리오.)

만물이 나와 동일하고, 나는 곧 그대로 만물이다. 이 점은 앞에서 깨달은 내용과 같다. 새로워진 점은 이름과 모양[名相]이 그대로 진리이고, 이치가 갖추어져 있다는 부분이다.

세 번째는 1951년 정월 보름 동안거 해제 때에 일어난다. 스님은 자신의 깨침의 경지를 인가받고자 당시 부산 동래 금정사金井寺에 주석하고 있던 스승 효봉 선사를 찾아 게송을 바쳤다. 이에 선사로부터 인가의 의미로 전법게를 받게 된다. 이때 주고받은 게송은 다음과 같다.

　　　大地色相本來空(대지의 색과 상이 본래 공한데)
　　　以手指空豈有情(공을 가리키는 손가락에 어찌 정이 있으리오.)
　　　枯木立岩無寒暑(마른 나무 서 있는 바위엔 추위와 더위가 없건만)
　　　春來花發秋成實(봄이 오면 꽃이 피고 가을이 오면 열매 맺도다.)

효봉 선사는 스님과의 면담을 끝내고 아래와 같은 게송을 내린다.

　　　贈九山法子(구산법자에게 줌)
　　　裁得一株梅(한 그루 매화를 얻어 가꾸라 하였더니)
　　　古風花已開(옛 바람에 꽃을 피웠구나.)
　　　汝見應結實(그대 응당 열매를 보았으리니)
　　　還我種子來(내게 그 종자를 가져오너라.)

효봉 선사의 게송에서 핵심적인 부분은 마지막 구절이다. 효봉 선사는 먼저 꽃을 피웠구나 하면서 인가를 하면서도, 꽃을 보았다면 열매도 보았으리니, 내게 그 부처의 종자를 가져오라는 것이다.

하지만 스님은 전쟁과 정화운동으로 정진을 하지 못하였다. 전쟁이 끝나고 종단의 정화운동이 어느 정도 마무리가 되자, 마침내 스님은 1961년 11월 23일 광양 백운암에서 마지막 네 번째의 큰 깨달음을 얻게 된다.

深入普賢毛孔裡(깊은 보현의 터럭 속에 들어가)
捉敗文殊大地閑(문수를 붙잡으니 대지가 한가롭구나.)
冬至陽生松自綠(동짓날에 소나무가 저절로 푸르니)
石人駕鶴過靑山(돌사람이 학을 타고 청산을 지나간다.)

여기서 보현은 커다란 수행 실천을 의미한다. 문수는 실천의 결과로서 나타난 지혜를 상징한다. 추운 날씨에도 소나무가 절로 푸르고, 돌사람이 학을 타고 청산을 지나간다. 돌사람은 어떤 번뇌에도 침범을 받지 않는 부동지의 경지이지만, 동시에 어디에도 구애받지 않는 자유로운 사람이다. 그는 학을 타고 청산을 지나간다.

4. 간화선, '참된 나'를 찾아서

구산 스님의 기본적 수행법은 간화선看話禪이다. 간화선이란 '무엇이 나인가?' 혹은 '나는 누구인가?'와 같은 질문, 즉 화두를 스스로 참구함으로써 자기 본성을 보게 하는 명상법이다. 이런 질문은 매우 답답하게 만드는 어려운 삶의 과제이다. 하지만 청소년 이후로 우리는 무의식 속에서 자신의 정체성을 묻게 된다. 자기 자신에 대한 궁극적인 관심, 자기 자신에게 묻는 이것은 인간의 고유한 본성이 아닌가 한다. 이런 자기 성찰을 통해서 우리는 텅 비고 고요하고, 신령한 영적 경험을 하게 된다. 특히 구산 스님은 화두참구를 일상에서 실천하도록 지도했다. 밥 먹고 화장실 가는 일상의 걸음걸음에서 화두를 놓치지 말고 참구하길 당부하였다. 화두에서 크게 의심해야 크게 깨닫는다고 말하였다. 이것이 부처와 조사가 가는 길임을 강조하였다.

사람들은 자기 잘난 멋에 살아가지만, 진정으로 자기가 무엇인지를 모른다. 주인공아, 묻노라. 무엇이 나인가? 화두선話頭禪이란 무엇이 참으로 '나인가' 하고 의심하는 공부법이다. 이 몸은 무상하여 오래도록 머물지 않으니 지킬 수가 없지만, 참된 성품은 몸이 생길 때 따라서 생겨난 것이 아니고, 몸이 무너질 때 따라서 무너지는 것도 아니며, 영원히 없어지지 않는 것이니, 없어지지 않는 한 물건(不滅底一物)은 어떠한 물건인가?

일반적으로 우리는 몸과 마음이란 이원론적인 관점에서 자기 자신과 인간을 이해한다. 물론 이것은 세상을 살아가는 데 더없이 중요한 관점이다. 그러나 이것은 한없는 갈등과 고통을 만들어낸다. 그래서 우리는 진정한 자기를 찾고자 한다. 간화선은 몸/마음의 관점을 통합하는 본성, 영성을 강조한다. 구산 스님은 몸/마음에 휩쓸려 이것을 주인으로 하여 살아가는 것은 '거짓된 나'라고 말하고, 깨어 있고 고요한 본래의 성품이 '참된 나', 주인공이라고 강조한다. 주인공을 찾는 길은 바로 참된 성품에 대한 질문, 화두가 귀중하고, 이것이 우리의 본성을 찾는 직접적인 길이라고 역설한다. 이렇게 해서 깨달음을 얻게 되면 그가 바로 부처라고 하였다. 그러면 구체적으로 무엇이 불성佛性이고 무엇이 영성靈性인가? 이 점에 대해서 스님은 이렇게 말한다.

이름을 부르면 너는 "예!" 대답을 한다. 그렇게 대답하는 그것이 바로 너이다. 그것이 "어떻게 생겼는지?" 질문해 보라. 그것을 내게 찾아서 가져오라. 이것을 찾을 때, 언어적인 분별로서 대답하지 마라. 그것은 거짓된 나이다. 참된 나는 언어로서 분별할 수 없다. 봄이 오면 꽃이 피고, 가을이 오면 열매를 맺는다. 알겠는가?

5. 불교의 대중화와 세계화를 위해 노력하다

구산 스님은 스승 효봉 선사께서 1966년 10월 15일 입적하고 1969년에 송광사가 종합수행도량인 조계총림으로 승격하면서 스승의 뒤를 이어 방장方丈으로 취임하여, 입적하던 1983년까지 15년 동안 총 208회 상당법어를 하였다. 방장은 수행하는 대중을 이끄는 실질적인 영적 지도자를 말한다. 정기적으로 법문을 설하고, 제자들과 영적인 경험에 대해서 문답을 한다. 문답은 개인적인 과정으로 기록이 남아 있지 않지만, 공식적인 법문은 모두 기록되어 1994년에 『구산선문: 구산선사 상당법어』란 이름으로 출간되었다.

송광사는 출가한 승려의 집단인 승가를 상징하는 승보종찰로서 전라남도 순천에 위치한다. 신라시대에 지어졌지만, 고려시대 보조 국사 지눌知訥(1158~1210)에 의해서 수선사修禪社로 개칭된 정혜결사定慧結社의 중심도량이다. 정혜결사란 마음의 평화와 지혜를 개발하기 위한 수행 공동체 운동을 말한다. 함께 공부하고 함께 일하고 함께 예불하는 공동체이다. 수선사는 이후 16국사를 배출한 한국불교의 대표적인 사찰 가운데 하나이다. 조선시대부터 일부 건물이 중창되어 왔지만, 6·25전쟁으로 중요한 건물이 불타서 없어졌다. 이에 구산 스님은 효봉 선사의 유훈에 따라서 조계총림을 발기하였으며 방장으로 추대되자 보조 국사의 수행 공동체 운동을 계승하면서 송광사 재건에 힘을 다하였다. 송광사 중창불사는 수행 공동체의 전통을 계승하고 나아가서 불교를 현대화하는 의지의 표현이었다.

또 스님께서는 안으로는 출가대중을 지도하는 한편, 사회적인 쟁점에 대해서도 적극적으로 참여하였다. 스님이 살다간 시대는 전쟁과 탄압으로 점철된, 외형적으로 험한 격변기였다. 또 정신적으로는 서구 물질문명의 영향을 받으면서 민족적 전통문화가 상실되어 감에 따라 많은 가치관의 혼돈을 경험하는 시기였다. 이 점에 대해서 스님은 많은 고민을 하였다. 이러한 점에 대해서 『석사자石獅子』에서 다음과 같이 말하고 있다.

그러면 우리나라 사람들은 어떤가? 고유의 옛 전통과 풍습을 얼마만큼 지키며 그 얼을 본받아 어떻게 생활하고 있는가? 최근 홍수처럼 빌려든 서구西歐 사조思潮 와 풍물風物에 우리의 혼마저 물들어 버린 것 같지 않는가? 세계 각국 사람들이 한 국에 와서 한국문화를 배우려 할 때 과연 우리는 현 시점에서 한국의 문화文化가 이렇다고 내놓을 것이 무엇이 있겠는가? 우리는 반만년 역사와 신라, 고려 시대의 찬란한 정신문화를 이어받아야 한다. 그리고 한국문화의 우수성과 특수성을 오늘 날에 되살려 확고한 민족정신을 일깨우고 나아가서는 세계만방에 한국민족의 긍 지와 얼을 소개하고 또 널리 선양해야 한다.

이 구절에서 우리는 사회적인 변화에 대한 스님의 마음을 엿볼 수가 있다. 스님은 과도하게 서구화되어 가는 우리 사회의 모습을 걱정하면서 우리의 고 유한 문화에 대한 자긍심과 함께 불교적 가치가 오히려 서구문화를 지도할 것이라는 점에 확신을 가지고 있었다. 이런 노력의 결과가 불교의 대중화와 세계화라는 결실로 나타난다. 송광사가 1969년에 총림이 되면서 시작한 불 사는 오늘날까지 현대 불교문화를 일구는 데 크게 영향을 미쳤다. 대표적으 로 수련회 개최, 재가 신도회 조직, 국제선원 운영 등이다.

여름 수련회 개최는 오늘날 '템플스테이'의 모체가 되었다. 총림이 성립되 자 스님은 대중교화의 일환으로 그해 여름부터 수련회를 시작하였는데, 여름 방학을 기하여 4박 5일의 일정으로 해마다 개설되었다. 그런데 너무나 많은 인원이 신청하여 모두 받아들일 수가 없었다. 신청자가 3,000여 명이 되었지 만 실제로 수용할 공간이 없어서 한 번에 700~800명으로 여러 차례 나누어 수용할 수밖에 없을 정도였다. 이 점에 대해서 송광사에서 승려생활을 하였 던 캘리포니아대학교 로스앤젤레스캠퍼스UCLA 로버트 버스웰Robert Buswell 교수는 이렇게 당시의 상황을 기술하고 있다.

1969년 송광사가 총림으로 지정되자, 송광사를 방문하는 객승들을 수용할 공간이 부족하였다. 건축비는 턱없이 부족하였고 송광사가 받았던 소작료도 많이 줄게 되었다. 게다가 송광사는 서울이나 부산과 같은 산업화된 도시에서 멀리 떨어져 있었다. 한국의 대표적인 사찰인 송광사의 위상을 어떻게 높일 수 있을까? 전쟁 이전의 규모로 건축할 재원을 마련할 수 있을까? 이 문제는 구산 스님의 현실적인 화두였다.

스님은 이런 후원문제를 해결하고 불교와 수행문화의 대중화를 이루기 위해서 전국적인 신도조직인 '불일회'를 만들었다. 이것은 현대 불자회의 모범적인 사례가 되었다. 그러면서 스님은 한국불교를 세계에 알리는 데도 남다른 열정을 보였다. 이런 노력은 한국불교 최초로 개원한 불일국제선원으로 결실을 맺었다. 한국불교 세계화에 앞장선 인물로는 숭산 스님이 있다. 숭산 스님은 스스로 일본과 미국에 나가서 홍법원을 설립하고 한국 선을 널리 알렸다. 그러나 구산 스님은 1973년에 국내에 국제선원을 개원하고 외국인이 입국하여 한국 선을 배우도록 하였다.

외국인 제자들을 위해서 스님의 법문집 *Nine Mountains*이 발간되고 1980년에는 로스앤젤레스에 고려사가, 1982년에는 스위스에 불승사가 개원되었다. 송광사 국제선원 출신의 대표적인 인물은 앞에서 말한 UCLA의 로버트 버스웰이다. 그는 동남아의 남방불교를 접한 이후로 불일국제선원에서 5년간 수행을 하였고, 『보조법어』를 화와이대학교 출판부에서 영역하였으며, 한국불교를 미국사회에 소개하는 데 결정적인 역할을 하고 있다. 유럽에서는 스티븐 배철러Stephen Batchelor가 있다. 그는 영국에서 태어났고, 티베트불교에 심취하여 8년간 티베트에서 살았다. 이후로 구산 스님의 제자가 되어 송광사에서 승려로서 4년을 공부하고 스님의 법문집을 영역하는 데 일조하였다. 현재는 프랑스에서 선불교 수행과 강의를 하고 있다.

세계 속에서 한국불교는 중국이나 일본, 티베트와 남방 불교에 비하면 너무나 미약한 상태이지만, 그나마 요사이 조금씩 알려지기 시작한 것은 숭산 스님과 구산 스님과 같은 선각자의 노력이 있었기 때문이 아닌가 싶다. 오늘날 우리는 긴밀하게 서로 연결된 세계라는 지구촌에서 함께 살아간다. 우리는 외국의 문화를 받아들이는 데는 매우 열심이지만, 우리의 문화를 가꾸고 세계에 알리는 일에는 상대적으로 소홀하다. 우리 문화를 가꾸고 세계에 알리기 위해서는 피나는 자기 혁신과 더불어서 국제적인 다양한 교류가 필요하다. 이 점은 우리 후학들의 과제가 아닌가 한다.

참고문헌

구산, 『석사자』, 불일출판사, 1980.
구산문도회 엮음, 『구산선문: 구산선사 상당법어』, 불일출판사, 1994.
보조사상연구원, 『구산선사의 생애와 사상』, 보조사상연구원 제22차 학술발표회 자료집, 2011.
Ku San, *Nine Mountains*, 불일출판사, 1976.
김방룡, 「구산수연의 생애와 사상」, 『보조사상』 제21집, 2004.
문경순, 「구산수연의 선사상 연구」, 전북대 박사학위 논문, 2011.
박정환, 「지눌과 구산의 선사상 비교연구」, 서강대학교 석사학위 논문, 1999.
법정, 「구산 스님 그분은 누구인가」, 『법륜』 180, 법륜사, 1984.

이숭녕, 현대국어학의 개척자

이병근

1. 머리말

심악心岳 이숭녕李崇寧(1908~1994) 선생! 그는 분명 유럽의 현대언어학 이론을 바탕에 깔고 국어연구를 개척, 건설한 선각자였다. 필자는 「심악 이숭녕 선생의 삶과 사상 그리고 학문」이라는 글에서 그를 다음과 같이 현대국어학의 아버지라 부른 일이 있다.[1]

이병근李秉根(서울대학교 국어국문학과 명예교수)
    저서로는 『음운현상에 있어서의 제약』(탑출판사, 1979), 『국어연구의 발자취 (1)』(공저, 서울대학교출판부, 1985), 『한반도와 중국 동북3성의 역사와 문화』(공저, 서울대학교출판부, 1999), 『한국어사전의 역사와 방향』(태학사, 2000), 『어휘사』(태학사 2004), 『일제식민지시기 한국의 언어와 문학』(공저, 서울대학교 규장각한국학연구원, 2007) 등이 있으며, 논문으로는 음운론과 사전학 및 어휘사 분야 이외에 「지봉유설의 국어학사상의 성격」(『대동문화연구』 30, 1995), 「유길준의 어문사용과 서유견문」(『진단학보』 89, 2000), 「실학시대의 언어연구」(『한국사시민강좌』 48, 2011) 등 어학사와 관련된 논문이 다수 있다.

요컨대 이숭녕 선생은 끈질긴 성격의 공부꾼으로 국어학을 하나의 독립된 분야로 개척하고 건설했던 현대국어학의 아버지로 학문에 있어서의 과학적 정신을 강조했던 과학사상가였다.

이숭녕의 학술활동 이전에 근대의 주시경周時經이라든가 김두봉金枓奉, 이극로李克魯, 그리고 김윤경金允經, 이희승李熙昇, 최현배崔鉉培 등의 선배 국어학자들이 없었던 것은 아니나 이숭녕은 분명히 그들 대부분과는 구별되지 않나 하는 생각이 들었기 때문이었다. 그리고 현재까지도 국어연구를 행하는 사람은 직접적이든 간접적이든 이숭녕 선생의 영향을 받지 않은 사람이 없다고 보기 때문이다. 그가 작고한 지 20년 가까이 되었지만 아직도 그 당당한 모습과 목소리가 가까이에 있는 듯 느끼고 있다. 물론 그분의 연구방법과 연구내용, 연구방향에 대한 평가는 이제 앞으로 새로운 세대가 짊어질 과제일 것이다.

이숭녕은 20세기 초기에 태어나 일제하에서 신식교육을 받았다. 이후 이른바 '대학'에서 전문분야의 교육을 받고는 1930년대 후반부터 본격적인 학술활동을 전개하기 시작했다. 그는 1934년 창립된 진단학회에 초기 논문을 발표한 것을 계기로 이 학회를 평생 그의 정신적 활동무대로 삼았다. 그리고 해방 이후 계속 유럽 중심의 현대언어학 이론에 뿌리를 두고 오구라 신페이

---

1 필자는 이숭녕 선생의 지도를 받은 연유로 해서 지금까지 여러 차례 그분에 관한 글을 청탁받고 그분의 생애, 학문 등에 관해 이미 몇 번에 걸쳐 발표한 바 있다. 「심악 음운론의 방법과 태도」(『어문연구』 81・2, 1994), 「심악 이숭녕 선생의 학문」(『앞서간 회원들의 발자취』, 대한민국학술원, 2004), 「심악 이숭녕 선생의 삶과 학문」(『어문연구』 121, 2004), 「O. Jespersen과 한국어음운론―이숭녕의 음운론연구를 중심으로」(*OTTO JESPERSEN* 한국영어학회, 2004), 「심악 이숭녕 선생의 삶과 사상 그리고 학문」(『이숭녕 현대국어학의 개척자』, 태학사, 2008), 「이숭녕 선생의 방언 채집과 방언연구」(『방언학』 9, 2009) 등이 그것들이다. 따라서 그 서술 내용은 대부분이 중복될 수밖에 없는데, 이 글도 또한 그러하다. 이숭녕 선생에 대한 지금까지의 연구의 종합은 '심악 이숭녕 탄신 100주년 기념문집'인 『이숭녕 현대국어학의 개척자』(태학사, 2008)에 대체로 수록되어 있다.

小倉進平(1882~1944) 등 과거 일본인학자들이 범한 오류를 비판하고 알타이어학을 과감히 도입하여 국어학의 새로운 과제들을 개척해 나갔다. 이런 면에서 그는 독보적인 연구자로서 자신만만한 프런티어였다. 특히 외세의 침투에 대항해 국내에서 싹텄던 이른바 민족주의적 쇼비니스트chauvinist, 예컨대 주시경 등의 연구태도를 용서치 않았다. 당시 너무나 당당했던 이숭녕에게 간혹 도전했던 어떤 주장에도 한 치도 물러서지 않고 강력히 논전을 벌이곤 했다. 순수언어학적 '과학적 정신esprit scientifique'에서였다. 이 시대는 언어학 이외의 딴 분야에서도 그러했다. 문학에서는 청록파에서 볼 수 있었던 순수문학적 사조로, 미술활동에서는 신사실파로, 즉 반추상 작가들의 순수미술 사조로 전환되었던 시대다. 세계의 한 흐름이었던 것이다. 그러나 20세기 전반기의 이러한 유럽의 순수언어학은 구조주의에서 볼 수 있었듯이 대상의 형태구조의 과학에 치우침으로써 '인간의 상상력'에서는 거리가 멀어진 언어학이 되고 말기는 했다.

이숭녕은 바로 이러한 시대적 사고의 대표적인 학자로 새로운 국어학의 체계를 세워가며 외부에서 들어오는 '감투'의 유혹도 언제나 과감히 떨쳐버리고 오로지 학문에만 진력했던 '대학가의 파수병' 그 이상이었다. 만년에 학교나 학회 이외의 일을 맡았을 때에는 그는 이를 '외도'라 했다.

2. 현대국어학의 건설

이숭녕은 통감부시절이었던 1908년 6월 7일(양력 7월 6일) 서울에서 태어났다[2]. 본적은 '한성부 체부동 72번지'다. 선영은 원래 지금의 경기도 파주시

---

2 아명은 '경록慶祿'이었는데, 매동공립보통학교 학적부에는 '경복慶福'으로 잘못 기록되어 있었다.

조리읍 뇌조리 소뉴월 마을이었다. 말하자면 일제에 의해 강점되기 3년 전 통감부시절에 태어난 것이다. 그의 선친은 가선대부嘉善大夫(규장각奎章閣 지후관祗候官, 종2품)에 올랐었다. 잠시 맡았던 서부철도 국장에서 물러나 있다가 해방 후 이시영李始榮, 조소앙趙素昻 등과 함께 우국노인회憂國老人會의 회장을 맡는 등 일시 정치활동을 하기도 했다. 이숭녕의 부친인 이병관李炳觀(호는 춘사春沙, 1858~1949) 공은 이 시대의 소용돌이를 몸소 겪은 분이었다. 선생은 바로 이 선친을 너무나 닮았다.

> 내 유전적인 체질에서나 학문과 성격에서나 선고先考는 나를 가장 총애하시고 장래에 희망을 거시고 가지가지 유훈을 내리신 터로 정신적인 유산을 한껏 받자온 터이다.[3]

유학자 이병관 공의 4남 4녀 중 셋째 아들로 태어난 이숭녕은 선친의 교육 방침에 따라 일찍부터 명현 학자들의 감동적 일화를 통해 인생관과 처세관을 배우며 자랐다. 그리고 시대의 흐름에 따라 신식교육을 받기 시작해 경성 제2고등보통학교(5년제로 경복중·고등학교의 전신임)를 제1회로 졸업했다. 몸이 약했던 이숭녕은 수영, 스케이팅, 검도 등 운동을 해서 심신을 단련하기도 했다.

당시 우리나라에는 전문학교 이외에 '대학'이라곤 경성제국대학 하나밖에 없었다. 수학 실력이 부족해 1928년 3수 만에야 경성제국대학 예과(문과 B반)에 입학, 2년 뒤 「허난설헌許蘭雪軒의 연구」(일문, 장편 논문)로 졸업하고 이어서 1930년 4월 1일에 법문학부 사학과에 진학했으나, 두 달도 못 지나 5월 22일에 문학과 조선어조선문학 전공으로 전과했다. 그리고 조선어를 전

---

3 이숭녕, 『춘사공실기』, 등사본, 1972.

공으로 선택해 강좌장講座長 오구라 신페이 아래서 공부를 하게 되었다. 그러나 실증적인 역사언어학자였던 오구라의 강의에는 큰 흥미를 가지지는 못했다.

내가 대학강의를 들어보니 기대했던 오구라 교수는 성실하게 자료의 제시나 자기가 개척한 것을 과장 없이 들고 나오는데 신미新味가 없고 나열과 소개에 그친 감이 있어 그의 강의는 내 마음에 들지 않았다. 끝까지 문헌학적 테두리를 못 벗어난 느낌이었다.[4]

"날카롭고 재기가 넘쳐흘렀던 젊은 교수"였던 고바야시 히데오小林英夫 (1903~1978)의 「언어학개론」 강의를 들으며 유럽의 언어학 이론을 접하고서 고바야시의 사적인 지도까지 받게 되었다. 그의 권고를 받아 영어와 독일어 외에 불어, 러시아어 및 희랍어를 공부하면서 또 방드리에스J. Vendryes, 그라몽M. Grammont, 예스페르센O. Jespersen, 파울H. Paul 등의 원서들과 독일방언학 관련 원서들을 독파하기도 했다. 이때 스스로를 독종에 가까운 성격자라고 회고하기도 했다. 그리고 이후 제자들에게도 "사생활에서는 바보같이 양보하고 겸허해라. 그러나 학문에선 매섭고 날카롭고 모지고, 사나워야 한다"라고 가르쳤던 것이다. 이숭녕의 아호는 선친이 지어준 '심악心岳'이다.

남자란 마음이 굳고 냅뜰 힘이 있어야 한다. 너는 마음이 너무 약해. 그래서 네호를 마음이 태산오악泰山五岳 같으란 뜻에서 '심악心岳'이라고 지었다. '심여오악心如五岳'으로 알면 좋다.[5]

---

4 이숭녕, 「나의 연구생활」, 『나의 걸어온 길─학술원 원로회원 회고록』, 대한민국학술원, 1983.
5 이숭녕, 「나의 연구생활」, 위의 책.

이숭녕은 이와 같이 선고의 가정교육이 온위溫威를 겸하고 학자로서의 자질을 함양케 해준 것이라고 믿었다.

대학의 조수로 있었던 도남陶南 조윤제趙潤濟의 총애를 받았던 이숭녕은 "심악! 우리 조선어를 자네가 맡아 새로 개척해야 한다"라는 조윤제의 권고를 받아 동문지 『조선어문학회보朝鮮語文學會報』에 5편의 단편 논문을 게재했다. 1933년 대학을 졸업한 뒤, 평양사범학교 교유로 취직을 해 1945년 해방을 맞이할 때까지 12년 동안이나 평양생활을 외롭게 계속했다. 여기서 특히 독일어 원서 중심으로 일반언어학 이론을 공부하며 고문헌에서의 자료정리, 그리고 살아 있는 언어로서의 방언 조사와 연구에 힘을 기울였다. 이 무렵에는 단편 논문은 『한글』에 싣고 장편 논문은 『진단학보震檀學報』에 게재했다.[6] 장편 논문인 「어명잡고魚名雜攷」(1935)와 「ㆍ음고音攷」(1940)를 『진단학보』에 발표했는데, 후자의 논문은 연구방법론에서 보아 현대국어학, 특히 음운론연구의 한 에포크epoque를 가르는 것으로 평가되곤 한다. 그의 과학적 연구방법론은 광범위한 자료 위에서 보편적 원리를 이끌어내되, 언어법칙을 필연이나 당위의 법칙으로가 아니라 '가능의 법칙'으로 보아 변화의 경향 내지 법칙을 파악하는 것이었다. 이는 "국어학은 개별언어학이다. 그 국어학이 개별언어학으로 존재하는 동시에 일반언어학일 수 있다"라는 대전제로부터 출발한 것이었다. 이러한 과학적 사고는 국어학연구에서 그의 선배들과 분명히 구별되는 사고였다. 이렇게 시작된 이숭녕의 국어연구는 해방, 특히 6·25전쟁 이후 사회가 안정되면서 더욱 열기를 띠고 진행되었다. 당시의 그의 연구논문은 거의 단행본에 가까운 장편이었다. 1954년에는 전국 학자들의 투표

---

6 이 당시에는 『한글』과 『진단학보』가 국어학 논문을 발표할 수 있었던 유일한 발표지였는데, 그 중 『진단학보』는 현재와 같은 논문 체제를 갖춘 글들을 게재했다. 그 밖에 경성제국대학 동문들의 종합발표지였던 『신흥』에도 발표한 바 있다.

로 제1회 대한민국학술원 회원에 추대되었다.

해방과 함께 이숭녕은 그해 경성대학 교수에 임명되었고 국립대학으로의 개편에 따라 국립서울대학교 문리과대학 국어국문학과의 교수가 되어 조윤제, 이희승李熙昇, 이병기李秉岐, 방종현方鍾鉉과 함께 지내게 되었다. 가장 가까이 지냈던 대학 동기생 방종현은 안타깝게도 1952년에 일찍 세상을 떠났고 선배 이희승은 1961년 9월 30일에 퇴임하고 제자 이기문李基文에게 바통을 넘겼다. 이숭녕은 1971년 초 대학원장에 보직되면서 소속도 대학원 교수로 아예 옮기고 2년 반쯤 뒤인 1973년 8월 31일로 그곳에서 정년이 되어 퇴임했다. 그 후임에는 제자 김완진金完鎭이 국어국문학과 교수로 보임되었다. 이숭녕은 교수시절에는 위당爲堂 정인보鄭寅普의 감찰위원 권유라든가 장면張勉 내각의 이탈리아 대사 제의 등을 뿌리치며 오로지 '대학가의 파수병'으로 자처하며 강단을 지켰다. 그는 '국어학의 새로운 연구체제'를 확립하여 현대국어학을 건설하면서 엄격히 그리고 열정을 가지고 후학을 키웠다. 이희승, 방종현 등과 함께 키운 남광우南廣祐, 김민수金敏洙 등의 제자는 물론 "제자를 보면 피가 통한다"라며 가르침을 전수했던 강신항姜信沆, 이기문, 김완진, 이승욱李承旭, 정연찬鄭然燦, 안병희安秉禧, 그리고 채훈, 정기호, 김열규 등이 당시의 대표적인 제자들이었다.[7] 이 가운데는 아예 자택에서 수년씩 숙식까지 제공하며 키운 제자들도 있다. 당시에 이숭녕은 거의 밤을 지새워가며 강의노트를 작성하고 장편 논문들을 엮었는데, 일본인 학자들의 오류를 비판하고 새로운 과제들을 발굴하고 때로 억측, 과장, 속단의 선후배의 논문

---

7 오랫동안 평양사범학교에서 가르쳤고 6·25전쟁 무렵 동국대학교 겸임교수로도 있었으며 다른 대학 출강도 여러 곳 하였기에 그런 곳에서 인연을 맺고 따랐던 제자, 후학들도 적지 않았다. 대학에서 퇴임하고서는 한양대학교에서 가르침을 잇기도 했고 한국정신문화연구원(오늘의 한국학중앙연구원)과 백제문화개발연구원 등에서 연구활동을 지원하기도 했다.

도 비판하며 논문을 쓰곤 했다. 그러는 과정에서 우리나라에서 보기 드문 학술논쟁을 벌이곤 했는데, 'ᄋ'의 음가音價(소리값)로 대립한 최현배와의 기나긴 논쟁, 향가 해독의 방법을 비판한 양주동과의 논쟁, 중세어 중심의 경어법·겸양법의 해석을 둘러싼 허웅과의 논쟁 등등이 잘 알려져 있다. 특히 이들 논쟁도 이숭녕은 광범위한 자료의 바탕 위에서 합리적 해석을 꾀하려 하여 예컨대 영문학 전공의 양주동과의 논쟁에 대해서는 '따지고 따짐'의 언어학적·논리적 해석과 '척척 붙임'의 문학적·감성적 추리의 차이로 평가되기도 했다. 논문으로부터 시작해서 논쟁에 이르기까지 이숭녕은 이렇게 당당했던 것이고 스스로 현대국어학을 새로 건설한다고 굳건히 믿었던 것이다.

3. 음운론연구를 비롯한 다방면을 아우르는 국어학연구

이숭녕은 그의 학문 초기에 국어사, 특히 음운론연구에 몰입했다. 그중에서도 없어진 글자인 'ᄋ'의 음운론적 연구에 몰두했는데, 이는 개화기 국문연구소의 주요 연구주제의 하나로 주시경의 관심거리이기도 했다. 이에 대한 이숭녕의 대표적인 연구결과가 바로 20세기의 명저로 평가받은 『조선어음운론연구 제1집 ᄋ음고』(을유문화사, 1949/수정증보판 1954)이다. 그는 이 책에서 우선 'ᄋ'음에 관한 종래의 주장들을 비판적으로 성찰하고 음운변화, 음운현상과 관련지어 15세기의 그 음가音價가 '아'와 '오'의 간음間音임을 체계적으로 추정 증명했다. 이로써 15세기의 모음체계가 7모음체계였음을 확립했고 이 'ᄋ'가 음운으로서 또 문자로서 없어진 시기나 과정을 추정했다. 하나의 모음에서 시작하여 그것을 포함한 체계의 확립으로까지 확대함으로써, 결국 하나의 작은 주제로 쓴 엄청나게 큰 논저였던 것인데, 이 과정에서 최현배의 음가 추정도 비판하여 이후 최현배의 반박이 있게 되었고 다시 논쟁을 벌였다. 그리고 그 뒤로 다시 'ᄋ'와 관련된 문헌과 방언 자료를 더 검토하고서 몇 편의 논문을 서울대학교에서 퇴임한 이후인 1970년대 후반까지 발표하여 자신의 주장을 보완하거나 수정하는 끈질긴 학자적 태도를 보이기도 했다. 그 밖의 음운론연구로는 순음과 치음, '어'음가, 이중모음, 모음조화, 이화작용, 히아투스Hiatus, 음성상징, 아플라우트Ablaut, 음운전위, 악센트 및 성조 등의 주제가 있다.

음운론, 특히 음운사연구 이외에 이숭녕은 본격적으로 조어론造語論을 개척하려 했는데, 여기서는 알타이어학과의 관련성을 더욱 강조하곤 했다. 이는 비교언어학에서 음운대응보다도 형태대응이 더욱 중요하다고 강조되었던 점을 고려했기 때문인 듯하다. 조어론은 이숭녕의 문법체계에서 독립된 장으로 마련될 정도로 중요시되었는데, 이 조어론과는 엄격히 구별되는 형태론의 연구로도 나아갔음은 물론이다. 형태론은 어미나 조사의 문법적 기능, 바꾸어 말하면 형태통사적 구조와 기능을 밝히기 위한 작업이었는데 이는 알타이어의 형태구조가 복잡하고 다양하기 때문이었다. 어간쌍형, 경어법 및 겸양법 등 선어말어미와 관련된 주제, 제주도방언의 형태론, '-샷다', '과디여', '-이다/- 아니다'의 품사적 성격, 무드Mood 등과 격(주격, 소유격, 처격), 조사, 관형사형/-논/계 어미, 인대명사 등이 문법론 관련 주제들이었다.

이숭녕은 일찍부터 어휘 관련 논문을 발표했다. 그가 가진 관심은 어명魚名, 인명과 지명, 종족어와 가족명칭어, 응자명鷹子名, 식물명, 차용어 등과 차茶, 감귤, 송정, 산악 등 관련어, 또 'ᄒᄝᄉᆞ', '공번되다', '뜯', '말, 말씀' 등의 주석, 그리고 어휘비교, 의미변화, 다의어, 유의어 등 그 주제가 아주 다양했다.

그리고 이숭녕은 방언과 문헌에 관한 관심도 매우 컸다. 초기에는 방언연구의 필요성을 강조했고 단편적 조사 보고를 통한 방언연구의 방향을 제시했는데 본격적인 연구는 '♀'에 대한 관심에서 비롯되었다. 특히 제주도방언연구는 형태론적 연구로 마무리됐다. 문헌 자체에 대한 관심은 대체로 해제 정도로 보이고 문헌학 주변의 문제들을 다룬 것은 국어학사와 관련된 주제들이었다.

그리고 그는 일찌감치 국어학사연구도 개척했는데, 이는 일제강점기에 민족주의적 감정에 빠져 문자연구와 함께 집중되었던 훈민정음연구에서 과장, 억측, 속단하여 객관적 평가를 받지 못했던 선배들의 주장들을 사료에 입각해 비판함에서 비롯된 것이었다. 이숭녕은 국어학사연구는 문헌학이지 국어학이 아니라고 설파했는데, 국어학사론이 문헌학을 바탕으로 하는 역사학 내지 철학인 것만은 분명하다. 음운사연구에서 우선적으로 훈민정음의 내용을 검토하면서 자연스레 두 분야를 연결하게 되었을 것이다. 문자음운론에서 비롯된 국어사와 국어학사의 혼동을 극복해야 함을 주장하면서 국어학사론의 임무와 서술 방법 등으로부터 출발한 이숭녕의 국어학사연구는 『훈민정음』, 『홍무정운역훈洪武正韻譯訓』, 『황극경세서皇極經世書』, 『이수신편理藪新編』 등의 문헌 및 세종世宗대왕, 최만리崔萬理, 서경덕徐敬德, 신미信眉, 최세진崔世珍, 유희柳僖, 천주교신부들 등의 인물, 그리고 나아가서 국어학의 현황, 새로운 과제와 방향 등을 아울러 폭넓게 이루어졌다. 정년으로 대학에서 퇴임할 때 국내에서는 최초로 기념강연을 열었는데, 강연 제목이 '국어학사 서술태도의 반성과 금후 국어학의 과제'였다. 이때도 그의 학문적 태도는 마치 젊은이의 정신처럼 새로운 포부가 당당했다. 그의 마지막 논문은 79세에 발표한 「신미信眉의 역경譯經사업에 관한 연구」(『학술원논문집』 25, 1987)였다. 그러나 그가 마지막 작업으로 준비해오던 저서 중에 진단학회에서 계획했던 '한국사 분류사'의 하나인 『국어학사』의 집필, 그리고 한국에서 처음으로 국어학 분야의 한 하위분야로 체계화하려던 『조어론(연구)』은 끝내 마무리 짓지는 못했다.

4. 교과서 편찬과 국문전용 문제

이숭녕은 해방 이후 국립대학에 재직하다 보니 그 감독기관이었던 '문교부'의 어문교육정책에도 자연히 깊이 참여하게 되었다. 이승만 대통령의 고집에 따른 맞춤법 개정안인 이른바 '한글간소화'에는 물론 강력히 반대했다. 또 해방 후 새로운 국어교과서의 편찬과 관련된 어문정책, 즉 당시 문교부 편수국장 최현배가 갑작스레 국문 위주로 교과서를 편찬하되 한자를 폐지하고 국문을 전용하려는 주장에도 역시 강력히 반대했다.

15세기에 세종은 훈민정음이라는 문자 창제의 혁명을 일으켰지만, 조선시대 내내 국어연구는 한자음의 체계적 정리와 운서韻書(일종의 발음사전)의 편찬, 그리고 한자어 중심의 어휘 정리가 주류를 이루었다. 물론 조선시대에는 글의 목적에 따라 한문, 국한문 및 국문이 선택적으로 사용되곤 하면서 국문의 사용이 확대되어 보급되었다. 그러다 19세기 후반에 와서야 국문전용 혹은 국한문혼용의 문체가 언론계와 종교계에서, 그리고 일부 교과서에서 본격적으로 주장되고 애용되면서 국어연구자들도 일부 민족주의 사학들처럼 국어국문을 애족애국의 핵심으로 인식해 어문민족주의자들이 되었다. 주시경도 국한문혼용체를 써오다가 우리나라가 일본 제국주의 아래 들어간 1910년 무렵에 점진적으로 국문전용을 꾀하다가 세상을 뜨고 김두봉, 김윤경 등등 그의 제자들이 이 정신을 이어나가려 노력했다. 이른바 한글맞춤법통일안은 이렇게 마련된 것이었고 해방 뒤에는 차츰 한글전용의 표기에 맞춰지게 변모되었다.

해방으로 밀어닥친 가장 시급한 국가정책의 하나가 교과서 편찬이었는데 당시 조선어학회의 추천에 의해 이숭녕은 편찬위원이 되었고 그 위원장이 되기도 했었다. 중등학교 교과서는 점진적인 태도를 취해 국한문혼용으로 편찬되었다. 이때 미군정청 문교부의 편수국장은 최현배였다. 이어서 자연히 이숭녕은 국립대 교수로서 이희승과 함께 문교부 교육위원이 되곤 했다. 이숭녕은 당연히 갑작스러운 국문전용을 반대했고 더더욱 국문전용과 함께 제시된 국어순화라는 명분하에 인위적인 신조어, 예컨대 '이름씨[名詞], 움직씨[動詞], 그림씨(형용사)' 등이라든가 '넘보라살[赤外線], 넘빨강살[紫外線], 염통집[心室], 날틀(비행기)' 식의 조어의 교과서 수록을 반대했다. 이숭녕은 현대어, 특히 공시적 언어와 방언을 국어연구의 핵심으로 보면서 역사적 연구를 위해 문헌어를 자료로 취하고 다시 필요에 따라 동계어[同系語]라고 볼 수 있는 알타이제어를 추가하여 국어를 연구했다. 그리고 당시 서양의 언어학자들처럼 이들 광범한 자료로부터 변화의 동향을 법칙으로 확립하려 했기 때문에 자료를 언어의 법칙을 떠나서 마치 생명력이 길지 않은 유행어처럼 그때그때 마구 만들어 쓰는 태도에 동의할 수가 없었던 것이다. 언어변이가 점진적인 단계 변이라고 본 이숭녕은 언어정책도 이를 따라 단계적이어야 한다고 믿을 수밖에 없었다. 한글전용주의자 최현배도 초기에는 이 점을 받아들였으나, 한문 교육은 필요한 전문학자 양성을 위해서는 별도의 특별한 교육을 받든가 아니면 한문으로 된 고전들을 번역해 이용하면 된다고 주장했다. 그러나 이숭녕은 이러한 방식이 학문 내지 문화의 저질화를 초래한다고 보았다. 김두봉, 김병제金炳濟, 정렬모鄭烈模 등에 의해 한글전용의 길을 택했던 북한은 '위대한 수령 김일성 동지'라는 순전한 한자어들을 오늘날까지도 계속 써왔고 또 '아이스크림'을 '얼음보숭이'라 순화(말다듬기)했으나 '어학혁명은 점진적으로'라는 태도가 주체사상 이후에 등장하더니 세월이 지나면서 다시 '아이스크림'으로 되돌아갔다. 이것은 무엇을 뜻하는 것일까 앞으로 지켜볼

일이다. 그리고 한글전용의 주장과는 관계없이 요즈음 일반인들이 한글전용을 선호하는 경향은 무엇을 뜻하는 것일까. 앞으로의 역사가들은 어찌 평을 할지.

5. 맺음말

이숭녕의 학문정신은 다음과 같은 그의 언급에서 분명히 찾을 수 있다.

내가 갈 길은 일직선의 길일 것이요, 한 떨기 보이지 않는 일직선의 길이고, 쉬려고 해도 이렇다 할 나무 그늘 하나 없는, 그리고 목표는 보이나 가도 가도 끝이 없는 길일지도 모른다. 이 길을 넘어지고 구르며 그리고 줄기차게 달음질치는 멋도 없는 시골뜨기가 곧 나일 것이다.[8]

최근에 『심악이숭녕전집』(한국학술정보, 2011)이 완간됐다. 논문 중심으로 편집된 이 전집은 총 15권이다. 분량만으로 보더라도 이숭녕의 학문적 열정을 쉽사리 가늠할 수 있다. 전통적 유교사회에서 근대적 문명사회로 넘어오던 과도기에 태어나 파란만장했던 세월을 거친 이숭녕의 학문적 열정은 그 누구도 쉽게 따라올 수 없는 것이었다.

이숭녕은 고집스러운 학자였다. 비판적이고 과학적인 정신으로 국어학, 특히 국어사연구에 매진했다. 이를 제자 이기문은 학덕추모비의 비문에서 "선생은 한평생 과학적 기반 위에 새로운 국어학을 건설하려는 일념으로 사셨으니, 고전을 두루 상고하심도, 전국의 방언을 샅샅이 채집하심도, 일반언어학의 이론을 널리 살피심도 다 이를 위함이었도다"라고 표현한 바 있다. 이숭

---

8 이숭녕, 「서재생활」, 『현대문학』 3월호, 1955.

녕은 학문에서 보면 현대국어학의 개척자요 아버지다. 그리고 과학사상가였다. 그가 세운 '국어과학'은 앞으로도 큰 기반이 되고 그 생명 또한 길 것이다. 이는 그가 거의 일생 동안 "학자는 전 생애를 통하여 전 정력을 오로지 주전공 연구에 기울여야 함이요, 여기서 벗어나는 사고와 행동은 이미 외도라고 아니할 수 없다"[9]라고 믿었던 데서 나온 것이다. 그는 대학 내의 과장, 부장, 연구소장, 대학원장 등의 보직과 또 진단학회, 한글학회, 국어학회 등 여러 관련 학회의 임원은 맡았어도 그의 학문을 방해하는 외부의 '감투'는 좀처럼 쓰지 않았다. 그러나 이숭녕도 퇴임 후 나이가 들면서 지속적 학문 활동을 위한 등산 등 체력 단련을 좋아했던 연유로 여러 산악회장을 맡기도 하고 자연보호 중앙협의회위원장 등을 맡는 등 그야말로 외도를 했다. 그러나 여기서도 학자의 길을 외면하지 않고 자연보호의 조선시대 역사를 정리한 『한국의 전통적 자연관』(서울대학교출판부, 1994)과 같은 저서를 내기도 했다.

그의 학문적 집념은 "학자의 이상적인 장면을 상상한다면 늙어서 책상머리에서 작고함을 이상으로 삼아야" 한다고 강조한 데서도 알 수 있는데, 그 자신이 작고하기 직전까지 원고를 쓴다며 책상 앞에 앉고는 했다. 미완의 여러 작업을 남겨둔 채로 5년 동안 뇌간경색증으로 고생하다가 1994년 2월 2일 아드님이 근무하던 원자력병원에서 선종했다. 그의 많은 후학은 선생이 마련해준 거대한 나무 그늘 아래서 안식도 취하고 또 새로운 과제들을 계속 이어 개척하고 있다.

---

9 이숭녕, 「학자와 학문」, 『대학가의 파수병』, 민중서관, 1968.

김재원, 박물관의 아버지,
고고학 · 미술사학의 선각자

안휘준

1. 머리말

일제로부터 해방된 후에 우리나라는 수많은 분야에서 인재의 빈곤을 심하게 경험했던 것이 주지의 사실이다. 그중에서 박물관과 문화재, 고고학과 미술사학 분야는 최악의 상황에 있었다고 해도 결코 과언이 아니다. 그 분야들을 제대로 공부한 인재가 전혀 없거나 극히 드물었기 때문이다. 일제강점기

안휘준安輝濬(서울대학교 고고미술사학과 명예교수)
　저서로는『한국회화사』(일지사, 1980),『한국회화의 전통』(문예출판사, 1988),『한국회화의 이해』(시공사, 2000),『한국회화사 연구』(시공사, 2000),『한국의 미술과 문화』(시공사, 2000),『고구려회화』(효형출판, 2007),『미술사로 본 한국의 현대미술』(서울대학교출판부, 2008),『안견과 몽유도원도』(개정신판, 사회평론, 2009),『청출어람의 한국미술』(사회평론, 2010), 공저로는『신판 한국미술사』(서울대학교출판부, 1993),『한국미술의 역사』(시공사, 2003),『한국미술의 美』(효형출판, 2008) 등이 있다.

에 미학과 미술사를 경성제국대학에서 공부한 유일한 인재였던 고유섭高裕燮 (1905~1944)은 이미 해방 1년 전에 애석하게도 세상을 떠난 뒤였다.

이러한 적막하고 절박한 상황에서 마치 구원자처럼 등장한 인물이 바로 여당藜堂 김재원金載元(1909~1990) 박사이다. 그는 1945년부터 1970년까지 무려 25년간이나 국립박물관의 관장으로 재임하면서 그 기초를 다진 개척자이자 우리나라 고고학과 미술사학의 초석을 놓은 선구자이기도 하다. 만약 그가 없었다면 국립박물관과 문화재 분야의 학문들이 어떻게 되었을까를 생각하면 실로 막막하기 그지없다. 그러므로 그와 그의 업적을 되돌아보는 것은 너무도 의미 깊다고 하겠다.

그런데 함경남도 함주咸州의 지경地境 혹은 흥상興上의 '보포리집'이라 불리던 부유하지만 조사早死하는 집안에서 태어나 부친과의 사별死別 및 모친과의 생이별 등을 겪으며 보낸 불우한 유년시절, 병마에 시달린 함흥고등보통학교 시절, 학비가 끊겨 빈곤과 굶주림에 고통 받던 독일 뮌헨Munchen대학교에서의 유학시절, 벨기에 앤트워프에서 칼 헨체Karl Hentze 교수와 보낸 6년간의 박사 후 연구조수시절, 귀국 후 서울에서 국립박물관장이 되어 보낸 시절 및 여생 등 그의 생애에 관해서는 그 자신이 여기저기에 구체적으로 써서 발표한 자서전적인 글들을 통해서 잘 밝혀져 있다.[1] 그러므로 그의 생애에 관해서는 이곳에서 중언부언할 필요가 없을 것 같다. 또한 그의 다방면에 걸친 공적·학문적 업적에 관해서는 필자가 이미 요점적으로 소개한 바가 있어서 많

---

[1] 김재원, 『여당 수필집』(탐구당, 1973); 『나의 인생관, 동서를 넘나들며』(휘문출판사, 1978); 『경복궁 야화』(탐구당, 1991); 『박물관과 한평생』(탐구당, 1992); 『동서를 넘나들며』(개정관, 탐구당, 2005); 「한 학술원 회원의 수기」, 『나의 걸어온 길: 학술원 원로회원 회고록』(대한민국 학술원, 1983), 527~568쪽 참조. 김재원 박사가 타계한 1990년 이후에 나온 저서들은 그의 장녀인 김리나 교수가 유고를 정리해서 펴낸 것임.

은 부분 반복을 요하지 않는다.[2]

다만 그의 성격, 인물됨, 자질 등 지금까지 짚어보지 못한 부분들과 구체적인 조명이 더 필요한 측면들에 관해서는 좀 더 살펴볼 여지가 있다고 판단된다. 김재원 박사의 인품에 관해서는 그와 지극히 가까웠던 아리미쓰 교이치有光教一, 이숭녕, 고병익, 김원용, 김정기, 데이비드 스타인버그David Steinberg, 이기백, 이난영, 안휘준, 이두현, 마종국 제씨의 추모사를 통해서도 잘 엿볼 수 있다.[3] 이 글들과 김재원 박사 자신의 자서전적 글들을 참조하고 필자 스스로가 그를 지켜본 바를 곁들여서 그의 면면을 대충 짚어보고자 한다.

역사적 인물들의 경우 업적은 비교적 구체적으로 기록되어 있음에도 인물됨에 대해서는 별로 언급이 되어 있지 않거나 추상적·소략적으로만 대충 적혀 있는 게 대부분이어서 늘 아쉽게 느껴지고, 이 때문에 업적을 구체적으로 이해하는 데에도 어떤 한계를 느끼곤 한다.

김재원 박사의 경우도 마찬가지이다. 왜냐하면 뒤에 보듯이 그가 온갖 열악한 환경과 조건을 극복하면서 많은 큰일을 해낼 수 있었던 것은 그만이 지니고 있던 독특한 자질과 능력 때문이고, 이것들에 대한 올바른 이해가 없으면 그가 성취한 일들을 정확하게 파악하는 데 한계가 있을 수밖에 없기 때문이다.

2. 김재원 박사의 인물됨

어떤 인물의 경우와도 마찬가지로 역사적 인물로서의 김재원 박사를 이해

---

2 안휘준, 「김재원 박사와 김원용 교수의 미술사적 기여」, 『미술사논단』 제13호(2001년 하반기), 291~304쪽 참조.
3 김재원, 『박물관과 한평생』, 367~415쪽 참조.

하는 데에 있어서도 그의 성격과 성품, 자질과 능력, 안목과 식견, 어학능력과 생활태도 등을 살펴보지 않을 수 없다.

(1) 성격과 성품

먼저 성격과 관련하여 김재원 박사 스스로는 자신이 "외롭게 자라서 내성적이었고 과장된 표현인지는 모르나 염세적인 경향까지도 갖고 있던 젊은이였다"라고 술회한 바 있다.[4] 그러나 겉에 드러난 그는 오히려 정반대였다고 하겠다. 평소의 온화한 목소리와 자상함 이외에는 호쾌한 웃음에서 드러나듯이 적극적·긍정적·사교적·친화적·개방적이었고 유머감각이 뛰어났던 인물로 필자는 기억하고 있다. 그를 도와 호우총壺杆塚을 발굴하고 평생 동안 절친했던 아리미쓰 교이치와 고병익 교수 등이 그를 위풍당당한 쾌남快男이자 괴남怪男이라고 불렀던 것도 같은 맥락이라 하겠다.[5] 생김새가 건장하고 카리스마가 넘쳐서 국립박물관의 직원들이 그에게 '불도그bulldog'라는 애칭을 붙였던 사실이나 김원용 교수가 조사에 적었듯이 "서울의 외국인들 사이에는 '김재원은 가장 거만한 한국인'이라는 평이 돌기도 하였다"는 점에서도[6] '내성적', '염세적' 측면은 적어도 외면적으로는 엿볼 수 없었다. 아마도 그 스스로가 본래의 자신의 성격을 리더십에 맞도록 바꾸었거나 자연스럽게 바뀐 것이 아닐까 여겨지기도 한다. 아무튼 그는 본래의 성격을 벗어나 공인으로서의 많은 어려운 일을 친화력과 통솔력을 발휘하면서 적극적으로 일구어냈던 것이다. 그가 공인으로서 성취한 대부분의 일은 내성적·소극적인 성격의 소유자로서는 달성할 수 없는 것들이었다.

---

4 위의 책, 43쪽.
5 위의 책, 391쪽.
6 위의 책, 379쪽.

(2) 자질과 능력

김재원 박사는 명석한 두뇌, 비상한 기억력, 지혜로운 판단력, 적극적인 실천력, 뛰어난 교섭력의 소유자였음이 그의 자서전적인 저술들, 학문적 업적, 평생의 행적들을 통해 확인된다. 그의 자서전적인 글들을 읽어보면 어린 시절부터 그가 겪었던 일들과 연관된 인명, 지명, 일시, 수치 등 세세한 부분까지 상세하게 기억하고 있는 사실을 거듭거듭 확인하게 되어 놀라움을 금할 수 없다. 마치 어려서부터 매일매일 일기를 써놓았다가 풀어쓴 듯한 느낌마저 준다.[7] 남북분단으로 인해 어린 시절의 이런저런 일들을 그 시절의 사람들을 직접 만나서 확인할 길도 없다. 오롯이 그의 비상한 기억력과 약간의 메모에 의존할 수밖에 없었을 것이다.

6·25전쟁이 발발하기 불과 얼마 전에 개성박물관의 청자를 비롯한 중요 문화재들을 그곳의 강한 반대에도 불구하고 미리 서울의 국립박물관으로 안전하게 옮겨서 북한에 남겨지는 피해를 면하게 했던 일은 김재원 박사의 정확하고 지혜로운 판단력과 적극적인 실천력을 보여주는 대표적인 사례라 하겠다.[8] 이와 유사한 사례들은 이 밖에도 많으나 이곳에서는 지면관계상 일일이 예거할 형편이 못 된다.

김재원 박사가 지녔던 자질 중에서 크게 주목되는 또 다른 측면은 그의 높은 안목과 넓은 식견, 그리고 뛰어난 어학실력이라 하겠다. 그는 정치적·시대적·문화적 상황을 항상 넓게 미리 내다보며 대처했고 늘 격조를 중시했다. 이러한 점들이 초창기의 국립박물관이 품위 있는 문화 전문기관으로 자

---

7 김재원 박사의 장녀인 김리나 교수에게 일기가 남아 있는지 여부를 문의한 결과 독일어로 쓴 1937년의 일기는 있지만 그 밖의 것은 전혀 없다는 대답이었다.
8 김재원 관장은 당시에 문교부의 사전승인 없이 개성박물관의 소장품들을 옮겼다는 이유로 시말서까지 강력히 요구받기도 했다. 이 일에 관해서는 위의 책, 99~100쪽 참조.

리매김하는 데 크게 작용했으리라 본다.

그의 어학실력은 그 시대 인물들 사이에서는 널리 알려져 있었던 사실이다. 유학시절 익혔던 독일어를 비롯하여 영어, 불어, 일본어 등의 외국어들을 잘했다. 특히 독일어는 거의 완벽하게 구사했다. 노년기에 독일에서 행했던 강연을 들었던 독일인들은 몇십 년 전의 옛날 독일어를 그토록 능란하게 구사하는 데 놀라움을 금치 못했다고 하는데 이런 사실에서도 그의 뛰어난 독일어 실력이 확인된다. 같은 대학에 유학했던 후배인 고병익 박사도 그가 독일 교수들과 나누는 대화를 곁에서 듣고 "그 정확하고 수준 높은 독일어에 감탄을 금하지 못했던 것이 기억난다"라고 추모의 글에서 밝힌 바 있다.[9] 이러한 독일어 실력은 영어에서도 비슷하게 발휘되었다. 영어권 학자들과 자유롭게 대화를 나누고 필요한 영문 서신들을 언제나 능숙하게 쓰곤 했다. 일본어는 일제 치하에서 고등보통학교 교육까지 받았으니 굳이 언급을 요하지 않는다. 그의 불어실력에 관해서는 필자가 직접 접한 기회가 없어서 판정은 할 수 없지만 독일어, 영어와 함께 불어에도 뛰어났다고 언급한(주 9) 고병익 박사의 판단을 신뢰하는 수밖에 없다. 김재원 박사의 이런 뛰어난 어학실력은 국립박물관의 해외 전시 등 우리 문화의 해외 홍보, 외국 학자들과의 광범한 교유와 친목 도모, 한국 학자들의 해외 연수와 후진들의 해외 유학 지원 등등 다양하고 폭넓은 기여를 하는 데 훌륭한 도구가 되었다. 이는 당시로서는 찾아보기 어려운 지극히 드문 사례에 속한다. 그의 뛰어난 어학실력이 국가에 얼마나 큰 보탬이 되었을 것인지 쉽게 짐작이 된다.

이러한 몇 가지 괄목할 만한 자질들 이외에 김재원 박사와 관련하여 또 한 가지 유념해야 하는 것은 그의 생활태도이다. 그는 의사인 이채희李彩姬 여사

---

9 위의 책, 389쪽 참조.

와 "한 번도 후회한 적이 없는" 행복한 결혼을 하여 1남 3녀(김한집, 김리나, 김신나, 김영나)를 둔 다복한 가장이었다. 공무원으로서의 박봉에도 불구하고 그는 의사인 부인 덕분에 경제적으로 여유 있는 가정을 꾸릴 수 있었고 자녀들을 모두 훌륭한 인재로 키워낼 수 있었다. 화목하고 여유 있는 가정 덕택에 그는 언제나 당당한 원칙을 지키며 공무를 수행할 수 있었다. 일체의 부정이 끼어들 여지가 없었다.

김재원 박사는 본래 근검절약이 몸에 배었던 인물이다. 아마도 독일 유학 중에 겪었던 혹독한 경제적 어려움이 더욱 그를 여유에도 불구하고 돈을 함부로 쓰지 않는 인물로 굳히게 했던 것으로 보인다. "관장님 주머니에 들어간 돈은 절대로 다시 나오지 않는다"라는 것이 옛날 부하 직원들의 한결같은 평판이다. 그는 또한 자신을 포함한 박물관 직원들은 누구나 개인적으로 문화재나 골동품을 수집해서는 안 된다는 확고한 원칙을 지니고 있었고 철저하게 지켰다. 이처럼 극도로 절제하는 그의 모습이 국립박물관 직원들에게도 많은 영향을 미쳐 박물관이 유혹이나 부정으로부터 초연한 기관으로서의 전통을 세우는 데 일조를 했다고 생각된다.

3. 국립박물관의 기반 구축

공인으로서의 김재원 박사가 국가적으로 기여한 바는 여러 가지가 있지만, 그중에서도 가장 크고 중요한 업적은 국립박물관의 초창기에 다방면에 걸쳐 기반을 탄탄하게 다진 일이라 하겠다.

그는 만 36세 때인 1945년에 언론인 홍종인 씨 등의 권유를 받은 끝에 미군정청의 문교부장을 찾아가 자신을 소개하고 국립박물관장에 임명되었다. 이로부터 만 60세인 1970년 정년으로 퇴임할 때까지 무려 25년간 국립박물

관의 관장으로 봉직하면서 그 기초를 구축했다.[10] 당시에 서울대학교 문리과
대학의 조교수가 될 수 있는 기회도 주어졌지만 그는 주저 없이 국립박물관
의 관장직을 택했던 것이다. 이로써 국가의 중추적 문화기관인 국립박물관
은 발전의 기틀을 잡았지만 박물관의 핵심 학문 분야들인 고고학과 미술사학
은 서울대학교에서만이 아니라 나라 전체적으로 오랫동안 발아發芽조차 하
지 못하는 불운을 겪어야만 했다. 그러나 이것이 그의 책임이라고 볼 수는 없
다. 그때에 그만한 자격을 갖춘 그 분야의 인물이 김재원 박사 한 사람밖에는
없었던 국가적 차원의 인재의 빈곤이 불러온 결과일 뿐이다.

　김재원 박사는 국립박물관장직을 천직으로 여겼으며 그만치 박물관을 사
랑했다. 그는 "사실 내가 박물관인지 박물관이 나인지도 모를 정도이다"라
고 적은 바도 있다.[11] 또 전화를 받을 때에는 자신의 이름을 대지 않고 "박물
관입니다"라고 답하여 이숭녕 교수 등 동료 학자들로부터 "당신 이름이 '박
물관'이요?"라는 농담까지 듣고는 했다. 그가 이렇듯 박물관을 아끼고 보다
큰 출세의 길에 눈길 한번 보내지 않은 덕택에 국립박물관은 반석에 오를 수
있게 되었던 것이다.

(1) 체제의 확립

　김재원 박사가 국립박물관장에 임명되자 곧 착수한 것은 그 체제의 확립이
었다.[12] 그는 경복궁에 자리 잡은 본관 이외에 경주, 부여, 공주, 개성의 분관
체제를 확립했다. 그리고 한때 송석하가 관장으로 있던 국립민속박물관도

10　초기 국립박물관의 여러 가지 상황에 관하여는 김재원, 「초창기의 국립박물관」, 위의 책 83~
　　99쪽 및 「어려운 시기의 박물관」, 『경복궁 야화』, 7~108쪽 참조.
11　김재원, 『동서를 넘나들며』, 199쪽.
12　국립박물관 체제의 확립 등 초창기의 상황에 관해서는 김재원, 『박물관과 한평생』, 83~95쪽
　　참조.

국립박물관에 통합한 후에 1·4후퇴를 하기도 했다. 국립박물관이 현재처럼 중앙박물관과 여러 개의 지방분관으로 발전하게 된 토대를 마련했던 것이다. 이 밖에 이왕직박물관이었던 덕수궁미술관도 국립박물관에 통합함으로써 풍부한 미술자료들을 확보하게 되었다. 이는 국립박물관의 소장품 내용의 충실화와 관련하여 획기적인 일이다.

(2) 전문 인력의 확보

체제의 확립 못지않게 중요한 것은 전문 인력의 확보인데 당시에는 고고학이나 미술사학을 전공한 인물들이 없어서 역사학 등을 공부한 사람들을 찾아쓰는 수밖에 없었다. 본관의 이홍직, 김원용, 황수영, 민천식, 개성분관의 진홍섭 등이 대표적인 인물들이다. 이처럼 역사학을 전공한 학예직원들이 국립박물관을 이끌어가는 경향은 대학에 고고학과 미술사학을 전공할 수 있는 학과들이 설치되고 전문 인재들이 배출되기 전까지 오랫동안 지속되었다.

(3) 건물의 확보

국립박물관은 처음에 경복궁의 건물들과 회랑 등을 사용했으나 6·25전쟁 이후에는 그곳으로 다시 돌아가지 못하고 남산에 있던 일제강점기의 구 통감부 자리로 옮겨갔으나 그곳에서도 군사적 목적 때문에 밀려나게 되었다. 이때 김재원 박사는 이승만 대통령을 만나 뼈대만 남은 덕수궁 석조전을 수리하여 쓸 수 있게 해달라고 요청하여 뜻을 이루었다. 이곳에서 그는 관장 재직 25년 중 17년을 보내며 봉사했다. 비로소 안정된 업무공간과 전시공간을 확보하게 되었던 것이다.

(4) 전시회·학술발표회·사회교육의 실시

김재원 박사는 이미 1947년부터 그의 재임 기간 내내 고분벽화 특별전을 시작으로 각종 전시회를 개최했고 황수영의 「조선 탑파에 관하여」를 비롯한 다양한 주제의 발표회를 일 년에도 몇 차례씩 열어서 전시 및 학술 활동을 활성화했으며 사회교육도 실시했다.[13] 전문 학술기관으로서의 국립박물관의 성격과 위상이 초기부터 확립되었음을 엿볼 수 있다.

(5) 발굴 및 보고서 발간

김재원 박사는 고고학자가 없던 해방 직후에 일본인 학자 아리미쓰 교이치의 일본 귀국을 연장시켜 경주에서 처음으로 발굴을 시작했는데, 그것이 바로 고구려 광개토대왕의 사당용으로 제작된 호우壺杆가 출토된 호우총이다.[14] 이어서 개성 법당방 고분(1947), 경주 황오리 5호분(1949)을 비롯한 많은 유적을 발굴하고 보고서들을 냄으로써 미개척 분야였던 고고학이 토대를 잡게 했다.

(6) 해외 홍보

김재원 박사가 이룬 큰 업적 중 하나는 우리나라 국보의 해외 전시를 통해 한국문화의 우수성과 특성을 외국에 널리 알려서 전후의 피폐해진 한국의 이미지를 크게 쇄신했다는 사실이다. 특히 그는 1957년 12월부터 1959년 6월까지 미국의 워싱턴, 뉴욕, 보스턴, 시애틀, 미니애폴리스, 샌프란시스코, 로

---

13 김재원 박사 재임 시 전시회의 제목들과 학술발표회의 주제들은 국립박물관·한국박물관협회, 『한국 박물관 100년사』, 사회평론, 2009, 277~289, 326쪽 참조. 미술강좌 등 사회교육에 관하여는 김재원, 『경복궁 야화』, 32~38쪽 참조.
14 김재원, 『경복궁 야화』, 50~56쪽 참조. 이 발굴의 결과는 『호우총과 은령총銀鈴塚』(국립박물관, 1947)에 정리되었다.

스앤젤레스, 호놀룰루 등 8개 도시를 순회하며 전시했고 1961년 3월부터 1962년 6월까지는 영국, 네덜란드, 프랑스, 서독, 오스트리아 등 5개국에서 전시회를 개최했다.[15] 이들 전시는 한국문화에 대해 거의 아는 바가 없던 서구의 여러 나라에 처음으로 한국문화의 정수를 소개하여 그 나라 국민을 놀라게 한 획기적인 것이었다. 뒤이은 후대의 해외전시들은 이때의 전시를 본보기로 했다고 볼 수 있다. 이 해외전시들을 통해 그의 교섭력, 친화력, 어학실력, 외국 전문가들과의 폭넓은 교류, 한국 고대미술에 대한 풍부한 지식이 십분 발휘되었다. 그가 아니었다면 이러한 대규모의 종합적 해외 국보전들이 성공을 거두기 어려웠을 것이다. 그는 그런 일들을 하기에 최적의 인물이었다.

4. 문화재와 문화유적의 보존

김재원 박사가 국립박물관의 관장으로서 6·25전쟁 중에 북측에 의해 관장직에서 해촉되었으면서도 직원들과 협력하여 국립박물관의 소장품들을 북한으로 넘어가지 않도록 했던 일이나 미군의 협력을 얻어 부산으로 안전하게 대피시켰던 일, 전쟁이 일어나기 전에 개성분관에 있던 중요 문화재들을 미리 본관으로 옮겨서 피해를 면하게 했던 일 등은 우리 문화재의 보존과 관련하여 가장 잊을 수 없는 사례들이다. 그의 명석한 판단, 민첩한 결행, 뛰어난 행정능력, 미군과의 긴밀한 교류와 협조 없이는 가능할 수 없었던 일들이다.

그는 국립박물관의 소장품들을 지켜내는 일들 이외에도 군대용 콘세트 건물을 짓기 위해 국립박물관이 있던 경복궁의 앞뜰과 고려의 궁궐터인 개성의

---

15 김재원, 「해외전시와 문화외교」, 『박물관과 한평생』, 165~191쪽; 「해외전시」, 『경복궁 야화』, 109~155쪽 참조.

만월대를 파헤치던 미군의 공사를 미국의 전문가들과 한국의 언론매체 등을 활용하여 막아냄으로써 문화유적들이 더 이상 훼손되지 않도록 기여했다. 그는 경복궁 앞뜰 공사와 관련해서 1946년에 미군정청의 군정장관으로부터 "다시 이와 같은 불손, 불충한 행동을 할 때는 용서치 않을 것이다"라는 내용의 견책장을 받기도 했다.[16] 김재원 박사는 경주의 안압지 옆에 가솔린 관을 설치하려는 공사와 석굴암 근처의 산 위에 나무를 베고 길을 내려는 공사도 비슷한 방법으로 저지했다.[17] 이처럼 김재원 박사는 국립박물관의 기초를 다지고 소장품들을 안전하게 지켜냈을 뿐만 아니라 문화유적들의 보호와 보존에도 큰 기여를 했던 것이다.

5. 학문 발전을 위한 기여

김재원 박사는 학자로서도 지대한 기여를 했다. 대한민국학술원 회원으로 활동하면서 대한민국학술원이 국제학술원연합에 가입하는 데 결정적 역할을 했고, 진단학회의 핵심 회원으로서 이병도, 이상백, 이승녕 등과 협력하여 열악한 상황에 있던 한국학의 발전을 이끌었을 뿐만 아니라 모두 7권의 방대한 『한국사』를 발간하는 데 주도적인 임무를 수행했다.[18] 부진했던 『진단학보』의 발행도 활성화시켰다.

그는 한국학의 여러 분야에서 연구하는 학자들을 후원하거나 해외 시찰이 가능하도록 도왔으나 그것에 관해서는 구체적으로 기록하거나 명단을 밝힌

---

16 김재원, 『동서를 넘나들며』, 206쪽 참조.
17 위의 책, 207~208쪽 참조.
18 김재원, 「국제학술원연합에 가입하고」, 위의 책, 213~215쪽; 「진단학회의 일을 맡아서」, 『박물관과 한평생』, 141~146쪽 참조.

바가 없다.

그가 '문화재 전문가'로서 한 일들 중에서 절대로 간과할 수 없는 것은 미개척 분야였던 고고학과 미술사학 분야의 인재를 양성하는 데 김원용 교수와 더불어 주도적인 역할을 했다는 사실이다. 자신의 장녀인 김리나(홍익대학교 명예교수, 불교미술사)와 막내딸 김영나(서울대학교 고고미술사학과 교수 겸 국립중앙박물관장, 서양미술사)는 물론, 고고학 분야의 정영화(영남대학교 명예교수), 미술사학 분야의 안휘준(서울대학교 명예교수), 박물관학 분야의 이난영(전 국립경주박물관장) 등을 외국에 보내 길러낸 것은 대표적인 예이다.

김재원 박사가 이러한 여러 가지 일을 해낼 수 있었던 것은 그가 록펠러재단, 하버드 옌칭 연구소, 아시아재단 등 미국의 재단들과 친밀한 관계를 유지하면서 그 재정적 지원을 얻어내 활용할 수 있었기 때문이기도 하다.[19] 그의 남다른 안목과 국제적 식견, 적극적인 추진력, 뛰어난 친화력과 어학능력이 공무의 경우에서와 마찬가지로 십분 발휘된 덕택이라 하겠다.

김재원 박사는 공무를 수행하면서도 학자로서의 연구도 열심히 수행하여 괄목할 만한 업적들을 냈다. 『단군 신화의 신연구』(초판, 정음사, 1947; 개정판, 탐구당, 1987)는 학계에서 널리 인정받는 대표적 저술이다. 그가 이룩한 학술적 업적은 그의 장녀인 김리나 교수가 정리해서 펴낸 『한국과 중국의 고고미술』(문예출판사, 2000)에 잘 집약되어 있다. 또한 그의 개인적 학술적 업적에 관해서는 필자가 이미 다른 곳에서 소개한 바가 있으므로 이곳에서는 지면관계상 생략하고자 한다.[20]

---

19 김재원, 「미국 재단과의 관계」, 『경복궁 야화』, 167~187쪽 참조.
20 이 글의 주 2 참조.

6. 맺음말

이상 극도로 제한된 지면 안에서 김재원 박사와 그의 여러 가지 업적을 최대한 소략하나마 간추려서 살펴보았다. 그는 해방 직후 막막하던 문화재 분야에 마치 혜성처럼 나타나 국립박물관의 기초를 탄탄하게 구축하여 이난영 씨의 말대로 '박물관의 아버지'가 되었고,[21] 미개척 분야였던 고고학, 미술사학, 박물관학 분야의 기초를 다졌다. 그는 절체절명의 시기에 등장하여 국가적으로 크게 기여한 선각자이자 선구자였다.

---

21 이난영, 「박물관의 아버지 김재원 박사」, 『공간』 제274호(1990. 6); 김재원, 『박물관과 한평생』, 396~399쪽 참조.

김준보, 한국 농업경제학의 거목

윤기중

1. 생애

2007년 12월 12일 92세를 넘기고 3남 3녀의 자손을 뒤로한 채 과천의 자택에서 세상을 떠난 경제학자 김준보金俊輔(1915~2007)는 1915년 전라남도 영암에서 태어났다. 그는 일찍이 아버지를 여의고 편모슬하에서 조부의 가르침을 받으며 소년시대를 보냈다. 식자인 동시에 재산가인 조부는 귀골貴骨이 장대하고 위풍이 당당해 동리에서 정승政丞댁이라 불렀다고 한다. 김준보는 소년 시절을 생각하면 조부의 사랑스러운 가르침과 짜증스러운 기억이 교

───────────
윤기중尹起重(연세대학교 명예교수, 대한민국학술원 회원)
저서로는 『통계학』(법문사, 1965), 『수리통계학』(박영사, 1974), 『통계학개론』(법문사, 1982), 『한국경제의 불평등 분석』(박영사, 1997), 역서로는 『페티의 경제학』(법문사, 2005), 『사망표의 제 관찰』(법문사, 2008), 『아일랜드의 경제적 해부』(코바나 컨텐츠, 2011) 등이 있으며, 논문으로는 「성장하에서의 소득분포 불평등도 추이」(『경제학 연구』 제28집, 1980), 「백남운白南雲의 학문세계와 사상」(『한국현대사연구』 창간호, 1998), 「불평등에 대한 재평가」(『연세경제연구』 제7권 제1호, 2000) 등이 있다.

차한다고 회상했다. 짜증스러운 일은 책을 읽으려 하면 술을 사오라는 심부름을 시켜서였다고 한다. 그런 연유로 그는 평생 술을 가까이하지 않았다고 한다. 1930년 영암초등학교 6년 과정을 마치고 전라북도 익산시 소재의 이리 공립농림학교에 입학한 김준보는 1935년에 5년 과정을 마치고 남원군 군청에 취직이 내정되었다. 그의 어머니는 더 이상 학비로 가산을 탕진하기보다는 그가 안정된 직장생활을 하고 하루 빨리 결혼해서 자손을 두기를 고대했다. 그러나 어머니의 소원과는 달리 그는 향학열을 잠재울 수가 없었다. 가산을 정리하면 진학할 수 있고 공부를 마친 뒤에는 자신이 어머니의 생활을 보장할 수 있을 것이라고 생각한 그는 어머니의 뜻을 슬기롭게 어기기로 하고 일본 육군사관학교에 응시했다. 육군사관학교의 합격통지서가 고향인 영암의 경찰서 서장에게 통지되자 일본인 서장은 친권자의 동의서를 받기 위해 통지서를 들고 김준보의 어머니를 찾아가 축하인사를 하고 동의서에 서명하기를 요구했다. 그의 어머니는 청천벽력 같은 경찰서장의 인사에 그를 문전박대하고는 효자 김준보를 불러놓고 조용히 의견을 들었다. 결국 김준보는 수원고등농림학교 진학과 일본육군사관학교 포기를 맞바꾸게 되었다. 그는 지방유지의 주선으로 전남육영회의 장학금도 받게 되어 어머니의 여린 마음을 다소나마 위로할 수 있었다.

당시 중일전쟁과 세계적 공황의 여파로 수원에서의 학업과 생활이 편하지는 않았다. 김준보는 날이 덥든 춥든 고향의 홀어머니에 대한 걱정이 가시지 않았다. 이런 효심 때문에 공부에 열중한 그는 1838년 고등농림학교 3년 과정을 마치고 규슈九州제국대학 농학부에 진학하게 된다. 또 한 차례 어머니와의 약속을 어기고 진학하게 된 것이다. 그는 지난날의 경험으로 미루어 학업 성취와 장래에 대해 자신만만했던 것 같다. 즉 자신의 생각을 실패하지 않고 반드시 달성할 수 있다는 소신이 매우 확고했던 것 같다. 그 소신을 반증이라도 하듯 1939년 일본 고등문관시험 행정과에 1차 합격하고, 이듬해인 1940년 2차 시험에 합격한 그는 같은 해 10월에 고등문관시험 행정과에 합격했다는 통지서를 받게 된다. 이러한 성취의 뒤에는 매일 저녁마다 정화수 떠놓고 아들의 건강과 성취를 비는 어머니가 있었다. 전남육영회는 회칙까지 변경하여 장학금을 지급했다. 하루는 김준보가 저녁에 공부하다 감기 기운을 느끼고 약을 사러 약국에 갔는데, 젊은 여자 점원이 얼굴은 창백하고 키가 큰 허수아비 같은 사람이 들어오자 놀라 괴성을 지르며 안으로 뛰어들어 갔다고 한다. 청년 김준보가 의연하게 서 있으니, 안에서 초로의 노인이 몽둥이를 들고 나와 일격을 가하려는 기세로 사연을 물었다. 그가 자신은 약을 사러 왔노라고 하니 그들은 마음을 진정시키고 약을 주었다고 한다. 상상컨대 그때의 모습이 피골이 상접한 허수아비 같아 여자 점원이 놀란 듯하다.

1941년 초 졸업을 앞두고 지도교수와 진로 상담을 한 김준보는 대학에 남아 연구를 계속하기를 희망했으나 당시 조선 사람은 제국대학 교수가 될 수 없다는 것이었다. 차선책으로 농림성에서 일할 것을 희망했더니, 교수는 그것도 안 된다고 하면서 서울에 가서 조선을 위해 일할 것을 권했다. 이러한 연유로 그는 1941년 3월에 졸업한 후 경기도청에서 수습과정을 거치고 경기도 연천군 군수로 부임 2년간 근무하다 1943년 총독부 사무관으로 전임된다. 해방 이후에는 미군정청 노동부 차장으로 일하다 1946년 10월 국립서울대학교가 개편 발족한 후 수원의 농과대학 교수로 전임하여 그동안 소원했던 학문세계에 투신하게 된다. 농과대학에서 교육에 전념하는 한편 연세대학교와 고려대학교, 그리고 서울대학교 상과대학 강사로 출강한 그는 한국은행 금융통화위원으로 금융발전을 위해 활약했고 1962년 3월에서 1965년 3월까지 전남대학교 총장을 역임했다. 전남대학교 총장 재임 중인 1964년에는 전북대학교에서 명예 농학박사 학위를 받았고 1966년 4월 대한민국학술원 회원으로 선임되었다. 1965년 4월부터 고려대학교 정경대학 교수로 재임하다 1980년 8월에 정년퇴임했다. 퇴임 후 1982년부터 1985년까지 한신대학교 교수로 활동하고, 1990년 9월부터 1991년 8월까지 1년간 연세대학교에서 다산 기념강좌 특별 강사로 강의하면서 연구와 저술 활동을 계속했다.

2. 학문(경제학과 통계학)

김준보는 대학의 농학부에서 농업경제학을 전공했지만 농업경제학뿐만 아니라 이론경제학, 통계학에까지 관심을 경주했으며 이들 분야의 개척자 역할까지 감당했다. 우선 1952년에 항도 부산에서 '한국경제학회' 창립에 참여하여 회장을 역임했고, 1957년에는 '한국농업경제학회' 창립을 주도하고 초대 회장을 맡아 학회발전에 기여했으며, 1971년에는 '한국통계학회'도 창립하여 초대 회장을 맡아 학회의 초석을 마련했다. 저서는 1947년에 발간한 『토지개혁론 요강』, 1950년에 펴낸 『농업경제』 등 20여 권의 명저가 있으나, 여기서는 농업경제학과 관련 분야의 불후의 저서를 선정하고 그 이론을 간략하게 풀이하겠다. 농업경제학 관련 분야는 『토지개혁론 요강』과 『농업경제학 서설』, 그리고 3부작인 『한국자본주의사 연구(1, 2, 3)』만을 약술하겠다. 김준보는 1947년에 불후의 저서인 『토지개혁론 요강』을 출판했다. 당시 백범 김구 선생의 뜻에 따라 한독당 선전부장인 엄항섭嚴恒燮 씨가 옛 보성고등보통학교 동기인 서울농과대학 조백현趙伯顯 박사를 찾아가 토지개혁에 관한 지침서 저술을 의논했는데, 조백현 박사가 김준보 교수를 추천하여 급하게 저술하게 되었다고 한다. 당시 국내 사정으로 보아 토지개혁 문제는 최대 과제이기는 하나 아무런 지침이 없을 때였다. 이 책의 안쪽 표지에는 백범 김구 선생의 '불환과이不患寡而 환불균患不均'이라는 휘호가 있다. 이 휘호는 "적은 것을 걱정하지 않고 고르지 못함을 근심하다"라는 뜻으로, 당시 토지개혁의 당위성을 적절히 표현하고 있다. 저자는 서두에서 근대 토지제도를 지주주의地主主義적 제도로 규정하고, 지주는 법률상으로 무제한 토지를 사 모아 점유할 수 있고 자유로이 사용 수익을 높일 수도 있으며 또 자유로이 처분할 수 있다고 했다. 그러나 정부는 간섭하지 않는 것이 원칙이었다. 이러한 제도는 자본주의 원리에 따라 화폐경제를 수반하여 결국 자본가, 경영자, 그리고 근로계급 상호 간에 대립하는 경제체제를 초래했다. 이에 그는 토지 겸병兼併과 소작제도의 비합리성이 나타나고 있기 때문에 토지개혁의 우선적 목표는 이러한 지주주의 토지제도의 폐단을 제거하는 것이라고 봤다. 영농 규모별로 보면, 1930년 현재 자작농이 44퍼센트, 그리고 소작농이 56퍼센트였고, 5단보 이하의 소작농이 전체 소작농의 43.3퍼센트나 되었으며 또 5단보 이하의 경작자 가운데 소작농이 59퍼센트나 되어 그 영세성의 심각성을 말해 주었다. 소작쟁의는 1920년에 300건이던 것이 1925년에는 2만 9,900건으로 5년 만에 약 100배나 증가했다. 이와 같이 한반도의 지주주의적 토지제도는 소작제를 제도화시켜 빈곤한 노동계급을 양산함으로써 계급적 대립 내지는 양극화를 심화시키고 농촌사회의 불화를 키우고 있다고 그는 주장했다. 다른 한편에서 토지의 독점화는 지가地價를 투기적으로 등귀시켜 소작료를 높이게 한다. 김준보는 그러므로 토지개혁의 지도 원리를 농업생산의 획기적 증산, 농촌의 경제력 향상, 그리고 농촌인구의 배양에 두고 공평함과 합리성을 구비해야 한다고 주장했다. 또한 개혁의 적극적 목표로는 불로소득인 지대와 소작료 근절, 농민의 증산의욕을 북돋우는 제도의 수립, 토지생산력과 노동생산력 증가를 촉진하는 제도의 강구, 농업노동력을 충분히 발휘할 수 있는 동시에 농가의 식량자급자족을 기할 수 있는 체제의 확립, 그리고 국민 식량의 확보를 주문했다.

『농업경제학 서설』은 저자의 20년간의 꿈의 결실로 생각된다. 책의 제목으로 보아 일반농업경제학 이론서 같지만 사실은 한국농업이 처한 위기상황을 정리하여 체계적으로 이론화한 것이다. 그 증거로 서장의 제1절이 '농업문제의 과학적 인식'이다. 자연과학적인 농업생산학이나 기술적인 농업경영학도 아니고, 전통적인 자본주의하의 농업으로 한정하고 일반경제학의 한 분과로 처우하는 입장도 배격하여 새로이 농업경제학을 정립하려는 야심이 분명하다. 그는 우선 연구의 본질로 농업문제, 농민문제, 그리고 농촌문제에 대한 역사적 생성 과정과 성립 조건을 규명해야 한다고 주장했다. 그러면 소농의 생산양식과 소농 생산의 불안정성, 그리고 소농 생산에서의 잉여노동 문제가 제기된다. 자본주의하에서 소농의 필연성을 제기하고 있는 것이다. 즉 봉건적 토지자본은 산업자본으로 전화되고, 그 발달과 더불어 상업자본은 농촌공업을 해체시키고 농촌인구를 도시로 유출시킨다. 이것은 일찍이 영국에서 체험한 인클로저 운동과 다를 바 없다. 상업자본이 농촌시장까지 침투하여 농촌의 잉여노동력 이외의 이윤 원천까지 박탈하게 된다. 여기서 다시 산업자본, 상업자본, 그리고 대부자본이 독점적으로 발전함에 따라 농촌에 대한 억압, 빈곤, 예속과 착취의 정도가 강화되면서 영세 소농은 실질적 농업노동자로 존속하게 된다. 이처럼 독점자본이 소농을 지배하면서 농산물 가격이 폭락하고 경제가 침체하여 농업공황을 맞게 된다. 이러한 과정에서 소농은 침체와 분해 과정에 돌입하게 된다. 즉 노동집약적 생산으로 토지생산성이 높아지는 데 따르는 당연한 귀결이다.

조선 중엽 이후 한반도는 비정秕政, 사화, 당쟁, 그리고 민란으로 소농에 대한 혹독한 착취가 이루어지고 소농이 몰락하게 되었다. 그 반증으로 세종조(1432)에 165만 결이었던 농지가 1907년에 100만 결로 감소했고, 영조조(1753)에 177만 호에 730만 명이었던 인구가 1904년에는 141만 호에 593만

명으로 감소했다. 허약해진 이 땅에서 1876년의 강화도조약과 1882년의 조미조약, 그리고 1883년의 조영통상조약이 체결되었고 1906년에는 외국의 상관商館이 257개나 되었다. 1878년 부산에 제일은행이 개점하고, 1899년 경인철도가, 1905년 경부선 철도가 개통되고, 동양척식회사를 비롯한 대농장은 합병 이후 급속히 증가했다. 이 과정에서 외래자본의 토지 소유가 급격히 증가하는 한편 금융업도 상륙하게 된다. 이처럼 외래자본이 유입되면 먼저 토지의 겸병이 진행되어 빈농이 누적되고 농민은 소작농으로 전락하게 된다. 한반도는 일본의 식량공급원으로 전락했고, 더욱이 일본의 대륙 침략 전쟁에 따른 재정지출 확대는 인플레이션으로 이어졌는데, 그 부담은 농민이 떠맡아야 했다. 조선시대나 일제강점기 또 해방 이후 모두 농업경제학의 연구 대상인 토지문제와 농민문제 등은 소농문제로 집약된다. 해방 이후 토지개혁이 실시되었으나, 국가자본주의 체제하에서 새로운 소농이 양산되었다.

　일조각에서 발행한 『한국자본주의사 연구 1』은 1970년에, 『한국자본주의사 연구 2』는 1974년에, 그리고 『한국자본주의사 연구 3』은 1977년에 출판되었다. 이 세 권의 연구서는 『농업경제학 서설』의 이론을 근거로 개항 이후 한국의 농업을 통해 한국 자본주의의 변천을 탐색했다. 농업을 선택한 이유는 개항 이후 한국의 주산업이 농업이었기 때문이다. 제1권에서는 3·1운동의 역사적 의의를 설명하고 있다. 즉 외래자본의 침투로 토착 생산기구가 동요하여 농촌수공업이 해체되는 한편, 상품시장이 확대되었고 토지거래가 활성화되었다. 또 화폐 신용경제가 3·1운동을 계기로 보급되었다. 3·1운동 전후의 시점은 상업화 기반이 마련되는 대전환점이었다. 제1권은 또한 그 후 전통적 지대의 이윤화 경향이나 농업공황의 본격적인 징후가 나타나는 과정을 경제기구와 생산기구의 변천을 통해 분석하고 있다. 3·1운동 이후 경제구조의 변화로 농업생산이 획기적으로 증가했고 동시에 국내의 굶주림을 무릅쓰고 미곡의 대일 수출이 추진되었다. 1910년의 미곡생산량이 1,040만 석이던 것이 1934년에는 1,670만 석으로 증가했고, 수출량은 1910년에 48만 석이던 것이 1934년에는 984만 석으로 20배 이상 증가했다. 이것이 바로 생산 증가와 굶주림을 무릅쓴 수출의 증거이다. 제1권에서 김준보는 외래자본의 유입이 생산기구와 생산수단의 변화, 그리고 농업공황을 불러왔다고 언급했다.

제2권과 제3권에서 그는 지대地代라는 기저적 요인으로 한국자본주의 발달을 설명하고 있다. 즉 한국의 주요 산업은 농업이고, 농업의 자본은 토지라 할 수 있다. 고리대자본의 이윤이 이자인 것과 같이 토지자본의 이윤은 지대가 된다. 따라서 그 지대가 어떻게 이윤의 형태를 취하고 있는가를 살펴보는 것이 한국자본주의사라고 할 수 있다. 지대가 이윤 형태를 취하려면 우선 농업이 상업적이어야 한다. 농업이 상업화되는 과정에서 우선 토지의 매점 형태로 자본을 투자하여 지대의 형태로 이윤을 얻게 된다. 이러한 과정이 바로 자본주의의 발달과정이라고 할 수 있다. 김준보는 개항 이전에 이미 농업에서 이윤의 개념이 도입되었다고 봤다. 봉건적 토지제도하에서는 일반적으로 당대 토지의 수조권收租權만 인정되었으나 토지제도가 문란해져 그 수조권이 세습화하고 이를 통해 가진 자들은 고율의 지대를 받아 사치적 소비에 탕진하거나 토지를 사 모으는 데 충당했고 생산력을 증가시키는 데 쓰지는 않았다. 농산물이 상품화되면서 토지의 화폐화가 진행되는 한편 수조권자의 자연스러운 치부욕致富慾 때문에 지역별로 농업의 상업화가 진행된다. 이러한 봉건적 토지제도에서 지대라는 매개체를 통해 자본주의가 싹트고 있었다. 동학혁명을 거치면서 토지소유제의 근대화는 이루어지지 않았으나 화폐경제의 진행에 따라 지대도 금납화金納化되어 국가는 세수를 통일적으로 평가할 수 있게 되었다. 러일전쟁 이후 외래자본이 유입되고 대지주의 사적 토지

사재기가 진행되어 농촌의 계급적 분해 과정을 맞게 된다.

국권피탈 이후 실시된 토지조사사업(1910~1918)은 몇 가지 모순을 내포하고 있었지만, 어쨌든 토지제도의 근대화는 달성되었다. 이와 더불어 이윤으로 바뀐 지대는 과거의 봉건 지대에서 변화하여 자본주의적 속성에 따르게 된다. 이러한 토대 위에 소작농은 3·1운동을 기점으로 지배 자본의 강압 때문에 토착지주가 취득한 지대의 일부 또는 전부를 수취 당하게 된다. 그리하여 소작농은 노임마저 수취 당해 농업노동자로 전락하고, 지배 자본은 지대의 이윤화 기구를 통해 농업공황 상태에서도 농업노동자나 소농에게 부담을 전가시켜 독점자본의 이익을 추구하게 된다. 중국 대륙 침략전쟁과 제2차 세계대전에서 일어난 인플레이션의 압력도 모두 농촌의 소농에게 전가되었고 지배 자본은 독점이윤을 변함없이 수취했다. 김준보는 또한 해방 이후 농지개혁이 실시되었지만 잉여농산물이 도입되자 소농은 그 자체의 열악 때문에 도시로 유출될 수밖에 없었던 상황과 필연성을 분석하고 있다. 그는 통계학에서도 개척자 역할을 했다. 최초로 수리통계학을 겸한 기술통계학을 시도한 것이 바로 1954년 민중서관에서 발행된 『현대통계학』이다. 또한 1956년에 같은 출판사에서 『추측통계』를, 1969년에는 『경제통계론』을, 그리고 1975년에는 『산업연관분석론』을 저술·출판했다.

3. 맺음말

김준보는 이상의 업적과, 특히 『한국자본주의사 연구 1』 연구가 높이 평가되어 1974년 11월 제23회 서울특별시 문화상 학술 부문을 수상했다. 또한 1970년에서 1977년까지 3부작으로 저술한 『한국자본주의사 연구』로 1978년 9월에 제23회 대한민국학술원상 저작상을 수상했다. 그의 주요 저작은

1947년의 『토지개혁론 요강』, 1966년의 『농업경제학 서설』, 3부작인 『한국 자본주의사 연구(1, 2, 3)』, 그리고 1954년에 저술한 『현대통계학』 등이다. 퇴임 이후인 1982년 10월에는 한국경제신문사 다산경제학상을 수상했다. 1975년 8월 고려대학교에서 재직 중이던 김준보 박사의 회갑을 맞아 한국경제학회, 한국농업경제학회, 그리고 한국통계학회가 공동으로 회갑 기념 학술 연구 발표회를 개최하고 학생회관에서 간단한 연회를 열었다. 토지를 상속받았지만 평생 근검절약했던 그는 많은 자산을 유산으로 남겼다.

이태규, 한국 화학의 길을 연 과학계의 큰 별

1백 년 남짓한 한국의 현대과학이 세계에 버젓이 내놓을 수 있는 인물은 몇 안 된다. 과학계의 큰 별이었던 이태규李泰圭(1902~1992)는 그 가운데서도 우뚝한 존재였다. 20세기를 거의 채운 이태규의 생애는 각각 세 나라에서 보낸 시기로 나뉜다. 그는 한국에서 40년(1902~1920, 1945~1948, 1973~1992), 일본에서 23년(1920~1939, 1941~1945), 미국에서 27년(1939~1941, 1948~1973)을 살았다.

송상용宋相庸(한림대학교 명예교수, 한국과학기술한림원 종신회원)
　저서로는 『우주, 물질, 생명』(공저, 전파과학사, 1973), 『과학사 중심 교양과학』(편저, 우성문화사, 1980), 『한국과학기술 30년사』(공저, 한국과학기술단체총연합회, 1980), 『서양과학의 흐름』(강원대학교 출판부, 1990), 『21세기 문명과 아시아』(공저, 한림대학교 아시아문화연구소, 1990), 『생태문제와 인문학적 상상력』(공저, 나남, 1999), 『과학철학: 흐름과 쟁점, 그리고 확장』(공저, 창비, 2011), 역서로는 『현대과학과 현대인』(전파과학사, 1973), 『인간에게 기술은 무엇인가』(공역, 과학과인간사, 1979) 등이 있다. 논문으로는 「L'Homme machine의 분석」(『논문집 자연과학편』 제4집, 서울대학교 교양과정부, 1972), 「니덤의 한국과학사 연구」(『韓國史市民講座』 16, 1995) 등이 있다.

1. 초년 시절

이태규는 1902년 10월 26일 충청남도 예산군 예산면 예산리 55번지에서 한학자이자 중농인 이용균의 6남 3녀 가운데 둘째 아들로 태어났다. 이태규의 친가는 전주 이씨로서 고려 말에서 조선 중기까지 벼슬을 했으며, 9대조 이후는 향리에서 한학에 힘썼다. 외가는 밀양 박씨이고, 외할아버지는 중추원 의관을 지냈다. 그의 맏형 재규는 경성공업전습소 응용화학과를 나왔고, 바로 아래 아우 홍규는 대검찰청 검사를 지낸 변호사였다. 문민정부에서 총리를 역임하고 두 번이나 대통령 후보였던 이회창은 홍규의 아들이다. 막내 아우 완규는 삽교고등학교와 서울 경문고등학교 교장을 지냈다.

이태규는 어려서 형과 함께 아버지에게 『천자문』을 배웠고 『동몽선습』, 『소학』, 『자치통감』을 읽었다. 나중에는 『전등신화』, 『아라비안나이트』도 즐겼다. 그의 아버지는 늘 '정신일도 하사불성精神一到 何事不成'을 강조해 가훈처럼 되었는데, 그는 뒷날 이것을 'everlasting effort'로 옮겼고 앞에 'keen observation'을 붙여 학생들에게 되뇌곤 했다.

이태규의 아버지는 개화한 양반이어서 신학문을 배워야 한다고 주장했다. 예산에 사립학교가 문을 열었을 때 이태규는 어렵사리 청강생으로 들어가 형과 함께 다녔다. 3년 만에 보통학교를 수석으로 마친 그는 도지사의 추천을 받아 1915년 경성고등보통학교(지금의 경기고등학교)에 무시험으로 입학했다. 고보 시절 그는 화학 교사 호리堀正南와 박물학 교사 모리森島三의 영향을 많이 받아 과학자의 길을 굳혔다.

1919년 3·1운동이 일어났을 때 이태규는 만세를 부르고 고향에 내려가 있었으나, 학교의 부름을 받고 돌아와 만세를 부르지 않았다고 거짓말을 해서 무사히 졸업할 수 있었다. 1년 과정의 사범과에 급비생으로 진학한 그는 호리의 조수가 되어 화학실험과 수업을 도왔다. 사범과를 졸업하고 전라북도 남원의 소학교에 발령이 나 부임을 기다리고 있을 때, 히로시마廣島고등사범학교에 총독부 관비 유학생으로 뽑혔다는 호리의 통지를 받았다.

1920년 3월 이태규는 현해탄을 건너 히로시마고등사범학교에 입학했다. 그는 영어와 수학의 기초가 없어 처음에는 벽에 부딪혔으나 밤샘을 일삼는 노력 끝에 2등으로 졸업하게 되었다. 그러나 조선인이기 때문에 발령이 나지 않았다. 이 차별대우가 전화위복이 되어 그는 대학에 진학할 수 있었다.

2. 교토 시절

이태규는 1924년 교토京都제국대학 화학과에 관비로 무시험 입학했다. 첫 해는 독일어와 열역학, 통계역학을 공부하고 여유 있게 보냈다. 2학년 때 그는 조선인으로서 공부해봤자 장래가 없다는 친구의 말을 듣고 회의에 빠졌다. 자포자기하게 되자 술만 마시고 학교에 잘 안 나가게 되었고 성적도 크게 떨어졌다. 그러다가 토목과의 선배 이희준이 찾아와 따끔한 충고를 하자 정신을 차리고 다시 학업에 매진했다.

당시 교토제대는 자유주의적인 학풍을 자랑했고, 학문에서는 먼저 출발한 도쿄제국대학을 앞서 가고 있었다. 화학 분야에서는 공학부 공업화학과의 기다喜多源逸(1883~1952)와 이학부 화학과의 호리바堀場信吉(1886~1968)가 같은 물리화학 전공으로 쌍벽을 이뤘다. 이태규는 3학년이 되면서 호리바를 지도교수로 배정받았다. 8년 늦게 교토제대 공업화학과에 들어온 리승기(1905~1996)는 기다가 지도교수였다.

호리바는 다정다감한 인격자로 존경을 받았는데, 이태규를 각별히 아꼈다. 이태규는 촉매 연구를 희망했고 '환원 니켈 존재하의 일산화탄소의 분해'라는 연구테마를 받았다. 이 테마를 줄기차게 연구한 결과 대학을 졸업한 지 4년 만인 1931년에 이학박사 학위를 받았다. 조선 사람으로 짧은 시간에 학위를 마친 것은 일본사회에서도 큰 화제가 되었고 『아사히朝日신문』 등 언론에도 보도되었다. 이태규의 이학박사 학위는 조선인으로는 일본에서 첫 번째였고 화학에서는 세계에서 처음이었다. 그것은 실의에 빠져 있던 재일 유학생들에게 큰 격려가 되었고, 고국에서도 엄청난 기쁜 소식이었다. 『동아일보』는 사설로 이태규의 장거를 축하했다.

이태규가 대학을 다닌 1920년대는 세계적인 공황이 일본을 휩쓸고 마르크스주의가 젊은이들을 사로잡은 때였다. 이태규도 친구들의 영향을 받아 헤겔, 마르크스의 책을 읽었으나, 그는 모든 것을 물질로 따지는 유물론을 받아들일 수 없었다. 그 대신 그는 종교로 눈을 돌렸다. 과학을 연구하면서 우주의 신비를 느낀 그는 신의 존재를 믿었다. 이태규는 재학 중에 유학생 모임에서 만난 도시샤同志社대학 영문과 학생 정지용의 권유를 받아 가톨릭의 영세를 받았다. 정지용이 대부였고, 세례명은 알렉시스Alexis였다.

정지용은 귀국해 휘문고등보통학교(지금의 휘문고등학교) 교사가 되었는데, 이태규의 중매를 들었다. 정지용이 소개한 박인근은 논산 출신으로 대대로 가톨릭을 믿는 집안이었다. 박인근은 진명여학교를 거쳐 제일여자고등보통학교(지금의 경기여자고등학교)를 졸업하고 원산의 수도원에서 가르치다가 교토에 유학, 헤이안平安여학원을 마쳤다. 귀국한 후에는 명동성당에 있는 계성여학교에서 가르쳤고, 평안도에 가 메리놀 수녀에게 조선말을 가르친 다음, 익산 나바우 성당에서 가르치고 있었다. 나바우 성당에서 결혼식을 올린 신혼부부는 교토로 갔다.

이태규는 호리바의 부수副手가 되어 월급 48원을 받아 어려운 신혼살림을 꾸렸다. 무급강사가 된 다음에는 사립중학교에서 가르쳐 생활비를 벌어야 했다. 그는 꾸준히 연구 업적을 쌓아 1926년 호리바가 창간한 『물리화학의 진보』에 연속으로 논문을 발표했다. 그리고 치열한 경쟁 끝에 1937년 교토제대 조교수 발령을 받았다. 첫 번째 조선인 제국대학 조교수는 박사학위를 받았을 때보다 더 큰 뉴스였다. 조교수 발령은 교수회의의 엄격한 심사를 거쳐야 했고 문부성의 승인도 받아야 했다. 그의 발령은 강력한 반대에 부딪혔으나, 호리바가 고집을 부린 끝에 통과되었다.

이태규는 교토에서 연구하면서 일본 화학계의 한계를 느꼈고 선진 외국으로 나갈 생각을 하게 되었다. 호리바도 유학을 권했다. 더욱이 일본 대학에서는 조교수가 된 다음 교수로 승진하기 전 외국유학을 하는 것이 관례였다. 그는 20세기 초까지 화학에서 가장 선진적인 나라였던 독일로 가고 싶었다. 그러나 때마침 나치 집권 이후 독일은 많은 과학자가 나라를 떠나고 내리막길을 걷고 있었다. 결국 그는 미국으로 가기로 작정했다. 그러나 일본 당국은 조선학자의 미국행을 의심스런 눈으로 보았고 정부 장학금도 줄 수 없다고 했다. 이번에도 호리바의 도움이 필요했다. 이태규는 일본에서 금강제약을 경영하고 있던 전용순과 가톨릭 교회의 도움으로 여비를 마련했다. 생활비는 경성방직을 운영하고 있던 교토제대 선배 김연수가 1,000원을 주어 해결했다.

드디어 1938년 말 이태규는 배를 타고 미국으로 건너가 프린스턴대학교의 객원과학자가 되었다. 그때 프린스턴에는 촉매연구의 권위자 테일러Hugh S. Taylor가 있었다. 이태규는 처음에는 테일러와 함께 일했으나 그가 실험화학자라 맞지 않아 같은 또래의 아이링Henry Eyring(1901~1981)과 공동연구를 했다. 아이링은 원자가와 반응속도론 연구로 이름을 날린 양자화학의 권위자였는데, 이태규와 함께 쌍극자능률을 계산하는 연구를 했다. 프린스턴의 학문하는 분위기는 더 할 수 없이 좋았다. 물리학에는 아인슈타인Albert Einstein

과 위그너Eugene Wigner가 있었다.

이태규는 첨단 연구에 한참 재미를 붙였으나 미국과 일본의 관계가 악화되자 결국 일본으로 돌아오지 않을 수 없었다. 1941년 7월, 진주만 공격을 다섯 달 앞둔 때였다. 일본의 형편은 말이 아니었고 미국과 너무나도 대조적이었다. 그는 교토제대에서 양자화학의 최신 이론을 강의해 인기를 끌었다. 호리바도 유럽에서 돌아와 통계역학을 강의하고 화학반응의 양자역학적 연구를 했지만, 이태규는 반응성에 대한 유기치환기의 영향에 관한 연구와 화학결합의 양자역학적 계산을 했다. 이태규는 사쿠라이櫻井錠二―오사카大幸勇吉―호리바로 이어지는 일본 물리화학의 주류에 속했다. 이 무렵 서울에 경성제국대학 이공학부가 창설되었고, 화학교수를 구하고 있었다. 이태규는 경성제대에 가겠다고 자청했으나 받아들여지지 않았다. 조선인 교수가 서울에 부임하는 것이 탐탁지 않았을 것이다.

이태규는 바로 승진이 되지 않았고 조교수여서 연구비도 받을 수 없었기 때문에 김연수에게 1만 원을 지원해 달라고 부탁했다. 김연수는 기꺼이 이를 받아들여 1년에 3,500원이라는 거금을 주었고 이태규는 이 돈으로 연구를 계속할 수 있었다. 2년이 지난 1943년에 이태규는 마침내 교토제대 교수에 임명되었다. 정교수가 된다는 것은 당시 유럽제도를 본뜬 일본에서 정상에 이르렀음을 뜻했다. 제2차 세계대전이 끝날 때까지 이태규는 37편의 논문을 발표했다. 당시 일본에서 활동하고 있던 조선인들의 논문 수를 살펴보면 리승기 48편, 안동혁 27편, 전풍진 19편, 김양하 13편이었다.

1945년 8월 15일 히로히토 천황이 일본의 항복을 알리는 방송을 했을 때 이태규는 만세를 불렀다. 같은 시각에 호리바는 나가노長野로 소개 가려던 계획을 취소하고 교실원 모두와 함께 방송을 듣고 눈물을 흘렸다. 이태규는 당장 귀국하고 싶었으나 부인이 만삭의 몸이었다. 결국 부부는 12월에야 배를 탈 수 있었는데 리승기, 박철재와 동행이었다.

3. 첫 번째 귀국

서울에 도착한 이태규는 미군정청 문교부장 유억겸을 찾았다. 유억겸은 그에게 연락하려 했지만 계속 연락이 안 됐다고 설명하면서 경성대학 이공학부장을 맡아달라고 제안했다. 한국의 과학을 대표하는 이태규에게 이 자리를 맡기는 것은 너무나 당연한 일이었다. 그러나 이공학부장에 취임하면서 이태규의 고행이 시작되었다. 난생 처음 맡은 행정직인데다 눈코 뜰 새 없는 나날의 연속이었다. 그는 제자와 후배들을 불러 화학과 교수진을 짰다. 김정수(교토·공업화학, 32년 졸), 김용호(도호쿠, 42년 졸), 김태봉(교토·농예화학, 43년 졸), 김순경(오사카, 44년 졸), 이종진(교토·농예화학, 45년 졸), 최규원(도호쿠, 45년 졸), 최상업(교토, 45년 졸), 김내수(나고야, 45년 졸)가 모여들었다. 다른 분야에서는 볼 수 없는 강팀이었다. 물리학과가 주로 대학 중퇴자들로 이루어진 데 견주어 모두 졸업생들이었다. 최상업은 직계 제자였고 김용호와 김순경은 그의 조수를 지냈다.

이태규는 또한 학회를 조직했다. 경성대학 이공학부 교수 중심의 화학회 설립 운동과 중앙시험소에서 일어난 화학기술협회 결속운동이 있었는데, 이 둘을 하나로 묶기로 합의되었다. 1946년 6월 발기인회를 갖고 7월 7일 경성공업전문학교에서 조선화학회가 발족했다. 이태규는 회장에 추대되었다. 1948년 총회에서는 이태규가 연임되고 안동혁이 간사에, 리승기가 부회장에 뽑혔다.

1946년 7월에 국립서울대학교 설립안(국대안) 추진계획이 발표되었고, 8월에 국립서울대학교 설립법령이 공포되었다. 나라는 온통 소용돌이에 빠져

들었다. 연일 반대 집회와 시위가 이어졌고 이태규는 온갖 수모를 당해야 했다. 좌익 학생들은 이태규에게 자본주의의 주구, 친일파 등 온갖 폭언을 퍼부었다. 줄담배를 피우며 그들을 상대해야 했던 그는 특히 화학과 교수들이 사표를 던졌을 때 큰 충격을 받았다. 서울대학교가 출범하고 이태규는 문리과 대학장이 되었지만 상처투성이였다. 그러나 이태규는 과학기술부, 과학심의회, 종합연구소를 설치하는 원대한 과학기술 진흥 설계도 내놓았다. 뿐만 아니라 지방 강연을 다니며 과학의 대중화에도 힘썼다.

4. 유타 시절

한국의 상황에 환멸을 느낀 이태규는 모든 것을 버리고 1948년 9월 미국 유타대학교로 갔다. 대학원장이 된 옛 친구 아이링이 그를 초청한 것이다. 원래 2년 정도 있을 예정이었는데 6·25전쟁이 일어나 좌절되었다. 한국에 남은 가족은 생계가 어려워 김태봉, 최상업, 우장춘과 국무총리 백두진 등의 도움을 받았다. 이태규가 미국으로 건너간 지 6년 만인 1954년에야 외무장관 변영태, 주미대사 장면의 도움으로 가족이 합류할 수 있었다.

유타대학교에서 이태규는 연구교수로 아이링과 함께 연구에 전념했다. 이태규는 반응속도론, 액체이론, 분자점성학 등에 관심을 갖고 일했는데 리-아이링 이론Ree-Eyring Theory으로 알려진 비뉴턴 흐름에 관한 연구가 유명하다. 1958년에는 미국화학회 공업화학분과의 우수논문 상패를 받았고 1965년에는 노벨상 후보 추천위원이 되었다.

이태규는 유타에 많은 한국학생을 데려와 지도했다. 양강, 한상준, 장세헌, 김완규, 김각중, 전무식, 백운기, 이강표, 김성완, 채동기, 장기준 등이 그들이며, 물리학자 이용태, 권숙일도 그의 지도를 받았다. 그의 귀국 계획은 마냥 연기되었지만, 한국의 형편이 나아짐에 따라 고국과의 연락도 회복되기 시작했다. 그는 1960년 4·19혁명 이후 성립한 제2공화국의 문교부장관 입각제의를 사양했으나, 그해 빈에서 열린 국제원자력기구회의에는 김태봉과 함께 한국 대표로 참석했다.

1964년 9월 이태규는 대한화학회와 동아일보사의 공동주최로 한 달 동안 전국을 돌며 귀국강연회(11회)와 시찰을 했고, 박정희 대통령을 두 번 만났다. 그의 일생에서 가장 화려한 기간이었다. 그는 회갑, 고희, 팔순 때 논문집을 받았고, 서울대학교(1964)와 서강대학교(1977), 고려대학교(1979)에서 명예 이학박사 학위를 받았다. 또한 대한민국학술원상(1960)을 비롯해 국민훈장 무궁화장(1971), 수당과학상(1973), 서울시 문화상(1976), 5·16민족상(1980), 세종문화상(1982) 등 주요 상을 거의 휩쓸었다. 대한민국학술원 회원(1964)이 되었고, 한국과학기술연구소 고문(1966), 한국과학기술단체총연합회 명예회장(1967)도 지냈다.

5. 영구 귀국

박정희는 이후락이 평양에 갔을 때 리승기를 만난 얘기를 듣고 최형섭, 전무식 등을 보내 이태규에게 귀국을 종용했다. 한국과학원도 해외두뇌 유치 계획의 대상자로 그를 선정했다. 이태규는 정년이 넘어 국내 대학에서 활동하기 힘들다며 머뭇거리다가 1973년 4월 한국과학원 석학교수로 영구 귀국했다. 그는 고희를 넘겼지만 계속 학생들을 지도하며 연구를 계속했다. 끝까지 은퇴하지 않고 일한 셈이다. 1992년 10월 26일 그가 충남대학교 부속병원에서 영원히 눈을 감자 한국과학기술원장으로 장례가 치러졌고, 정부는 과학자로는 처음으로 그를 국립묘지에 묻게 했다.

6. 조심스러운 평가

1990년 이태규의 미수를 맞아 그의 제자들이 만들어 바친 『어느 과학자의 이야기—이태규 박사의 생애와 학문』의 1부 '외길 한평생'은 한양대학교 국문학과 교수 김용덕이 쓴 것으로, 문학적 향기가 높고 풍부한 자료를 담고 있다. 2008년 대한화학회에서 엮어 펴낸 『나는 과학자이다—우리나라 최초의 화학박사 이태규 선생의 삶과 과학』은 한국과학문화재단의 이성규가 그의 삶에 관해 집필한 책으로, 이태규의 생애에 대해 일반적인 내용을 담고 있다. 앞으로 과학사학자가 쓴 본격적인 전기가 나오기를 기대해 본다.

우선 과학자로서의 이태규가 한국에서 최고봉이었다는 데는 의심의 여지가 없다. 그는 일본과 미국에서 1급 과학자들과 함께 일하고 경쟁했다. 200편 가까운 그의 논문은 대부분 국제 수준에 손색이 없다고 보아도 좋을 것 같다. 이태규는 전형적인, 그리고 모범적인 과학자였다. 학생 때 만든 방대한 노트는 그가 얼마나 열심히 공부했는가를 말해준다. 유타대학교와 한국과학기술원에서 그의 생활은 기계적으로 아침부터 밤까지 완전히 연구에만 바쳐졌다. 강의 준비와 논문 다듬기도 완벽에 가까웠다. 그는 거의 수석을 놓치지 않은 수재였지만, 그가 늘 말했듯이 무서운 노력으로 일생을 일관했다.

이태규만큼 언론의 주목을 끈 과학자는 없다. 언론은 줄곧 그를 노벨상을 받을 뻔한 과학자라고 불렀다. 이 점에서도 이태규 자신은 겸손했다. 단 한 번 인터뷰에서 "프린스턴에서 돌아오지 않았으면 노벨상을 받았을지도 모르지"라고 했을 뿐이다. 이런 가정은 가능할 것 같다. 이태규의 교토제대 1년 후배인 도모나가朝永振一朗와 2년 후배인 유카와湯川秀樹는 노벨물리학상을, 제자뻘 되는 후쿠이福井謙一는 노벨화학상을 받았다. 그가 전후에 귀국하지 않고 교토에 남았다면 가능성이 있었다고 보아야 할 것이다. 그가 프린스턴에 남고 아이링이 유타로 옮겨 가지 않았다면 아이링과 공동 수상할 수도 있었을 것이다.

그러나 이태규는 깊은 철학을 가진 과학자는 아니었다. 이 점에서 그는 그가 존경한 아인슈타인이나 가까이 지낸 유카와, 안동혁과는 달랐다. 그는 극히 평범한 과학자였고, 그의 과학관은 절대 다수의 과학자처럼 판에 박은 듯이 긍정적·낙관적이었다. 이태규는 틀림없는 보수주의자였다. 그는 박헌영과 동향에 경성고보 동기였다는데, 반골 기질은 전혀 볼 수 없고 언제나 체제에 안주했다. 해방 이후에는 좌익에게 시달린 탓인지 철저한 반공주의자가 되었다. 부산 미국문화원 방화범을 숨겨준 신부를 그가 격렬히 비난한 것만 보아도 알 수 있다. 그는 결코 친일이라 말할 수는 없어도 일본에 강한 적개심을 가진 적은 없는 것 같다. 그의 부인은 일본을 퍽 좋아했다고 한다. 그는 일본에서 설움을 많이 받았으나, 대학에서는 좋은 대접을 받았다. 그의 사고는 역시 미국보다는 일본에 가까웠다.

이태규와 리승기는 각각 남북을 대표하는 세계적인 화학자다. 두 사람은 교토에서 함께 공부했고 정상에 올랐다. 둘은 해방 후 같이 귀국해 서울대학교에서 가르치다가 미국과 평양으로 길이 갈렸다. 과학사학자들(김동원·김근배·신동원·김태호)은 이태규와 리승기를 세계과학과 주체과학의 대조로 보고 있다. 결과를 놓고 보면 이태규가 리승기보다 과학자로서 훨씬 행복하고 보람된 삶을 살았다고 할 수 있다.

참고문헌

김용덕, 『어느 과학자의 이야기—이태규의 생애와 학문』, 동아, 1990.
대한화학회 편저, 『나는 과학자이다—우리나라 최초의 화학박사 이태규 선생의 삶과

과학』, (주)양문, 2008.

리승기, 『과학자의 수기』, 평양: 국립출판사, 1962.

金根培, 「日帝時期 朝鮮人 과학기술인력의 성장」, 서울대학교 대학원 이학박사 학위논문, 1996.

金昇元, 「基礎 너무 輕視하는 科學政策, 李泰圭: 頂上人은 무엇을 생각하고 있는가」, 『月刊中央』, 1978년 新年號 別冊附錄, 1978. 1.

김태호, 「리승기의 북한에서의 비날론 연구와 공업화」, 서울대학교 이학석사 학위논문, 2001.

宋相庸, 「工業化와 純粹科學, 李泰圭 卷頭對談」, 『서울評論』 제87호, 1975. 7. 17.

송상용, 「제1기(1946~1960)」, 『대한화학회 50년사, 1946~1996』, 대한화학회, 1999.

_____, 「한국 화학계의 큰 별 이태규」, 『한국 과학기술 인물 12인』, 해나무, 2005.

_____ ·고경신, 「한국의 화학, 1945~1979」, 『한국과학사학회지』 제2권 제1호, 1980.

신동원, 「이태규와 리승기, 세계성과 지역성의 공존을 모색한 두 과학자」, 『남과 북을 만든 라이벌』, 역사비평사, 2008.

李健赫, 「科學教育 振興政策과 科學技術部 設置에 對하야」(李泰圭 博士 對談記), 『現代科學』 5, 1948.

이태규, '한국 화학계의 성장에 기여한 이론화학자', 과학기술인 명예의 전당. http://gsdemo178.giantsoft.co.kr/HALL/fame/fame_view.asp?hfNo=10

Collected Works of Taikyue Ree-In Commemoration of His Sixtieth Anniversary, Seoul: Korean Chemical Society, 1962.

Collected Works of Taikyue Ree, Volume II(1962~1972)-In Commemoration of His Seventieth Birthday, Seoul: Korean Chemical Society, 1972.

Collected Works of Taikyue Ree, Volume III(1972~1982)-In Commemoration of His Eightieth Anniversary, Seoul: Korea Research Center for Theoretical Physics and Chemistry, 1983.

Kim, Dong-Won, "Two Chemists in Two Koreas", Ambix, 52: 1, 2005.

현신규, 민둥산을 금수강산으로 바꾸다

김윤수

1. 임목육종 분야의 세계적 거목

임목육종 분야의 유수 국제학술지인 『실베 제네티카Silvae Genetica』는 1987년 1호 첫 면에 한국인 학자 현신규玄信圭(1912~1986)의 부음을 알리는 특별 기사를 싣는다.[1] 수개월 전 이미 편집을 완료한 국제학술지가 1986년 11월에 작고한 극동의 한 학자의 서거를 애도하는 글을 게재한 것은 극히 이례적인 경우이다. 국제적으로 대단히 중요한 인물이 아니면 이루어질 수 없

김윤수金潤受(전남대학교 총장)

저서로 『목재보존과학』(공저, 전남대학교 출판부, 2002), 편저로 *New Horizons in Wood Anatomy*(Gwangju: Chonnam National University Press, 2000) 등이 있으며, 논문으로 "Chemical and structural characteristics of conifer needles exposed to ambient air pollution"(Kim, YS, JK Lee, *European Journal of Forest Pathology* 20:193–200, 1990), "Solid state 13C NMR study of wood degraded by brown rot fungus Gloeo-phyllum trabeum"(Kim, YS, RH, Newman, *Holzforschung* 49:109–114, 1995), "Micromorphological characteristics of wood biodegradation in wet environments: A review"(Kim, YS, AP Singh, *IAWA Journal* 21:135 155, 2000) 등이 있다.

는 일이다.

글은 현신규 박사가 유고슬라비아에서 개최된 제18차 국제산림연구기관 총회와 벨기에에서 개최된 유엔식량농업기구FAO 산하 국제포플러협의회에 참석하고 귀국한 후 1986년 11월 21일 작고했다고 전한다. 그는 서울대학교 교수로 재직하면서 임목육종연구소를 창설했고, 교육가로서 행정가로서 수목생리학, 조림학, 생태학 및 유전학에 대한 해박한 지식으로 한국의 산림 조성에 크게 기여했다고 기술하고 있다.[2]

1912년 평안 안주에서 태어난 그는 1933년 수원고등농림학교(서울대 농대의 전신) 임학과를 졸업하고 1949년 일본 규수제국대학에서 농학박사학위를 취득했다. 수원고등농림학교가 개편된 수원농림전문학교에서 1945년부터 조교수로 봉직하여 1977년 서울대학교에서 정년퇴임했으며, 해방공간에서 잠시 임업시험장장을 역임했고, 임학자로서는 드물게 농촌진흥청장으로 일했다. 한국임학회 및 한국육종학회를 만들어 초대 회장을 역임하고 대한민국학술원 회원, 한국과학기술단체 총연합회 부회장을 지냈다.

현신규는 6·25전쟁 이후 초토화된 우리나라의 산을 푸르게 만든 이들 중한 분이다. 임목육종학자로서 그는 척박하고 민둥산 천지인 한반도에서 빨리 자랄 수 있는 나무를 찾아내고 만들어냈다. 1951년 미국에서의 2년간의 연구와 연수[3]를 통해 우리나라 실정에 필요한 임목자원을 빠른 시간 안에 확

---

1 Namkoong, G, "Dr. Sin Kyu Hyun", *Silvae Genetica* 36(1):1, 1987.

2 현신규의 부음에 접해 추모의 글을 올린 학자는 남궁진Namkoong Gene 박사이다. 그는 독립유공자 남궁억의 손자로 한국계 미국인이다. 남궁진은 1994년 생물다양성을 유지하기 위한 수리적 이론을 개발한 공로로 임학 분야의 노벨상이라 부르는 마쿠스 발렌베리Marcus Wallenberg상을 수상했다. 현신규가 임목육종을 현장에서 실현한 학자라면 남궁진은 양적 집단유전학 측면에서 임목육종학을 반석 위로 올려놓은 학자로 평가된다. 한국인 학자와 한국계 학자가 세계적인 임목육종학의 대가로 평가되는 일은 우연이라 하기에는 너무 큰 우연이 아닐 수 없다.

보하기 위해서 고심하고 고심했던 학자였으며, 실험실과 연구실에만 머무르지 않고 현장과 함께하는 학문을 보여준 선각자이기도 했다.[4]

2. 헐벗은 산에 옷을 입히고

우리나라는 국토 면적의 70퍼센트가 산으로 둘러싸인 나라이다. 애국가 2절 가사처럼 "남산 위에 소나무 병풍을 두른 듯" 우리 강토는 숲이 우거진 나라였다. 그러나 일제강점기를 거치면서 우리의 산하는 황폐해졌으며, 6·25전쟁을 겪으면서 그 피폐는 극에 달해 있었다. 1947년 단위 면적당 임목축적량은 8.8㎥/ha인데다 즉시 사방사업을 하지 않으면 산사태의 위험이 있는 면적이 44만 헥타르였지만, 6·25전쟁으로 상황은 더욱 악화되어 휴전이 성립된 후 3년이 지난 1956년에는 사방사업이 필요한 면적이 68만 6천 헥타르로 증가했다. 이 당시 우리나라 산림의 10퍼센트 이상이 극심한 황폐지였으며, 나무가 없는 민둥산이 전체 산림의 50퍼센트를 차지했다.[5]

난방과 취사를 위한 연료를 화석연료가 아닌 목재자원에 의존해야 했던 당시로서는 산에서의 나무 채취는 일종의 생존을 위한 벌채였다. 그나마 남아 있던 소나무마저 송충이 피해가 극심해 산은 계속 황폐화의 길을 걷고 있었다. 우리나라 산지는 경사가 급하고 척박한 토양이 많았다. 군사정부는 오죽 급했으면 1963년 임학을 전공하는 현신규를 농촌진흥청장에 임명하는 파격을 결행했다. 우리나라의 농촌 진흥은 산림복구에 있다는 의지의 표명이었을

---

3 6·25전쟁 중 미국 국무성이 초청한 프로그램에는 현신규와 함께 유진오(고대 법대 교수), 장발(서울대 미대 교수), 현제명(서울대 음대 교수)이 선발됐다.
4 "미국에서 배운 것, 우리나라에서 실현시켜야 한다는 의무감마저 들었다. 더욱이 전쟁으로 폐허가 된 산은 내 의욕에 불을 질렀다."(현신규, 「나의 이력서」 53회).
5 이경준·김의철, 『박정희가 이룬 기적: 민둥산을 금수강산으로』, 기파랑, 2010.

것이다. 한국적 상황 속에서 임목육종의 최우선 과제는 척박한 환경 속에서도 잘 견디고 성장이 빠르며 병충해에 잘 견디는 나무를 선발해서 육성하는 것이었다. 그러나 "나무가 생장기간이 대단히 긴데다, 농작물과는 달리 생육환경의 인공조절이 쉽지 않다. 게다가 종자 없이도 무성번식이 가능한 수종이 많고, 개량된 품종을 대단히 광범위한 환경에 식재해야 하는 등, 다른 동식물의 육종방식과는 크게 다른 특징 등을 가지고 있다"는 것이 문제였다.[6]

현신규는 맨 먼저 우리나라 토양과 기후에 적합한 소나무를 개량 육종했다. 우리나라 재래 소나무인 육송에 비해 척박한 땅에서도 잘 자라는 리기다소나무는 추위와 병충해에도 강해서 이미 일제강점기 때부터 우리나라의 헐벗은 산에 많이 심어졌다. 그러나 미국 동북지방에서 생장하는 리기다소나무는 올곧게 자라지 않을뿐더러 재질도 연약해서 목재로서의 가치가 떨어진다. 반면 테다소나무는 따뜻한 지역에서 자라고 생장도 빠르며 재질이 좋은 나무로서 미국 동남부의 상업용 임지의 45퍼센트를 차지하는 수종이다. 그런데 테다소나무는 리기다소나무와는 반대로 추운 지방에서는 성장이 더딘데다 척박한 토양에서는 잘 자라지 않는다는 단점을 가지고 있다.

현신규는 리기다소나무와 테다소나무, 두 나무가 가진 장점만을 모아서 우리나라의 입지 조건에 맞는 소나무를 만들어갔다. 추위와 병충해에 강하면서 생장이 빠른 나무를 만든 것이다. 리기다소나무와 테다소나무로 만든 이 나무가 리기테다소나무이다. 리기테다소나무는 현신규가 관심을 갖기 훨씬 전에 이미 미국에서 만들어진 품종이다. 현신규는 1951년부터 2년간 미국 캘리포니아 플레이서빌Placerville에 있는 산림육종연구소Institute of Forest Genetics에서 임목육종에 대한 본격적인 연수와 연구를 시작하는 기회를 잡

---

6 임경빈·김정석·김지문, 『임목육종학』, 현신규 감수, 향문사, 1984.

왔다. 이 연구소는 이미 오래전부터 임목육종을 체계적으로 연구해왔을 뿐만 아니라, 소나무속의 종간 교잡도 연구하고 있었다. 특히 리기다소나무의 단점을 보완하고자 1930년대부터 리기다소나무와 테다소나무를 교잡하여 형질이 좋은 인공 교잡종을 만들고자 노력하고 있었다.[7] 이곳에서 산림유전학을 공부한 현신규는 1956년 이후 수많은 교잡종을 만들었다. 그는 미국의 여러 곳에서 테다소나무의 꽃가루를 채집해서 기존의 리기테다소나무보다 내한성耐寒性이 높은 소나무를 개발했다. 현신규가 교잡한 리기테다 중 하나는 1962년 미국 메릴랜드에서 시험 재배되기도 했다.[8]

아쉬운 점은 현신규가 시도한 리기테다소나무를 시험용 포장 이외에는 찾아보기 힘들다는 점이다.[9] 리기테다 종자를 얻기 위해서는 리기다의 암술에 테다의 꽃가루를 주사해야 하는데, 서로 꽃피는 시기가 달라서 수정에 어려움이 따른다. 테다소나무는 4월 말에, 리기다소나무는 5월 초에 피기 때문이다. 게다가 빠른 시일 안에 산을 푸르게 하는 속성수 위주로 정부의 치산녹화사업이 진행되었던 관계로 리기테다소나무는 관심 대상에서 빠지게 되었다.[10] 한 과학자의 열정과 노력으로 이루어진 연구 결과는 조급한 정책당국하에서는 빛을 보기 힘들 수밖에 없었다.

---

7 이 연구소의 연구에 대해서는 Duffield, JW, "Relationships and species hybridization in the genus Pinus", *Zeitschrift Forstgenetik* 1:93–100; Austin, L, Tree breeding for timber production. Proceedings. 6th International Congress Genetics 2:387–388, 1932를 참조.

8 미국 메릴랜드주에서 시험 재배한 결과는 Genys, JB, "Hybrids of pitch pine x Loblolly pine, Pinus rigida x P. taeda. Studied in Marlyland", *Chesapeake Science* 11(3):191–198, 1970에 상세히 보고되어 있다.

9 경기도 수원에 있는 옛 임목육종연구소는 정부의 조직 개편으로 국립산림과학원 산림유전자원부로 바뀌었지만 그곳 구내에는 '향산목香山木'이란 팻말과 함께 커다란 리기테다소나무가 서 있다. '香山'은 현신규의 호이다.

10 리기테다소나무의 보급 과정의 문제와 한계는 선유정, 「현신규의 리기테다소나무 연구」(전북대학교 대학원 석사학위논문, 2005)에 자세히 언급되어 있다.

현신규는 빨리 자라는 나무의 하나인 포플러가 우리나라의 척박한 산을 빠른 시일 내에 푸르게 하는 데 적당하다고 생각했다.[11] 그는 성장이 빠른 외국산 포플러를 도입해서 국내 적합시험을 시도했다. 이 과정에서 유럽 원산이지만 이미 토착화되어 있던 은백양과 수원에서 자생하는 수원사시나무의 교배종이 우수한 형질을 갖고 있음을 파악하고 수년간의 교배실험을 통해 평지가 아닌 산지에서도 수입종인 이태리 포플러보다 성장력이 우수한 교배종을 개발했다. 이 교배종은 1968년 '은수원사시'나무로 명명되어 우리나라 산하에 널리 식재되었다. 1979년 박정희 대통령은 현신규의 성을 따서 은수원사시를 '현사시'로 개칭했고, 이 이름이 한때 사용되기도 했다.

3. 세상을 떠날 때까지 임목육종 연구에 헌신

현신규는 학문적 성과를 곧바로 현장에 연결하고자 부단히 노력한 학자였다. 6·25전쟁 이후 산림녹화를 위해서는 임목육종에 대한 연구가 필수적이었음에도 불구하고 여러 가지 이유로 대처방안을 찾지 못하고 있을 때, 그는 임목육종연구소를 먼저 대학 내에 개설한 다음 정부 연구소로 전환시켰다. 연구소는 1959년 처음으로 임목육종의 성과를 모아 「농사원 임업시험장 수원육종 지장 연구보고」를 발간했다. 「임목육종연구보고」로 상용되고 있는 이 보고서는 단순한 보고서가 아닌 세계학계가 주목하는 전문학술지 이상의 관심을 받아, 세계의 많은 학자가 반드시 읽어야 하는 학술지로 평가되었다.[12] 그는 정년퇴임 후 세상을 떠날 때까지 이 연구소의 연구고문으로

---

11 "그때의 시급한 목표는 헐벗은 산에 옷을 입히고 부족한 목재자원의 확보였으며, 이를 위한 속성수의 육종이 당면한 과제였다. 따라서 포플러 육종에 뜻을 두고 온실 안에 불을 피우며 포플러 교배실험에 우선 착수했다."(현신규, 「나의 이력서」 54회).

상근하면서 임목육종 연구 현장과 함께했다. 현신규는 임목육종학자로 불리고 있지만 수목생리학과 조림학에 대해서도 조예가 깊었고 의미 있는 업적을 남겼다. 그는 일제강점기뿐만 아니라 미국에서 연구생활을 마치고 귀국한 후에도 수목생리학에 대한 연구를 계속했다. 자연교배를 통한 리기테다소나무의 보급에는 한계가 있다고 생각한 현신규는 삽목을 통한 대량생산의 가능성을 탐색한다. 그는 "임목의 삽목생리에 관한 연구"로 1962년 미국 농무성으로부터 5년간 연구비를 지원받는다. 그의 제자 임경빈, 홍성옥 등은 식물호르몬을 사용하면서까지 소나무의 삽수발근에 대한 생리학적 연구를 시도했지만 생각만큼 만족할 만한 결과는 얻지 못했다.

그는 학문의 국제화와 세계화에 선구자적 역할을 몸소 실천해온 학자이기도 하다. 1953년에 귀국한 이후 기회가 있을 때마다 국제학술대회에 참가하여 한국에서의 임목육종 결과를 보고하고, 선진 외국의 새로운 기술과 학문의 변화 추세를 파악하고자 노력했다. 1960년대 이후 미국, 영국, 오스트리아, 프랑스, 오스트레일리아, 스웨덴, 핀란드 등 임업 선진국에서 개최된 국제학술대회에 거의 매년 빠지지 않고 참석해서 최근의 연구 동향과 성과를 알아보았다. 그는 결코 우물 안 개구리에 머무르지 않았다.[13] 현신규 개인을 넘어서 한국의 임목육종에 국제적 관심이 쏟아지게 된 것은 그의 줄기찬 국제 활동의 공로 덕분이라고 인정받고 있다. 현신규의 논문은 긴 생명력을 지

---

12 여기에 실린 대표적인 논문으로 현신규, 안건용, 「Pinus rigida Mill과 Pinus taeda L와의 일대 잡종(x Pinus rigitaeda)의 특징」, 농사원 임업시험장 수원육종 지장, 『연구보고』 1:25-50, 1959를 꼽을 수 있다. 본문은 한글이지만 영어초록이 실려 있어 외국의 임목육종학자들에게 Hyun, SK and Ahn, KY, "Principal characteristics of x Pinus rigitaeda", Research Report Institute Forest Genetics 1:25-50, 1959로 인용되고 있다.

13 과학사적 측면에서 현신규를 평가한 논문으로는 이문규, 「현신규의 임목육종 연구와 제도화」, 『한국과학사학회지』 26(2):165-1969, 2004가 있다.

녔다. 그가 세상을 떠난 지 20년이 훨씬 넘었는데도 여전히 외국 학자의 논문, 저서, 박사학위 논문에 그의 논문이 끊임없이 인용되고 있다. 몇몇 논문은 임목육종학자라면 반드시 읽어야 할 고전이 되었다.[14]

이 같은 공로를 인정받아 현신규는 3·1문학상, 5·16민족상, 국민훈장 무궁화장을 수상했으며, 2003년에는 과학기술인 명예의 전당에 유사 이래 현재까지 우리나라를 빛낸 과학기술인 15인 중 한 사람으로 헌정되었다. 경기도 광릉에 있는 국립수목원에 설치한 '숲의 명예전당'에는 그의 기념 동상이 박정희 전 대통령 등과 함께 모셔져 있다.[15]

산림녹화 사업이 본격적으로 시작된 지 20년 후인 1980년대에 들어서도 우리나라의 임목축적은 23m³/ha로 매우 낮은 수준이었다. 1986년 그가 세상을 떠나고도 사반세기가 흐른 지금 우리나라의 산하는 푸른 숲으로 바뀌었다. 2010년 현재 우리나라의 임목축적은 125.6m³/ha이다. 현신규가 조국의 산하에 푸른 마음을 심었던 때보다 열네 배가 늘어났고, 1980년대에 비하면 다섯 배 이상 늘어났다. 우리 산은 저절로 푸르러지지 않았다. 저 산의 푸름 속에는 우리 할아버지, 아버지 세대의 땀과 눈물이 숨겨져 있다. 한사코 조국의 푸른 산하를 염원해왔던 겸손한 학자이자 독실한 기독교 신자인 현

---

14 1960~1970년대에 발표된 현신규의 연구논문은 최근까지도 계속 인용되고 있다. Schultz, RP, "Loblolly: the pine for the twenty-firs century", *New Forests* 17:71-88, 1999; Dungey, HS, "Pine hybrids: a review of their use performance and genetics", *Forest Ecology and Management* 148(1-3):243-258, 2001; Haapala, T, "Establishment and use of juvenility for plant propagation in sterile and none-sterile condition", 헬싱키 대학 박사학위논문, 2004; Kuznetsova, GV, "Experiment of intraspecific hybridization of Siberian stone pine (Pinus sibirica du Tour) clones in middle Siberia", *Eurasian Journal Forest Research* 11(2):81-87, 2008 등이 용이하게 검색된다.

15 현신규의 삶에 대한 조명을 밝힌 것 중 『한국일보』에 1981년부터 게재된 「나의 이력서」는 현신규가 쓴 일종의 자전적 글이다. 그에 대한 책으로는 이경준, 『산에 미래를 심다』, 서울대학교출판부, 2006이 있다.

신규 박사의 기도도 숨 쉬고 있다. 현신규가 태어난 지 꼭 백 년이 되는 해인 2012년, 그의 땀과 눈물, 염원이 더욱 의미 있게 다가온다.

최형섭, 과학기술의 선진화를 이룩하다

김은영

1. 머리말

1920년 경남 진주에서 출생한 송곡松谷 최형섭崔亨燮(1920~2004)은 일본
과 미국에서 금속분야의 학문과 연구를 수료한 후 과학기술의 불모지인 우리
나라에 한국과학기술연구원(이하 KIST)의 설립을 주도하였다. KIST 초대소
장으로 임명된 후 해외 과학기술 인재를 영입하고 국내 연구개발의 토대를
마련하였으며 조선, 철강, 자동차, 중화학공업 등 주요 기간산업의 정책 수립
및 추진에 크게 기여하였다. 대한민국의 최장기 장관 재임 기록을 가진 최형
섭은 대덕연구단지와 과학문화재단(지금의 한국과학창의재단)을 만들고 각종
과학기술 관련 법안들을 제정하여 과학기술의 진흥과 기업의 기술개발을 적

김은영金殷泳(문화재청 문화재위원)
  한국과학기술연구원 원장과 국가과학기술자문회의 위원장을 역임하였다.

극 지원하였다. 대외적으로는 많은 개발도상국가에 기술개발 모델을 제시하고 기술정책에 대한 자문을 제공하였다. 이러한 업적으로 최형섭은 과학기술계 최고훈장인 창조장을 받았으며 과학기술인 명예의 전당에 헌정되었다.

2. 해외에서의 대학생활과 자동차 국산화에 대한 집념

1942년 일본은 태평양전쟁에 사용할 무기를 만들 금속을 확보하기 위해 채광야금 전공 학생들에게 많은 장학금을 주고 있었다. 한국인이라는 불리한 조건에서도 치열한 경쟁을 뚫고 최형섭은 일본 와세다早稻田대학교 채광야금과에 진학하였고 세부 전공으로 당시 첨단학문인 부유선광학을 전공하였다. 연구와 현장 실습을 중시한 최형섭의 성실성과 우수성은 와세다대학교에 널리 알려졌고, 이후 한국의 제철소 건설 추진 과정에서 일본 제철공업에 진출한 동창들의 적극적인 기술지원을 받는 계기가 되었다. 최형섭은 와세다대학교 출신으로 과학기술분야 장관에 오른 최초의 졸업생이 되었다.

해방 이듬해인 1946년 최형섭은 서울대학교 이공학부에 부임하여 광산기계와 선광 제련의 두 강좌를 맡기도 하였다. 1949년 미국 공보원USIS이 주관하는 제1회 미국 유학생 선발시험에 합격하고 이듬해 1950년 7월 12일 출국 예정이었으나 6·25전쟁으로 출국하지 못하고 공군에 입대, 항공수리창장의 직책을 수행하였다. 1953년 휴전이 된 후 미국 노트르담대학교University of Notre Dame로 유학하여 1955년 물리야금분야 석사과정을 수료하였다. 최형섭은 당시 우리나라에서 필요한 분야가 제련공학이라고 판단하고 제련기술과 관련한 전문적인 학문과 기술을 습득하기 위해 미국 미네소타대학교 University of Minnesota에 진학하였다. 미네소타대학교에서는 가장 엄하기로 유명한 쿡S. R. B. Cook 교수 밑에서 연구 장학금을 받으며 2년 8개월 만인

1958년도에 고·액 간의 계면현상을 전기화학적으로 규명함으로써 쿡 교수의 제자 중 최초로 박사학위를 받았다. 또한 최형섭은 미국 북부에 버려진 수십억 톤의 철광석을 다시 활용할 수 있는 획기적인 방법을 제시하였으며, 미네소타대학교는 최형섭의 연구업적을 기려 '탁월한 업적에 대한 상'을 수여하기도 하였다. 다음은 최형섭의 회갑을 축하하며 쿡 교수가 보내 온 축하 글의 일부이다.

1955년 화학야금학의 박사과정을 위해 미네소타대학교에 온 지 얼마 안 되어 최형섭이 여느 대학원생들과는 다르다는 것을 우리 교수들은 곧 알았습니다. 그의 실험실에는 첫새벽이 될 때까지 불이 켜져 있는 것이 보통이었고 우리는 그와 함께 늦게까지 일을 하지 않으면 죄책감을 느낄 정도였습니다. 그 당시 최형섭이 이룩한 연구업적은 매우 우수하여 그 후 금속분야 기술 개발에 크게 공헌하였으며 사반세기가 지난 지금까지도 널리 인용되고 있습니다. 그 시절이 우리 야금학교실 역사에서 황금기였다고 볼 수 있으며 그때의 추억을 자랑스럽게 간직하고 있습니다. 수학 후 한국으로 귀국해 상공부 광무국장, 원자력연구소 소장, 한국과학기술연구소 소장, 과학기술처 장관을 역임하면서 그의 소신을 성공적으로 실천에 옮기고 있는 최형섭의 활동을 멀리서 지켜보아 왔습니다. 우리는 졸업생으로서 또 친구로서 최형섭을 사귀게 된 것을 자랑스럽게 생각합니다.

1959년, 최형섭은 6년간의 유학생활을 마치고 한국으로 돌아왔다. 그러나 한국은 유학생들이 외국에서 하던 연구를 계속할 수 있는 여건이 안 되었다. 최형섭은 (주)국산자동차라는 회사의 부사장으로 취직하여 경기도 부평공장에서 숙식을 하며 자동차 개발에 온 힘을 기울였다. 공군에 있을 때 같이 일한 적이 있는 동료를 영입하여 국산 자동차를 만드는 작업을 계속하는 한편 기술 습득과 전수를 위해 일본의 후지富士중공업을 직접 찾아갔다. 그 회사의 중역들이 대부분 최형섭의 와세다대학교 선배들이어서 많은 기술적 도움을 받을 수 있었다. 최형섭은 당시 한국의 도로사정에 맞는 이 회사의 소형 화물자동차를 선택하였다. 일본에서 밤낮 없는 작업 끝에 자동차 시제품을 만들어 한국행 배에 실을 수 있었다. 차를 배에 실어 출발시키고 이튿날 최형섭은 한국으로 가기 위해 일본 하네다羽田공항으로 향하였으나 한국행 비행기는 모두 취소되었다. 이때 5·16군사정변이 일어나 한국의 모든 공항이 폐쇄되었기 때문이었다. 며칠이 지난 후에야 한국에 돌아올 수 있었던 최형섭은 먼저 배로 인천에 들어왔던 자동차가 주인을 찾지 못한 채 다시 일본으로 돌아가 버린 것을 알게 되었다. 한국에서 직접 자동차를 만들어보겠다는 최형섭의 꿈은 결국 무산되었다. 최형섭이 몸담았던 (주)국산자동차 회사는 훗날 지금의 한국GM의 전신인 신진자동차가 되었다. 이후로도 최형섭은 자동차에 소요되는 금속재료 등 기초 재료에 큰 관심을 갖고 국산화를 위한 연구개발에 많은 지원을 계속하였다.

3. 평생 꿈꾸어왔던 대한민국 최초의 종합과학연구소 설립

자동차회사를 퇴직한 최형섭은 상공부 광무국장을 거쳐 원자력연구소 소장에 임명되었다. 당시 원자력연구소는 이름만 원자력연구소일 뿐 과학 전반을 다루는 행정기구와 같았고 기초과학연구도 함께 수행하고 있었다. 최형섭은 연구소 소속 연구자들에게 공부에만 전념할 것을 수시로 주문하였다. 이때 최형섭이 주관하는 세미나는 매우 엄하기로 유명해서, 며칠 밤을 새워 발표를 준비해도 최형섭의 질문과 지적에 매우 힘들어하는 연구자가 많았다. 1950년대 말 서울대학교 공대에 원자력공학과가 개설되었는데, 당시 전국의 수재들이 모여드는 인기학과가 되었다. 그러나 졸업 후 취직처가 극히 제한되어 있어 시간이 흐르면서 학과의 인기는 다소 떨어졌지만 최형섭의 지원으로 많은 졸업생이 원자력 관련 학문을 계속하였으며, 현재 한국의 원자력 기술이 세계적으로 인정받는 데에는 이들 졸업생들의 기여가 크다. 최형섭은 에너지정책에도 관심이 많아 장래 석유가격의 급등에 대비해야 한다고 강조했고 그 대안으로 원자력 이용을 주장하였다. 국제원자력기구(이하 IAEA)에 자문을 요청하는 한편 부산의 고리지역을 원자력발전소 후보 부지로 선정하고 관련 법안을 발의하였다. 이후 석유가격은 급등하였고 원자력발전소의 건설이 본격적으로 이루어지게 되었다.

최형섭은 원자력연구소에 몸담고 있으면서도 몇몇 연구자와 금속재료연구를 계속하였다. 그 성과는 1962년에 우리나라 최초의 민간전문연구소인 금속연료종합연구소로 확대, 발전하기에 이르렀으며 젊은 이공계 우수 인재를 모을 수 있는 계기가 되었다. 이후 KIST 연구동 건설이 완료된 1971년에 KIST는 금속연료종합연구소를 흡수, 합병하였다. 이때까지 10년 동안 한국에선 처음으로 산·학·연 협동연구가 170여 건 진행되었고 100편의 관련 연구논문이 발표되는 등 획기적 성과를 이룩하였으며, 당시 국내외에서 취득한 총 13건의 특허 중 9건이 최형섭 박사가 출원한 발명특허였다.

1963년 최형섭은 원자력연구소 소장을 사임하고, IAEA에서 금속 지르코늄 zirconium을 추출하는 새로운 방법을 연구해보자는 제안을 받아 캐나다로 가서 IAEA와 캐나다 정부가 함께 지원하는 새로운 연구를 시작하였다. 정부 출연연구기관인 엘도라도Eldorado연구소에서 최형섭은 '알칼리 프릿팅Alkali Fritting'이란 새로운 제련법을 개발해냈고 이 연구결과는 캐나다 금속학지에 실려 국제적으로 큰 주목을 받았다. 엘도라도연구소에서는 최형섭에게 파격적인 대우로 계속 연구소에 남아 일하기를 제안했지만 최형섭은 다음의 말로 답변을 대신하였다. "과학에는 국경이 없습니다. 하지만 과학자에게는 분명 국적이 있습니다. 저는 한국인이고 한국으로 돌아가고 싶습니다. 저의 마음은 항상 그곳에 있으니까요."

1965년 4월 어느 날, 박정희 대통령이 여러 관료를 불러놓고 만찬을 연 자리에서 우리나라가 스웨터sweater를 2천만 달러어치나 수출하게 되었다며 그 공로를 축하하였다. 하지만 그 자리에서 최형섭은 일본의 10억 달러에 달하는 전자제품 수출현황에 대비되는 우리 과학기술의 취약점을 얘기하고, 이의 극복을 위해 과학기술 교육의 중요성, 외국으로부터의 과학기술 인력의 영입, 기술자립 장기정책의 필요성과 함께 그 매개체로서 종합연구소의 설립, 그리고 무엇보다 이런 정책 실현을 위한 대통령의 의지를 강조하였다.

이것이 계기가 되어 1965년 5월 박정희 대통령의 미국 방문 시 한국군의 베트남전 파병에 대한 보답으로 미국의 존슨L. Johnson 대통령이 경제원조 외에 뭔가 특별한 선물을 하고 싶다고 하자, 박정희 대통령이 KIST 설립을 지원해달라고 요청한 것이다. 연구소 설립의 막중한 임무는 과학기술 발전을 위해서는 대통령의 결단이 중요하다고 주장했던 최형섭에게 맡겨졌다. 최형섭에게 KIST 소장 임명장을 건네며 박정희 대통령은 "최형섭은 고집이 세서 남의 말을 안 듣는다는 걸 잘 알고 있소. 앞으로도 어떤 일에도 절대 흔들리지 말고 KIST를 우리나라를 발전시킬 최고의 연구소로 키워주시오"라고 하였다.

KIST라는 연구소를 세우는 과정에서 가장 어렵고 큰일은 우수 과학기술자를 영입하는 것이었다. 최형섭은 해외에서 활약하고 있는 한국인 과학기술자들을 영입해 한국에 시급히 필요한 연구와 함께 선진 과학 기술 및 정책도 함께 들여오자는 생각이었다. 그는 먼저 안내지를 만들어 전 세계 800여 곳에 근무하는 우리 과학기술자들에게 보냈다. 500여 명의 과학자가 귀국 의사를 밝혀왔고 분야별로 80여 명을 선발한 뒤, 그들을 해외에서 직접 만나 일일이 면담하였다. 과학기술의 불모지인 조국, 그들이 연구하고 있는 선진국과는 비교되지 않는 열악한 근무환경에 반신반의하며 면담에 응한 참가자들은 질문을 쏟아냈다. 그 질문에 대한 최형섭의 답변이 많은 연구자의 마음을 움직였다.

"한국에 와서 돈 벌 생각은 하지 않는 게 좋습니다. 하지만 생활은 대통령과 제가 보장할 수 있습니다", "여러분이 원하는 연구보다는 당장 우리나라가 먹고살 기술을 연구하게 될 겁니다. 잘 아시겠지만 KIST는 베트남전 파병에 대한 대가로 미국이 도와줘 만들어졌습니다. 노벨상을 꼭 받아야겠다는 분은 이곳에 남아주십시오. 경제적으로 힘들어하는 조국을 일으켜 세우겠다고 생각하신다면 저를 따라주십시오." 미국과 독일, 영국 등 선진국의 유명 대학과 연구소에서 일하던 과학자 17명이 KIST에서 일하기 위해 한국에 돌아왔다. 1967년 6월 미국 존슨 대통령을 대신하여 험프리H. H. Humphrey 부통령은 KIST를 방문하여 "연구 환경이 좋은 미국에는 세계 여러 나라 출신 과학자들이 있는데 기꺼이 모든 것을 마다하고 조국으로 돌아가 봉사하겠다는 과학인은 한국인이 유일하다"라고 얘기하였다. 또한 이 자리에서 한국으로 돌아온 과학자들을 두고 미국이 두뇌를 빼앗긴 최초의 일로 '역逆두뇌 유출Counter Brain Drain'이라는 말을 남기기도 하였다.

KIST는 1966년 설립되어 3년간의 건설 과정을 거쳐 1969년부터 본격적으로 우리나라의 산업계를 위한 기술 지원과 산업기술 개발에 주력하였다. 박정희 대통령은 설립 초기 수년간은 자주 연구소를 방문하여 연구원들과 대화를 나눠 연구원들의 사회적 위상과 사기를 높여주었고, 건설 현장에서 인부들에게까지 각별한 신경을 써주었다. 최형섭은 당장 필요한 과학기술의 개발도 중요하지만 미래를 내다보는 일이 무엇보다 중요하다고 생각했다. 자동차, 선박, 철강, 석유화학의 장기발전계획을 만들고 기술 도입을 지원하는 일들이 수행되었다. 특히 KIST는 대일청구권자금이 투입된 포항제철 건설계

획에 연구 중진들이 참여하여 경제적 규모인 조강粗鋼 103만 톤 규모의 공장
건설이 이루어지도록 하는 데 절대적인 기여를 하였다. 또 연구자들을 각종
정부위원회에 파견하여 중화학공업 육성계획 등 1970년대 산업을 이끌 국가
계획을 수립하는 데 필요한 실질적인 조사 및 기획 업무를 담당하도록 하였
고, 정부는 KIST에서 나온 정책조사에 대한 연구결과를 산업정책에 적극적
으로 반영하였다.

4. 한국 과학기술의 선진화 앞당긴 과학자 장관

1971년 6월, 최형섭은 미국항공우주국NASA 기술이전회의를 주재하기 위
해 미국을 방문하고 있던 중에 과학기술처 장관으로 임명됐다는 소식을 들었
다. 최형섭은 귀국에 앞서 그간 구상한 재미과학기술자협회의 결성을 추진
하였고, 미국의 트라이앵글연구단지Research Triangle Park를 방문하는 등 대
덕연구단지 조성을 위한 자료를 수집하였다. 후일 설립된 재미과학기술자협
회는 미국에 있는 우수한 한국 과학자들의 현황을 파악하고 국내와의 정보교
류 및 전문가 초빙 등에 활용할 수 있는 창구가 되었으며, 실제로 많은 과학
기술자가 해외로부터 귀국하여 정착하는 데 큰 역할을 하였다.

최형섭은 대한민국의 역대 최장기 장관 재임(과학기술처 장관 1971~1978)
기록을 가지고 있다. 1973년 최형섭은 대덕연구학원도시 건설계획을 성안成
案하여 이의 추진을 박정희 대통령에게 건의하였다. 대덕연구학원도시 건설
은 한국의 과학기술 개발에 새로운 의미를 부여하였다고 볼 수 있다. 이 계획
을 구상하기 시작한 1971년도에 이미 우리 경제는 연평균 10퍼센트라는 놀
라운 고도성장의 가도를 달리고 있었다. 그간 미흡하나마 KIST를 중심으로
이루어지기 시작한 연구개발을 바탕으로 국내 산업의 다변화가 이루어졌고

이로 인한 다양한 기술개발 요구가 분출되어, 정부의 중화학공업 육성 방안은 본격적인 과학기술 발전 체제로의 전환이 필요하였다. 기계공업을 위시하여 전자·화학·재료 및 에너지 공업 등에서 엄청난 기술이 요구되어 KIST만으로는 대응할 수 없어서 분야별 전문·세분화가 불가피하게 되었다. 이에 따라 분야별 전문연구기관 설립이 긴급히 요청되는 선박·해양·기계·석유화학·전자·통신 연구소 등이 KIST에서 분화 설립되기에 이르렀으며, 지원과 관리가 용이하고 상호 상승효과를 가져올 수 있도록 대전시 인근 대덕지구에 대단위 연구단지를 조성하게 되었다. 정부출연연구기관 등의 지원을 위한 '특정연구기관육성법' 등이 제정되었으며 기초과학연구의 진흥을 위해 한국과학재단(지금의 한국연구재단)을 설립해 운영하게 되었다.

최형섭은 처음부터 과학기술 인재의 육성에 각별한 관심이 있었고 우리나라 발전의 필수 요소로서의 인재 육성에 우선순위를 두고 있었다. 고급인재의 유출을 막고 이공계 인재를 효율적으로 육성하기 위해 최형섭이 주도하여 한국과학원법을 제정하고 1971년 2월 한국과학원(지금의 한국과학기술원)을 설립하였다. 최신 교육 및 연구 설비, 파격적 대우에 의한 외국으로부터의 교수 초빙, 그리고 수업료 면제 등과 같은 재정 지원은 다른 국공립 및 사립 대학에서 찾아볼 수 없는 교육환경을 조성하였다. 여기에 더해 남학생들에게 병역특례 혜택을 주기로 하였다. 이에 따라 전국의 최우수 이공계 학생이 지원하게 되었고 한국과학원은 설립과 동시에 국내 일류의 교육기관이 되었다. 이런 괄목할 만한 성과는 역으로 기존 대학들의 극심한 반발을 불러왔으며, 이를 무마하는 데 많은 노력이 필요하였다. 이런 최형섭의 눈물겨운 노력으로 한국과학원은 과학기술분야의 최고 인재를 양성, 배출하는 교육기관이 되었고 이들이 다시 교육계 및 산업계, 연구기관 등에 진출하여 한국의 과학기술을 선진화하는 데 커다란 기여를 하게 되었다.

최형섭은 고급과학기술 인재 양성과 함께 훌륭한 기능인들의 확보가 필요하다고 강조하고 이들의 사회적 지위 향상에 도움이 될 수 있도록 '국가기술자격법'을 만들어 제도적 지원방안을 마련하였다. 기술이 좋은 사람에게 군대면제제도를 도입한 결과 직업훈련소나 공업고등학교 및 전문대학에 우수한 인재가 많이 모이게 되었다. 이런 기능 인력의 우대 결과, 우리나라는 오늘날까지 국제기능올림픽에서 금메달을 휩쓰는 쾌거를 이어오고 있다.

한편 최형섭은 기업이 자신들이 직접 쓸 산업기술을 개발할 수 있는 환경을 만드는 것이 중요하다고 생각해 '기술개발촉진법'이라는 법을 만들었다. 기업의 연구개발에 소요된 비용을 세금 계산에서 공제 혹은 면제해 주고 국내에서 개발한 기술을 상품화하는 경우 해외에서 비슷한 제품이나 기술을 수입하는 데 제한을 둘 수 있도록 하는 법이었다. 당시는 산업기술을 해외에서 많이 들여오던 때라 국내 개발기술과의 마찰을 피할 수가 없었으나 이 법은 기업이 자체 연구소를 설립하고 고유기술을 개발하는 데 커다란 촉진제가 되었다.

또한 최형섭은 일찍이 한국에 컴퓨터 세상을 열기 위해서 정보산업을 맡을 전담부서를 만들자고 제안했고, KIST 내에 초기부터 전자계산실을 설치하여 국내 최초로 최첨단 전자계산기(CRC 3300)를 도입, 행정전산화를 위한 소프트웨어 개발을 수행토록 하였다. 경제기획원의 예산처리 및 배정업무를 전산화한 것으로 시작으로 1970년도에는 온 국민의 관심과 주시 속에 대학입학예비고사의 컴퓨터 채점, 종합제철건설 PERT(Program Evaluation and Review Technique)기법 도입, 한국은행의 금융관리 시스템 개발, 전매행정 및 관세행정의 EDPS(Electronic Data Processing System)화, 지형데이터 전산화 등 수많은 통계지원업무가 국내에서 처음으로 전산화되었다. 특히 전화요금 계산시스템 개발은 한국 정보산업의 노동집약적 두뇌산업으로의 발전가능성을 제시하였다. 한글의 입출력시스템 개발과 원거리 데이터 통신망의 운영, 그리고 국내 전산인력의 양성은 우리나라의 컴퓨터 세상을 앞당기는 데 결정적인 역할을 하였다.

"목숨을 건 각오다." 유엔UN이 개발도상국들의 발전을 위해 주관한 국제회의 발표를 맡은 최형섭은 한국 과학기술 발전의 비결을 딱 한마디로 표현한다면 뭐라고 하겠느냐는 질문에 이렇게 답하였다. "1960년대 미국이 수많은 나라에 한국과 비슷한 원조를 하였지만 한국만이 유일하게 성공할 수 있었던 것은 대통령의 절대적인 지지와 초창기 일했던 핵심 연구원들의 헌신적인 노력 때문이다. 그들이 없었다면 한국의 KIST도 결코 성공할 수 없었을 것이다. 그러니 여러분 나라가 정말 과학기술로 크게 발전하길 원한다면 목숨을 걸 각오로 과학기술을 위해 뛰어야 한다." 최형섭이 이끈 KIST의 설립과 운영은 지금도 세계 개발도상국 기술개발의 모범사례로 평가되고 있으며 'Choi-Model'이라는 명칭을 얻고 있다.

최형섭은 70세가 넘어서도 국내에서는 한국과학기술단체총연합회 회장으로 봉사하였고 대외적으로는 유엔개발계획UNDP, 유네스코UNESCO, 국제연합공업개발기구UNIDO, 아시아태평양경제사회위원회ESCAP 등 유엔 산하 기구의 자문위원으로 활동하며 수많은 국제회의에서 과학기술 정책과 연구관리 분야에 대한 기조연설을 하였다. 태국, 스리랑카, 말레이시아, 미얀마의 대통령과 수상들을 만나 과학기술에 대한 자문을 해주었으며, 모든 공직에서 물러난 후에도 유엔 기구 및 기타 국제기구의 요청에 따라 동남아를 넘어 요르단, 이집트, 사우디아라비아, 이란, 파키스탄, 방글라데시 등 개발도상국을 순회하면서 과학기술 개발 전략 수립에 대한 자문 역할을 하였다.

5. 맺음말

최형섭은 2004년, 향년 84세로 영면하였으며 과학자로서는 두 번째로 국립현충원 국가유공자 묘역에 안장되었다. 최형섭의 평생 꿈이었던 KIST에는 '최형섭 박사 기념관'과 '최형섭 연구동'이 세워졌으며 많은 연구자가 그의 정신을 본받아 학문에 매진하고 있다.

매년 5월이면 KIST에서 최형섭 서거를 기념하는 추도식이 열리고 있다. 힘찬 목소리, 뜨거운 열정, 과학기술을 통한 애국심, 최형섭이 세상을 떠난 지 10년 가까이 되었지만 아직도 그분의 모습을 기억하는 연구자들 귀에는 최형섭의 목소리가 생생히 남아 있다.

"항상 연구하라, 겸손하라, 거짓 말고 성실하라, 두려워 말고 세계로 전진하라."

참고문헌

최형섭, 『개발도상국의 과학기술개발전략』 1, 2, 3, 한국과학기술연구소, 1980.
_____, 『불이 꺼지지 않는 연구소』, 조선일보사, 1995.
_____, 『과학에는 국경이 없다 — 과학기술외교 30년』, 매일경제신문사, 1998.
_____, 『기술창출의 원천을 찾아서 — 연구개발과 더불어 50년』, 매일경제신문사, 1999.

이문호, 한국 핵의학의 선구자

김상태

1. 경성대학 의학부를 졸업하다

청봉靑峰 이문호李文鎬(1922~2004)는 1922년 황해도 수안군 대성면 광수리 광평동에서 이용택과 윤용녀의 1남 5녀 중 장남으로 태어났다. 그는 철도교통이 좋은 황해도 신막에서 보통학교를 졸업하고 황해도에서 최고 명문인 해주동중학교에 진학하였다. 본래 부친의 뒤를 이어 사범학교를 졸업하고 교사가 될 생각을 갖고 있었다. 그러나 부친은 교사가 되면 일본인 밑에서 설움을 겪어야 한다는 사실을 잘 알고 있었다. 부친은 아들에게 전문직 자유업

김상태金相泰(서울대학교병원 의학사연구실장)
저서로는 『윤치호일기(1916~1943)』(역사비평사, 2001), 『한국 근대사회와 문화 3』(공저, 서울대학교출판부, 2007), 『사진과 함께 보는 한국 근현대 의료문화사』(공저, 웅진지식하우스, 2009), 『제중원 이야기』(웅진지식하우스, 2010), 『제국의 황혼－대한제국 최후의 1년』(공저, 21세기북스, 2011) 등이 있으며, 논문으로는 「일제하 윤치호의 내면세계 연구」(『역사학보』 제165집, 2000), 「일제하 개신교 지식인의 미국 인식－신흥우와 적극신앙단을 중심으로－」(『역사와현실』 제58호, 2005), 「평안도 지역의 근대적 변화와 국사교과서 서술내용 개선방안」(『지방사와지방문화』 제8권 제2호, 2005) 등이 있다.

을 가질 것을 권하였다. 결국 이문호는 의사가 되기로 결심하였다. 한국인 의사는 일제 치하에서도 지방 유지로서 별다른 불편을 겪지 않고 살 수 있었던 것이다.

이문호는 1940년 해주동중학교를 졸업하고 경성제국대학 예과에 응시하여 합격하였다. 한국인 학생들의 경쟁률은 20대 1이 넘었다. 당시 경성제대 학생이라면 그 존재가치가 대단해서 선망의 대상이었다. 태평양전쟁 직전이었지만, 경성제대 예과에는 낭만의 기운이 넘쳤다. 이때 이문호는 독일어 공부에 열중하였다. 독일과 독일인에 대한 관심도 많았고, 경성제대를 방문한 히틀러 청소년대(유겐트)를 보고 매력을 느끼기도 하였다. 훗날 그가 미국 대신 독일로 유학을 간 데에는 이런 이유도 있었다.

1942년 이문호는 경성제대 의학부 본과에 진학하였다. 열심히 의학을 공부하던 중 1945년 봄 무렵 징집 명령을 받았다. 그런데 다행히도 입대 직전에 일제가 항복하였다.

8월 15일에 해방을 맞이하자 일본과 만주에서 서울로 귀환동포들이 밀려들어 왔다. 치안은 엉망이었고 경제는 말이 아니었다. 더욱이 귀환동포들의 대다수는 질병에 시달리고 있었다. 이문호는 경성대학(경성제국대학에서 명칭이 바뀜) 의학부 구휼부를 조직하고 구휼부장이 되어 외래진료소와 무료환자 병동을 마련한 후 귀환동포들을 진료하고 음식을 제공하였다. 의약품과 식량은 대부분 미군정청 보건위생부에서 지원받았다. 그러나 3개월을 넘기면서 식량 공급도 여의치 않아졌고, 학업에 정진하기 위해 구휼활동을 중단하였다.

해방 직후 한국 사회 전반이 다 그랬던 것처럼 경성대학도 어수선하였다. 경성대학 의학부 역시 해방 이후 6개월 동안은 강의가 거의 이루어지지 않았다. 졸업생과 재학생들은 실습과 임상을 겸하여 서울로 들어오는 환자들을 무료로 치료해주었다.

마침내 1946년 3월 26일, 이문호 등 34명이 경성대학 의학부를 졸업하였다. 이들은 대부분의 학기를 일본인 교수들에게 교육받았으나, 해방과 더불어 비록 몇 시간에 불과하였지만 한국인 교수진에게 최초로 의학교육을 받았다. 동기생들은 졸업과 동시에 한국 의학을 골고루 발전시킨다는 취지 아래 1개 교실에 졸업생 1명씩 들어가기로 의견을 모았다. 이에 따라 많은 졸업생이 기초의학교실에 들어가는 바람직한 현상이 나타났다.

이문호는 국립서울대학교 의과대학 제3내과의 유급조수가 되었다. 일제강점기에 경성제대 의학부 제3내과는 순환기 및 신경계통을 담당하였는데, 해방 직후 이문호의 경성제대 8년 선배인 이돈희李敦熙가 제3내과 교수로 부임하였다. 이돈희 교수는 일본인 교수 시노자키篠崎를 사사한 능력 있는 내과 교수였다. 인격적으로도 훌륭해 늘 많은 제자가 이돈희 교수를 따랐다. 이문호는 제3내과에서 미국 의학서적을 읽으며 태평양전쟁 말기와 해방 직후의 혼란기에 소홀할 수밖에 없었던 공부를 보충하는 한편, 예과 및 수의학과 학생들에게 독일어를 가르쳤다. 남달리 독일어를 잘했던 그는 영어도 쉽게 배웠다. 1950년 봄, 그는 미국의 선진 의학을 배워 올 생각으로 미국 국무부의 유학생 모집 시험에 응시하여 합격하였다.

2. 독일에 유학하여 핵의학을 접하다

이문호가 한창 미국 유학을 준비하던 1950년 6월 25일, 전쟁이 일어났다. 경기도 금촌의 친척집에서 피란살이를 하다가 9·28 서울수복 이후 북진하는 국군을 따라 황해도 신막까지 가서 진료소를 차리고 환자들을 진료하였다. 그러나 중국이 전쟁에 개입하자 전세는 다시 역전되었다.

서울로 돌아온 이문호는 서울대학교 의과대학 부속병원에 합류하였다. 대학병원은 이미 제36육군병원으로 편성되어 있었다. 김동익 병원장과 교직원, 3~4학년 학생들은 12월 4일 의료기기와 약품 등을 싣고 먼저 부산으로 피란하였다. 이문호는 잔류부대에 편성되어 1951년 1월 4일 마지막 열차로 부산으로 출발하였다.

1951년 2월 하순, 서울대학교 의과대학 부속병원 의료진은 제주도의 한림翰林에 구호병원을 개설하였다. 병원 건물은 초라하였지만 내과, 외과, 소아과, 안과, 이비인후과, 수술실 겸 산부인과 분만실, 치과, 처치실 및 주사실 등을 갖춰 웬만한 종합병원다웠다. 원장은 윤태권, 내과는 오진섭·이문호·이장규·홍사악, 소아과는 홍창의, 정형외과는 노약우, 안과는 김의준, 이비인후과는 백만기, 치과는 김주환 등이 맡았다.

개원 2주일이 지나자 제주도 방방곡곡에서 환자들이 밀려들기 시작하였다. 내과 질환으로는 위장장애, 기생충, 간질환 등이 많았고, 안과 질환으로는 트라코마가, 이비인후과 질환으로는 중이염이 압도적이었다. 소아과 질환으로는 영양실조와 기생충이 많았다. 4월이 되자 한림구호병원은 제2국민병 환자 진료까지 담당하게 되었다. 그러나 농번기가 시작된 후 환자가 눈에 띄게 줄어들었다. 결국 7월 중순에 한림구호병원은 문을 닫고 부산으로 이동하였다.

2년 가까이 부산에서 지낸 이문호는 1953년 휴전협정이 체결되자 곧 서울로 돌아와 전임강사 자격으로 모교에서 학생들을 가르쳤다. 또한 독일 유학을 위해 1954년 초 자원입대하여 병역을 마쳤다.

전쟁이 끝난 후 한국 사회에는 미국 유학 붐이 일었다. 미국으로 가면 돈 없이도 인턴, 레지던트도 할 수 있고 취직도 할 수 있었다. 반면 독일을 선택하면 어려운 관문을 통과하여 장학생이 되어야만 하였다. 그럼에도 불구하고 이문호는 서독 정부기관인 독일교육교환협회DAAD의 장학생에 선발되었다. 그는 독일인 의사와 일본인 의사에게서 프라이부르크대학의 세계적인 혈액학자 하일마이어Heilmeyer 교수를 소개받고, 그에게 직접 편지를 써서 유학을 허락받았다. 마침내 1954년 10월 14일, 그는 부푼 꿈을 안고 독일로 출발하였다.

프라이부르크는 독일 최남단, 프랑스 및 스위스와 국경을 맞댄 작은 도시이다. 1457년 설립된 이래 600년간 프라이부르크대학은 각 분야에서 숱한 세계적 석학을 배출하였다. 특히 19세기 말과 20세기 초에 걸쳐 세계 사상계를 뒤흔든 역사가와 철학자가 많았다. 의학 분야에서 업적을 남긴 사람들도 적지 않았다. 특히 면역학, 혈청학의 대가로 1908년 노벨 생리의학상을 받은 파울 에를리히Paul Ehrlich(1854~1915)와 담석증·혈전·괴혈병·류머티즘열·충수염 등에 관한 병리학 연구의 대가인 카를 아쇼프Karl Ludwig Aschoff(1866~1942) 등이 저명하다.

이문호는 하일마이어 교수와 그의 애제자인 베게만Begemman 교수의 영향을 받아 은연중에 혈액학을 전공해야겠다고 생각하게 되었다. 그러나 하일마이어 교수는 프라이부르크대학이야말로 세계 혈액학의 메카라고 자부하면서도 이문호에게 새로운 분야를 공부할 것을 주문하였다. 바로 핵의학이었다.

당시 독일을 비롯한 유럽 의학은 방사성 동위원소isotope를 이용한 진단 및 치료 분야에서 뚜렷한 진전을 보이고 있었으며, 프라이부르크대학도 이 흐름의 한 축을 이루고 있었다. 특히 방사성 동위원소의 의학적 이용은 1930년대 이후 비약적으로 발전하였다. 1934년에는 인공 방사성 핵종인 P-32가 생산되었고, 1936년 존 로렌스John Lawrence는 이를 백혈병 환자의 치료에 사용하였다. 1942년 엔리코 페르미Enrico Fermi는 시카고대학에 최초의 원자로를 설치하여 그 핵분열 생성물로부터 여러 종의 방사성 동위원소를 얻었다. 이후 나트륨, 인, 요오드, 철 등의 여러 방사성 동위원소가 생산되어 진단 및 치료 목적으로 사용되었다.

1953년 덴마크 코펜하겐에서 열린 국제방사선학회는 방사성 동위원소의 의학적 효용을 확인하는 자리였다. 이 학회에서 발표한 여러 학자의 보고를 통해 C-14, N-15, Fe-59, Ca-45는 신진대사 연구에, Cr-51은 적혈구, 혈장량 등 순환기 진단에, I-131, Ga-72는 갑상선암과 골전이骨轉移 등 종양 진단에 유용함이 인정되었다. 또 I-131(동위원소옥소) 치료는 협심증, 청색증, 심부전 등 진행성 심장질환 치료에 효과가 있으며, P-32, Au-198은 백혈병, 적혈구증다증 등 혈액질환에 주효하다는 사실이 방대한 증례 보고를 통해 확인되었다.

그런데 제2차 세계대전 종전 이후 미국의 원자탄 사용에 대한 국제적 비난 여론이 형성되자 1946년 미국 정부는 원자력의 평화적 이용을 모토로 '맨해튼 프로젝트'를 발표하였다. 미국에서 생산한 인공 방사성 동위원소를 의학 및 과학적 목적을 위해 제공한다는 것이 이 프로젝트의 요점이었다. 이 프로젝트는 1957년 국제원자력기구IAEA의 설립으로 이어졌다. 이문호가 프라이부르크에 도착한 때는 방사성 동위원소가 의학 연구의 중심 문제 중 하나로 떠오르고 있던 바로 그 무렵이었다.

이문호가 프라이부르크대학에서 한창 연구 중이던 1956년 4월, 학회 창립 75주년을 기념하는 제63회 독일내과학회가 개최되었다. 참석회원만 5천여 명이었고, 101개의 연제가 발표되었다. 주제는 간질환의 병리와 임상이었는데, 특히 '한국에서 전사한 미국 군인의 관상동맥 질환의 병인病因' 300례가 보고되었다. 이 학회는 이문호에게 큰 자극을 주었음에 틀림없다. 내과의사이자 혈액학과 핵의학을 전공하는 그에게 간질환과 관상동맥 질환은 주요 관심사였다. 이문호는 바쁜 연구생활 중에도 학회에 빠지지 않았으며, 1955년

9월 제5차 유럽혈청학회에서 「방사성철과 크롬을 이용한 감염성 빈혈에 관한 연구」를 발표하기도 하였다.

3. 한국 핵의학을 창시하다

이문호는 1957년 11월 23일에 귀국하였다. 1959년 봄, 이문호는 그토록 바라던 서울의대 내과학교실 조교수가 되었으며, 독일에서 쌓은 지식과 경험을 바탕으로 정력적인 활동을 시작하였다.

때마침 1960년 5월 30일, 서울의대 부속병원에 우리나라 최초로 방사성 동위원소 진료실이 설치되었다. 이 진료실은 방사성 동위원소를 이용하여 각종 질환을 진단하고 치료하는 것을 목적으로 IAEA의 지원을 받아 설립되었다. 서울의대 교수회의에서 이문호가 초대 실장으로 임명되었다. 조교수로 갓 임명된 젊은 의학도로서는 영광이었다. 그러나 말이 방사성 동위원소 진료실일 뿐, 지금의 서울대학교병원 어린이병원 자리에 얻은 구석진 작은 방 하나가 전부였고 시설도 예산도 열악하기 그지없었다. 겨울이면 발전량이 감소해 절전해야만 하였고, 연구실 난방은 생각조차 할 수 없었으며, 물이 얼어붙을까봐 누수공사를 해야 하였다.

이와 같이 열악한 연구환경에도 불구하고 새로운 학문인 방사성 동위원소를 이용한 의학적 연구에 커다란 야망과 포부를 갖고 있던 이장규(당시 약리학교실에서 연구), 고창순(내과 수련의), 강수상(약리학교실 조교), 서병준(산부인과 대학원생) 등 뜻있는 젊은 의학도들이 이문호와 함께 밤낮을 가리지 않고 연구 및 진료에 힘썼다. 그 결과 병원 내외에서 '박사공장'이라는 별명까지 얻었다. 이문호는 1988년 봄 서울의대를 정년퇴임할 때까지 모두 78명의 박사를 지도, 배출하였다.

1960년 방사성 동위원소 진료실은 원자력 기술의 보급 계몽을 목적으로 IAEA로부터 이동식 실험차를 대여받아 방사성 동위원소 취급과 이용에 관한 기초훈련을 실시하였다. 원자력원이 주관한 이 훈련은 서울, 부산, 대구, 광주 등지에서 4주간의 과정으로 6회에 걸쳐 주로 대학교수 요원을 대상으로 실시되었다. 이것이 우리나라 최초의 방사성 동위원소 이용 강습회였다.

방사성 동위원소 진료실은 원자력원에서 많은 연구위탁금을 지원받아 연구에 사용하였다. 실제적인 공동연구자로 이장규, 고창순, 강수상 등이 수고하였으며, 진병호, 이제구, 한심석, 이성호, 이진순, 남기용 교수 등이 함께 연구하였다. 이 연구결과를 1960년 제2차 원자력학술회의에서 처음 발표하였다. 갑상선종에 관한 연구는 1961년 제3차 원자력학술회의와 같은 해 일본 교토에서 열린 제4차 일본원자력학술회의에서 발표하였다.

1961년 방사성 동위원소 진료실은 콜로이드Colloid 금金(198-Au)을 이용하여 간 영상진단을 시작하였다. 또 방사성 동위원소를 이용한 각종 질병의 치료를 종양 등의 치료로 확대하였다. 더욱이 1962년 3월에 시작된 국내 원자로의 가동은 원자력 연구의 기폭제가 되었다. 이러한 활약을 바탕으로 이문호는 1962년 당시 한국의 노벨상으로 알려진 제3회 삼일문화상을 받았다. 「방사성 동위원소의 의학적 이용」이라는 논문으로 자연과학 부문 학술상을 받게 된 것이다.

1960년대에 한국인들의 장내腸內 기생충 감염률은 대단히 높았다. 특히 회충 및 편충 감염률은 80퍼센트, 요충은 40퍼센트, 십이지장충은 20퍼센트나 되었다. 이문호는 때마침 IAEA로부터 연구비를 보조받아 구충鉤蟲에 관한 연구에 착수하였다. 1960년대 초부터 약 10년간 방사성 동위원소를 이용하여 구충성 빈혈의 발생기전을 포함한 구충성鉤蟲性 전반에 관하여 연구하였다.

또한 이문호는 피험被驗 인체에 나타나는 각종 임상 소견과 감염률, 면역획득 여부를 관찰하였다. 그 결과 오랫동안 문제가 되었던 속칭 '채독증菜毒症'의 본체를 규명하고 그 임상증상을 상세히 관찰할 수 있었다. 또한 가장 중요한 소견인 빈혈의 본체를 규명하기 위해 방사성철(59-Fe)과 방사성크롬(51-Cr)을 사용하여 듀비니 구충으로 인한 장관내腸管內 실혈량失血量 및 철 소비량과 적혈구 수명 등을 측정하고 철 중간대사 등도 측정하였다. 특히 이문호 자신도 기생충 500마리를 한꺼번에 삼키고 직접 실험에 참여한 이야기는 유명하다. 이런 연구를 통해 1975년 학자로서 우리나라 최고상이라 일컬어지는 제20회 대한민국학술원상 수상의 영광을 안게 되었다.

1960년대 국내에서 해마다 암 희생자가 3만여 명에 이르자 범국민운동으로 대암對癌 투쟁이 싹트기 시작하였다. 이문호 역시 학술대회와 각종 발표, 지면 등을 통해 인류 최후의 적이라 불리는 암으로부터 탈출하는 방법은 조기 진단과 조기 치료밖에 없다는 점을 역설하였다. 좀 더 조직적인 운동이 필요하다고 생각한 이문호는 대암협회 창립을 주도하기 시작하였다.

1963년 서울의대에 암연구소가 설립되었다. 진병호 교수가 암연구소를 설립하고 초대 소장을 맡아 8년간 연구소를 주도하였다. 암연구소는 임상적인 암 발병 통계사업, 병리조직학적 암의 분류사업, 인체 각종 조직에서 암세포 발육인자 및 억제인자 등을 검색하는 연구를 진행하였다. 1977년 이문호는 암연구소 제4대 소장에 취임하여 1988년까지 약 11년간 소장으로 근무하였다. 당시에는 구입하기 어려웠던 전자현미경을 구입하고, 1985년에는 실험실마다 무균 실험조작장치를 도입하였다. 아울러 규모는 작았지만 무균동물 사육장을 마련하였으며, P3급 무균실험실도 설치하였다.

1988년 1월 28일 이문호는 암연구소의 활동을 지속시켜야겠다는 일념으로 암연구재단을 설립하고 이사장에 취임하였다. 암연구소의 지원 모체를 마련한 것이다. 서울대학교 암연구소는 1991년 1월 과학재단으로부터 우수 연구센터로 지정되어 조직적인 연구지원을 받고 있다.

4. 한국 의학계를 주도하다

이문호는 여러 학회의 창립을 주도하여 한국 전체 의학계의 주인공으로 부상하였다. 대한혈액학회가 전문 분과학회로는 비교적 초창기인 1958년 6월 16일에 창립되었다. 이문호는 이때 총무부장을 맡았다. 대한혈액학회는 1979년 한국 의학계로서는 최초로 아시아 태평양 혈액학회를 성대하게 거행하였다. 2002년 이문호는 제29회 국제혈액학회ISH 서울대회 조직위원회 대회장에 선출되었다.

핵의학에 대한 연구가 본격적으로 진행되면서 이 방면에 관심을 가진 젊은 의사들이 주축이 되어 대한핵의학회를 창립하였다. 이문호는 이장규, 민병석, 황기석, 고창순 등과 함께 1961년 12월 28일 서울의대에서 창립총회를 개최하고 회장에 선출되었다. 당시 세계적으로 핵의학 학회가 창립된 국가는 미국, 일본 등 몇 나라밖에 없을 때였다. 대한핵의학회는 1년에 한 번씩 개최되는 총회 겸 학술대회 외에도 주로 병원에서 근무하는 임상의사들을 위한 방사성 동위원소 취급과 이용에 관한 기초훈련을 실시하였다. 또한 동남아시아에서는 최초로 국제핵의학 심포지엄을 개최해 성황리에 마쳤다. 특히 1980년 필리핀에서 열린 제2차 아시아 대양주 핵의학회에서 우리나라가 제3차 아시아 대양주 핵의학회 회장국으로 만장일치 의결됨과 동시에 이문호가 회장으로 선출되었다. 제3차 아시아 대양주 핵의학회는 1984년 8월 27일부터 31일까지 25개국 700여 명이 참석한 가운데 성황리에 개최되었다. 특히 1977년 노벨 생리의학상을 받은 로잘린 얄로, 핵의학의 개척자이며 대부로 알려진 헨리 와그너, 제1차 세계핵의학회장을 역임한 우에다上田英雄 등이 참석하였다. 특히 얄로 박사의 특강과 그가 좌장으로 직접 참석한 방사성 면역측정법 심포지엄은 많은 회원의 찬사를 받았다.

한국에서도 핵의학이 발전하고 연구가 활발해짐에 따라 내분비학 중에서도 갑상선 질환에 대한 체계적인 연구가 진행되었다. 갑상선 질환의 치료는 방법에 다소 차이가 있어 어떤 형식으로든 동호인 연구가끼리 모임을 갖고 공동 연구를 할 필요가 있었다. 당시에는 갑상선 치료를 받은 환자 중 70퍼센트가 방사선 면역측정법으로 진단 및 치료를 받았다. 갑상선 질환의 진단, 치료를 비롯한 각종 연구와 이에 대한 의학정보의 교환, 국제학회 가입 등을 위해 1977년 3월 24일 갑상선연구회가 발족하였다. 이문호가 회장에 취임하였고, 간사는 고창순 교수가 담당하였다. 이문호는 서울대학교를 정년퇴임한 다음 해인 1989년에 직접 국제갑상선학회를 책임지고 개최하기도 하였다.

1977년 이문호는 『갑상선학』을 출판하였다. 의사나 의학생에게 학문에 대한 의욕을 고취하기 위해 저술한 책이었다. 이 밖에도 1980년대 후반에는 『갑상선세포론』, 『알기 쉬운 갑상선해설』 등을 저술하여 갑상선학에 대한 이론을 정리하였다.

1974년 이문호는 대한내과학회 이사장에 선출되었다. 이때부터 대한내과학회는 안정기에 접어들어 의학의 가장 기본이며 광범위한 분야를 연구하는 학술단체로서 본연의 역할을 충실히 하였다. 연구의 활성화 및 학문의 공유, 후학 양성을 위한 여러 가지 사업을 시작하였다. 특히 의학강좌를 개설하고 내과학회 사무실을 마련하였다.

이문호는 1976년 건국 이래 최초로 교과서용인 한국판 『내과학』 상·하권을 발간하였다. 이문호가 편집대표를 맡았고 전종휘, 허인목 교수 등이 편집책임위원을 맡았다. 이문호는 이 책으로 동아의료문화상을 수상하였다.

한편 1961년 이문호는 박용래 서울시의사회장의 권유를 받아들여 학술부장 겸『의사신문』편집을 맡아 의사단체 활동에도 나섰다. 최초로 한국과 일본 의사들의 좌담회를 개최하고 장학사업에도 힘썼다. 또한 서울시의사회장 한격부,『의사신문』기자 김윤기 등과 함께『의사신문』을 꾸준히 발간하여 의학계 언론문화 창달에 기여하였다. 하지만 대한의사협회와 서울시의사회의 갈등이 커지면서 6년 만에『의사신문』편집인을 사퇴하고 서울시의사회를 떠났다.

이문호는 1972년 대한의학회의 전신인 분과학회협의회 회장에 선출된 후 1994년까지 무려 22년간 대한의학회를 주도하였다. 그동안 분과학회협의회에서 대한의학회로 명칭을 바꾸는 일을 주도하였고, 대한의학회에서 전문의고시를 주관하도록 했다. 또 대한의사협회의 의학교육 및 학술진흥 사업을 지원하였다. 특히 1975년 영문판『한국의학 초록집』을, 1977년『의학용어집』을 발간하였다. 이 밖에도 창립 당시 34개 학회로 시작한 대한의학회를 2012년 현재 153개 정회원 학회의 협의체로서 그 위상을 세워 각 분과학회의 학술활동을 적극적으로 지원하는 길을 열었다. 아울러 가정의제도 채택을 위해 노력했으며 자격조건을 제시하였다. 1995년에는 분쉬의학상을 제정하였다.

이문호는 1977년 아산사회복지재단 의료자문위원장을 맡았다. 정읍병원, 보성병원, 인제병원, 보령병원, 영덕병원은 물론 서울아산병원을 설립하는 데에도 많은 도움을 주었다. 1989년에는 서울아산병원의 초대 병원장에 취임하여 의학 선진화를 추구하고, 신생 아산병원과 울산대학교 의과대학의 정착에 일조하였다.

이문호는 1988년 2월 29일 서울대 교수 생활 40여 년을 마감하는 정년퇴임식을 가졌다. 그는 이날 한국의 오진율과 질병 형태 변천에 관한 기념강연을 가졌다. 그가 40여 년간 모교인 서울의대에서, 정년 후 아산병원 등에서 이룬 업적은 대단하였다. 그는 한국 핵의학을 창시하고 현대 한국의학 시스템을 구축한 개척자였다. 이를 인정받아 대한민국훈장 동백장(1984), 모란장(1988), 독일십자공로훈장 대훈장(1995), 자랑스런 서울대인상(1998) 등 총 17회 서훈을 받았으며, 2004년 사후 정부는 그에게 우리나라 최고 훈장인 국민훈장 무궁화장을 추서하였다.

참고문헌

대한핵의학회, 『대한핵의학회 40년사』, 대한핵의학회, 2001.
서울대학교 의과대학 내과학교실 동문회, 『靑峰 李文鎬敎授 華甲紀念論文集』, 서울대학교 의과대학 내과학교실 동문회, 1982.
서울대학교병원 핵의학과, 『서울대학교병원 핵의학 50년사』, 서울대학교병원 핵의학과, 2010.
이문호, 『의학사랑 60년』, 중앙문화사, 2001.
이명철·전우용, 「한국 의학의 미래를 담은 편지」, 서울대학교병원 병원역사문화센터 엮음, 『의사들의 편지에는 무슨 이야기가 있을까』, 태학사, 2011.
미정리 상태의 이문호 서신들

손기정, 마라톤으로 대한독립을 세계에 알리다

이태진

1. 머리말
2. 베를린 올림픽에 출전하기까지
3. 월계관을 쓰고 일장기를 가리고

4. 마라톤 보급운동으로 나선 나라 가꾸기
5. 맺음말

1. 머리말

필자는 1950년대 소학교생일 때 교과서를 통해 손기정孫基禎(1912~2002) 선수의 쾌거를 알았다. 손기정 선수가 메인 스타디움으로 달려 들어오는 부분이 기억에 남는다. 1위로 들어오는 손 선수를 보고 누군가 감격하여 "손기

이태진李泰鎭(서울대학교 명예교수, 대한민국학술원 회원, 현 국사편찬위원회 위원장)

저서로는 『증보판 한국사회사 연구』(지식산업사, 2008), 『朝鮮儒敎社會史論』(지식산업사, 1989), 『朝鮮後期의 政治와 軍營制 변천』(한국연구원, 1985), 『왕조의 유산 — 외규장각도서를 찾아서』(지식산업사, 1994), 『고종시대의 재조명』(태학사, 2000), 『의술과 인구 그리고 농업기술』(태학사, 2002), 『동경대생들에게 들려준 한국사』(태학사, 2005), 『韓國社會發展史論』(공저, 일조각, 1992), 『서울상업사』(공저, 태학사, 2000) 등이 있다. 편저서로는 『조선시대정치사의 재조명』(태학사, 2003), 『일본의 대한제국 강점』(까치, 1995), 『한국병합, 성립하지 않았다』(태학사, 2001), 『한국병합의 불법성연구』(서울대학교출판부, 2003), 『한국병합과 현대 — 역사적·국제법적 재검토』(태학사, 2009), 『영원히 타오르는 불꽃 — 안중근의 하얼빈 의거와 동양평화사상』(지식산업사, 2010) 등이 있으며, 그 밖에 한국의 정치사, 사회사, 대외관계사 등에 관한 많은 논문이 있다.

정! 손기정! 손기정!"을 외치는 대목이었다. 손 선수가 어릴 적 가난 속에 먼 거리에 있는 학교를 달리기로 오간 얘기는 내 어린 가슴을 찡하게 하였다. 중학교 교과서에선가, 보스턴 마라톤 대회에서 우리나라 선수들이 1, 2, 3위를 휩쓴 쾌거를 읽었던 것도 잊히지 않는다. 그때는 이 쾌거가 손기정의 노력의 결실인 줄은 물론 몰랐다. 두 쾌거는 어린 나에게 우리나라 마라톤에 대한 무한한 신뢰감을 심어주었다. 그래서 한국 마라톤이 부진할 때는 실망스런 감을 이기지 못하기도 하였다.

일제의 식민통치, 광복 후 분단, 그리고 6·25전쟁 등이 잇따른 역사에서 쾌거의 소식을 직접 접한 사람들은 아마도 허벅지를 꼬집기까지 했을 정도로 손 선수의 승리는 자랑스러운 민족사의 장면이었다. 그로써 일깨워진 민족적 자부심은 어떤 정치적 사건이나 슬로건보다도 더 컸을 것이다. 내가 대학교에서 한국사를 전공하기 시작하면서부터 우리 민족사에 대한 자부심을 한순간도 놓지 않은 데에도 이때의 경험이 영향을 미쳤을 것이다. 『한국사 시민강좌』 제50집 편집회의에서 동료 위원들이 특집 '대한민국을 가꾼 사람들'의 필자를 선정하면서 나보고 '손기정'을 쓰라고 했을 때 나는 체육사에 문외한이면서도 굳이 이를 거부하지 않았다. 편집위원 전원이 이번 호에는 집필자가 되어야 한다는 원칙을 깨지 못한다면 차라리 이번에 손기정에 대한 공부를 해보자는 생각이 들었다. 그러나 자료를 모으면서 곧 후회하였다. 이렇게 중요한 주제를 문외한이 다룬다는 것이 과오로 느껴졌다. 다행히 손기정 옹의 자서전 『나의 조국, 나의 마라톤』(1983, 한국일보사)을 읽으면서 안정을 찾을 수 있었다.

이 책은 한국 마라톤의 역사를 넘어 한국 현대사를 새로운 측면에서 보게 하는 역사서로 느껴질 정도로 내용이 중요하고 충실하였다. 일제의 굴욕을 극복하려는 강한 의지가, 마라톤을 통해 펼쳐진 개인의 역사가 국내외 정치

세계의 흐름과의 연관 속에 진솔하게 그려져 있었다. 그의 삶은 민족을 가장 영예롭게 하는 것이면서도 혼란기 민족의 길 찾기에 가장 강한 영향력을 발휘했던 것으로 읽혔다. 나는 내게 부여된 집필의 임무를 전적으로 이 책에 의존하여 수행하기로 했다. 내 글이 독후감의 수준을 넘어서지 못할지라도 그의 책 내용은 『한국사 시민강좌』 독자들에게 널리 소개할 만한 가치가 있다고 믿는다.

2. 베를린 올림픽에 출전하기까지

손기정은 대한제국이 일본에 강제로 병합된 지 2년 후인 1912년 8월 29일 (음력)에 신의주에서 태어났다. 그의 집안은 몹시 가난하였다. 아버지가 작은 가게를 열어 생계를 유지하는 형편이었다. 그의 집은 해일로 두 번이나 물에 잠겨 살림살이가 펴질 기회가 없었다.. 신의주는 일제가 만주 진출을 목적으로 철도를 놓으면서 생긴 신도시였기 때문에 경제적으로 부유한 사람들도 꽤 있었다. 손기정 또래 아이들 가운데에는 겨울철에 스케이트를 타는 아이들이 여럿 있었다. 가난했던 손기정은 가는 쇠붙이를 두드려 나무토막에 붙여 스케이트를 대신하였다. 하지만 궁색한 짓이 싫어 돈이 전혀 들지 않는 달리기를 더 좋아하였다.

손기정은 동네 꼬마들과 어울려 들개처럼 압록강 변을 쏘다니면서 달리기를 즐겼다. 그는 압록강 둑에서, 강을 가로지르는 철교 위에서 자신의 마라톤이 시작되었다고 술회하였다. 아이들은 강 위로 흐르는 뗏목이나 배와 겨루듯이 달렸다. 뗏목으로 묶여 내려온 아름드리 통나무들이 강가에 멈추면 아이들은 쏜살같이 그리로 뛰어가 놀이처럼 나무껍질을 벗겼다. 벗긴 나무껍질은 집의 땔감용이었다. 세계를 제패한 손기정의 마라톤이 한반도의 최대

강인 압록강 변에서 시작되었다는 것은 상징적인 의미가 있다.

집에서 2킬로미터 떨어진 학교도 달리기로 다녔다. 자갈밭 길이지만 걸어서 다닌 적이 없었다. 보통학교 시절에 구역 대항 장거리 경주, 압록강 다리 건너오기 경주 대회에 출전하다가 6학년이 되자 신의주 대표로 안동-신의주 간 육상대회에도 나갔다. 보통학교 졸업 후에는 진학하지 못해 장거리 선수의 꿈을 접었다가 어느 선생님의 권유로 일본으로 건너갔지만 거기서도 기회를 얻지 못하고 다시 신의주로 돌아왔다. 생계 때문에 포목점, 곡물상회에 취직하여 달리기를 할 기회를 얻지 못하여 실의에 찬 날들을 보냈다. 독립군이 신의주 형무소를 탈취하는 사건이 일어났을 때에는 이렇게 사느니 독립군에 들어가자는 생각도 하였다. 그러나 자신이 가장 잘할 수 있는 일은 운동이요 달리기란 사실을 잊지 않았다. 신의주 지역의 구역 대항 경주에 자주 출전하여 우승하던 손기정은 평안북도 대회에서도 우승을 휩쓸었다. 1931년 11월에는 평북 대표로 경성에서 열린 조선신궁대회에 출전하여 5천 미터 부문에서 2위를 하였다. 이 무렵 손기정의 우상은 핀란드의 파보 누르미였다. 누르미는 1920년 앤트워프 올림픽, 1924년 파리 올림픽, 1928년 암스테르담 올림픽에서 장거리 부문 메달 6개를 획득하여 초인으로 칭송받았다. 손기정은 그를 숭배하면서 장거리 선수로서의 꿈을 키웠다.

손기정이 마라톤을 처음 안 것은 조선신궁대회 출전을 통해서였다. 김은배 선수가 마라톤에서 2시간 30분대의 신기록을 냈다고 떠들썩해하는 것을 보고 그런 종목이 있다는 것을 처음 알았다. 그는 지금까지 5천 미터, 1만 미터의 장거리를 좋아했는데 그보다 몇 배가 더 먼 거리의 종목이 있다는 것을 알고 흥분하였다. 신의주에 돌아오자마자 그는 친구와 40리 정도 거리에 있는 통군정까지 뛰어보았다. 친구는 자전거를 타고 따라오면서 시간을 쟀다. 자신의 기록이 세계기록에 가까운 것을 확인하고 흥분한 손기정은 다시 40리

길을 뛰어 돌아왔다.

손기정은 1932년 3월 동아일보사가 주최한 경성-영등포 마라톤 대회에 출전하여 2위를 하였다. 경성 지리에 어두워 마라톤 코스를 미리 답사하는 데 실패하여 당일 경주에서 앞 선수를 뒤따라가다가 우승을 놓쳤다. 다행히 그는 이 성적으로 육상경기의 명문인 양정고등보통학교에 입학하였다.

양정고보는 1905년에 엄비의 조카인 엄주익嚴柱益이 세운 학교이다. 엄비는 교육입국이라는 고종황제의 뜻을 받들어 자신의 이름으로 여러 학교를 세웠는데, 양정고보 설립의 재원도 대부분 엄비가 하사한 것이었다. 육상부를 크게 육성한 이 학교에는 당시 김은배, 유해붕 등 중·장거리의 맹장들이 모여 있었다. 조선총독부 팀과 배제고보 팀이 겨루었지만 언제나 양정고보가 우승을 차지하였다. 손기정은 만 20세의 나이로 고등보통학교의 신입생이 되었다. 자서전에서는 양정고보의 전통 때문인지 대한제국의 황실에 대해 어떤 부정적 소견도 찾아볼 수 없다. 손기정이 1950년 보스턴 마라톤 대회 출전팀의 감독으로 대회를 휩쓸고 개선하는 도중에 요코하마에 기착하여 의열단 출신의 거류민 단장 박열의 안내로 '황태자 이은공'(영친왕)을 방문했을 때 51세의 그가 "또렷한 우리말로 나라 일을 걱정하자" 그에게 귀국을 종용하였다고 한다. 이런 역사의식으로 인해 손기정은 광복 후 험난한 정치적 파란 속에서도 마라톤 보급운동을 통해 민족이 나아가야 할 길을 제시할 수 있었던 듯하다.

양정고보 육상부는 손기정을 마라토너로 길러낸 곳이다. 손기정은 김은배, 권태하, 남승룡 등의 선배와 훌륭한 선생들의 지도를 받아 새로운 기록을 세우면서 우승을 거듭하였다. 그는 1933년부터 조선신궁대회에 출전하여 29분대의 신기록을 내고, 1935년부터는 도쿄의 메이지 신궁대회에도 나가 올림픽 후보 선발전에서 비공인이지만 2시간 26분대의 세계 최고 기록을 세워 주목을 받았다. 1935년 11월 3일 도쿄에서 열린 일본 선수권 겸 올림픽 대표 선발 예선전에서 2시간 26분 42초의 기록을 세워 올림픽 출전이 확정되었다. 일본인들은 조선인이 가장 우수한 기록을 내어 출전권을 따는 것이 싫었지만 일본제국의 이름으로 올림픽 우승이 이루어지는 것에 대한 기대를 버리지 못하였다.

3. 월계관을 쓰고 일장기를 가리고

손기정이 출전한 베를린 올림픽은 1936년 8월 1일에 49개국 4천여 선수단이 참가한 가운데 열렸다. 이 대회는 나치 총통 히틀러가 게르만족의 우수성을 세계에 보이기 위해 특별하게 꾸며졌다. 대회장은 거대한 나치 총통기로 휩싸였다. 스타디움은 역대 어느 올림픽의 경기장보다 크게 건축되어 10만 명을 수용할 정도였다. 인류 최대의 잔치로서 극적 효과를 기하기 위해 이때 성화 봉송 행사가 올림픽 사상 처음으로 이루어졌다. 아테네의 제우스신 제단에서 채화된 성화는 주자들에 의해 아테네-델포이-테살로니키-소피아-베오그라드-부다페스트-빈-프라하를 거쳐 베를린에 도착했고, 개막 시간에 맞추어 최종 주자가 메인 스타디움으로 들어왔다. 히틀러의 지시에 따라 처음으로 기록영화를 제작한 대회이기도 하였다. 개막식 음악 연주는 세계적 명성이 있는 리하르트 슈트라우스가 담당하였는데, 헨델의 '할렐루야'가 울려 퍼지다가 독일 선수단이 입장하는 순간에는 나치 당가로 바뀌었다. 손기정은 이 대회에 대해 체육인들에게는 올림픽 중의 올림픽으로 장대한 규모뿐만 아니라 조직적이고도 과학적인 대회 운영, 드라마틱한 경기 내용으로 높은 평가를 받았다고 평하였다. 이 대회에서는 수많은 영웅이 배출되었다. 일본 선수단에는 손기정을 비롯해 남승룡 · 김용식(축구), 장이진 · 염은현 ·

이성구(농구), 이규환(권투) 등 7인의 조선인이 포함되었다.

　마라톤 선수단은 현지 훈련을 위해 본단보다 2개월 전에 출발하였다. 이들은 도쿄에서 서울을 거쳐 만주와 시베리아를 군장비 수송 화물열차로 달려 7월 17일에 베를린에 도착하였다. 마라톤은 8월 9일 하오 3시, 30도를 넘는 습한 기상 조건 아래 거행되었다. 27개국의 선수 56명이 출발 선상에 섰다. 당시 가장 유망한 우승 후보는 아르헨티나의 후안 카를로스 자발라였다. 손기정의 기록은 자발라보다 빨랐지만 서양에서는 그 기록을 믿지 못하여 일본의 마라톤 코스는 길이가 짧다는 소문이 돌았다. 자발라는 자신을 과신하여 초반부터 질주하다가 체력 조정에 실패해 반환점에서부터 흔들려 뒤처졌다. 손기정은 35킬로미터 지점에서 선두로 나서 40킬로미터 지점의 비스마르크 고갯길을 넘어 스타디움으로 향하였다. "선두는 일본의 손기정"이란 장내 방송이 울리는 가운데 마지막 100미터를 질주하여 마침내 결승 테이프를 가슴에 감았다. 2시간 29분 2초, 올림픽에서는 처음으로 30분대를 깬 기록이었다. 20년 만의 더위라는 악조건에서 세운 놀라운 기록이었다. 남승룡 선수는 영국 선수 어니스트 하퍼와 겨루다가 18초 차이로 3위를 차지하였다.

　손기정은 시상대에서 24년 동안의 가난과 고통과 수모와 절망감과의 싸움이 끝났다는 감회와 함께 그간에 있었던 수많은 이의 따뜻한 손길과 눈물겨운 우정을 느꼈다. 그러나 일장기가 올라가고 '기미가요'가 울리자 가슴이 찢어지는 듯하였다. 일본으로부터 받은 고통과 수모, 절망감이 이제 끝났는데 왜 나의 승리에 일장기가 올라가고 일본 국가가 울려 퍼지는가? 그는 손에 쥔 꽃다발로 가슴에 붙은 일장기를 가렸다. 그는 그때까지도 자신의 우승의 표지로 일장기가 오르리라고는 생각해보지 못하였다. 승리국의 기가 게양되고 국가가 연주되는 의식을 전에는 보지 못했기 때문이다. 나는 결코 일본 사람일 수가 없다. 나는 나를 위해, 조선인을 위해 뛰었는데 저 일장기, 기미가요는 무엇인가. 손기정은 두 번 다시 일장기 아래서 뛰지 않으리라 결심하였다. 그는 가슴에 달린 일장기는 뗄 수 없었지만 수많은 사람의 사인 요청 공세에는 "Korea 손긔정 Kee G. Son"이라고 써주었다.

올림픽 우승은 손기정에게 수많은 세계적 명사를 만나게 해주었다. 이것은 이후 그가 마라톤 보급운동을 펴 후배들을 국제대회에 참가시키는 데 큰 자산이 되었다. 일본 선수단의 자축회가 있던 날 손기정은 선배 권태하의 안내로 베를린에서 두부공장을 하던 안중근의 사촌 안봉근安鳳根의 집으로 가 환영연을 받았다. 손기정은 그 집 안방에 걸려 있는 태극기를 보고 온 몸에 뜨거운 전류가 흐르는 듯 몸을 부르르 떨었다고 한다. 그는 이때 태극기를 처음 보았다. 손기정은 베를린을 떠나 덴마크-런던-파리-나폴리-뭄바이-싱가포르-상하이를 거쳐 고베로 돌아왔다. 그 사이 경성에서는 『동아일보』의 일장기 말소사건(8월 25일)이 벌어져 그는 상하이에서부터 환영이 아니라 감시를 받았다. 그를 만난 조선인 지인들은 몸조심하라고 조언하였다. 도쿄의 공식 환영식에서 수상 스즈키 간타로에게 "우승을 도로 물려야겠다"라고 직설했을 정도로 그간의 검색과 감시는 극심하였다.

4. 마라톤 보급운동으로 나선 나라 가꾸기

베를린 올림픽에 참가한 이듬해인 1937년 3월에 손기정은 양정고보를 졸업하였다. 올림픽 금메달리스트로서 도쿄고등사범학교(체육과)에 입학 원서를 냈지만 낙방한 손기정은 김성수를 찾아 보성전문 상과에 입학하였다. 하지만 가는 곳마다 일본 경찰의 감시가 따라 붙자 이렇게 지내기보다는 차라리 일본으로 가는 것이 낫겠다고 판단하였다. 다행히 메이지대학 법과 전문부에 입학하였지만 아이러니하게도 육상운동을 하지 않는다는 조건이 붙었다. 그는 이후 마라톤 선배인 권태하와 정상희 등의 지원 아래 마라톤 보급운동을 펴기로 하였다. 1939년 방학 중에 조선으로 돌아와 전국을 순회하면서 마라톤 보급운동을 펼쳤다.

1940년 3월 메이지대학을 졸업하고 저축은행에 입사했지만 기회만 있으면 마라톤 보급에 나서고자 하였다. 그러나 일제는 중일전쟁, 태평양전쟁을 벌이면서 1942년에 모든 체육회를 해산하고 곧이어 체육활동을 중지시켰다. 이 무렵 그는 톈진까지 가서 충칭으로 들어가 독립투사들과의 접선을 꿈꾸었다. 중국 국민당 총수 장제스가 손기정의 우승은 3·1운동, 광주학생운동에 이어 조선 민족이 보여준 제3의 쾌거라는 찬사를 아끼지 않았으므로 자신이 중국에서의 독립전쟁에 기여할 몫이 있을 것이라고 예상하였다. 그러나 이 즈음 처가 타계하여 국내에서 광복을 맞이하였다.

그는 정치운동에도 관심을 가졌지만 광복을 맞이하자 체육인으로 돌아가야 할 때임을 깨달았다. 광복 후 여러 정치세력이 등장하여 다투는 가운데 체육행사는 민족이 하나가 되는 기회로서 중요시되었다. 1945년 9월 23일 조선육상경기연맹이 탄생하였고 뒤이어 11월에 수년 전 해산된 조선체육회가 부활하였다. 그해 말 12월 27일에는 전국종합경기대회가 서울운동장에서 열렸다. 대회 개막일에 손기정은 태극기를 들고 10개 종목 4천여 선수단을 이끌고 경기장에 입장하였다. 이승만의 개식 연설과 여운형의 격려사가 우렁차게 울려 퍼졌다. 미군정 아래에서 체육이 정치에 앞서 민족을 하나로 만드는 역할을 하였다. 손기정, 남승룡의 베를린 쾌거가 민족의 자부심을 일깨웠기에 이루어진 삼천만의 힘찬 행보였다.

1946년 8월 9일은 베를린 올림픽 마라톤 우승 10주년이 되는 날이었다. 이날 권태하, 김은배, 남승룡, 손기정, 이길용 등이 모여 2년 뒤에 열릴 런던 올림픽에 대비하여 마라톤 보급회를 조직하기로 결의하였다. 권태하가 회장을 맡고 모두 힘을 모아 전국 마라톤 대회를 열고, 단축 마라톤 대회도 실시하여 선수를 발굴 육성하기로 하고, 세계제패 기념 경주대회도 계획하였다. '조선 마라톤 보급회'를 정식으로 발족하여 손기정은 안국동 자신의 집에 태극기를 내걸고 '마라톤 선수 합숙소'란 현판을 달았다. 방 4개를 숙소로 삼아 합숙훈련을 시작하고 틈나는 대로 김구, 이범석 등 독립 운동가들을 초청하여 교양강좌도 열었다.

이해에 10월 9일이 한글반포일로 정해졌다. 동아일보사는 9일의 기념식에 맞추어 7일부터 여주의 세종대왕 영릉 정자각에서부터 기념식장인 덕수궁까지 3일간 한글 바른소리(훈민정음) 원본을 들고 달리는 역전 경주 대회를 개최하였다. '훈민정음 원본 봉심회'라고 불린 이 행사에서 손기정과 남승룡은 최종 주자로서 덕수궁 식장으로 입장하였다. 광복으로 우리말을 되찾은 것을 10년 전 올림픽 마라톤 세계제패의 민족적 쾌거와 연결한 뜻깊은 행사였다. 주자들이 경기도의 25개 면을 달리는 동안 각 부락의 농악대와 어린 학생들이 연도에 줄을 이어 환영하였다. 기념식에 각계 대표, 시민, 남녀 중학생, 전문학교 학생 등 5천여 명이 참석한 가운데 손기정은 남승룡과 함께 최종 주자로 훈민정음 원본을 받들고 입장하였다. 국사학자 이병도가 훈민정음 서문을 낭독하고 국악 연주에 이어 한글학자 정인승이 한글 연혁을 소개하였다. 손기정을 키운 양정고보를 대표하여 교장 장지영이 "우리는 우리말로 힘있게 살아보자"라고 기념사를 하였다. 베를린 올림픽 제패의 민족적 자부심을 광복과 함께 되찾은 우리말 살리기에 연결한 의미심장한 행사였다.

1946년은 한민족에게 할 일이 많은 해였다. 광복 1주년을 기념하여 『비판신문』 주최로 봉화제전이 8월 14일 밤에 열렸다. 오후 6시 영락거리 대종교 총본사의 단군전에서 대종교 주교가 건네준 성화를 들고 손기정은 마라톤 보급회 선수 20여 명의 호위를 받으며 종로, 남대문로를 거쳐 남산으로 달렸다.

남산 봉화제전 식장에서 기다리던 김구 선생이 성화를 건네받아 봉화대에 점화하였다. 이를 신호로 북쪽 백악산 꼭대기에서도 봉화 불빛이 나타났다. 이범석 장군이 식사에서 "광복된 조국과 조선 민족이 나아갈 길을 밝힐 횃불"이라고 외쳤다.

베를린 올림픽 마라톤 우승 10돌 기념행사는 우승한 날인 8월 9일에서 하루가 지난 8월 10일 오후 5시에 축승회란 이름으로 덕수궁에서 열렸다. 김구, 이승만 부처, 주둔군 총사령관 하지 중장과 미군정 요인들이 참석하였다. 손기정은 김은배, 권태하 등 마라톤 선배들의 인도를 받으며 대한문을 들어서서 단상으로 향하였다. 그의 머리에는 감람나무로 엮은 승리의 관이 올려졌다. 축승회에 앞서 낮 3시부터 동아일보사 주최로 세계제패 10주년 기념 마라톤 대회가 열렸다. 광화문에서 노량진을 왕복하는 코스에서 서윤복이 1위를 하고 재동초등학교 6년생인 13세의 정성화 군이 전 코스를 완주하여 사람들을 놀라게 하였다. 손기정의 올림픽 우승은 광복 후 나라를 다시 세우는 마당에서 이처럼 정치 지도자들뿐만 아니라 어린 학동들의 가슴에까지 무한한 자부심과 포부를 안겨주었다.

손기정의 마라톤 보급운동은 축제 속에서도 흐트러지지 않았다. 합숙훈련에서 서윤복이 두각을 나타냈다. 그는 두 번 국내 선수권 대회에서 우승한 뒤 보스턴 마라톤 대회에 출전하여 우승하였다. 손기정의 자서전에 따르면 손기정 자신도 이 대회의 존재를 모르다가 1936년 베를린 대회 때 알게 된 미국 선수(존 켈리)가 보내온 엽서를 통해 처음 알게 되었다고 한다. 그는 손기정이 신은 벙어리장갑 모양의 운동화가 우승을 가져왔다고 믿고 이를 얻어갔던 사람이다. 그는 손기정과 같은 모양의 신발을 신고 보스턴 마라톤 대회에서 우승한 후 그 소식을 엽서로 알려주었다. 손기정은 미군정청 인사들의 도움을 받아 남승룡, 서윤복과 함께 어렵게 1946년 보스턴 마라톤 대회에 참가하였다. 물론 자신은 선수가 아니라 감독이었다. 이 대회는 우리나라 선수들이 태극기를 달고 참가한 최초의 국제대회였으며 서윤복은 2시간 25분 39초라는 기록으로 우승하였다. 광복과 동시에 만방에 독립민족 코리아의 건재를 이렇게 바로 알릴 수 있었던 것은 손기정의 불굴의 의지 때문이었다.

손기정의 마라톤 보급운동은 그칠 줄을 몰랐다. 보스턴 마라톤 대회에서 우승한 후 최윤칠과 홍종오를 발굴하여 1948년 런던 올림픽에 출전하였다. 그러나 이때는 과도정부 아래에서 혼란이 계속되던 시기라 참가하는 과정부터 어려움이 많았다. 선수들은 런던까지 해로로 가는 통에 컨디션이 나빠 좋은 성적을 내지 못하였다. 전열을 가다듬은 손기정은 1950년 4월 19일 두 번째 보스턴 마라톤 대회에 함기용, 송길윤, 최윤칠을 이끌고 참가하여 1, 2, 3위를 휩쓸어 보스턴 하늘을 태극기로 가득 메웠다. 그러나 선수단이 6월 20일 귀국한 뒤 5일 만에 전쟁이 나서 기쁨을 누릴 수는 없었다. 전쟁 중에도 1952년 7월 핀란드 헬싱키 올림픽에서 손기정은 코치로 최윤칠, 홍종우 선수를 이끌고 참가하였고, 최 선수가 4위를 하였다. 1953년 휴전이 이루어지자 손기정은 다시 전국 각지에서 유망 인재 발굴에 나서 대구에서 영남중학교 학생 이창훈을 찾아냈다. 그의 소질이 뛰어나다고 판단한 손기정은 자신의 집에서 그를 자비로 키우기로 결정하고 양정고등학교에 입학시켰다. 이창훈은 2학년 때 멜버른 올림픽에 출전하여 유망한 선수들인 일본의 가와지마, 체코의 자토백을 제치고 4위로 들어왔다. 1957년 4월 19일 제16회 보스턴 마라톤 대회에서는 임종우가 3위로 입상하였고, 이듬해 5월의 제3회 도쿄 아시아 경기에서는 서윤복이 코치로 나서 이창훈, 임종우를 이끌고 출전하여 이창훈이 우승하였다.

대한민국 정부는 1959년 12월 세계제패와 후배 양성의 공로로 그에게 대한민국체육상 지도자상을 수여하였다. 가정적으로는 1963년 1월 20일 딸 문영이 이창훈 선수와 결혼하는 경사가 있었다.

5. 맺음말

손기정의 베를린 올림픽 우승은 해방공간에서 가장 강력한 통합력을 발휘하였다. 그가 거둔 우승은 개인의 영광을 넘어 민족의 자주 독립의식을 일깨우고 키우는 데 결정적 기여를 하였다. 우승에 못지않게 값진 것은 우승 후자신에게 닥친 일제의 압박을 극복하고 '조선 마라톤 보급'의 뜻을 키워 신생 대한민국을 가꾸는 데 큰 몫을 하였다는 사실이다. 정치 지도자들이 오히려 갈등의 수렁에 빠져든 것과 달리 그는 깊은 사려의 힘으로 이런 일을 해낸 것이다. 자신의 영광을 바탕으로 수많은 후배가 국제무대에서 우승을 하게 만든 예는 다른 부문에서 거의 없던 일이다. 자서전 『나의 조국, 나의 마라톤』의 「자서自序」는 언제나 민족을 생각한 그의 사려가 묻어나는 내용이다. 이를 아래에 인용하여 이 글의 마무리로 삼고자 한다.

벌써 47년의 세월이 흘렀다. 그러나 그날 세계 마라톤의 정상에 서서 흘린 가슴속 뜨거운 눈물은 지금도 마르지 않고 내 혈관 속을 돌고 있다. 순간이 영원으로 이어지는 것일까. 압제에 시달리던 식민지의 이름 없는 젊은이가 한순간에 이룬 작은 일을 자각의 불씨로 받아들였던 뜨거운 동포애로 인해 나는 오늘 광복된 조국의 땅에 '일본의 손기정'이 아닌 '대한민국의 손기정'으로 떳떳이 설 수 있음을 자랑스럽게 생각한다. — 비극의 시대였다. 희망도 꿈도 없는 길고 긴 암흑의 터널이었다. 절망만이 가득하던 그 시대에 내가 택한 것이 마라톤이었다. 희망을 향한 탈출구라도 좋았고 끝내는 파멸로 향한 길이라도 좋았다. 한시라도 뛰지 않고서는 견딜 수 없었다. 나는 마치 공기를 숨 쉬듯 눈 덮인 언덕, 얼어붙은 자갈길을 뛰고 달렸다. 마침내 올라선 마라톤 세계 정상에서 맛본 것은 끝없는 좌절감뿐이었다. 마라톤의 우승은 나의 슬픔, 우리 민족의 슬픔을 뼈저리도록 되새겨 주었을 뿐이었다. 나라가 없는 놈에게는 우승의 영광도 가당치 않은 허사일 뿐이었다. 다시 찾은 내 나라의 광복 기념 체육대회에 태극기를 들고 들어가며 나는 가슴 속에 묻어두었던 감격에 느껴 울었다. 나라를 가진 민족은 행복하다. 제 나라 땅 위를 구김 없이 뛸 수 있는 젊은이들은 행복하다. 그들을 막을 자가 과연 누구인가. 나는 자라나는 우리 청소년들이 젊은 패기로 자신을 위해, 나라를 위해 무엇엔가 미쳐 살고 끝내는 자신이 목적한 일을 성취시켜 주기를 바란다. 불우했던 나의 옛날을 다시 옮겨 적는 뜻이 바로 여기에 있다.

1992년 바르셀로나 올림픽에서 한국 선수 황영조가 손기정에 이어 두 번째로 올림픽 마라톤 금메달리스트가 되었다. 1970년 생으로 손기정보다 58세 연하인 황 선수는 우승 인터뷰에서 오늘의 자신을 있게 한 것은 손기정 선수에 대한 흠모였다고 하였다. 손기정 옹은 2002년에 타계하였다. 그러나 그의 빛나는 업적과 공로는 이처럼 미래에도 계속 대한민국을 가꾸고 있을 것이다.

참고문헌

손기정, 『나의 조국, 나의 마라톤』, 한국일보사, 1983.
곽형기, 「마라토너 손기정의 체육사적 의미」, 『한국체육과학지』 18-3, 2009.
손 환, 「손기정의 생애와 스포츠 활동에 관한 연구」, 『한국체육과학지』 13-2, 2004.
황영조, 「마라토너 손기정의 생애와 사상」, 고려대학교 교육대학원 석사학위논문, 1998.

황순원, 순수와 절제의 극을 이룬 작가

박덕규

1. 버린 작품을 찾지 말라 했지만

지난 2011년 9월 23일 경기도 양평군 황순원문학촌 소나기마을에서 열린
제8회 황순원문학제의 문학세미나는 황순원黃順元(1915~2000) 문학을 새롭
게 조명하는 해마다의 방식을 뛰어넘은 특별한 내용으로 언론과 문학계의 비
상한 관심을 모았다. 이날, 그동안 황순원 문학작품의 목록에 포함된 적이 없
었던 동요·소년시·시 65편, 단편소설 1편, 수필 3편, 서평·설문 각 1편 등

박덕규朴德奎(단국대학교 문예창작과 교수)
저서로는 시집 『아름다운 사냥』(문학과지성사, 1984), 소설집 『날아라 거북이!』(민음사,
1996), 『포구에서 온 편지』(문이당, 2000), 장편소설 『시인들이 살았던 집』(현대문학사, 1997),
『밥과 사랑』(해토, 2004), 『사명대사 일본탐정기』(랜덤하우스코리아, 2010), 비평집 『문학과 탐
색의 정신』(문학과지성사, 1992), 『사랑을 노래하라』(문이당, 1999), 『문학공간과 글로컬리즘』
(서정시학, 2011) 등이 있다. 논문으로는 「문학공간의 문학관 조성 방안과 문화산업화 전략」(『한
국문예창작』 10, 2006), 「문학공간의 名所化와 문화산업화 문제」(『한국문예창작』 16, 2009),
「6.25 피난 공간의 문화적 의미—황순원의 '곡예사' 외 3편을 중심으로」(『비평문학』 39, 2011)
등이 있다.

모두 71편의 작품이 처음 발굴, 공개된 것이다. 수십 년 전부터 각종 학위논문과 저서를 비롯해 헤아릴 수 없이 많은 글의 연구 대상이 되어온 20세기 대표작가의 숨은 작품이 대거 공개되면서 황순원이라는 이름이 또 한 번 우리 앞에 선명하게 되새겨졌다.

앞으로 여러 연구자의 해석과 품평이 잇따를 테지만 이날의 발굴작은 손쉽게 봐도, 지금까지 알려진 등단시 「나의 꿈」(『동광』 7, 1931)보다 앞선 작품(동요 「누나생각」, 『매일신보』 1931년 3월 19일 게재)이 있다는 것, 작가 특유의 서정성과 낭만성이 형성되는 문학적 출발점을 구체적으로 엿볼 수 있다는 것, 의외로 여러 장르에서 보인 상당한 필력을 확인할 수 있다는 것 등의 가치가 확인되었다. 그러나 이날의 발굴, 공개가 지니는 의미는 다른 유명작가들의 경우와는 유가 다르다는 점에서 특별한 진술을 필요로 한다.

주지하다시피 황순원은 자신의 책을 엮으면서, "해방 전 발표한 걸 나중에 책으로 내면서 자신의 마음에 들지 않는 작품을 미련 없이 빼버렸다"라고 밝힌 바 있다. 또한 "내가 버린 작품들을 이후에 어느 호사가가 있어 발굴이라는 명목으로든 뭐로든 끄집어내지 말기를 바란다"[1]라고 '발굴'을 경계하기도 했다. 그렇다면, 이번 발굴은 작가의 유지를 저버리거나 훼손하는 일이 될까? 게다가 이날의 발표자는 소나기마을 내 '황순원문학연구센터'를 이끌고 있는 연구자로 황순원의 오랜 제자이기도 한 문학평론가 김종회金鍾會 교수다. 김 교수는 이날 이미 지난해 한 지면을 통해 황순원 문학 발굴이 한 차례 이루어진 사실(『문학사상』 7, 2010, 권영민 교수)을 예로 들면서, "관심 있는 후학들의 노력은 결국 다양한 형식의 발굴로 이어질 것인데 이를 막을 수 없는 만큼 도리어 정확한 발굴을 선행해 더욱 생산적인 연구가 이어지게 돕는 것

---

1 황순원 외, 『말과 삶과 자유』, 문학과지성사, 1985.

이 훨씬 지혜로운 일"이라고 발굴의 변을 들려주었다.

스승 작가의 살아생전의 엄중한 경고를 위배한 제자 연구가가 되기는 하지만, 보다 바람직한 연구를 위해서는 김 교수의 말대로 작가가 스스로의 작품 목록에서 뺀 작품이라 할지라도 작가의 유지를 넘어서는 결단으로 찾아내 연구 대상으로 삼는 것이 후학으로서 더욱 떳떳한 일일 수 있다. 그렇다면, 살아생전 '발굴 경계'를 밝힌 작가는 어떻게 이해해야 하는가? 작가의 '발굴 경계령'은 당연히, 절대적 미학을 추구해온 한 예술가의 숭고한 작가주의의 소산이라 할 수 있을 것이다. 그러나 황순원은 '발굴 경계령' 뿐 아니라 다양한 언행으로 문학과 생애 모든 면에서 단호하게 자신을 '깨끗하게 관리해온' 매우 보기 드문 작가가 아닌가.

황순원은 "작가는 오직 작품으로 말한다"라는 말을 초지일관 실천한 사람이다. 그는 본격 창작 외에 잡문은 거의 쓴 적이 없고, 월간지나 계간 잡지에 소설을 연재한 적은 있어도 이름깨나 쓰는 작가라면 누구나 기회 잡기를 원하는 일간지 연재로는 눈길을 준 적이 없다. 해방 이후 지금까지 친일이니 정치적 부역이니 하는 이 땅의 유명 문사들 다수에게 따라다니는 수식어를 그는 한 번도 가진 적이 없고, 도리어 일제강점기에 춘원 이광수로부터 "앞으로는 일본어로 작품을 쓰라"는 격려를 얻을 정도의 촉망받는 신예작가이면서도 작품 발표를 중단하고 한글로 쓴 소설을 깊이 갈무리해두었다가 해방 이후 폭발적인 발표량을 보인 바 있다. 책을 낼 때 정부가 정한 한글맞춤법과는 별도의 자신만의 맞춤법 원칙을 고수해 수차례의 직접 교정도 마다하지 않았으며, 교정 때 정확한 발음 적용을 위해 사투리를 구사하는 제자들을 집으로 불러 발음을 해보게도 했다. 또 책이 출간되면 그간의 교정쇄는 모두 파쇄하게 했다. 그뿐인가? 어느 해 정부에서 훈장을 수여하려 하자 이를 거부한 일, 총애하는 제자의 작품을 신춘문예 최종 심사 때 맞닥뜨리자 상대 심사위원이 그 작품을 당선으로 미는데도 "아직 이르다"며 낙선시킨 일 등등 그가 지닌 순도 높은 작가주의 정신을 증명하는 일화는 그가 떠난 뒤에도 자주 들려온다. 사정이 이렇다면, 그를 연구하는 후학들을 위해 그의 '발굴 경계령'을 위배한 것을 용인하는 한편으로 그의 업적이 보인 정신적 높이를 되새김으로써 그것의 순수성을 거듭 강조해두는 일 또한 게을리해서는 안 될 일 아닌가.

2. 절제된 세련미, 단편 미학의 극

> "글쎄 말이지. 이번 앤 꽤 여러 날 앓는 걸 약두 변변히 못 써 봤다더군. 지금 같아서는 윤초시네두 대가 끊긴 셈이지. (중략) 그런데 참 이번 기집애는 어린것이 여간 잔망스럽지가 않아. 글쎄, 죽기 전에 이런 말을 했다지 않아? 자기가 죽거든 자기 입던 옷을 꼭 그대로 입혀서 묻어 달라고."

위 글은 우리나라에서 중학교 생활을 해본 사람이라면 누구나 다 아는 '전국민적 단편소설' 「소나기」의 마지막 대목이다. 말할 것도 없이, 소나기 오는 날 맺은 소년과의 깊은 인연을 죽어서도 간직하려는 소녀의 마음을, 소녀의 장례에 갔다 온 아버지가 하는 말을 소년이 엿들어 알게 되는 상황이다. 이 소설이 말 그대로 '국민소설'이 된 것은 '맺지 못한 첫사랑의 체험'을 읽는 이가 공감한 덕분일 것이고, 더 엄밀히 말하면, 그것이 가능하도록 해준 서정적 상황 제시, 선명하고 세련된 묘사, 사연의 적절한 생략과 배치 등의 소설 미학 덕분일 것이다. 이제는 이미 공표되었지만, 사실 습작과정에서 처음 이 소설의 마무리는 위 대목에 다음과 같은 대목이 이어진 것으로 돼 있었다.

> "아마 어린 것이라도 집안 꼴이 안 된 걸 알고 그랬던가 보지요?"
> 끄응, 소년이 자리에서 저도 모를 신음소리를 지르며 돌아누웠다.

"쟤가 여적 안 자나?"
"아니, 벌써 아까 잠들었어요. (중략) 얘, 잠꼬대 말고 자라."

    소녀가 입던 옷을 그대로 입혀달라고 한 말의 진의를 알 길 없는 어머니의 대꾸, 아버지의 말을 통해 소녀가 죽으면서 자신과의 인연을 고이 간직하려 한다는 걸 알게 된 소년의 탄식, 다시 그걸 잠꼬대로 알아들은 어머니의 다그침⋯⋯. 이렇게 마무리되고 있었던 원작 부분은 사라지고 '아버지의 말'로만 말끔하고 깔끔하게 마감된 마무리로 전 국민 앞에 읽힌 게 지금의 「소나기」다. 이 작품이 처음 발표된 것은 1953년 5월 『신문학』인데, 위 넉 줄이 마지막에 포함된 「소녀」라는 원작품은 이보다 늦은 같은 해 11월 『협동』에 게재되어 있다. 이는 『협동』에 실으려고 원고를 넘겼다가 발간이 무기한 지연되고 있는 사이에 『신문학』에 먼저 게재하게 되면서 원작의 마지막 부분을 손질하고 제목도 「소나기」라 바꾼 것이라 추정된다. 종결부의 과감한 생략은 그 사이, 당시 같은 월남 문학인인 친구 원응서元應瑞의 충고를 받아들인 거라고 세간에 알려져 있다. 사실 어느 작가건 마지막 순간까지 자신의 작품을 다듬어 독자에게 내놓기 마련인데, 이 「소나기」의 경우라면 전후 사정의 다름은 아주 각별하다 하지 않을 수 없다. 만일 처음 「소녀」의 원문대로였다면 「소나기」의 감동은 과연 어떠했을까? 모르긴 해도, 순간적으로 눈물을 쏟아내게 하는 데는 여전히 성공했을지는 모르지만, 문학작품이 주는 미학적 감동은 반감되고 말았을 것임에 틀림이 없다.
    「소나기」의 예에서 보듯이 황순원은 낱말 하나 토씨 하나까지 군더더기 없는 최상의 순결한 형태를 끝까지 추구하려 한 작가다. 다시 말하거니와 그렇게 하지 않으려는 작가는 없을 것이다. 문제는 실제로 그렇게 했고 그것이 뚜렷한 성과로 나아갔다는 데 있다. 황순원의 경우 「별」(『인문평론』 15, 1941),

「목넘이마을의 개」(『개벽』 77, 1948), 「독 짓는 늙은이」(『문예』 9, 1950), 「곡예사」(『문예』, 1952년 1월), 「소나기」(『신문학』 5, 1953), 「학」(『신천지』, 1953년 5월) 등 초·중·고교 교과서에 게재되고 있는 작품과 「술」(『신천지』 2-2, 1947, 원제: '술 이야기'), 「모든 영광은」(『현대문학』 43, 1958), 「소리그림자」(『사상계』 145, 1965), 「탈」(『조선일보』 1971년 9월 16일 자) 등 평판작을 포함해 전 100편이 넘는 단편소설이 모두 이와 같은 절제와 생략을 앞세운 언어 조탁의 기반 위에 있다고 할 수 있다. "간결하고 세련된 문체, 군더더기 없는 구성과 훈기 있는 여운"(평론가 유종호의 평)이라는 특장에서는 황순원 소설은 20세기의 어떤 선후배 작가도 견주지 못하는 높은 성취에 이르러 있었던 것이다.

3. 민족사의 아픔과 그 근원을 파헤치는 스토리

황순원은 20세를 전후해 시와 소설을 발표하면서 작품 활동을 시작해서 작고할 때까지 두 권의 시집과 각각 100여 편의 단편, 중편 소설, 그리고 7권의 장편소설을 냈다. 이 중 서정과 감각의 순도가 절정에 이른 중단편소설에 대해서는 대부분의 독자가 대표작 여러 편을 통해 어느 정도 알고 있다고 할 수 있다. 반면 16세 때부터 시를 발표한 이후 『방가放歌』(동경학생예술좌, 1934), 『골동품』(동경학생예술좌, 1936) 등의 시집을 내고 이후에도 말년까지 또 수십 편의 시를 남긴 시인이었다는 사실은 비교적 관심 밖에 놓여 있었다. 최근 들어 동시童詩의 특징이 드러나는 여러 편의 시가 새삼 어린 독자들의 사랑을 받고 있는 등 이들 시에 대한 전반적인 관심이 늘어나고 있는 추세다.

한편, 황순원이 알려진 단편소설 외에 장편소설의 폭과 깊이 면에서 매우 선도적이며 압도적인 높이에 이른 작가라는 점도 더 선명하게 기억해야 할 내용이다. 황순원이 처음 발간한 장편소설은 1947년부터 연작 형식으로 발표하고 1950년 2월 이를 12개 장으로 모은 『별과 같이 살다』(정음사, 1950)이다. 이 소설은 일제 말기부터 해방 전후의 열악한 시대를 배경으로 '곰녀'라는 어린 여인이 소작인 딸에서 하녀, 창녀를 거치며 신분적·육체적 난관을 극복해 성숙해지는 과정을 통해 일제강점기에서 해방을 맞은 한국의 수난과 미래에 대한 기대감을 담아 보이고 있다. 이 작품은 1인을 주인공으로 하는 장편소설로써 새로운 장르 영역으로 뛰어든 황순원의 작가적 모험이자 도전이라는 의미도 갖는다.

황순원의 장편소설 작가로서의 명성은 6·25전쟁이 휴전으로 마감된 1953년 9월부터 『문예』에 연재하다가 잡지 폐간으로 5회에서 중단하고 따로 뒷부분을 보태 이듬해 겨울 단행본으로 출간한 『카인의 후예』(중앙문화사, 1954)에서부터 보다 뚜렷해졌다고 할 수 있다. 평양 근교의 고향 마을에서 지주로 살던 작가 집안이 북한 공산주의 체제가 성립되면서 뿌리 뽑힘을 겪어야 했던 실화가 바탕이 되었다고 알려진 이 소설은, 그 시기의 북한의 실상을 다루면서도 오작녀, 도섭 영감 등 토착적 삶을 배경으로 하여 급박하게 변화를 겪으며 살아 움직이는 인간상을 창조하여 존재의 의미와 사랑의 가능성을 묻고 있는 역작으로 평가받고 있다. 1955년에는 6·25전쟁기에 고아가 된 청소년들을 주 인물로 내세워 절대적 궁핍과 그로 말미암은 인간성 해체를 다룬 『인간접목』(중앙문화사, 원제: '천사')을 일 년간 『새가정』에 연재하고 1957년 출간한다. 이 소설은 장편소설로는 처음으로 6·25전쟁의 후유증을 본격적으로 다루었다는 평을 받게 된다.

2부작 장편소설 『나무들 비탈에 서다』(사상계사, 1960) 역시 6·25전쟁이 남긴 깊은 상처 위에서 출발한다. 내성적인 동호가 1부를, 동호와 대립하던 현태가 2부를 이끌어 가는데, 각각 6·25전쟁 때 입은 깊은 상처를 끝내 극복하지 못하고 살인을 하거나(동호), 자살을 방조하면서(현태) 그 일그러진 내면을 드러낸다. 동호와 서로 연애감정을 느끼던 숙이가 현태의 아이를 임신하고, 이 원치 않은 새 생명이 받아들여지면서 이 소설은 특히 전쟁의 상처를 치유할 수 있는 통로를 보여주었다는 의미를 확보한다.

　1962년에 『현대문학』에 연재하기 시작한 장편 『일월日月』은 3년 만에, 그 무렵 창우사에서 내기 시작한 '황순원 전집'의 제6권으로 발간된다. 이 작품은 그동안 6·25전쟁을 중심으로 하던 소재와 주제의 범위를 뛰어넘어, 백정집 신분이라 상당한 불이익을 당하면서 살아야 하는 사람들을 통해 인간 소외와 구원의 문제를 다룬 문제작이다. 현대소설에서 다루어지지 않은 우리 민족의 전통 계층에 대한 조명, 철학적 깊이에 가닿은 주제의식, 그것을 흥미로운 스토리로 직조하는 능력이 고루 드러난 이 소설은 황순원 문학을 한 단계 높은 차원으로 격상시킨 것으로 자리매김되고 있다.

　1968년부터 『현대문학』에 연재하기 시작한 장편 『움직이는 성』(삼중당)이 발간된 것은 1973년이다. 분량으로 치면 황순원의 작품 중에는 『일월』보다 조금 더 많은, 가장 긴 장편이다. 이 작품에 대해서는 종교, 가치관, 생활 태도 등에서 서로 대비되는 세 인물의 행적을 통해 우리 민족의 근원적인 정신세계를 탐색하면서 치유할 수 없는 인간의 고독과 도덕적 지향, 그리고 현실적 욕망 사이의 갈등을 드러내주는 역작이라는 평가가 따르고 있다. 『신들의 주사위』(문학과지성사, 1982)는 전통적인 가계 질서 아래 성장해 출세를 향해가는 한수라는 인물 집안의 가족사를 중심으로 새로운 문물의 도입으로 급격한 가치 혼란을 겪고 있는 사회 세태를 풀어 헤치고 있다. 노년기에 이른 작가가 1978년 연재를 시작해 연재 도중 1980년 5월의 정치사회적 혼돈 아래 여러 차례 지면을 바꾸어 1982년 집필을 완료한 작품으로, 주인공 한수가 관계 맺는 다양한 인물들의 자잘한 삶의 내용을 하나로 통합하는 놀라운 구성력을 빛내고 있다.

이처럼 황순원은 예의 시적 문체와 서정적 이야기 세계를 중심으로 한 단편소설로만 작가적 능력을 발휘해온 작가가 아니다. 그의 장편소설 또한 이에서 멀리 더 나아가, 6·25전쟁의 비극과 후유증이라는 현실적 정황에서부터 한국인의 정신적 근원, 인간의 절대적 고독과 화해의 세계 등에 이르는 깊이 있고 폭넓은 주제와 그것을 살려내는 예의 간결하면서도 생동감 있는 문체와 탁월한 구성력을 드러내면서 역시 한국소설사의 선도적 지위를 점해왔다. 대하소설의 분량이 아닌데도 주요 등장인물이 많고 그 관계가 의외로 복잡하게 얽히면서 무수한 작은 이야기를 이끌게 되고 나아가 그 인물, 그 이야기들이 전체적 구성으로 무르녹는 그 세계는 가히 황순원적 장편소설이라 할 만하다. 그의 장편소설은 여전히 시를 담고 있는가 하면, 소설이 요구하는 풍성한 이야기 세계와 인간의 근원에 대한 형이상학적 질문을 세련된 작법으로 너끈히 소화해내고 있는 아주 다면적인 소설로 이해되고 있다.

4. 우리 곁에 문학의 고향을 세우고

일찍이 시적 서정과 감각을 기반으로 절제와 생략이 두드러진 단편 미학을 일구어낸 황순원은, 한국사의 비극과 상처를 비롯해 인간의 고독과 고통을 현대적이고 현재적인 문체와 방법론으로 이끈 장편소설의 영역까지 확보하면서 한국문학의 정통성을 세우고 새로운 가능성을 열어놓았다. 1930년대부터 1990년대에 이르는 시기까지 그의 작품은 곧바로 한국문학이요, 그의 문학적 생애 또한 곧바로 한국문학사가 되었다. 게다가 문학과 생애 전반에 걸쳐 그 누구보다 염결廉潔한 태도를 견지해 '고고한 학처럼 살다간 문학인'이라는 별칭을 얻기도 했다. 그의 사후, 뛰어난 문학가의 고향이나 창작의 무대가 된 지역에 그 사람을 기념하는 공간을 마련하는 동시대 풍토와 관련해 그의 생애를 기념할 장소가 논의되기 시작한 것은 당연한 수순이었다.

1915년 3월 평양 가까운 평안남도 대동군에서 태어난 황순원은 이후 고향과 평양을 오가면서 성장했다. 결혼을 하고 일본에서 유학생활을 하는 동안에도 평양에 근거를 두고 있었지만, 해방 이후 본가 식구들과 함께 월남을 감행해 서울에 정착했다. 작중 공간이라는 의미에서 그의 작품은 주로, 한국소설의 주요한 특징이 되는 '향토적 서정소설'의 본류다운 '농촌 시골'을 배경으로 하거나, 한편으로는 일상적 삶의 환경인 도시 공간을 배경으로 하고 있다. 고향을 북에 둔 실향민이자 보편적인 농촌이나 일상적인 도시를 주요 문학공간으로 삼은 작가의 기념 장소는 사실 어느 곳이든 마땅치 않다 할 수 있다. 이때 부각된 곳이 경기도 양평군이다. 바로 저 유명한 '국민소설' 「소나기」에 '양평읍'이라는 지명이 제시돼 있는 덕분이다.

> 소년은 갈림길에서 아래쪽으로 가 보았다. 갈밭머리에서 바라보는 서당골마을은 쪽빛 하늘 아래 한결 가까워 보였다.
> 어른들의 말이, 내일 소녀네가 양평읍으로 이사 간다는 것이었다. 거기 가서는 조그마한 가겟방을 보게 되리라는 것이었다.

「소나기」에서 소녀네가 소년이 사는 마을에 와서 살게 된 것은 '윤초시 손자가 서울서 사업에 실패한 탓'이다. 그런데 위 대목에서 보듯, '이번에는 고향집마저 남의 손에 넘기게 된 상황'이 되었고, 결국 '소녀네가 이제 양평읍으로 이사 간다'는 소문을 소년이 듣게 된다. 작가 황순원이 30년 이상 봉직하면서 수많은 문사 제자를 훈육한 경희대학교와 양평군이 서로 손잡아 「소나기」에 제시된 지명 '양평읍'을 살려 경기도 양평군 서종면 수능2리에 황순원문학촌 소나기마을을 세운 것은 2009년 6월이다. 이렇듯 실체화된 「소나기」의 고향은 문학관 건립이 유행하는 지역문화산업 시대에 전국에서 가장 많은 방문객을 맞고 있는 문학 명소가 되어 있다. 모두 「소나기」가 전하는 아련한 '첫사랑의 느낌'과 작가 황순원의 깨끗하고 고고한 정신을 만나러 가는 사람들일 것임은 말할 것도 없다.

조지훈, 민주주의를 사랑하고
민족문화를 노래한 시인

인권환

1. 조지훈의 생애와 업적

이 글은 시인 조지훈趙芝薰(1920~1968)이 1945년 민족의 독립을 전후한 격동기 한국의 역사 사회적 상황에서 어떠한 역사의식을 가지고 있었으며, 또 이 시기 민족의 독립과 건국을 위하여 어떻게 투쟁하고 기여하였는가를 살펴고자 하는 의도에서 출발한다. 논의의 초점은 그가 해방 직후 대한민국의 건국 과정과 그 토대의 구축, 그리고 발전에 어떻게 공헌하였는가에 집중되겠지만, 이에 대한 유기적이고 통시적인 이해를 위해서는 논의 대상 시기를 해방 전후사 10년으로 확대하지 않을 수 없다. 왜냐하면 해방 직후의 그의 일련

인권환印權煥(고려대학교 명예교수)
　저서로는 『한용운연구』(통문관, 1960), 『한국민속학사』(열화당, 1978), 『고려시대 불교시의 연구』(고대 민족문화연구원, 1983), 『토끼전·수궁가 연구』(고대 민족문화연구원, 2001), 『판소리 창자와 실전 사설 연구』(집문당, 2002), 『한국문학의 불교적 탐구』(월인, 2011) 등이 있다.

의 다양한 활동과 업적은 그 직전인 1940년부터 시작된 이른바 암흑기에 이미 배태胚胎되었기 때문이다. 이 시기에 조지훈은 20세부터 30세에 이르는 약관弱冠의 나이로 청년기를 지나고 있었다. 유달리 조숙하였던 그가 48세의 나이로 일찍 생을 마감한 사실을 감안한다면, 이때야말로 가장 의욕이 왕성하고 매사에 열정적인 시기였다.

여기서 조지훈의 생애를 경력과 업적을 중심으로 간추려보고자 하는데, 다음 절에서 자세히 서술할 해방 이후의 그의 사회적·문화적 활동에 대해서는 중복을 피하기 위하여 일단 생략한다.

조지훈은 1920년 경상북도 영양에서 태어났다. 본명은 동탁東卓이다. 어려서 조부에게 한문을 배운 후 3년간 영양보통학교를 다녔다. 10대 중반에는 와세다대학교 통신 강의록으로 공부하였다. 1935년부터 시를 습작하였고, 1936년 상경하여 시인 오일도吳一島의 시원사詩苑社에 머물렀다. 1939년 19세 때 『문장文章』지를 통하여 정지용의 추천으로 〈고풍의상古風衣裳〉, 〈승무僧舞〉를 발표했고, 1940년 〈봉황수鳳凰愁〉로 추천 완료 시인으로 데뷔하였다. 1941년 혜화전문학교(동국대학교 전신) 문과를 졸업한 후 일제의 탄압을 피하여 오대산 월정사月精寺에서 불교강원 강사로 있다가 그해 말 상경하였다. 1942년 조선어학회 『큰사전』 편찬위원으로 참여하고, 1945년 한글학회 『국어교본』 편찬원, 진단학회 『국사교본』 편찬원, 명륜전문(성균관대학교 전신) 강사 등으로 일하였다. 1946년 박두진, 박목월과 동인시집 『청록집靑鹿集』을 간행하였다. 1947년 동국대학교 강사를 거쳐 고려대학교 교수가 되었으며, 6·25전쟁 때는 종군문인단 부단장을 맡았다. 1956년 자유문학상을 수상하였다. 1959년 민권수호국민총연맹 중앙의원, 1960년 한국교수협회 중앙의원을 역임하고, 1961년 벨기에 국제시인회의에 한국대표로 참가하였다. 1963년 고려대학교 민족문화연구소를 창립하여 초대 소장으로서 연구소를 이끌었고, 1967년 한국시인협회 회장을 역임하였다. 1968년 5월 17일 지병으로 영면永眠하였다. 『풀잎단장斷章』(1952), 『조지훈시선』(1956), 『역사 앞에서』(1959), 『여운餘韻』(1964) 등의 시집과 『시의 원리』(1953), 『시와 인생』(1959), 『돌의 미학』(1964), 『지조론』(1962), 『한국민족운동사』(1963), 『한국문화사서설』(1964) 등의 저서를 남겼다.

2. 일제 말기 조지훈의 저항시와 현실인식

일제강점기 36년 중 1940년부터 1945년에 이르는 5년간은 우리 민족에게 가장 혹독한 수난기였다. 암흑기라고도 불리는 이 시기에 일제는 실로 형언할 수 없는 극악한 방법으로 우리 민족을 탄압하였다. 우리나라를 비롯하여 중국, 동남아 제국에 침략의 마수를 뻗치던 일본은 1940년 독일, 이탈리아와 더불어 군사동맹을 맺고 1941년에는 하와이 진주만을 기습 공격, 태평양전쟁을 도발하면서 더욱 우리나라에 단말마적斷末魔的인 발악을 가해왔다.

일제의 탄압은 우리의 언어, 문자는 물론 언론, 문화, 교육 등의 말살 정책으로 나타났다. 1940년 창씨개명創氏改名으로 한국인의 성명을 일본식 씨명氏名으로 고치도록 강제 실시하던 일제는 같은 해 『조선일보』, 『동아일보』를 강제 폐간시켜 민족 언론의 숨통을 끊고자 했고, 황국신민화운동을 강제로 시행하여 우리 민족의 정통성을 송두리째 빼앗고자 하였다. 1942년에는 조선어학회의 『한글』지를 폐간시키고 학교에서 한국어 사용을 금지하는 정책을 폈을 뿐 아니라, 이른바 조선어학회 사건을 일으켜 수많은 한글 학자를 검거하여 투옥하였다. 이어 1943년에는 1934년 조직된 우리 학자들의 우리 역사 연구단체인 진단학회를 강제 해산시켰고, 같은 해에 학병제를 실시하여 수많은 우리 학생을 지원과 징용이라는 이름하에 그들의 전쟁에 강제로 끌고 갔다.

이와 같은 살벌한 상황에서 우리의 지식인들은 친일과 항일의 시험대에서 고초를 겪어야 하였다. 〈광야〉의 시인 이육사李陸史가 북경 감옥에서 옥사한 것도 이때였고(1944), 〈서시序詩〉의 시인 윤동주尹東柱가 일본 후쿠오카 형무소에서 의문의 죽음을 당한 것도 이때였다(1945년 2월). 이처럼 말과 글을 빼앗기고 입과 귀를 막아야 했던 질식할 듯한 조국의 현실에서 일부 지식인 문인들은 강압에 굴복하여 변절해 친일의 길을 가기도 했고, 은둔하거나 우회적인 방법을 통하여 소극적 저항의 길을 택하기도 하였다.

조지훈은 시 창작과 학문 연구라는 양면으로 일제에 대한 저항의식을 나타냈다. 시 분야에서는 나라 잃은 시인의 비애를 저항시로 표출하였고, 사라져 가는 민족문화에 대한 애착을 시적으로 승화시켰다. 학문 분야에서는 일제가 말살하려던 우리 고유의 문자인 한글과 민족문화 연구활동을 활발히 해나갔다. 이미 10대 중반에 조선어학회에 드나들며 선배 학자들의 사전 편찬 사업을 돕던 그는 그때부터 한국학 연구의 꿈을 키워나갔다. 그의 저항시 〈동물원의 오후〉 전문을 읽어보자.

마음 후줄근히 시름에 젖는 날은 동물원으로 간다. / 사람으로 더불어 말할 수 없는 슬픔을 짐승에게라도 하소해야지. / 난 너를 구경 오진 않았다. / 뺨을 부비며 울고 싶은 마음. / 혼자서 숨어 앉아 시를 써도 / 읽어줄 사람이 있어야지. / 쇠창살 앞을 걸어가며 / 정성스레 써서 모은 시집을 읽는다. / 철책 안에 갇힌 것은 나였다. / 문득 돌아다보면 / 사방에서 창살 틈으로 / 이방의 짐승들이 들여다본다. / "여기 나라 없는 시인이 있다"고 / 속삭이는 소리…… / 무인한 동물원의 오후 전도된 위치에 / 통곡과도 같은 낙조가 물들고 있었다.

1959년에 간행된 시집 『역사 앞에서』에 수록된 이 시의 발표 연대는 알 수 없다. 이 작품이 그의 기간 시집 어디에도 없고, 저자가 『역사 앞에서』의 서문에서 "전연 미발표의 것도 십여 편 포함되어 있다"라고 한 것으로 보아 이 작품은 일제 말 암흑기에 지어졌거나 저항시적 내용 때문에 발표하지 못한 채 원고 상태로 있던 것을 수록하였음이 분명하다.

〈동물원의 오후〉는 나라 잃은 시인의 고독과 비애를 노래한 것이지만, 그 바탕에는 숨 막히는 시대에 저항하는 처절한 몸부림이 있다. 이 시에서 나라 없는 시인은 철책에 갇힌 짐승이다. 시를 써도 읽어줄 사람이 없고 울분과 비통함을 호소할 데도 없는 시인은 한 마리 짐승이 되어 암담한 현실에 대하여 통곡하고 싶은 마음으로 저항하고 있는 것이다.

그의 또 다른 시적 경향은 민족문화에 대한 주체적 인식과 사라져가는 우리 전통문화의 아름다움에 대한 애정이다. 〈고풍의상〉, 〈승무〉, 〈봉황수〉 등의 작품이 이 계열에 속한다. 조지훈은 우리 문화에 대한 단순한 복고적 향수가 아니라 이들을 통한 민족의식의 구현과 전통적 고유미固有美를 시로써 형상화하는 데 남다른 열정을 가졌다. 〈고풍의상〉은 저고리, 동정, 치마 등 우리 전통 복장인 한복을 대상으로 하여 고전적인 한복의 우아한 아름다움을 노래한 작품이고, 〈승무〉는 우리 전통 춤인 민속무를 고유어로 포착해 춤의 아름다움을 율동적 · 입체적으로 묘사하면서 춤에의 몰입을 통하여 번뇌를 깨치는 내면적 심오성을 곁들인 작품이다. 〈봉황수〉는 나라 잃은 시인의 민족적 슬픔을 전통사회의 낡은 건물을 통하여 호소하면서 문화유산 속에서 주체적 민족의식을 찾아낸 작품이다. 이들은 모두 잊히고 사라져가는 민족문화를 노래한 것이지만, 그 이면에는 이를 말살하려는 일제에 대한 저항의 의미가 담겨 있다.

시인 조지훈이 일찍부터 학문에 대한 관심을 가지고 국학國學 관계 논문을 40여 편이나 남긴 것은 주지의 사실이지만, 이 시기 그의 학문적 관심은 한글을 통한 국어학 연구와 민족문화 연구였다. 「된소리에 대한 일 고찰」(1938), 「어원소고」(1939), 「신라의 원의와 사뇌가에 대하여」(1940), 「산유화와 서리 리탄 기타」(1941) 등 초기 논문이 이에 해당한다. 조지훈은 이 논고들을 통하여 국어학 연구는 물론 민족정신의 고양과 민족주체의식의 확립이란 민족적 과제를 수행하고자 하였다.

해방 직전인 일제 말기의 조지훈의 이러한 노력은 해방 직후 대한민국의 건국과 민족문화 수립 옹호에 밑거름을 마련하였다는 점에서 역사적 의의가 크다.

3. 건국기의 조지훈의 활약과 현실대응

1945년 8월 15일 연합국에 대한 일본의 무조건 항복은 우리에게 36년 만에 해방과 독립을 가져다주었지만, 그로부터 대한민국의 건국에 이르기까지는 매우 험난한 역정을 거쳐야 하였다. 우선 반도의 남북에 진주한 전승국 미국과 소련의 국제적 이해관계가 일치하지 않았고, 같은 해 12월 모스크바에서 열린 미·영·소 3개국 회의에서 한반도를 최장 5년간 미·영·중·소 4개국의 통치하에 둔다는 이른바 신탁통치信託統治를 결의한 사실이 한반도 혼란의 원인을 제공하였다. 특히 이 문제를 둘러싼 미·소 양국의 이해관계가 일치하지 않아 공동위원회가 공전을 거듭하며 시간을 지체하는 사이, 국내의 정치 세력과 사회단체들의 갈등과 대립이 격심하게 전개되어 커다란 사회적 혼란을 야기하고 있었다. 특히 신탁통치에 대하여 민족주의적 우익 진영은 처음부터 적극 반대하였던 데 비하여, 사회주의적 좌익 진영은 처음에는 반대하다가 곧 태도를 바꾸어 적극 찬성하고 지지하는 쪽으로 입장을 바꾸면서 각기 이념과 정책을 달리하는 수많은 정치단체와 사회문화단체들이 대립하여 정치적·사회적 불안과 혼란이 고조되었다. 이미 일제치하에서부터 뿌리를 달리해온 좌우의 대립은 신탁통치에 대한 찬탁과 반탁, 그리고 남북을 분점하고 있는 미·소 양국을 배경으로 남북으로까지 갈라지면서 더욱더 심화되어 갔다.

이와 같은 양상은 학계, 문화계도 예외가 아니었다. 상호 비방과 선전, 알력과 반목, 폭력과 테러까지 난무하였다. 단적인 예로 유명 정치 지도자들인 송진우(1945), 여운형(1947), 장덕수(1947), 김구(1949) 등 민족지사들이 정치적 입장이 다르다는 이유만으로 동족의 손에 차례로 피살당하는 현실이 이때의 상황을 잘 말해주고 있다.

당시 우익 진영에 속한 문화단체로는 중앙문화협의회, 전조선문필가협의회, 전국문화단체총연합회 등이 있었고, 좌익 진영에 속한 단체로는 조선문화건설중앙협의회, 프로예술연맹, 조선문학가동맹 등이 있었다. 김진섭, 박종화, 이하윤, 양주동, 유치진, 김영랑, 오종식, 김광섭, 이헌구 등이 우익 진영 단체들의 주축을 이루었고, 후에 청년문학가협회의 최태응, 김달진, 유치환, 박목월, 박두진, 조지훈, 조연현, 김동리, 곽종원 등이 우익 진영을 주도하였다. 한편 좌익 진영에서는 임화, 김남천, 이원조, 안회남, 이기영, 송영, 오장환, 윤기정, 김동석 등이 활동하였고 이어 『문장』지계의 이태준, 정지용 등이 가담하였다. 그리고 우익계의 학자들로서는 정인보, 손진태, 송석하, 조윤제, 김계숙, 안호상 등의 국학자들과 김생려, 김성태, 채동선, 박태현, 이흥렬, 이해랑 등의 음악계, 연주계 유명 인사들이 속해 있었다.

이처럼 양쪽으로 갈라진 단체와 인물들의 성향을 보면, 근원적으로는 민족주의사관 대 유물사관, 민족문학 대 계급문학, 순수문학 대 경향문학, 순수시인 대 경향시인이란 정치적·사상적 투쟁의 시대, 역사적 갈등이 자리하고 있었다.

정치·사상적 성향으로 보아 민족·우익 진영은 남한의 대한민국 편에, 공산·좌익 진영은 북한의 조선인민공화국의 편에 선 이들이었다. 따라서 38도선이 굳어져 남북으로 분단이 고착된 시기에 이르러서는 서로 다른 길로 갈라지는 운명을 맞이하였다.

조지훈은 앞에서 본 바와 같이 우익 진영 단체인 청년문학가협회의 핵심 멤버로 해방공간에서 활약하였다. 그는 1948년 8월 15일 남한만의 선거로 선출된 제헌국회에 의하여 수립된 대한민국의 건국에 적극 공헌한 인물이었다. 그는 시인이자 대학교수라는 자신의 위치에서 우익 진영의 일원으로서 대한민국의 건국을 위하여 활발한 활약을 전개하였다. 즉 좌우익이 한데 엉켜 소리 없는 전쟁이 벌어지는 살벌한 시기에 시로, 강의로, 강연으로, 방송으로, 논설로써 문화계, 교육계, 그리고 문단의 최선단最先端에 서서 적극적으로 투쟁하고 활동한 민주주의 자유주의자였다. 때로 좌익분자들로부터 테러를 맞은 일이 있으면서도 조금도 굴하지 않은 지조의 인물이었다.

당시 그의 글들을 통하여 그의 이론과 주장을 살펴보자.

1947년 1월 그가 속한 전국청년문학가협회가 전국학생총연맹(위원장 이철승)의 신탁통치 반대 운동을 격려하는 메시지에서 조지훈은 이렇게 썼다.

우리들은 전국청년문학가의 이름으로 친애하는 동지 그대들 조국 사수의 불타는 투혼 앞에 최대의 찬사를 보낸다. 이적의 발굽 아래 사라진 민족혼을 다시 불러 일으키고, 우리들 철천의 염원인 진정한 해방을 쟁취하고자 불사신처럼 날개 털고 일어난 그대들은 이미 뜨거운 조국애와 지고한 순정의 피로써 강철같이 굳게 단결되었다. 사악이 정의를 표방하고 조국말살론을 부르짖으매 그 간흉한 칼날 앞에 분연 궐기하여 반탁투쟁의 선두에서 그대들이 흘린 피는 방울마다 이 민족의 가슴 깊이 끓어오르는 의분의 피였으니, 서울에서 평양에서 신의주에서 또 함흥에서 이루어진 그대들 선구학생의 영웅적 투쟁은 실로 약소민족 운동사에 찬연히 빛날 것이다. (중략) 비록 불의의 백성이 있어 신탁의 비운을 굴레 씌운다 하기로 끝까지 타협과 굴종을 거부하고 민족의 양심과 인류의 정의에 당당히 디디고 선 우리들은 8백만 청년이 먼저 같은 감옥에서 같은 벌판에서 죽어 가기를 피로써 맹서하리라. 작열하는 투지 앞에 최후 승리의 길은 이미 열렸다. 정의는 영원히 우리 것이다.

민족해방 투쟁의 선봉 전국학련 만세
신탁통치 배격의 결사대 전국학련 만세
삼팔선 분쇄의 전위 전국학생총연맹 만세

앞서 말한 바와 같이 신탁통치 찬반 문제는 해방 정국의 가장 큰 이슈였고, 전 사회가 격심한 대립과 갈등으로 양분되어 있었는데, 조지훈은 신탁통치 반대 투쟁을 하는 민족 우익 진영의 학생 단체에 뜨거운 고무와 격려를 보내었다.

한편 유물사관에 입각한 계급문학, 경향문학을 추구하는 좌파와의 투쟁에서 조지훈은 그들의 문학을 정치주의 문학이라 매도하면서 그 허망함을 다음과 같이 비판하였다(「정치주의문학의 정체」, 『백민白民』, 1947. 10).

그들은 자신을 호도하고 보호하기 위하여 오직 정치주의 문학만이 인민의 총의와 역사적 필연성을 파악하였다고 선언하고, 이로써 여기에 복종하는 자는 국책 문학인으로 영화를 누릴 것이요, 이에 거역하는 자는 반동 문학인으로 몰락하리라는 사교적邪敎的 이론을 백주에 제시하는 것이다. 한 정당 노선의 신성관을 포교하게까지 되는 것이다. 그러므로 그들은 문학을 버리고 정당을 짊어짐으로써 문학인에게 작품으로써 주는 압력이 아니라 비루한 인민재판의 단두대를 예언한 사람까지 있었던 것이다.

그리고 정치주의 문학의 과거를 1920년, 1930년대의 경향문학과 카프문학으로 소급 논급하면서 1947년대 정치주의 문학론의 시대착오를 다음과 같이 날카롭게 지적하였다.

이 땅에도 백조白潮 말기에서 염군焰群 파스큐라의 합동에 의하여 주입된 1924년대의 논전은 경향문학傾向文學으로 하여금 하나의 낭만주의로서 오히려 민족의식의 전기를 짓게 하였고, 1930년대 카프가 세운 공식론은 순수문학의 발달을 자극하여 우리 문단의 예술의식과 문학기술의 자각에 기여한 바 있으니, 전자는 퇴폐에서 의욕에로의 적극적 공헌, 후자는 울결鬱結에서 자각에로의 소극적 공헌이라는 역사적 사명을 이루었다고 믿거니와 1947년대의 정치주의 문학론이 전 2회의 논조를 되풀이하는 시대착오의 우치愚痴와 외세 배경의 폭력으로써 자각의 조장을 말살하고 울결에 유도하며 소생의 의욕을 방해하고 퇴폐에 추진을 능사로 하는 것은 오직 가탄가공可嘆可恐할 사실이라 하겠다.

그러면서 정치주의 문학자들인 김남천, 김병달, 김상훈의 주장을 논리적으로 비판하였다. 특히 김상훈에 대하여는 "민족문화를 옹호하는 것이 어째서 반민족적이며, 반탁치反託治가 어째서 반민족이라는 구명도 없이 테러문학이라고 갈기는 그 이론이야말로 폭력평론이라"고 일갈一喝하였다. 결론적으로 그는 "정치주의 문학은 가치혼동과 일부에서 전면에 미치는 오류로 일관되어 있다. 논리를 우상시하는 과학주의, 합리주의 문학도가 이러한 논리적 당착을 범하지 않을 수 없다는 것은 확실히 비극이 아닐 수 없는 것이다. 만일 이 논법의 주장을 버린다면 그 사상의 입각점을 버리는 것이 될 것이요, 이 논리를 선양한다면 세계관 논쟁을 하기 전에 형식논리 첫 페이지부터 시작해야 할 모양이니 어찌 한심한 일이 아닌가"라고 결론지었다. 우파 진영의 최선단에 서서 필봉을 휘두르던 논객으로서의 조지훈의 면모가 생생히 드러나는 대목이다.

한편 우여곡절 끝에 1948년 남한 단독 총선거를 통하여 제헌국회가 개원하고 국호를 대한민국으로 정하여 헌법을 공포하고 대한민국 정부가 수립되었을 때 조지훈은 제헌국회 의원들에게 이렇게 당부하였다(「건국이념을 밝히라」, 『민국일보』, 1948. 7).

해방이란 현실은 예속된 민족의 이상의 실현이었으나 국토 양단의 비극은 해방된 민족의 불만이 되어 그 불만을 그냥 앉아서 바라볼 수 없게 함으로써 이미 또 하나 "시급한 통일"이라는 이상을 싹트게 하였다. 남북통일의 원칙을 가지고 공염불만 할 수 없는 우리는 내외의 갖은 모략적 비난과 오해를 물리치고 당신을 선구의 전사로 뽑아 보낸 것이다. 민족의 이 염원을 이루기 위하여 당신들은 현실을 어떻게 파악하였는가. 북쪽 한 편이 또한 통일과 자주의 이상을 표방하고 별도로 반동적 방법을 쓰고 있는 이때, 아무렇게 얘기하거나 합리화하여 못 할 일이 없는 이 이율배반의 현실을 어떻게 파악하는가에 대해서 당신들을 성원하며 뒤에서 나라를 사랑하는 모든 국민은 한 줄기 근심하는 마음을 막을 수가 없는 것이다.

신생 대한민국의 건국이념에 대하여는 세계사적 관점에서 삼국시대 이래 우리 민족의 역사를 통관하면서 이렇게 제시하였다.

오늘의 공산 진영은 백제적 성격이요, 중간 진영은 고구려적 성격임에 반하여 민족 진영이 도리어 백제와 고구려의 중간으로서 신라적 성격을 지녔다고 하겠다. 그러므로 통일 달성에 가장 정확한 방법을 민족진영이 파악하였다고 할 수 있다. 더구나 우리가 비는 힘이 침략의 야욕을 가진 당나라 같은 단일 강대국이 아니요, 국제평화의 협의·추진기관인 유엔UN임에 있어서랴. 우리의 이와 같은 역사를 통하여 여러분은 우리의 건국이념의 바탕을 고구려 정신을 근간으로 하고 백제적 방법을 지엽으로 한 신라적 이념의 추구에 두어야 할 것이다.

조지훈은 대한민국이 주도하는 남북통일까지 내다보면서 신라적 이념을 바탕으로 건국이념을 확립할 것을 제헌국회 의원들에게 당부하였다.

4. 북한의 6·25 남침과 조지훈의 현실 참여

앞에서 살핀 바와 같이 일제 말기에 저항시로 항거하며 민족문화 말살정책에 민족적 경향의 시와 학문으로 대항하던 조지훈은 해방 이후에도 좌익 공산 진영에 맞서 대한민국의 건국과 민주주의의 수호에 온몸을 던져 투쟁하였다. 그러나 뒤이은 1950년 북한의 남침으로 그는 다시 한 번 공산주의자들과 불가피하게 격돌하는 상황을 맞이하였다.

조지훈의 조부 조인석趙寅錫(1879~1950)은 한말 사헌부 대간을 지낸 인물로 항일운동을 한 민족지사였고, 부친 조헌영趙憲泳(1899~1988)은 신간회 도쿄 지부장을 지내고 한국민주당의 창당 멤버로 활약하였으며 제헌국회의원과 제2대 국회의원을 역임한 민족 진영의 중추적 인물이었다. 조지훈의 정치적 성향은 이와 같은 조부와 부친으로부터 영향을 받은 바가 컸고, 그의 투철하였던 반공의식도 이러한 가풍으로 인하여 형성되었던 것으로 보인다. 특히 6·25전쟁 발발 후 조부 조인석이 공산주의자들의 발호와 횡포에 절망을 느껴 자결하고, 부친 조헌영은 전쟁 중 납북당하는 개인적 비극을 체험하면서 공산주의자들에 대한 조지훈의 혐오와 반감은 더욱 심화되었던 것으로 보인다. 특히 해방 후 좌파 공산주의자들과 치열한 투쟁을 벌여온 조지훈에게 6·25의 남침은 견딜 수 없는 충격을 주었으며, 전쟁 개시 3일 만에 서울이 함락되자 절체절명의 위기를 느끼지 않을 수 없었다. 조지훈이 6월 27일, 가족과 대책 없는 생이별을 하고 피난길에 올랐던 사실은 당시의 절박하였던 상황과 그의 위기감을 잘 말해준다.

북한의 남침 이후 공산주의자들의 강력한 공세와 북쪽의 월등히 유리한 전황에도 불구하고 조지훈의 반공투지 일념은 변함이 없었다. 그는 어렵게 한강을 건넌 후 피난길에 문총구국대文總救國隊에 참여해 기획위원장으로 활약하였으며, 7월 중순경 대구에 이르러서는 피난 온 문인들과 함께 종군문인으로서 각종 삐라와 선전문구를 만들며 국군을 도왔다. 그 후 유엔군의 참전과 인천상륙작전 성공으로 진격, 북상하는 국군을 따라 서울에 온 그는 부친의 납북 사실을 확인하고 평양행을 강행하였다. 종군문인으로서 납북된 부친을 찾고자 함이었으나 뜻을 이루지 못하다가 이듬해인 1951년 1월 다시 한강을 건너 대구에 돌아왔다. 이때 그는 종군문인단 부단장을 역임하면서 공군의 종군문인단인 창공구락부를 만들어 활약하기도 했다. 1953년 휴전협정이 성립한 후 조지훈은 서울에 돌아왔다.

3년간 남북의 전투지를 종횡으로 누빈 조지훈은 이르는 곳마다 전쟁시를 남겼는데 여기에 그의 뜨거운 조국애와 사무친 반공의식이 역연歷然히 나타나 있는바, 이에 관련된 시가 대략 22편에 이른다.

그중 몇 편의 주요 대목을 들어 그의 생생한 목소리를 들어보자.

〈이기고 돌아오라〉(1950)
(전략) 내 사랑하는 아우들아 / 진실로 조국을 구원하고 자유를 수호하는 힘과 영예는 늬들에게만 있다고 믿어라 / 무엇 때문에 늬들은 굶으며 쓰러지며 서로 앞으로 나아가며 싸워야 하는 것이냐 …… 우리는 안다 늬들의 훈공을 올바로 갚을 자는 조국의 통일과 정의의 승리만이 능히 할 수 있다는 것을 (하략)

〈종로에서, 다시 서울을 떠나며〉(1951)
이룩하기도 전에 흔들리는 사직을 근심하고 / 조국의 이 가난한 운명을 슬퍼하며 …… 불의의 그늘에선 숨도 쉬기 싫어서 …… 사람들은 모두 떠나버렸다 / 첩첩이 닫아 건 종로의 적료 / 아아 이제 나마저 떠나고 나면 / 여기 오랑캐의 노래가 들려오리라 / 허나 꽃 피는 봄이 오면 / 서울은 다시 우리의 서울 / 내 여기 검은 흙 속에 가난한 노래를 묻고 간다.

〈새 아침에〉(1951)

　나라를 사랑함이 무엇인 줄 내 모르나／옳고 그름을 헤아릴 줄은 아는 것／진실로 나의 양심을 위하여／웃으며 무찌를 수 있는 나의 신명身命아／괴로운 것은 죽음에 까지 따라오는 허영이다／살아 떳떳이 이긴다 맹서하라／내 여윈 살 한 점을 저미며 라도／안주 삼아 마시고 싶은 도적의 피／명기하라 세월이여／눈물 많은 시인이 이 아침에 총을 닦는다

〈임진명壬辰銘〉(1952)

　(전략) 그 피가 스며든 메마른 황토／나의 조국이여／그 흙에 뿌리박았으매／그 피를 마시리니 초목인들 어찌／이 환란의 역사를 두고두고 얘기하지 않으리요／…… 아 내 어머니 나라를／버리고 살 수가 없으량이면／어찌 이 몸을 자기自棄하여 ／백일 아래 헛되이 스러지게 하리요 …… 박주 한 잔에 긴파람 하노니／나를 울리 는 조국이여 산하여 아 인정이요!

　이 시편들에는 조지훈의 국군에 대한 사랑과 격려, 통일과 승리에 대한 염 원, 오랑캐 중공군에 대한 적개심, 어머니, 나라, 조국에 대한 무한한 사랑과 헌신이 절절히 배어 있다. 그의 이러한 신념과 정신은 1960년 4·19혁명을 거쳐 1968년 타계하기까지 지속되었다. 4·19혁명을 전후한 시기에 있어서 도 대한민국을 지키고 민주주의를 수호하는 그의 일념은 변함없었다. 즉 1950년대 말, 신문·잡지의 논설을 통하여 자유당 독재정권의 불의부정을 비판하고, 변절하는 정치가, 지조 없는 지성인을 통매痛罵하던 그는 몸담고 있던 대학의 평소 강의를 통하여 불의의 권력을 비판하고 부조리의 현실에 외면하는 지식인의 각성을 촉구하였고, 대학신문의 사설을 통해서는 대학생 들의 분발을 촉구하여 고대 4·18의거를 촉발하는 데 일익一翼을 담당하기도 했다. 그러다가 4·19혁명이 수많은 젊은이의 유혈투쟁으로 성공하자, 그들 의 높은 용기를 찬양하고 고귀한 희생을 추모하는 다수의 4·19 관련시를 발

표하여 많은 국민의 감동을 자아내었다.

〈늬들 마음을 우리가 안다〉는 그중에서도 명편으로, 그 일부를 보면 다음과 같다.

(전략) 사랑하는 젊은이들아 / 붉은 피를 쏟으며 빛을 불러놓고 / 어둠 속에 먼저 간 수탉의 넋들아 / 늬들 마음을 우리가 안다. 늬들 공을 겨레가 안다 / 하늘도 경건히 고개 숙일 너희 빛나는 죽음 앞에 / 해마다 해마다 더 많은 꽃이 피리라 / 아 자유를 정의를 진리를 염원하던 / 늬들 마음의 고향 여기에 / 이제 다 모였구나 / 우리 영원히 늬들과 함께 있으리라.

한편 조지훈은 1960년 4월 25일 4·19혁명을 지지하는 교수들의 시국선언에 참여하여 그 선언문을 썼고 거리시위에 나서기도 하였다. 이와 같은 그의 독재에 대한 철저한 혐오와 민주주의에 대한 뜨거운 애정은 4·19혁명 직후 그가 직접 방송에 나가 다음과 같은 대북방송을 한 데서 그 의기와 열정을 느낄 수 있다. 즉, 이승만 독재정권이 학생들에 의하여 무너진 데 대하여 북한 정권이 찬양하는 대남방송을 하자 조지훈은 다음과 같은 대북방송으로 응수하였다.

북한의 대학생들아, 우리는 독재자를 쓰러뜨리고 민주주의를 되찾았다. 너희들도 김일성 독재자를 꺼꾸러트리고 우리 함께 만나 악수하자.

참고문헌

김종길 외, 『조지훈 연구』, 고려대학교출판부, 1978.
이기백, 『국사신론』, 태성사, 1961.

이헌구,『(이헌구 평론집) 문화와 자유』, 청춘사, 1953.

이홍직 외,『국사신강』, 일조각, 1958.

인권환 외,『한국 전통문화 연구』, 이대 한국문화연구원, 2007.

조광열,『승무의 긴 여운 지조의 큰 울림』, 나남, 2007.

조지훈,『시』(조지훈전집 제1권), 나남, 1996.

_____,『지조론』(조지훈전집 제5권), 나남, 1996.

_____,『한국문화사 서설』(조지훈전집 제7권), 나남, 1996.

_____,『한국학 연구』(조지훈전집 제8권), 나남, 1996.

인권환,「조지훈의 민속학 연구」, 김종길 외,『조지훈 연구』, 고려대학교출판부, 1978.

_____,「조지훈의 학문과 그 업적」, 김종길 외,『조지훈 연구』, 고려대학교출판부, 1978.

성경린, 거문고를 가르치며 국악을 지키고 가꾸다

황준연

1. 아악부에서 지켜낸 조선 궁정음악의 유산   3. 국악을 지키고 가꾸기 위해 태어난 인물
2. 새 시대를 위해 문을 연 국립국악원

1. 아악부에서 지켜낸 조선 궁정음악의 유산

근세 대한민국 역사의 숱한 고비와 소용돌이 속에서도 조선조의 빛나는 궁정음악 유산을 온몸으로 지킨 성경린成慶麟(1911~2008)은 국악 행정가·교육자·지도자로서 평생을 헌신했다.

성경린은 1911년 서울에서 태어났다. 그는 소학교 과정인 숭동기독학교를 만 아홉 살 때인 1920년에 입학하여 1926년 봄에 졸업했다. 그런데 그가 졸업한 해에 때마침 이왕직 아악부李王職雅樂部에서 5년 터울로 뽑는 국비 아악생을 모집했다. 성경린은 소학교 졸업생 중에서 선발하는 제3기 아악생에 합격했고, 이후 숙명처럼 평생 국악의 길을 걷게 된다.

황준연黃俊淵(서울대학교 국악과 교수)

저서로는 『영산회상 연구』(서울대학교출판부, 1999), 『한국전통음악의 악조』(서울대학교출판부, 2005), 『조선조 정간보 연구』(서울대학교출판문화원, 2009) 등이 있다.

이왕직 아악부는 조선조 장악원의 법통을 이은 기관이었다. 국권피탈 이후에는 대한제국에서 사용하던 국악이란 말을 쓰지 못하도록 아악대(1911)로 개칭되었고, 1925년부터는 이왕직 아악부라는 새 이름으로 불렸다. 아악부의 주요 임무는 왕가의 종묘제향과 문묘제향, 진연 등 오례의 의식에서 음악과 정재(무용)를 담당하는 것이었다. 조선조의 장악원과 병영의 취악대를 병합한 초기의 아악대에는 수백 명의 악인이 소속되어 있었으나, 그들 대부분이 차례로 은퇴하고 남은 악사들도 연로하게 되어 1919년부터 후진 양성을 위해 새로 아악생을 선발했다. 비록 나라를 빼앗겼지만, 세종 이래로 면면히 이어져 당시 조선의 아악대에 전승되고 있던 궁중 음악과 무용, 석전제 음악 등은 세계 유일의 전승문화재로서 국내외에 그 가치를 인정받았다. 그러한 이유에서 아악부는 일제 치하에서도 엄존할 수 있었고, 아악생 선발도 가능했다. 게다가 모든 아악생에게 학비를 지원할 뿐만 아니라 매월 적지 않은 수당을 지급하는 등 파격적인 대우를 했다.

아악부에 입문한 성경린은 타고난 근면함과 성실함으로 소정의 5년 과정을 마치고 1931년에 18명의 동기생들 중에서 수석으로 졸업했다. 졸업과 동시에 아악수로 보임된 그는 이후 1938년에 아악수장으로 승진했으며, 1945년 직제 개정으로 아악사가 되어 해방을 맞이했다. 해방이 되었으나 정작 이왕직 아악부의 미래는 불안해졌다. 결국 많은 악인이 생활을 위해 아악부를 스스로 떠나갔다. 그럼에도 선생은 뜻을 같이하는 몇몇 악인과 함께 아악을 지킨다는 일념으로 매일 출근하며 청사를 지켰다. 이왕직 아악부의 간판은 '구왕궁아악부'라는 이름으로 바뀌었다. 창덕궁 돈화문 건너편의 운니동에 있던 아악부의 유서 깊은 한옥 청사는 이제 보수 우익 정당과 사회단체들이 결집하는 곳이 되었다. 선생은 해방 직후 아악부에서 지켜본 격동하는 역사의 현장을 다음과 같이 회고했다.

그 무렵의 어려운 현실에서도 나는 어떻게 하면 아악부를 계속 유지하고 보존하는가만 염념하고 있었다. 그것은 아악부가 개점휴업에 들어 있는 거나 별반 다름이 없는 상황에 놓여 있기 까닭이었다.

몸채가 행랑채가 된다는 속담처럼, 해방되고 아악부의 건물은 온통 보수 우익 정치 사회단체들이 제각기 할거하고, 정작 아악부가 사용하는 공간은 겨우 중앙동 사무실 한구석에 불과했다. 우남 이승만 박사가 환국하여 그분 영도하의 갖가지 조직이 하나로 아악부에 집결되어 있었기 때문이다.

구왕궁아악부 간판 말고 해방되고 새로 붙은 크고 작은 간판은 헤일 수가 없이 어지러웠다. 국민회중앙총본부, 민족통일총본부, 전국애국단체연합회, 독립촉성중앙협의회, 신탁통치반대국민운동총동원위원회, 비상국민회의, 독립중앙협의회, 육해공군장병동지회 등등.

그러니까 주객이 완전히 전도된 형국이었다. 그렇다고 별로 불만이 있거나 있을 수도 없었다. 위에서 말한 대로 아악부는 제대로 제 기능을 발휘하지 못하고 있었으니까 말이다. 우리는 감내하기 어려운 상황에서도 어서 바삐 건국이 되고 버젓한 내 정부를 갖기를 염원하는 것뿐이었다.

조선조의 왕실이 유명무실해지자 그에 따라 구왕궁아악부도 차츰 정체성을 잃어갔다. 더욱이 불과 몇 명의 악사들만이 남게 되었으니, 그야말로 500년 전통의 조선조 궁중음악이 풍전등화에 이른 것이었다. 이처럼 암울한 현실에서도 성경린은 우리 음악을 지키겠다는 일념으로 희망의 끈을 놓지 않았다. 그는 구왕실아악부의 새 아악사장으로 임명된 동기생 이주환, 이병기와 더불어 시조연구회를 결성했고, 시조강습회를 통해 국악을 보급하는 데 진력했다. 또한 국악을 널리 알리기 위해 이 시기에 『조선음악독본』(1947), 『조선의 아악』(1947), 『조선의 민요』(공저, 1949), 『국악개설』(1952), 『국악개론』(1952) 등을 차례로 저술했으며, 이혜구 등과 더불어 한국국악학회를 창설하고(1948) 학회 활동에도 일익을 담당했다.

2. 새 시대를 위해 문을 연 국립국악원

1948년 대한민국 정부가 수립되었고, 아악부 악사들은 예상치 못한 새로운 희망을 접하게 되었다. 아악부를 자주 드나들던 제헌국회의 진헌식陣憲植 의원이 어느날 반가운 충언을 해온 것이다. 그것은 아악부의 국영전환을 요청하는 청원서를 국회에 제출하라는 제안이었다. 이는 아이러니컬하게도 운니동의 구왕궁아악부 청사가 우익 정당과 사회단체들의 사무실로 점령당했던 덕분이었다. 이 제안에 고무된 아악부 악인들은 청원서를 준비했고, 한때 소설가가 꿈이었던 성경린은 이 일을 도맡아 신중하게 청원서를 작성했다. 아악부 악인들이 이주환 아악사장 명의로 국회에 제출한 청원서의 내용은 다음과 같다.

아악부 국영에 관한 청원
주문: 아악부를 국가 경영으로 할 것을 건의함.
이유: 아악부는 이조 전기全期를 통하여 정부에 예속되어 국가의 주요한 의식, 외사外使의 접반, 궁중의 연례 및 제례에 봉사하였고, 한일합병 이후로는 전혀 이왕가의 종묘, 성균관이 문묘에 형식적인 주악과 내외국 빈객에게 조선 아악을 소개하여 오늘에 이릅니다. 과거 아악의 용도를 이르자면 오늘날 아악부의 존속 이유는 실로 모호타 할 것이로되, 아악은 조선민족의 보지保持한 유일한 예술음악이요 고귀한 문화유산의 하나인 점에서 상도하면 오히려 석일昔日로 더불어 의논할 수 없는 게 있습니다. 조선 민족의 정신을 순화純化하자 해도 아악으로서 하여야 하고 조선 문화의 우수성을 현시하자 해도 아악을 두고 핍진乏盡한 것을 못 봅니다. 한 걸음 나아가 새롭고 빛나는 대한민족 음악의 수립도 아악의 과학적 검토와 정상한 계승에서 비로소 이루어질 것입니다. 악기·곡목·무용 그 밖에 아악부만이 소장한 진귀한 동양 고대음악의 자료 전적의 귀추는 신중을 기할 것입니다. (하략)

1948년 8월에 제출된 아악부 국영안 청원서에 대해 제헌국회는 같은 해 12월에 의견서를 채택하고 정부에 건의안을 제출하기로 의결했다. 이후 1950년 1월에 국립국악원 직제가 대통령령으로 공포되고, 이어서 1951년 4월 전시하에 부산에서 드디어 국립국악원이 개원했다. 성경린은 이주환 원장과 함께 악사장에 보임되었다. 돌이켜 보면, 당시 국민이 조선조의 찬란한 궁정음악 문화가 이 땅에 온전히 전승되고 있다는 사실을 거의 알지 못하던 시절에 신생국 대한민국의 국가기관에서 이를 계승, 보존할 수 있도록 한 것은 제헌국회와 정부의 역사에 길이 남을 결단이었다.

　국립국악원은 이제 궁중음악뿐만 아니라 이 땅의 전통음악 전체를 관장하는 기관으로 거듭났다. 성경린은 악사장으로서 새 시대에 맞는 국립국악원을 건설하는 데 매진했다. 개원 초기, 국립국악원은 먼저 민속악의 명인들을 초치했다. 그리하여 궁중음악과 민속악을 아우르는 명실상부한 전통음악의 본산으로서의 역할을 수행하게 된다. 한편 국악원의 또 다른 시급한 사안은 국악의 미래 존립 기반인 차세대 국악인을 양성하는 일이었다. 이를 위해 많은 노력을 기울인 결과, 1955년에 중·고등학교 6년 과정의 국악사 양성소를 개소할 수 있었다. 이는 국악원이 개원한 지 불과 4년 만에 기적처럼 성사된 일이다. 양성소를 개소한 데에는 당시 이선근 문교부장관과 신태익 법제처장의 도움이 있었다. 이로써 현대사의 격동기 10년 동안 중단되었던 이왕직 아악부의 아악생 양성 교육의 전통이 이어질 수 있었다. 더욱이 정부는 1950년대의 풍족하지 않은 재정에도 불구하고 양성소의 모든 재학생에게 파격적인 장학금을 제공할 수 있도록 제도화했다. 이에 제1기생을 선발할 때부터 전국에서 우수한 인재들이 운집했다.

3. 국악을 지키고 가꾸기 위해 태어난 인물

성경린은 1961년 12월에 용퇴한 이주환의 뒤를 이어 제2대 국립국악원 원장에 취임했다. 이후 10여 년 동안 선생은 국립국악원 원장 겸 국악사 양성소 소장으로 봉직하며 많은 업적을 쌓았다. 또 이 기간에 두 차례의 일본 공연 (1964, 1966)을 기획하거나 단장으로 참여했고, 대만(1967)과 미주(1972) 순회 공연을 수행하는 등 국악의 해외공연과 홍보의 물꼬를 열었다. 이와 같은 그의 노력 덕분에 이후 국립국악원은 거의 모든 유럽 국가와 아시아 국가뿐만 아니라 남북 미주와 오스트레일리아, 아프리카에 이르기까지 수많은 국가와 도시를 순방하는 공연을 끊임없이 이어가게 되었다.

국악사 양성소는 1972년에 새 시대에 맞는 국립국악고등학교로 개편되었다. 성경린은 초대 교장으로 취임하여 국악 교육에 더욱 심혈을 기울였다. 그의 교육 이념은 '인간이 가져야 할 인격의 완성을 선행조건으로, 미래의 유능하고 유용한, 그리고 사명감을 가진 국악인 양성'이었다. 항상 학생들에게 "국악 학생의 본분에 충실하라"고 가르친 그는 소장과 교장으로 재직한 17년 동안 국악을 이어갈 수많은 제자를 길러내었다. 또한 그는 90세의 고령에 이르러서도 대학에 출강하여 거문고를 가르쳤다. 오늘날의 수많은 거문고 명인은 바로 그가 길러낸 제자들이다.

성경린의 전공은 거문고였다. 젊은 시절 아악생부터 아악사가 되기까지 하루도 거문고를 손에서 놓지 않고 실기를 연마하고 연주에 임했다. 당연한 일이겠지만, 그는 연주 시간이 한 시간이 넘는 〈여민락〉을 위시하여 모든 궁중 전승의 악곡을 암기하여 연주할 수 있었다.

성경린은 국가 지정 무형문화재 제도의 정착과 보존에도 크게 기여했다. 문화재위원으로 활동하는 동시에 수많은 무형문화재 조사 보고서를 작성하기 위한 현장 조사에도 참가했다. 초기에 선정된 중요 무형문화재 종목들은 이처럼 선생이 노력한 결과로 지정될 수 있었다. 일찍이 그가 조사, 보고한 종묘제례악과 범패 등은 오늘날 유네스코의 세계인류무형유산으로 선정되어 우리나라를 빛내고 있다.

또 그는 1994년에 거금을 출연하여 국악 발전에 기여한 중견 국악인을 격려하는 '관재국악상'을 제정했다. 그의 아호를 붙인 이 상은, 신진 학자를 격려하는 '이혜구학술상'과 원로 국악인에게 수여하는 '방일영국악상'과 더불어 권위 있는 국악상 중 하나로 자리매김하고 있다.

성경린은 수필과 더불어 국악에 관한 많은 저서와 다양한 글을 남겼다. 주요 저서는 『아악』(1975), 『한국음악논고』(1976), 『국악감상』(1976), 『한국의 무용』(1976), 『노을에 띄운 가락』(1978), 『한국의 전통무용』(1979), 『관재논문집』(2000), 『국악의 뒤안길』(2000) 등이다.

성경린은 암울한 시대에 운명처럼 국악계에 입문하여 평생토록 국악의 전승과 보급을 위해 지키고, 교육하고, 봉사하며 남다른 일생을 보냈다. 그는 많은 글과 라디오 국악방송 해설을 통해 국악의 아름다움을 국민 모두에게 전달하고자 노력했다. 또 그가 키우고 가꾼 국악의 동량들은 이 나라 국악계를 이끌고 있으며, 그가 심은 국악 사랑의 묘목도 이제 굳건한 거목으로 성장했다. 성경린은 국악을 지키고 가꾸기 위해 이 땅에 태어난 것이다.

참고문헌

성경린, 『아악』, 경원각, 1975.
_____, 『노을에 띄운 가락』, 휘문출판사, 1978.
_____, 『관재논문집』, 국악고등학교 동창회, 2000.

_____,『국악의 뒤안길』, 국악고등학교 동창회, 2000.
『국립국악원사』, 국립국악원, 2001.
『국악교육 50년』, 국립 국악중·고등학교, 2007.
『국악연혁』, 국립국악원, 1982.
『이왕직아악부와 음악인들』, 국립국악원, 1991.

김환기, 한국 근현대 미술사의 거인

오광수

1. 일본에서 인정받은 추상화가

우리의 근현대미술사에서 김환기金煥基(1913~1974)처럼 왕성한 창작열을 보인 미술가도 드물 것이다. 또 그처럼 자기세계에 대한 치열한 성찰을 통해 변모의 단계를 진전시킨 미술가도 많지 않다. 그의 생애는 61년에 머물렀지만, 그가 남긴 작품은 그 양이 엄청날 뿐 아니라 도달한 세계의 깊이와 넓이에서 적어도 동시대 누구의 추격도 불허한다. 그는 외모에서나 작가로서 위상에서나 거인(자이언트)이란 존칭에 가장 걸맞은 존재라는 사실을 언급하지

오광수吳光洙(한국문화예술위원회 위원장)

저서로는 『한국현대미술사』(열화당, 1979; 수정증보판 1995), 『한국 근대미술 사상 노트』(일지사, 1987), 『추상미술의 이해』(일지사, 1988), 『한국현대미술비평사』(미진사, 1998), 『21인의 한국 현대미술가를 찾아서』(시공사, 2003), 『시대와 한국미술』(미진사, 2007) 외 다수가 있으며, 논문으로는 「회화에 있어 근대란 무엇인가」(『예술과 비평』 1985년 가을호), 「한국 근대회화의 정취적, 목가적 리얼리즘의 계보」(『미술사연구』 제7호, 1993), 「형태의지와 색채충동―남과 북 미술가의 대비적 성향에 대한 연구」(『예술논문집』 제37권, 1998) 등이 있다.

않을 수 없다.

김환기는 1913년 전라남도 신안군 기좌도(지금의 안좌도)에서 태어났다. 지금 살아 있다면 99세인 셈이다. 뛰어난 인물의 출생에 따라붙는 태몽은 그가 이미 화가로 점지되었다는 점을 말해준다. 그의 어머니가 그의 반려자 김향안에게 들려주었다는 이야기다. "휘황찬란한 빛깔의 이불만큼씩 한 깃발들이 하늘에서 내려와서 우리 마당에 서지 않겠니. 그래서 천상 환기는 그림 그리게 태어난 건가 했느니라. 지가 그리는 화포를 보니까 꼭 그때 태몽에 비쳤던 그 오색찬란한 깃발들이 아니겠니?"

김환기의 화가로서 출발은 니혼日本대학교 미술학부에 들어가면서부터이다. 그는 일찍이 전위미술에 관심을 보였고 자신의 방향에 대한 의식을 점차 확고히 했다. 재학시절인 1934년 '아카데미 아방가르드'라는 조직에 참여하여 당시 일본 전위미술의 우상이었던 후지다 스쿠하루藤田嗣治, 도고 세이지東鄉靑兒에게 직접 지도를 받았다. 일본미술계는 다이쇼大正 데모크라시의 분위기에 편승하여 서구의 자유사상과 진취적 미술운동을 적극적으로 받아들이고 있었다. 서구에 진출하여 명성을 획득하거나 그곳에서 일어나는 새로운 미술운동에 적극 참여한 대표적인 미술가가 후지다와 도고였다. 후지다는 파리 화단에서 동양인으로는 유일하게 에콜드파리의 화가로 거명되면서 그 독특한 화풍으로 인기를 얻고 있었으며, 도고는 입체파를 거쳐 새롭게 일어난 이탈리아 중심의 미래파 미술가들과 교류하면서 미래파를 일본에 소개하는 데 앞장섰던 인물이다. 김환기의 데뷔작인—화가 스스로 그렇게 말하고 있다—〈종달새 울 때〉(1935년 '이과전' 입선작)에서 발견되는 입체파적 요소나 미래파적 감각은 다분히 도고의 영향임을 파악할 수 있다.

김환기는 1935년에 이어 이듬해에도 '이과전二科展'에 〈25호실의 기념〉으로 입선했는데, 이때는 더욱 미래파에 접근한 작품이었다. 이 무렵 그는 왕성한 활동을 전개해 보인다. 두 번에 걸쳐 '이과전'에 입선하고 '백만회白蠻會'(길진섭, 다시카미 다케나鶴見武長, 간노 유이고管能由爲子)를 조직했으며 이어서 '자유미술가협회'에 회우로 참여했다. 1937년에 발족한 자유미술가협회는 일본 전위화단에서 최초로 추상미술가들이 결집한 단체로, 그가 여기에 회우로서 가담했다는 것은 최초의 추상미술가로서 일본화단에서 당당한 위상을 획득한 것을 의미한다. 그는 1938년에도 '자유미술가협회전(이하 자유전)'과 '이과전 구실회'에 참여하는데, 자유미술가협회는 언급한 대로 최초의 추상미술 단체로 등장했으며, '이과전 구실회'는 자유미술가협회와 나란히 추상미술가들의 결집체로 지목되고 있었다. 그러니까 일본의 추상미술은 자유미술가협회와 이과전 구실회의 두 축에 의해 전개되었다고 할 수 있다. '이과전'은 '문전'(문부성 주최 전람회—관전)에 대항해서 최초로 등장한 재야 단체로, 이 가운데는 당시 아카데미즘에 반하는 일체의 전위적·실험적 경향들이 포괄되어 있었다. 이 가운데 추상을 지향한 미술가들이 아홉 번째 방에 진열되었기 때문에 그 명칭을 '구실회'라고 한 것이다. 김환기는 자유미술가협회 외에 구실회에도 참여했으니 일본 추상미술의 중심에 있었다고 해도 과언이 아니다. 이때 발표한 작품들이 〈론도〉, 〈항공표식〉, 〈메아리(향)〉, 〈산 기슭〉, 〈창〉, 〈섬의 이야기〉 들인데, 이미 구체적인 대상성은 탈각되고 추상적 경향으로 확고하게 틀 잡히고 있음을 보여주었다. 김환기는 1937년에 귀국했지만 '자유전'에는 꾸준히 작품을 발표했다. 그러나 1941년에 '자유전'을 탈퇴하는데, 그 이유는 명확히 밝혀져 있지 않으나 군국주의의 보국체제가 강요되고 일체의 자유주의적 사상과 전위적 의식 활동이 금지되자 일시적으로 붓을 놓은 것이 아닌가 생각된다. 만주사변과 태평양전쟁을 일으킨 일본 군국주의는 미술활동 자체도 보국체제로 전환하기를 강요했다. 이는 일본뿐 아니라 당시 조선 미술계에도 그대로 적용되었다. 많은 뛰어난 미술가가 전쟁기록화를 그리는 데 동원되었으며 미술전시도 시국적인 내용을 담도록 강요당했다. 후지다 스쿠하쿠 같은 당대의 대표적인 화가가 프랑스에서 귀국하여 전쟁기록화를 그렸으며, 그 외에도 많은 미술가가 이에 참여했다. 이에 참여하지 않은 소수의 양식적인 미술가들은 스스로 붓을 꺾었다. 이과전 구실회의 대표적인 화가였던 요시다 요시시게吉田喜重는 붓을 놓고 리어커를 끌고 행상을 했으며, '자유전' 등 전위 활동에 가담했던 한국의 미술가들은 서둘러 귀국하여 예술 활동과는 먼 일에 종사했다. 김환기는 고향인 신안과 서울을 오가며 세월을 보냈고 같은 '자유전' 멤버였던 유영국은 고향인 울진으로 돌아가 집안일이었던 수산업에 종사했다. 해방 이전의 3, 4년은 전쟁 말기의 단말마적인 탄압으로 극심한 암흑이 이어진 시기였다. 많은 한국인이 고통에 시달렸음은 말할 나위도 없으나 자신의 일을 포기할 수밖에 없었던 예술가들에겐 더욱 고통스런 세월이 아닐 수 없었다. 아마도 1945년 조국 광복이 찾아오지 않았더라면, 일본 군국주의가 승리라도 했다면 적지 않은 예술가가 다시는 예술가로서의 자기 길을 찾지 못했을 것이다. 유영국도 그렇게 말한 적이 있다. 아마 그런 상황이었다면 자신은 시골에서 농사꾼으로 생애를 보냈을 것이라고.

2. 사실과 추상

1945년 해방으로 인해 또다시 혼돈의 나락으로 떨어질 줄은 아무도 몰랐다. 좌우 이데올로기의 극심한 대립은 정치적·사회적 혼란은 물론이려니와 예술계에도 거센 이념적 소용돌이를 몰고 왔다. 미술인들은 순수한 창작활동을 하기보다 정치적 이념의 하수인으로 전락하여 이합집산의 분파만 거듭했다. 당시 자료들을 보면 적지 않은 단체들이 출몰했지만 창작행위나 조형적 이념보다는 정치적 이데올로기에 함몰된 선전, 선동과 세 확장을 위한 방편에 지나지 않았음을 알 수 있다. 이 혼란에서 벗어난 순수한 창작활동을 염원하는 미술가들의 자각과 결속이 1947년경 구체화되기 시작했다. 1947년 6월에 결성된 조선미술문화협회(이쾌대, 이규상, 김인승, 홍일표, 엄도만, 김재선, 손웅성, 임완규, 신홍휴, 박영선, 조병덕, 이봉상, 이해성, 남관, 임군홍, 이인성 등)와, 역시 같은 해 논의되다가 다음 해인 1948년에 창립전을 연 신사실파가 대표적인 단체다. 김환기는 1930년대 후반 일본 자유미술가협회에 참여했던 동지들인 유영국과 이규상을 규합하여 순수한 창작활동을 천명하고 나선 것이다. 그가 주도한 이 단체는 1949년에 열린 2회전에 장욱진을 영입했고, 1953년 피난지 부산에서의 3회전에는 이중섭과 백영수를 영입했다. 그러나 수복후 얼마 지나지 않아 김환기가 도불(1956년)함으로써 단체는 자동해체되고만다. 비록 3, 4명에 불과한 소그룹이었으나 해방 공간에서 가장 주목되는 단체로 각광을 받은 이유는 이들이 전쟁 이전 일본 화단에서 최초로 추상미술을 시도했던 우리나라 모더니즘의 제1세대라는 점에 있다. 아카데미즘에 대항한 재야적 · 진취적 조형 이념이 입체파, 표현파, 미래파, 야수파, 구성파 등 다양한 경향으로 분류되지만, 가장 전위적인 경향에 속했던 것은 추상미술과 초현실주의였다. 따라서 우리나라 모더니즘의 선두는 단연 추상미술이라고 할 수 있으며, 여기에 가담한 미술가들이 모더니즘 제1세대로 지칭됨은 지극히 당연한 일이 아닐 수 없다.

지금도 많이 논의되는 점은 최초의 추상 미술가들이 결속한 단체명이 왜 '신사실'이냐는 것이다. '사실'이란 추상과 초현실에 대립되는 개념인데도 새로운 사실을 표방한 것은 어떤 이유에서일까. 이 명칭은 김환기가 붙였다고 한다. 유감스럽게도 신사실에 대한 김환기의 언급은 어디에도 없다. 그러나 신사실파 1회전에 나온 작품들의 명제를 통해서 당시의 사정을 추정해볼 수 있다. 유영국이 〈회화〉란 명제로 10점을 냈고, 이규상이 〈작품〉이란 명제로 역시 10점을 출품한 반면, 김환기의 10점은 〈꽃가게〉, 〈여름〉, 〈실과 장수〉, 〈가을〉, 〈산〉, 〈초봄〉, 〈달밤〉, 〈달과 나무〉, 〈못가〉, 〈국화절〉이다. 유영국, 이규상의 작품은 명제만으로 추상 계열임을 파악할 수 있는 반면, 김환기의 작품에는 구체적인 이미지가 있는 모티브가 담겨 있다. 추상이 아님이 명확하다. 이 무렵의 작품은 몇 점밖에 유존되고 있지 않아 그의 전체적 경향을 속단하긴 어려우나 구체적인 대상을 지닌 것은 분명하다. 그러나 모티브 위주이긴 하지만 사실적인 방법으로 대상을 구현한 것은 아니다. 이점에 그의 신사실의 개념이 함축되어 있음을 짐작할 수 있다. 대상을 모티브로 하되 추상적인 방법의 요약과 재구성의 조형적 단계를 거친 것이기 때문에, 바로 구상적·사실적 작품으로 단언해서는 안 된다는 것이다. 어떤 면에서 이 같은 방법은 전쟁 이전에 그가 추구해 마지않았던 추상의 논리 속에 이미지를 굴절시켰다고 할 수 있다. 그러기에 단순한 구상 또는 사실이라고 할수 없으며 동시에 추상이라고도 할 수 없는 경향이 되었다. 그가 굳이 이 같은 방법을 통해 현실을 끌어들이려 했던 배경은 무엇인가.

　해방이 되면서 미술계에 대두된 가장 절실한 화두는 왜색 탈피와 민족미술 건설이었다. 말할 나위도 없이 투철한 현실 인식이 강요되었다. 김환기는 자신이 추구해오던 추상적인 방법으론 이 같은 절실한 현실 감각을 화면 속에 구현할 수 없었을 것이다. 그래서 그는 관념의 세계가 아닌 구체적인 현실을 추상적 방법 속에 굴절시키려고 했던 것이 아닐까. 당시 동양화 분야에서도, 채색과 도안적인 방법의 왜색을 벗어나는 첩경이 필선을 위주로 한 과거 문인화적 방법이며 이야말로 민족미술의 근간이라고 생각했으며 여기에다 현실적 소재를 끌어들임으로써 고답적인 관념의 세계를 극복할 수 있다고 보았다. 김환기의 방법도 그 정신 면에서 이와 깊게 견인된 것이 아닌가 한다.

3. 점과 선의 구성

1953년 환도 후 김환기의 활동은 두 번(1954, 1956)에 걸친 개인전이 말해 주듯 왕성한 면모를 보였다. 3년간의 피난 시기에 위축되었던 창작의 열기를 뿜어낸 것이라 할까. 그러나 그는 프랑스로 진출할 것을 열망하고 있었다. 환도 이후 미술가 사회에서는 도불의 열기가 그 어느 때보다도 뜨겁게 번져나 갔다. 일제강점기와 이어진 해방공간의 혼란, 피난살이를 벗어나면서 예술가로서의 재출발이 절실히 요청되었던 것이다. 남관, 이성자, 김홍수에 이어 장두건, 이세득, 손동진, 권옥연, 김세용, 김종하, 김중업, 김창락, 나희균, 박영선, 변종하, 함대정 등이 1953년에서 1960년에 사이에 파리로 향한 미술가들이다. 김환기는 1956년에 도불하여 약 3년간 체류하고 1959년에 귀국했다. 그의 파리서의 활동은 1956년 베네지 화랑에서의 첫 전시를 기록하고 있다. 이때의 작품은 1953년 환도 이후부터 집중적으로 추구한 한국적 정서의 양식화로 일관되었다. 〈항아리〉, 〈매화와 가지〉, 〈정원〉, 〈영원의 노래〉, 〈하늘〉, 〈항아리와 여인〉, 〈송학〉 등 개인전에 출품된 작품은 산, 항아리, 달, 매화, 사슴, 여인, 새 등이 모티브가 되고 있다. 산과 달이 어우러져 있는가 하면, 항아리와 매화가 한 화면에 등장하고, 하늘을 나는 새와 달이 겹쳐지기도 한다. 김환기에게 달과 산과 항아리와 같은 모티브는 단순한 대상으로서의 그것이기보다 그것들로 대변되는 한국인의 정서를 조형화한 것이라고 할 수 있다. 마치 고도의 언어 탁마가 한 편의 시가 되어 나오듯 그의 화면은 단순한 그림이라기보다 고도로 절제된 조형언어로 나타난 조형시라고 표현하는 것이 적절할지 모른다. "젊은 시절에 보였던 조형성 내지는 조형언어의 의미론적 순수화보다는 오히려 자연의 시정과 자연의 얼을 가장 때 묻지 않은 상태로 그려낸"[1] 시적 조형이라 할 수 있을 것이다.

1959년에 프랑스에서 귀국한 김환기는 홍익대 미술학부장으로서 미술교육 현장에 있는가 하면 미술협회, 예술인총연합회 같은 예술단체에서도 바쁜 나날을 보냈다. 바쁜 일정 속에서도 그는 잇따라 개인전을 열어 식지 않은 창작의욕을 과시했다. 1959년, 1961~1963년에 열린 중앙공보관 화랑 개인전, 1959년에 반도화랑에서 열린 과슈전 등이었다. 대학이 정비되고 홍익대학이 미술학부만 남아 홍익미술대학이 되었을 때 학장을 맡으면서 그의 일정은 더욱 바빠졌다. 그는 미술교육가로서 미술교육의 중요성을 누구보다도 투철히 지각하고 있었으며, 자신의 이상적인 미술대학을 만들어 갈 꿈을 꾸고 있었다. 그러나 당시 홍익대학은 그의 이념을 수용할 수 있는 처지가 되지 못했다. 그가 1963년 상파울루 비엔날레 한국 대표로 참여했다가 그 길로 뉴욕에 안착한 것은 학교에서 그의 꿈이 실현되지 못한 데도 그 원인이 있었다. 그의 목표는 뉴욕에 잠깐 들렀다가 파리로 가려는 것이었다. 그는 1950년대 후반 파리에서의 창작생활에 대한 향수를 버리지 못했다. 그러나 그의 일시적인 뉴욕 체류가 그가 작고할 때까지 이어질 줄은 그 자신도 몰랐다. 뉴욕시절 김환기는 경제적으로 어려운 고비를 여러 차례 넘기면서도, 예술이 또 한 번 풍요롭게 꽃피는 시기를 맞았다. 그 자신도 일기에 작품이 지금부터 좋아지고 있다고 밝혔듯이, 그의 뉴욕시대는 한국시대와는 다른 새로운 영역을 펼쳐 보여주었다. 1963년 말에 뉴욕에 도착한 김환기는 1965년에야 본격적인 유화작업에 들어갔다. 〈이른 봄〉, 〈새벽 별〉, 〈겨울 아침〉과 같은 작품이 이 시기에 제작되었다. 무엇보다 먼저 지적할 수 있는 것은 구체적인 모티브가 사라지고 점과 선에 의한 구성이라는 점이다. 길게 이어지는 선이 있는가 하면, 그것의 언저리에 여러 색깔의 점들이 나란히 이어지기도 했다. 또 하나의

---

1 이일, 「영원한 망향의 성좌」, 〈김환기 20주기전〉 카탈로그, 환기미술관, 1994. 5.

변화는 색 층이 사라지고 투명한 색 면이 나타나기 시작했다는 점이다. 그의 서울시대나 파리시대의 작품들은 한결같이 두터운 색 층을 형성하고 있었으며, 이 마티에르matière의 두께로부터 은은하게 우러나오는 색채의 미묘함은 장중함과 아울러 우아한 감미로움을 더해준 것이었다. 그와 같은 색 층이 사라지고 엷게 칠한 색조의 투명함이 대신 그 자리를 차지했다. "동양 사람의 체질은 역시 모필이 맞고 거기서 미묘함이 오는 것 같아"라는 그의 일기의 한 대목에서도, 그가 점차 동양화의 방법, 특히 수묵화의 방법에 깊은 공감을 드러내고 있음을 엿볼 수 있다. 어쩌면 그것은 안료라는 물질을 통한 넓이로서의 확대보다 수묵과 모필을 통한 깊이의 세계에 대한 공감이며 그것의 심화가 고격한 정신의 세계임을 암시해 보인다. 점과 선으로 이루어지는 구성의 세계가 바로 정신의 앙양을 일깨워준 것으로서 말이다.

4. 장엄한 혼돈 속의 서정

뉴욕시대 김환기의 역정은 선과 점의 다양한 시도로 이어졌다. 그것이 점차 전면 점화로 압축되어간 것이 1970년 무렵이다. 화면에 작은 점들을 총총히 찍어나가면서 동시에 이를 사각의 테두리로 에워싸는 모양을 반복한다. 그렇게 반복한 작업이 화면을 가득 덮는 것이다. 점들은 하나 같지 않고 테두리도 일정하지 않다. 그러면서도 마치 밀도 높은 벌집을 연상시킨다. "내가 그리는 선, 하늘 끝에 더 갔을까. 내가 찍은 점, 저 총총히 빛나는 별만큼이나 했을까. 눈을 감으면 환히 보이는 무지개보다 더 환해지는 우리 강산 (후략)."[2] 그가 이 무렵 쓴 일기 가운데 한 구절이다. 또한 이런 구절도 보인다. "친구의

---

2 김향안, 『사람은 가고 예술은 남다』, 환기재단, 1990.

편지에, 이른 아침부터 뻐꾸기가 울어댄다 했다. 뻐꾸기 노래를 생각하며 종일 푸른 점을 찍었다."[3] 1970년에 그는 전면 점화를 시작하면서 왕성한 제작 의욕을 보였다. 100호에서 200호 크기의 대작들이 이 무렵부터 제작되었다. 『아트뉴스』지 1971년 9월호에 게재된 캠벨Laurence Campbell의 언급은 전면 점화의 드라마와도 같은 면모를 밝혀주고 있다.

환기의 최근 작품은 대폭 캔버스를 조그만 빛깔의 단위로 구성하는 작업인데, 그것은 마치 뜨개질이나 자수의 조그마한 고리의 줄처럼 또는 모자이크 페이브먼트의 네모난 돌들의 띠처럼 캔버스를 뒤덮고 있다. 이 작품들은 몇 가지의 예외를 제외하고는 색채를 아주 엷게, 거의 하나의 얼룩에 지나지 않을 정도로 엷게 사용하는 경향이 있다. 각개의 띠 가운데 있는 어느 두 개의 단위도 똑같지 않으므로 그 움직임은 좌우상하로 고르지 않고 미묘하게 전개된다. 여기저기 자그마한 구획들에 얼룩이 번져 시점이 초점을 잃고 더 이상 헤아릴 수 없이 마침내 장엄한 혼돈에 빠지게 된다. 이 작품들의 큰 장점은 정신을 가라앉혀주는 서정성에 있다.[4]

김환기의 뉴욕시대는 그가 1970년에 한국미술대상을 수상할 때까지 거의 알려지지 않았다. 뉴욕을 다녀온 몇몇 지인만이 그의 생활과 작품의 변모를 아는 수준이었다. 그의 근황과 작품의 새로운 면모가 1970년 한국미술대상 수상을 통해 비로소 국내에 알려지게 된 것이다. 수상작은 〈어디서 무엇이 되어 다시 만나랴〉인데, 100호 크기의 전면 점화였다. 김광섭의 시 「저녁에」의 마지막 연을 명제화한 이 작품은 그의 수많은 전면 점화 가운데 하나로서, 많은 작품에 등장하는 주조인 청색으로 이루어져 있다. 청색을 주조로 한 널찍한 면 위에 규칙적으로 찍혀나가는 점과 이를 에워싸는 선들로 인한 넓이

---

3 위의 책.
4 캠벨, 「리뷰」, 『아트뉴스』, 1971. 9.

와 깊이의 억양은 동시에 음악과 같은 신비로운 울림으로 반향된다.

김환기의 뉴욕시대는 1964년부터 시작되었지만, 가장 본격적인 작품인 전면 점화가 등장하고 그것의 다양한 변주가 시도된 1970년에서 1974년까지가 가장 무르익은 시기라고 할 수 있다. 뉴욕 포인덱스터poindexter 화랑에서 잇따라 전시가 열리고 서울에서도 한지에 유화로 그린 점화의 개인전이 열리는 등 국내외를 통해 활동이 다시금 왕성하게 전개될 무렵, 안타깝게도 그는 61세의 나이로 뉴욕 유나이티드 병원에서 일생을 마쳤다. 마치 이제 새롭게 시작할 마당에 그에게 죽음이 찾아온 것 같은 안타까움을 준다.

"구구삼정에 나오면 하늘도 보고 물소리도 듣고 불란서 붉은 술에 대서양 농어에 인생을 쉬어 가는데 어찌타 사랑이 병이 되어 노래는 못 부르고 목 쉰 소리 끝일 줄 모르는가."[5] 이는 작고하기 3일 전에 그가 병원에서 쓴 마지막 글이다. 고국을 그리워하며 쓸쓸히 이국의 한 병원에서 죽음을 맞은 그의 목소리가 짙게 배어 있다.

그의 죽음은 한국의 지인들과 미술계뿐 아니라 그를 지켜본 외국의 많은 미술가와 비평가의 안타까움을 자아냈다. 1975년 뉴욕 포인텍스터 화랑에서 뉴욕시대 회고전이 열리고, 1975년 제13회 상파울루 비엔날레에서 특별 초청회고전이 열리면서 다시금 김환기에 대한 평가가 일기 시작했다. 비평가 마르코 버코비치Marc Berkowitz는 『아트뉴스』지 1976년 2월호에 게재한 제13회 상파울루 비엔날레 총평에서 다음과 같이 김환기를 추모했다.

이번 비엔날레의 최우수 작가는 나의 의견으로는 한국의 김환기라고 생각된다. 작고했다 할지라도 대상은 마땅히 그에게 해당되었어야 했다. 화폭에 빛깔로 그렸

---

5 김향안, 앞의 책.

다기보다는 차라리 화폭에 물감을 들여서 번지게 했다는 편이 적합할 섬세한 기교로 이루어진 그의 작품은 위대한 창조의 힘이 막 고동치는 것 같다. 그의 강인한 창의성은 오직 몇 가지 색채로서 이룬 단채색 계조에 자신을 제한시켰는데, 그 강력한 색운들—이런 것들을 생각할 때 그의 불의의 죽음은 더욱 비통하게 여겨진다.[6]

김환기에 대한 회고전이 뉴욕, 도쿄, 파리, 서울에서 잇달아 열렸고 1992년에는 서울 부암동에 그의 작품을 모은 환기미술관이 개관했다. 그의 작품 명제 중 하나인 〈영원의 노래〉처럼 그의 예술은 아직도 울려 퍼지는 노래로 우리 곁에 남아 있다.

6 마르코 버코비치, 「제13회 상파울루 비엔날레 총평」, 『아트뉴스』, 1976. 2.

백남준, 한국을 빛낸 가장 국제적인 예술가

1. 백남준 예술 이해하기

사람들은 백남준白南準(1932~2006)을 흔히 비디오예술가로만 이해한다. 그러나 그는 비디오예술가이자 작곡가이며, 행위예술가, 조각가, 설치미술가 등으로 활동하면서 다양한 영역에서 예술적 성취를 이룩한 보기 드문 예술가이다. 게다가 예술과 테크놀로지의 활발한 만남에 관한 명상적 글을 다수 발표하여 비디오사상가, 테크놀로지 명상가라는 호칭도 얻었다. 그러므로 백남

진영선陳英善(고려대학교 조형학부 명예교수)

공저로 『고구려벽화의 이미지 복원 연구』(고구려연구재단, 2005), 『100년의 빛 1000년의 향기』(고려대학교 출판부, 2005) 등이 있으며, 논문으로 「고구려 벽화의 재료확장과 현대적 적용」(『고구려벽화의 세계』, 학연문화사, 2003) 외 다수가 있다. 국내외에서 미술작품 개인전 14회, 그룹전 100여 회를 열었다. 국립중앙박물관 고구려실 〈장천 1호분〉 고분벽화를 재현 제작했으며, 백남준과 공동제작(비디오 조각＋프레스코)한 〈호랑이는 살아 있다〉(2000, 세종문화회관 대극장), 〈시간의 빛－해인사 판타지〉(2001, 해인사 성보유물박물관), 〈시간의 연상－흙과 불〉(2002, 경기도 광주 조선관요박물관) 등 세 점의 벽화작품이 있다.

준 예술을 바로 알기 위해서는 현대예술의 복합적이고 혼성적인 내용들을 함께 이해하는 것이 무엇보다 중요하다.

백남준의 예술은 지금까지 대략 세 가지 맥락에서 이해되어 왔다. 첫째는 백남준은 비디오예술의 창시자로서 초기시대 다양한 비디오 창작물들을 본격적 예술형식으로 진화시킨 예술가이다. 1960년대부터 1990년대까지 그가 발전시킨 비디오테이프나 비디오 조각, 비디오 설치 작품 등이 이를 보여준다.

둘째는 1960년대 당시 과학기술의 결정체인 비디오카메라를 대중의 사회 참여를 위한 도구로 바라보았다는 점이다. 이는 개인도 비디오로 다큐멘터리 등을 제작하여 방영할 수 있으므로 텔레비전이 대체기능을 할 수 있다는 생각에서 나온 것이다. 그리고 텔레비전의 기능을 다른 장치를 사용하여 의도적으로 정지시키거나 화면에 나타나는 이미지를 왜곡하는 방법으로 텔레비전을 공격하기도 했다. 1960년대 중반에 제작한 〈자석 TVMagnet TV〉와 같은 작품들이 이에 해당한다. 또 비유기적인 텔레비전을 생물학적이고 자연친화적 정원과 결합시켜 유기적 텔레비전을 연출한 〈TV 정원TV Garden〉 등도 백남준의 비디오예술에 나타난 매우 중요한 작품이다.

셋째는 오늘날 넘쳐나는 과학기술과 정보기술 만능주의에 대한 경고로서의 인문학적 글쓰기, 그리고 정보사회에 대한 부정적 요소들을 극복하고 지구촌시대의 정보 나누기가 얼마나 가치 있는 일인가를 보여주는 인공위성프로젝트이다. 특히 이 분야는 백남준을 예술가뿐만 아니라 인문학적 담론을 실천한 철학적 예술가로 이해하는 데 큰 도움을 준다.

백남준은 왜 이처럼 다양한 영역에서 예술적 실천을 이룩하였을까? 단순한 예술적 재능인가 아니면 백남준만이 이룩한 위대한 업적인가? 이러한 질문에 대한 해답을 얻기 위해서는 먼저 비디오예술이 갖는 특징을 바로 알아야 하고, 과학기술 만능주의를 경계한 백남준의 '인간화된 기술humanized technology'에 대한 이해가 선행되어야 한다. 또 현대미술이 갖는 난해하고도 복잡한 언어와 형식들을 포괄적으로 이해하는 것도 중요하다. 기마민족과 유목주의를 바탕으로 한국사에 대한 인식과 동양사상과의 관계, 그리고 그가 늘 주장해온 중앙아시아의 지리적 연계성을 비롯하여 스키타이문명과의 관계에 대한 이해도 한민족사를 자존적으로 이해하는 데 필요한 요소이다.

백남준은 비디오예술 초창기에 가장 독보적 창작내용을 발표함으로써 비디오예술의 진화를 선도해나간 선구자이다. 이 때문에 비디오예술의 시조를 논할 때마다 이른바 '백남준 신화'에 반발하는 토론과 비평, 질문이 많음에도 불구하고 백남준은 언제나 비디오예술사의 첫 페이지에 기록된다. 그것은 백남준만큼 비디오를 온갖 시각예술의 형식이나 형식주의에 대입하거나 진화시킨 예술가가 없기 때문이다.

2. 플럭서스와 비디오예술

백남준은 1932년 서울에서 태어나 2006년 미국에서 작고했다. 유·소년기에는 한국과 홍콩에서, 성인이 되어서는 일본, 독일에서 수학했다. 그리고 유럽과 미국에서 예술가로서 출발하여 중요한 업적을 이루었다. 지구촌예술가로서의 길을 이미 1960년대부터 닦기 시작하여 마침내 한국을 빛낸 가장 국제적 예술가가 된 것이다.

그는 일제하에서 애국유치원과 수송초등학교, 경기중학을 다녔으며, 중학교 재학 시 수학, 물리를 잘하고 문학에 탁월한 재질을 보이는 학생이었다고 알려져 있다. 피아노와 작곡을 동시에 수업하여 이 시기에 조벽암의 시에 곡을 붙이는 등 작곡도 했다. 백남준이 비디오예술가이면서도 평생 음악과 함께 살아온 이유 가운데 하나는 바로 소년기부터 이어져온 음악과의 인연이다.

1949년에는 사업가인 부친 백낙승을 따라 통역원 자격으로 홍콩을 여행했으며, 그곳에서 반 년간 로이덴 스쿨을 다녔다. 6·25전쟁 발발 후 일본으로 건너간 그는 1951년 도쿄東京대학교 문학부 미학미술사학과에 입학하여 1956년 졸업했다. 백남준은 도쿄대학교 재학 시 음악과 철학에 심취했다. 졸업논문 주제는 '아놀드 쇤베르크 연구'였는데, 이는 중학생 때부터 탐독했던 쇤베르크에 대한 음악적 이해와 단상들을 정리한 것이다. 소년 백남준이 한국에서 처음 쇤베르크를 접하게 된 시기는 쇤베르크가 미국에 처음 소개된 때보다도 빨랐는데, 비록 일본에서 유입된 정보를 통하여 알게 되었을지라도 주목할 만하다.

백남준은 1956년 도쿄대학교를 졸업하고 1년 뒤 서독으로 유학을 떠나 뮌헨대학교, 프라이부르크 고등음악원과 쾰른대학교에서 음악학과 작곡을 공부하기 시작했다. 1958년에는 평소 존경하던 미국의 전위음악가 겸 작곡가인 존 케이지John Cage를 다름슈타트의 여름음악캠프에서 처음 만나면서 그와의 인연이 시작되었다.

예술가에게 참다운 길 안내자를 만나는 것은 중요한 일이다. 백남준은 극소수이긴 하지만, 특정인을 가리켜 분명히 스승이라고 칭했다. 우선 한국에서 피아노와 성악을 배운 신재덕과 작곡을 배운 이건우가 그들이다. 1990년대에 제작한 〈두 스승〉이라는 비디오 조각 작품에서 그는 한국인 신재덕과 외국인 존 케이지를 스승의 반열에 올렸다. 신재덕은 그의 청소년기 음악세계를 가꾸어준 은사이며 케이지는 백남준이 진정한 예술가가 되도록 영적 상상력을 불어넣어준 은사임을 의미하는 것이다. 케이지는 서양음악이 정의하는 음의 한계를 넘어 심지어는 소음뿐 아니라 절대적 공허, 내적 통찰력을 통하여 들리는 소리 등 동양인 백남준조차 상상할 수 없었던 참선의 세계의 음악을 듣는 계기를 마련해주었다. 그러므로 '음악'은 케이지에 의하여 '소리'로 재정의되었고, 음악이라는 협의의 울타리에서 탈출하여 동양적 사유의 세계로 넘어가게 되었다. 이러한 케이지의 사고는 플럭서스 예술가들에게 향후 큰 영향을 미치게 되었다.

1962년 백남준은 유럽과 미국에서 거의 동시에 일어난 자유분방한 예술운동인 플럭서스의 일원이 된다. 라틴어로 '흐름', '이동'이라는 의미의 플럭서스에서 이름을 딴 이 운동은 전위적이고 실험적인 강령과 행동주의를 기본으로 한다. 백남준이 비디오예술의 시조가 되는 데 밑바탕을 제공해준 철학적 사고나 행동주의적 강령이 바로 플럭서스라는 사실은 그의 비디오 작품을 이해하는 데 있어 중요한 키워드가 된다. 왜냐하면 그는 비디오예술의 탄생을 알리는 첫 전시 제목을 〈음악의 전시―전자 텔레비전Exposition of Music―Electronic Television〉이라고 붙이고 텔레비전 전시에 음악을 적극적으로 유입시키고 있다.

백남준은 이 시기에 독일의 국민예술가로 불리는 요제프 보이스Joseph Beuys를 만난다. 그는 보이스가 작고할 때까지 형제애를 나눈 동지였다. 백남준과 보이스의 예술에 대한 이해는 중앙아시아로 연결되는 지리적 필연성과 관계가 있으며, 제2차 세계대전 당시 전투기 파일럿으로 참가했다가 추락하여 타타르족에게 구조된 보이스의 경험세계가 두 사람의 관계에 결정적 역할을 한다.

모든 참전경험이 있는 예술가가 그러하였듯이 전쟁은 요제프 보이스에게도 엄청난 예술적 잔상을 남겼다. 퍼포먼스와 조각, 오브제 작품 전반에 걸쳐 나타난 주제적 특징들은 대부분 전쟁과 연결된 내용들이다. 가령 그의 퍼포먼스에 자주 등장한 늑대는 지리적으로 중앙아시아와 타타르를 중심으로 한 시베리아를 상징하며, 퍼포먼스에서 절규하듯 포효하던 목소리는 늑대 소리였다. 그의 설치나 조각 작품에 나타난 천(펠트) 소재들은 어떠한 오브제도 감싸는, 이를테면 치유를 상징하는 것들이다. 그는 시베리아에 전투기가 추락했을 때 타타르족에게 구조되어 사흘간 의식이 없는 상태에서 치료를 받았다. 그리고 그를 치료한 것은 다름 아닌 시베리아의 전통 의술과 무당들이었다. 그러므로 그의 생명 속에는 황량한 시베리아의 영혼처럼 떠도는 늑대 무리와 이민족인 타타르, 보이스의 운명과는 전혀 상관없을 것 같았던 익명의 중앙아시아가 나타난다. 그리고 기마민족으로서 중앙아시아에 대한 역사적 연계성을 늘 강조했던 백남준의 등장은 보이스에게 새로운 의식을 불러일으키는 계기가 된 것이다.

백남준이 비디오예술의 효시로서 세상에 드러나게 되는 계기는 1963년 독일 부퍼탈Wupperthal의 파르나스Parnass 갤러리에서 연 첫 개인전이다. 음악과 미술을 과거의 관념적 이해에서 벗어나 '보는 음악 듣는 미술'로 확장시키고자 한 백남준은 〈음악의 전시─전자 텔레비전〉이라는 제목으로 개인 작품전을 열었다.

이 전시에 등장한 12대의 텔레비전에는 놀라운 점이 있다. 텔레비전이 소리를 입력받아 실시간으로 영상을 만들어낸다는 것이다. 즉 소리의 여러 요소가 일으키는 변화가 텔레비전 영상으로 나타난다. 예를 들면, 한 텔레비전은 라디오 방송의 소리를 실시간으로 입력받아 그 소리의 크기에 따라 한 점이 반응하도록 개조하여 소리가 커지면 점도 커지고 소리가 작아지면 점도 작아진다. 소리의 시각화가 예술작품에 쓰인 최초의 예이다.

콜라주 기법이 유화를 대체한 것처럼 음극관이 캔버스를 대체하게 될 것이며 오늘날 예술가들이 붓, 바이올린, 재생재료로 작업하듯 언젠가는 축전지, 전열선, 혹은 반도체를 가지고 작업하는 날이 올 것이다.

그 후에도 백남준은 텔레비전 모니터에 자석을 올려놓아 이미지가 뒤틀리게 하거나 자석을 이용해 색깔의 변화를 꾀한 작품들을 다수 발표했다. 이 작품들은 휴대용 비디오카메라가 시장에 등장하기 이전에 이미 텔레비전의 대안을 모색했다는 차원에서 비디오예술의 기원이라 할 수 있다. 백남준의 〈TV 첼로TV Cello〉(1971)는 소리의 시각화를 더 분명하게 보여준다. 이 작품은 몇 대의 텔레비전을 쌓아 첼로 모양으로 만들고 실제 첼로의 현과 브리지를 장착한 것이다. 첼리스트가 연주를 하면 현의 진동이 전자장치에 의하여 텔레비전으로 전달되어 실시간으로 만들어지거나 변형된 이미지가 화면에 나타난다. 백남준은 당시의 기술을 이용해 시각적인 것과 청각적인 것의 통합 가능성을 보여주고 비디오 하드웨어의 미래를 열었을 뿐만 아니라, 오늘날 미디어 환경의 근본 조건인 이미지 스트림의 통제와 변형을 이론화했다.

3. 비디오 형식주의의 전개

비디오 형식주의란 말은 비디오를 활용하여 기존의 형식주의 미술, 이를테면 회화나 조각, 설치 등의 장르에 대입하거나 그와 유사한 형식미술을 개발한 것을 일컫는다. 즉 백남준이 개발한 비디오 조각과 비디오 설치 작품이 이에 적극적으로 해당된다. 이 장르는 백남준이 가장 독보적으로 진화시킨 분야이며, 한편으로는 비디오예술이 기존 시각예술과 저항 없이 만날 수 있도록 유사장르로서의 친밀도를 만들어낸 분야이다. 그러나 다른 한편으로는 비디오예술을 다른 예술과 차별화시키는 데 많은 질문을 낳게 하는 문제도 야기시킨다.

앞서 비디오예술의 시발이 비디오카메라가 개발되기 이전 텔레비전에 대한 정치적 저항을 보여준 행동이나 전시에서 비롯되었다는 사실을 언급했다. 그리고 그 첫출발이 백남준과 볼프 포스텔Wolf Vostell 등 플럭서스 예술가들에 의하여 시작되었다는 사실도 설명했다. 그러나 비디오예술을 비디오카메라를 사용한 예술형식으로 정의할 때도 백남준은 그 첫 페이지에 기록된다.

백남준은 세계 최초의 휴대용 비디오녹화기인 소니 포타팩 CV-2400을 록펠러재단의 연구기금으로 구입하였는데, 이는 이 제품이 시장에 본격 출시되기 2년 전이다. 1965년 10월 4일, 그는 미리 주문한 비디오카메라를 뉴욕의 케네디공항 세관에서 찾아 맨해튼으로 돌아오는 길에 당시 미국을 방문한 교황 바오로 6세의 퍼레이드 거리 스케치를 카메라에 담았다. 그리고 그날 저녁 맨해튼 그리니치빌리지Greenwich Village에 있는 카페 오 고고Cafe au Go Go에서 공개 방영했다. 이 자리에는 많은 예술가가 참석하여 비디오카메라가 벌일 향후의 마술에 관하여 목격했다.

말하자면 비디오카메라가 처음 세상에 나와 사용된 것은 백남준이라는 예술가에 의해서이며, 그 이미지는 다름 아닌 교황이었다. 그리고 그것이 상영된 장소도 예술과 긴밀한 관계가 있는 곳이었다.

백남준은 비디오에 관한 공부를 철저하게 준비하면서 그의 말대로 스파르타식으로 연구했다. 그는 1961년 '스스로 직접 하라'라는 평소의 신념대로 2년 동안 오직 전자공학에 관한 책에만 몰두했다. 그는 자신의 실험적인 텔레비전, 나아가 비디오아트가 새로운 인식론적 출구 역할을 할 것이라고 전망했으며, 이를 구체화하기 위해서 일종의 '대장장이'가 되고자 했다. 실제로 그는 '아무도 모르는 초특급 전자연구 비밀 스튜디오'를 차렸으며, "1만 5,000볼트를 사용하여 일하던 중에 죽을 고비"를 넘기면서도 즐겁게 전자 연구에 전념했다. 이러한 기술적 연구와 탐닉이 백남준으로 하여금 다큐멘터리 비디오테이프에서부터 비디오 조각 작품, 비디오 설치 작품 등 다양한 형식으로 비디오아트의 변화를 주도하게 한 요인이라고 볼 수 있다.

백남준은 전자기술자 슈야 아베Shuya Abe와 함께 개발한 비디오 합성기술인 신시사이저synthesizer의 기술적 실험을 달마의 고행에 비견했다. 달마가 9년간의 좌선 끝에 득도하여 부처가 되었듯이, 자신은 9년간의 기술적 실험을 거쳐 1964년 영상예술을 탄생시켰다는 것이다. '비디오 신시사이저'는 전자예술도 회화처럼 추상이미지를 개발할 수 있다는 사실을 입증했다. 즉 컴퓨터에 의존하지 않고도 이미지를 얼마든지 자유롭게 변형시킬 수 있게 되었다. 백남준은 비디오 신시사이저를 텔레비전 토크쇼나 팝 음악, 클래식 음악의 배경이미지로 사용하여 그가 제안한 새로운 형식의 전자오페라를 실현시키는 결정적 기술로 활용했다. 가령 피아노 연주자와 지휘자의 손을 혼합하여 아름답고 율동적인 분위기를 연출하거나 이미지의 현란한 율동과 빠른 흐름, 화려한 색채 등으로 아름다운 비디오아트를 연출했다. 이렇듯 백남준은 비디오예술의 결정적인 도구와 방법론을 개발하여 각 영역에서 명실공히 선구자가 됨으로써 오늘날 비디오예술의 시조가 되었다.

백남준은 비디오예술을 비빔밥에 비유했다. 자신의 영상작업과 방법론이 비빔밥 만들기의 속성과 정확히 일치한다고 본 것이다. 또한 비빔밥이 한국문화의 속성을 대표한다고 보았다. 밥과 나물과 소스가 지닌 개별성보다 각각의 속성이 어우러지면서 특유의 맛으로 되살아나기 때문이다. 그가 만들어낸 비디오아트의 긴장감은 마치 비빔밥의 독특한 풍미와도 같다. 백남준은 "한국에 비빔밥 정신이 있는 한 멀티미디어 시대에 자신감을 가질 수 있다"라고 말했다.

4. 정보은하계와 인공위성 프로젝트

백남준은 1960년대 초 비디오예술을 시작한 때부터 대륙에서 대륙으로의 생중계를 실현시켜 보고 싶었다. 그때까지만 해도 지구촌을 하나의 정보 울타리로 설정하는 개념은 매우 낯선 생각이었으므로 백남준은 통신기술을 꾸준히 연구하고 기술을 습득하면서 인공위성 프로젝트를 준비해 나갔다.

〈굿모닝 미스터 오웰〉은 백남준을 한국에 본격적으로 소개하게 된 인공위성 프로젝트이다. 영국의 소설가 조지 오웰이 1949년 발표한 소설 『1984』는 가공할 능력을 지닌 매스미디어가 1984년에 인간을 정복한다는 내용으로 큰 반향을 불러일으킨 바 있다. 이에 대하여 백남준은 매스미디어가 인간을 정복한다기보다는 인간 사이를 연결해주는 정보와 소통의 수단임을 알린 뒤, 오웰에게 세상과 우리는 아직도 건재하다는 1984년 새해인사를 건넨다. "여전히 좋은 아침입니다, 오웰 씨.Good Morning, Mr. Orwell."

백남준은 인공위성을 통한 사람들의 만남을 뇌세포의 연결에 비유했다. "사람과 사람의 만남, 사람과 특정 시대의 만남은 종종 '일생일대의 만남'이라고 여겨져 왔지만 인공위성을 통하여 이러한 존재의 분절들은 그 부피가 훨씬 커지게 되었다. 인공위성은 우연적으로 그리고 필연적으로 사람과 사람 사이의 예기치 못한 만남을 유도할 것이며, 인류 뇌세포의 연결고리를 더욱 공고히 할 것이다."

이 프로그램은 비디오예술과 방송기술의 상호 호환성이 얼마나 필요한가를 확인시켜주었다. 파리 퐁피두센터와 뉴욕 공영방송 WNET의 스튜디오를 인공위성으로 연결하여 현장공연과 비디오영상을 번갈아가며 끊임없이 이미지를 생성해내는 이 프로그램은 한국과 네덜란드, 독일 등에도 생중계되었다. 비디오예술이 텔레비전 방송기술과 함께 만나 벌인 환상의 쇼는 향후 방송과 비디오의 결합을 예고할 만큼 완벽한 조화를 연출해냈다. 백남준은 "방송국이 아이디어와 기술의 한계에 부닥칠 때면 비디오예술과 만나야 한다"라는 말을 남겼다. 그리고 그 말은 사실상 다양한 방법으로 상호영향을 미치게 되었다.

미국에서는 이 방송이 처음 시작되자 7퍼센트의 시청률을 기록했다. 예술 프로그램이, 그것도 공영방송에서 방영한 프로그램으로서는 기록적인 시청률이다. 비디오예술에 대한 일반의 인식이 전무한 상태에서 비디오예술을 처음으로 한국에 소개한 이 프로그램은 KBS를 통하여 1984년 정초에 전국에 방영되면서 백남준이라는 이름과 비디오예술, 황홀한 이미지로 시청자들을 사로잡았다. 이 인공위성 프로젝트는 정보매체로서의 텔레비전이 일방통행식 편집방향을 바꿔 지구촌에서 생생하게 일어나는 일들을 정치적 편견 없이 전한다면 지구촌이 하나의 축제의 장으로 변할 수 있다는 사실을 환기시켰다.

1986년 아시안 게임 때 방영된 〈바이바이 키플링〉은 "동양과 서양이 결코 하나가 될 수 없다"는 키플링의 편견에 도전해 동서양의 만남, 지역적 경계의 해소를 형상화했다. 동서양의 지역적·문화적·이념적 차이는 미술, 음악, 스포츠와 같은 비정치적 교류로써 해소될 수 있다는 생각으로 장르 간의 혼연일체를 이루어냈다. 〈굿모닝 미스터 오웰〉과 유사한 콘셉트에서 시작된 이 작품도 결국은 동서양이나 이념의 양극화 등 치유 불가능하리라고 예고되었던 정치적이고 사회적인 이슈들에 대하여 백남준 식의 해석과 반대급부를 부상시킴으로써 비디오예술이 갖는 강력한 치유의 기능을 선보였다.

'예술과 스포츠의 칵테일'이라는 그의 퓨전적 발상은 1988년 서울올림픽을 기리기 위한 3부작 〈세계는 하나Wrap Around the World〉에서 기본 테마로 부각되었다. 세계를 하나로 싼다는 개념은 순전히 한국의 전통 보자기에서 아이디어를 얻은 작품이라고 볼 수 있다. 백남준은 필자에게 "우리의 보자기는 얼마나 유용한가. 책도 싸고, 비가 오면 우산 대신 쓰고. 5대양 6대주를 우리의 보자기로 부드럽게 싸자는 아이디어에서 출발했다"라고 말한 바 있다. 축제의 장을 소련, 중국 등 공산국가로 확장하면서 이념의 차이마저 초월하는 전 지구적 소통을 이룩하자는 의도였다.

백남준이 추구한 정보 개념의 예술형식은 1995년 제1회 광주비엔날레에서 선보인 '정보예술전InfoART'에서 광범위하게 나타났다. 60여 명의 국내외 작가들이 참여한 이 대규모 국제 전시에서 최초로 '인포메이션(정보)'이 예술이라는 이름으로 재탄생했고, 이 전시는 세계적으로 주목을 받았다. 백남준과 이용우, 김홍희, 신시아 굿맨 등 백남준 전문가들이 기획한 이 전시는 정보나 정보기술이 예술을 만나 벌이는 다양한 변주들을 유감없이 보여주었으며, 정보예술이라는 또 하나의 보통명사를 탄생시키는 계기가 되었다.

천년의 세기가 교차하던 2000년 1월 1일 자정, 밀레니엄의 거대한 전환점에서 백남준은 전 세계를 향하여 "호랑이는 살아 있다"라고 77개국 인공위성 방송망을 통하여 외쳤다. 그가 설명한 호랑이는 한국인이며, 이제는 어둠의 터널을 빠져나와 세계사에 우리의 존재를 분명히 알릴 때가 되었다고 일깨웠던 것이다. 21세기 한민족의 미래를 염려하면서 하나의 용기와 비전을 제시한 점에서 매우 뜻깊은 작품이다.

백남준은 2000년 벽두에 뉴욕 구겐하임미술관에서 한국인으로는 처음으로 초대전을 열었다. 미술관 천장 스크린에 비추는 레이저 작품 〈장엄하고 웅장함〉, 레이저 분수 〈야곱의 사다리〉, 미술관 바닥에 설치한 100대의 텔레비전 모니터 작업이 조화를 이룬 이 전시회에서 그는 레이저와 분수를 이용해 아름다운 색채와 자연주의적인 하모니를 연출했다.

비디오 이외에 백남준이 실험한 또 다른 매체는 레이저이다. 백남준은 구겐하임 전시에서 바닥에서 쏘아올린 레이저가 나선형의 아름다운 도형을 천장에 그리도록 설치하였으며, 레이저 광선의 빛과 그 빛의 경이적인 거리감으로 하늘의 빛을 연상시키게 했다. 〈야곱의 사다리〉라 이름 붙인 초록색 레이저는 7층에서 출발해 사다리 간격으로 배치된 반사판 11개를 지그재그로 각을 바꾸며 서로 비추어, 1층 바닥의 물웅덩이를 향해 폭포처럼 쏟아지는 90개의 가느다란 물줄기 위에 환상적인 분위기를 연출했다.

관객들은 그가 단순히 레이저를 분수에 비추어 빛의 분쇄를 보여주었다고 생각했지만 백남준은 물, 불, 공기, 흙의 4가지 자연요소를 작업에 사용한 것이었다. 그는 레이저를 단순한 과학기술로서가 아니라 자연화되고 동양적인 사고가 담긴 예술도구로 인식해 들어갔다. 그리하여 서양에서 개발된 과학기술이 동양의 사유 정신과 만났을 때 적절한 조화를 이룬다는 사실을 증명하려 했다.

5. 한국인 백남준

"나는 한국에 대한 애정을 절대로 발설하지 않고 참는다. 한국을 선전하는 길은 내가 잘되면 저절로 이루어진다. 한민족은 기마민족의 뿌리를 갖고 있기 때문에 한곳에 정착하기보다는 자꾸 뻗어 나가야 산다."

백남준은 누구인가라는 질문에 부닥칠 때마다 그가 위에 진술한 내용은 자주 인용된다. 한국을 일찍 떠났고 미국여권을 소지하고 살았으며, 그럼에도 그의 작품 가운데는 늘 동양적 미학의 세계와 한국 소재들이 떠나질 않았기 때문이다. 이에 대한 답은 매우 간단하다. 백남준은 한국 소재의 작품을 다수 제작하여 한국인 백남준에 대한 끊임없는 정체성 질문에 화답했으며, 다양한 매체 실험과 플럭서스적 실험정신을 통하여 세계로 관통하는 글로벌 예술가 백남준의 모습을 가꾸었다.

그는 1990년대 초부터 한국현대미술과 접할 기회를 자주 마련했다. 1992년에는 국립현대미술관에서 회고전을 가졌으며, 1993년에는 미국의 휘트니 비엔날레를 처음으로 한국에 순회하도록 주선하여 한국미술과 미국의 실험미술이 충돌하는 계기를 마련했다. 그리고 기회가 닿을 때마다 한국 현대미술과 젊은 작가들을 도울 수 있는 방법을 모색했다. 1992년에는 20세기와 21세기의 접점에서 바라보는 시각문화의 담론들을 종합적으로 검증해보는 심포지엄인 '20/21세기 현대미술 세기의 전환'을 기획하여 비중 있는 국제적 미술 관계자들을 한자리에 모으기도 했다. 또한 '베니스 비엔날레'에 한국관이 조성되는 데 중요한 역할을 하여 1995년 한국관이 설립되었다. 한국은 아시아 국가 중에서는 일본에 이어 두 번째로 자국관을 가진 나라가 되었다.

10년간 백남준의 조수로 일한 마크 페스펄은 베니스 비엔날레 카탈로그에 실린 글에 예술철학에서 문화정치론까지 백남준에게 배운 30가지를 열거했다. 그는 그 가운데 첫 번째로 '한국의 역사'를 꼽았다. 백남준이 한국 이야기를 얼마나 많이 들려주었기에 그러했을까.

백남준에게 한국은 모태와 같았다. 그러나 한국인 백남준으로 살기보다는 언제나 예술가 백남준으로 살았으며, 한국예찬보다는 한국미를 소개함으로써 은근함을 드러내었다.

그가 태어나기 110일 전인 1932년 4월 1일 날짜로 시작하는 〈태내기 자서전〉은 1981년에 『뉴욕타임스』 신문뭉치 위에 그의 특유의 필체로 자유롭게 쓴 대화형 자서전이다. 여기에서 백남준은 미래를 사유하는 예술가적 상상력으로 자신을 태내에 가지고 있는 어머니와의 가상대화를 통하여 태내에서 체험하지 않은 역사를 체험한다. 2005년 10월 백남준이 마지막으로 정성을 다해 완성한 유작인 〈엄마Ommah〉는 모니터 앞에 살굿빛 옛 모시 두루마기를 겹쳐놓은 설치 작품이다. 두루마기를 통하여 비쳐 보이는 모니터에서 색동옷으로 곱게 단장한 소녀 셋이 전통 춤을 추거나 공놀이를 하면서 '엄마', '엄마~'라고 한국말로 외치는 영상이 반복적으로 나온다. 이 작품은 워싱턴 국립미술관에 소장되어 있다.

백남준은 1996년 뇌경색으로 신체가 부자연스러워졌지만 예술가로서의 창의성은 멈추지 않았다. 20세기에 비디오를 예술의 새로운 매체로 활용했듯이 그는 2000년 뉴밀레니엄에 레이저를 새로운 세기의 매체로 내놓았다. 레이저는 아직까지 본격적으로 예술매체로 활용되지는 않고 있지만 향후 백남준이 추구했던 기술과 예술의 랑데부는 사실상 시간문제일 따름이다.

백남준이 비디오예술을 발전시키던 시절과 오늘날의 비디오 환경은 크게 달라졌다. 비디오는 이제 예술가는 물론 카메라를 다룰 줄 아는 사람 누구나 사용하는 매체이며, 비디오예술 자체에 대한 정의는 너무나 달라졌다. 비디오카메라의 역할도 감시용 카메라에서부터 모든 사실을 기록하고 보관하는 매체 등 다양해졌다. 비디오 조각이나 비디오 설치는 더 이상 예술적 장르로 활발하지 않다. 대신 디지털과 애니메이션 등 다른 매체와 만나 더 확장된 예술로 진화했다. 이제는 비디오예술이 독자적 예술장르로 존재한다기보다는 비디오예술의 역사만 살아 있다. 그는 정보화시대의 도래를 정확하게 예언했고, 정보를 유기적으로 나누기 위하여 예술가가 할 수 있는 인문학적·인본주의적 캠페인을 줄기차게 주장했다. 그러므로 비디오는 이제 테크놀로지라기보다 그가 주장한 대로 붓이 되었다. 그리고 과학기술과 미래인문학 사이에서 또 다른 담론을 선사한다. 결국 백남준의 소망이 이루어져 가고 있는 것이다.

참고문헌

구보타 시게코, 남정호 옮김, 『나의 사랑, 백남준』, 이순, 2010.

김홍희, 신시아 굿맨, 『정보예술: InfoART』, 삼신각, 1995.

백남준아트센터 총체미디어연구소, 『백남준의 귀환』(백남준 총서 2), 백남준아트센터, 2010.

삶과꿈 편집부 엮음, 『TV 부처 白南準: 백남준 추모문집』, 삶과꿈, 2007.

이용우, 『백남준 그 치열한 삶과 예술』, 열음사, 2000.

_____, 『비디오 예술론』, 문예마당, 2000.

Block, Rene, *Nam June Paik: Art & Satellite*, DAAD GALERIE, 1984.

Bußmann, *Klaus, eine DATA base-NAM JUNE PAIK*, edition cantz, 1993.

Hanhardt, J., *The Worlds of Nam June Paik*, Guggenheim Museum, 2000.

Lee, Sook-Kyung, Rennert, Susanne, ed., *Nam June Paik*, Tate Publishing, 2010.

Matzner, Florian, ed., *Nam June Paik Baroque Laser*, Cantz Verlag, 1995.

『Art in America』, June, 2000.

『ARTnews』, May, 1999.

김수근, 한국 현대 문화예술 부흥의 연금술사

이상림

1. 한국 현대사회의 문화예술사를 새로 작성한   3. 건축 설계와 문화적 담론으로 이끈 한국 건축
   중심인물   4. 인간과 공간의 소통을 위해
2. 인본주의를 통해 담아낸 공동체적 삶의 지혜   5. 새로운 사회적 가치를 지닌 건축을 기다리며

1. 한국 현대사회의 문화예술사를 새로 작성한 중심인물

한국 현대사회의 문화사 혹은 예술사에서 '건축'이란 장르의 전문성을 파악하는 일은 그리 간단하지 않다. 이러한 문화적 환경은 이 시대에도 그리 달라 보이지 않는다. 우리 일상에서 문화라는 말이 보편화되고 있는 요즘도 삶의 터전인 집을 짓는 일을 통칭하는 건축문화라는 개념은 아직도 그리 편하게 사회와 만나지 못하고 있다. 건물이 지어지면 그 건물을 설계한 건축가보다 건설회사가 부각되는 풍토는 여전하다.

이상림李祥林(건축가 · 공간그룹 대표, (사)한국건축가협회 회장, 미국건축가협회 명예회원)
　주요 작품으로 세종시 정부청사, 경기도청사, 남극 제2기지, 여수 세계박람회 주제관, 광주 야구경기장, 카사블랑카 스타디움, 적도기니 대통령 전용 첨단복합시설 리더스클럽이 있다. 편저서로는 『MAXMIX』(공간사, 2006), 역서로는 『희망을 짓는 건축가 이야기』(공간사, 2005), 『르 꼬르뷔제의 손』(공간사, 2006) 등이 있으며, 논문으로는 「현대 박물관에서 메이저 스페이스의 역할과 공간구성적 특성에 관한 연구」(한양대학교 박사학위논문, 2004) 등이 있다.

건축의 사회적 소통은 문화라는 속성을 지닌 인간 환경이 만들어내는 다양한 사회적 질서를 동반한다. 이 같은 소통의 본질은 건축의 진보적 창의성과 예술적 가치가 사회와 여하히 균형 있게 만나는가를 보여준다. 그런데 지금으로부터 40~50년 전, 당시 사회적 여건은 요즘과 비교해보면 매우 열악해서 일상 속에서 문화나 예술을 편히 얘기할 수 없었던 시절인데도 건축분야를 바라보는 시선이 특별했던 사람이 있다. 문화 전반을 아우르는 열정적인 삶을 통해 현대 한국의 척박한 문화예술사를 새롭게 작성한 중심인물인 건축가 김수근金壽根(1931~1986)이 바로 그다.

이미 많이 알려진 바대로 건축가로서 문화와 예술의 영역과 경계를 무너뜨린 그는 기존의 문화지형을 새로 짜고 그려나간 문화예술 활동가였다. 따라서 그는 생전에 아직 일천하고 척박했던 우리 시대의 문화예술 안에서 새로운 문화적 질서, 그것도 건축을 중심으로 한 문화적 질서의 동력을 만들어내고 이를 통해 한국 현대건축의 새로운 지평을 넓히고 키운 건축가로 평가받아왔다. 이런 평가는 그의 사후에도 많은 저작을 통해 다시 논의되고 확인되었다. 그의 생애를 이야기하는 것은 바로 우리 현대사회의 문화예술과 건축을 이야기하는 것으로 이해되곤 했다.

한국 현대사에서 김수근의 위상은 우리 안에서보다 외국의 시선을 통해 먼저 검증되었다. 막 40줄에 접어든 1971년, 그는 국제적 건축단체에서 수여하는 범태평양건축상을 수상하며 더욱 주목을 받았다. 시상식장에서 즉흥적으로 남북한 건축가들을 무대로 불러 모아 아리랑을 지휘하며 노래한 그의 '끼'도 곧 작가정신이었던 셈이다. 『타임』지는 1977년 5월 그를 '서울의 로렌초'로 부르며 국제사회에 알렸다. '서울의 로렌초'라는 표현은 그의 삶을 이탈리아 르네상스 시대 문예부흥의 중심에 있었던 예술의 도시 피렌체에서 왕성한 활동을 벌인 메디치가의 인물 로렌초 데 피에로에 견주어 당대 문화예술과 예술가들의 사회적 저변을 확장하고 문화예술을 중흥시킨 선구적 행보를 평가한 결과라고 할 수 있다. 그만큼 척박한 우리 문화 풍토를 새로운 국면으로 변화시키는 흐름의 중심에 그가 있었다는 뜻이기도 하다. 1976년, 그는 젊은 나이에 '엄한' 선배들이 많이 활동하고 있던 한국건축가협회의 회장직을 맡아 건축 직능단체를 이끌기도 했다. 당시 그는 건축가로서 삶의 토대와 터전이 되는 사옥을 짓고 그 안에 소극장과 갤러리를 만들어 막 우리의 문화예술을 새롭게 일구는 단계에 있었다. 만일 그의 이후 10여 년 동안의 역동적 행적을 또다시 바라본다면 그때는 무어라 표현할 수 있었을까. 문화적 삶의 척도로 보자면 김수근은 그 로렌초보다 한 수 위다. 왜냐하면 로렌초는 재력과 권력, 인맥으로 예술가들을 도와 이탈리아 문화를 살지게 했지만, 김수근은 자신이 재력과 권력의 도움을 받아야 하는 예술가의 길을 걸으면서도 다른 분야 예술가들이 왕성하게 활동할 수 있도록 도와 기회와 동기를 만들어 직접 활동 공간을 제공하고 문화예술을 키우며 더불어 산 진정한 예술가였으니 말이다.

2. 인본주의를 통해 담아낸 공동체적 삶의 지혜

김수근의 화려한 문화사적 흔적은 그의 작가적 기량과 열정이 뒷받침한 것이 분명하지만, 사실 처절한 자기성찰과 우리 것에 대한 치열한 고민이 만든 결실이다. 그것을 극명하게 보여주고 있는 '사건'이 부여박물관 설계이다. 그는 부여박물관 설계를 통해 한국건축의 본질에 대한 생각을 새롭게 하는 절대적 계기를 맞는다. 부여박물관의 형태가 일본 신사神社를 닮았다는 논쟁에 휩싸이면서 그가 겪게 되는 문화적 충격은 우리가 아직 문화적 정체성에 대한 독자적 관점을 사회 안에 담아내는 데는 시기상조라는 시대적 환경을 받아들일 수밖에 없었음을 의미한다. 1965년, 그의 나이 34세 때의 일이다. 건축 신인이면서 많은 국가적 프로젝트에 관여한 김수근은 그런 미흡한 문화적 풍토를 오히려 자신의 것으로 끌어안았다. 우리 고전과 일상 문화의 근본을 향한 재인식과, 당대 여러 분야 명망가들과의 지속적이고 끈끈한 소통을 기반으로 문화인식과 인간관계의 폭을 확장시키면서 몸으로 익힌 것들이 그의 문화예술 의지의 자양분이 되었다. 이때 젊은 그가 주목한 것은 전통의 형식이 아니라 그 안에 담긴 정신인식과 공간개념이었다. 그 중심에는 늘 사람이 함께했다. 그만큼 인본주의가 그의 작풍이라고 할 수 있다. 말 그대로 '인간과 함께' 주변 환경에 친화적이라는 개념이다. 그의 작업은 그래서 '어머니의 자궁과 같은 원초적 궁극 공간'을 담는다. 건축공간을 넘어선 인간환경과 도시풍경을 아우르는 공동체적 삶의 지혜를 담은 이 작업은 인본의 근본인 셈이다. 그의 대표작들에 모두 해당되는 것이긴 하지만, 특히 공간 사옥이나 샘터 사옥 등의 건축적 성과가 이를 잘 말해준다. 이 작품들은 우리의 문화적 정체성과 인본주의적 지혜를 가장 잘 담은 건축물로 꼽힌다. 주변의 도시 질서와 가로 풍경을 건축공간 안에 적극적으로 수용하며 건축의 공동체성을 구현하고 있는 것이다. 여기서는 길과 건축과 사람과 주변 환경이 둘이 아니라 하나가 된다. 그가 말하는 궁극공간인 셈이다.

김수근의 이 같은 건축정신은 자연스럽게 그가 생전에 몸담고 이끌었던 '공간그룹'의 바탕이 되어 오늘날에도 빛을 발하고 있다. 이곳을 통해 시대정신과 문화의식을 함께한 그의 후학들은 여전히 이 시대 건축문화의 르네상스를 꿈꾸며 왕성하게 활동하고 있다.

그는 자신의 작업 공간을 직접 짓고 여러 분야 문화예술인들과 교류하며 그들의 활동무대를 만들어주었으며, 『공간』이라는 종합예술 건축문화 잡지를 창간하여 건축과 미술 등 문화예술을 널리 보급하는 데 정열을 바쳤다. 수

많은 직능과 분야의 사람들이 그의 작업 공간에서 만났다. 그냥 형식적인 만남이 아니라 무언가를 늘 도모하며 일을 꾸미고 문화예술이 풍성한 세상을 위한 생각으로 가득한 생명력 넘치는 만남이었다. 그는 다른 분야를 '후견'함으로써 건축의 폭을 높였고, 그로써 건축이 문화예술의 한 축을 이루는, 그것도 매우 중요한 축임을 두루 인식할 수 있게 큰 역할을 했다. 그는 본질적으로 우리 삶의 질과 관련하여 사회와 문화와 예술을 보는 안목이 일상을 통해 폭넓고 풍성해지는 데 큰 역할을 한 문화기획가였으며 예술창조자였다. 김덕수 사물놀이를 한국의 전통예술을 상징하는 세계적인 예술로 키운 장본인인 그는 공옥진의 '병신춤' 역시 국제무대에 소개하여 우리 춤의 진수를 알리는 등 선구적이고 예술가적인 안목을 발휘했다. 김수근은 안타깝게도 그런 역동적인 삶을 굵고 짧게 살았다. 인생에서 가장 왕성하고 완숙한 경지에 접어드는 50대의 중턱에 도달한 그는 수많은 희망과 꿈을 뒤로 하고 만 55세를 일기로 숨지고 만다.

3. 건축 설계와 문화적 담론으로 이끈 한국 건축

1931년 함경남도 청진에서 태어난 그는 초등학교 때 서울로 올라와 사대문 안의 북촌에서 청소년 시절을 지냈다. 그는 중학교 때 주둔군으로 근무하던 미군을 통해 근대건축을 접하고 이미 건축가가 될 것을 다짐했다. 1950년 서울대학교 건축학과에 입학한 그는 전쟁 통에 일본으로 유학을 떠난다. 도쿄예술대학 건축학과와 도쿄대학 대학원을 나온 그는 일본의 신문화를 접하며 건축에 대한 눈을 더욱 크게 틔우고 실무를 익혔다. 그가 우리 건축계의 대부가 되는 계기는 1959년 유학생 신분으로 박춘명, 강병기 등과 함께 남산 국회의사당 현상설계에 응모해 당당히 1등으로 당선한 '사건'이었다. 이 프로젝트는 5·16군사정변 때문에 백지화되어 실현되지는 못했지만 그를 일약 스타로 만들었고, 이를 발판으로 그는 국내에 들어와 자신의 건축 인생을 화려하게 펼쳤다.

일제강점기 이후 건축계는 우리 민족문화를 담은 '우리의 건축'을 실현할 정신적 기반을 갖추지 못한 상태에 놓여 있었다. 그런 상황에서 6·25전쟁 이후부터 전통과 민족문화를 통치이념으로 사용하기 시작한 1961년 군사정권이 들어서기까지는 아시아에서 뒤늦게 개화한 국제 건축양식의 무비판적인 도입기였다고 할 수 있다. 이는 한국 건축의 정체성 확립에 대한 필요성이 대두되는 시점이기도 했다. 군사정부 주도의 신속한 근대화가 요구되면서, 1960~1970년대 도심부에 있었던 무허가 불량 주택 지구를 제거하기 위한 도심부 재개발 사업이 시작되었으며, 김현옥 서울시장이 한강 개발 사업에 주력하여 강변도로가 만들어지고 여의도 종합개발과 잠실지구 종합개발 계획이 수립되었다. 김수근이 타계한 1986년은 군사정권이 정점에 달했고 전쟁과 가난의 질곡에서 벗어나 근대 국가를 세우려는 열망이 어느 때보다 강했으며 경제 성장기에 진입하면서 아시안게임과 올림픽 개최 등 국가적 사업이 요구되는 시기였다.

이러한 시대적 요구에 대응하는 1인 주도의 도제식 건축집단이었던 공간건축은 건축가의 직분을 공고히 하고, 전통 문화적 정체성, 한국성 등의 개념을 건축 디자인으로 구현하려는 노력을 기울였으며, 소규모 기술용역업체가 생겨나던 시기에 여러 분야의 전문가들을 모아 대형사업을 수행하는 새로운 형식의 건축디자인 방법론을 구축했다. 김수근의 초기 대표작 가운데 하나인 자유센터에서는 최초의 본격적인 노출콘크리트 공법이 선을 보였고, 중동의 건설 붐을 타고 이란 엑바탄에 주거단지를 계획함으로써 당시로서는 매우 이례적으로 해외시장에 건축 디자인을 제공하기도 했다. 국가 주도 사업의 건축설계에 참여하면서 '공간그룹'으로 성장한 김수근의 건축집단은, 한국 건축계는 물론 도시, 사회 환경의 문제에 주목한 문화적 담론을 『공간』지나 건축디자인 실무를 통해 꾸준히 이끌었다.

생전에 수많은 건축 작품을 남긴 그는 국내 여러 도시는 물론 동남아시아와 중동 등 해외 무대에서도 여러 프로젝트를 설계하며 국제적인 건축가로 활동했다. 30대 초반부터 이미 자신의 설계 아틀리에를 운영했던 김수근은 초기인 1960년대에는 워커힐 힐탑바, 남산 자유센터 등의 작업을 통해 노출 콘크리트 시대를 이끌었고, 1970년대와 1980년대에는 마산 양덕성당, 서울 경동교회, 서울 불광동성당, 샘터사옥, 관공서와 학교 등 수많은 공공시설을 설계하면서 벽돌건축에 주목하게 된다. 물론 그의 작업이 이처럼 단순한 잣대로 비교 분석될 수는 없다. 대강의 경향이 그렇다는 것일 뿐. 그가 남긴 작품들 중에서 백미 중의 백미는 누가 뭐래도 공간 사옥이다. 그 자신의 아틀리에인 이 건물은 1970년대 초와 후반에 두 차례에 걸쳐 덧대어 지어진 검은 벽돌 건물로, 김중업의 주한 프랑스대사관과 함께 한국을 대표하는 현대 건축물의 선두에 서 있는 작품이다.

4. 인간과 공간의 소통을 위해

김수근의 공간 사옥은 밖에서 보면 네모반듯한 모양에 외부 벽은 검은 벽돌로 약간의 장식을 한 일반적인 모습이지만 안으로 들어가면 시선을 어디에 두어야 할지 모를 정도로 복잡한 공간 구성을 이루고 있다. 또한 굳이 일반적인 건물을 기준으로 하면 지하 2층에 지상 4층 '정도'의 규모이지만 이런 일반적인 규모의 기준을 그대로 적용하기를 거부한다. 이 집의 내부 구조는 매우 복잡하여, 무려 13개 층의 서로 다른 높낮이를 가진 주바닥층이 내부 방들을 이루고 있다. 실제로 안으로 들어서면 계단참 몇 개를 올라 다른 방들이 만들어지고 또 옆에 나 있는 몇 개의 계단참을 따라 또 다른 방이 높이를 달리하며 연결되곤 한다. 그렇게 복잡한 방들이 구석구석 박혀 있지만 공간은 꼭 필요한 정도의 크기로만 구성되었다. 층고를 낮게 해 아담하고 인간적인 척도를 보여주는가 하면 복도나 계단 등 통과하는 동선도 그냥 두지 않고 약간의 빈 곳이나 벽면까지도 수납공간이나 디스플레이 공간으로 사용함으로써 좁은 공간을 폭넓게 사용하는 지혜를 담고 있다. 이를 두고 많은 이는 우리의 전통양식이며 생활 문화적 습성이 담겨 있는 공간이라고 평가한다. 이 건물은 매주 토요일만 되면 건축 공간을 배우고 김수근을 알고자 찾는 학생들로 붐빈다.

김수근의 도시공간에 대한 생각과 재료를 다루는 솜씨, 사람이 중심이 되는 도시 건축 등이 돋보이는 샘터 사옥은 김수근의 벽돌 건축시대를 대표하는 1980년대 작업이다. 이후 근처에 세워진 문예회관 대극장과 미술관, 길 건너의 해외개발원 등 그가 설계한 붉은 벽돌 건축은 대학로라는 문화거리의 성격이 독특한 가로풍경으로 변화하는 데 중요한 영향을 주었다. 그래서 김수근의 벽돌 건물이 지닌 친숙함이 한때 대학로를 붉은 건물 일색으로 만든 적도 있었다. 대학로에 새로 짓는 건물은 주변과 조화를 이루도록 붉은 벽돌을 쓰라는 행정관청의 권장 지침이 만들어질 만큼 김수근의 벽돌 건물은 대학로의 도시가로 풍경을 주도하는 선도적 역할을 맡았다.

샘터 사옥은 대중교양지 『샘터』의 편집실이 있어 문인이 많이 찾고, 어린 이들을 위한 인형극이 펼쳐지는 소극장과, 밖을 향해 개방적인 카페 등이 있어 늘 사람들의 발길이 붐비는 문화공간이다. 샘터 사옥은 이에 걸맞게 사람들을 배려한 흔적이 구석구석 엿보인다. 우선 길을 지나는 시민이 건물로 드나들기 쉽게 '통하는' 길을 건물 안으로 끌어들이는 소통과 공유의 미덕이 돋보인다. 샘터 사옥은 건물 앞뒤로 나 있는 출입구에 문을 달지 않고 누구나 자연스럽게 건물 안팎으로 드나들 수 있게, 길이 연장되어 건물 안으로 들어와 있는 것처럼 밖으로 열려 있다. 정면의 진입부에 밖으로 크게 열려 있는 공간은 지나는 사람이 편히 들어와 머무는 쉼터가 되기도 하고 만남의 장소를 찾기가 여의치 않을 때 약속장소가 될 수도 있으며, 소극장에 들어가기 위해 대기하는 공간으로도 안성맞춤이다. 건물 안으로 들어와 있는 길이 자연스럽게 마당으로 쓰이고 있는 셈이다. 이 작은 마당은 자연스럽게 뒷길로 연결된 복도, 즉 건물 안의 골목길이 된다. 건물의 1층을 비우고 사람을 위해 내놓는다는 것은, 단순히 공간을 비우는 것에만 의미를 두는 데 그치지 않고 건축과 도시 나아가 우리를 둘러싼 사회가 따로 떨어져 있지 않고 하나라는 것을 건축의 공간미학적으로 실현해 보여준다.

샘터 사옥의 비움과 열림은 건축이 그야말로 자연스럽고 편하게 적극적으로 우리 시민사회와 통하고 있는가를 되돌아보게 한다. 소통은 물론 사회 공동체의 매우 소중한 매개이지만 결코 일방적이어서는 안 된다. 그 가치와 의미가 사라지기 때문이다. 소통은 그 안에서 공유하는 매개로 살아 있고 함께하는 공동성의 가치를 지니며 상호작용해야 한다. 그러려면 사회를 바라보는 시선이 보다 공동체성을 띠고 있어야 한다. 그래서 모여 사는 공동체 안에서 내 집이 꼭 내 집이 아니라 이웃과 공유되는 공동성의 개념의 확장이 가능해져야 한다. 그런 시선을 지닌 전문가들이 조성한 건축이 길과 사람과 환경과 만나 이루는 도시는 서로를 포용하며 대화하는 모습으로 비쳐질 것이다.

5. 새로운 사회적 가치를 지닌 건축을 기다리며

그는 안타깝게도 그가 지닌 그릇에 자신을 다 채우지 못하고 너무도 일찍

갔다. 그의 사후 유족과 동료, 후배들은 그의 생전의 업적을 기리고자 '김수근문화재단'을 설립했다. 이 재단은 생전에 그가 지녔던 예술혼과 작가로서의 사회적 정신을 추구하는 작가를 매년 발굴하여 시상함으로써 그의 희망을 잇고 있다. 재단은 2011년 5월 독일 베를린의 AEDAS 건축 갤러리에서 김수근의 25주기를 맞아 그를 기리는 추모/회고전을 열었다. 그를 잘 아는 이들은 해마다 그의 생전의 화려한 삶을 회상하며 "김수근의 건축은 있는가?" 하고 반문한다. 김수근의 큰 삶의 족적을 부정하는 언사는 분명 아니다. 그것은 오히려 이 시점에서 그에 대해 제대로 알고 이를 후대에 전하는 것이 그에 대한 예우라는 뜻으로 받아들여진다. 이제 그에 대한 아름다운 기억만을 매년 회고하고 대리 만족감을 나누면서 서로 짐을 지려 하지 않는 무감각증을 벗어야 할 때다. 건축가 김수근 개인에 대한 시선은 어쩌면 이제 그리 중요하지 않을 수도 있다. 그의 족적을 통해 우리 사회를, 우리 건축의 사회적 가치를, 우리가 누려야 할 문화적 정체성을 우리 시선으로 바라보고 그 의미를 찾고 그것을 이 시대 우리 안에서 공유하며 문화적 토양의 자양분으로 함께할 수 있게 만드는 것이 더욱 절실한 시대적 요구인지도 모른다. 이제 그를 극복하고 건축문화의 새로운 르네상스를 열어가는 것은 이 시대를 사는 우리가 안아야 할 몫이다.

여석과 그의 역사세계

차하순

1.

여석餘石 이기백과의 인연은 그가 서강대학으로 전임轉任한 1963년 9월부터 시작되었다. 그때까진 서로 개인적인 면식이 없었다. 그는 1958년부터 재직한 이화여자대학을 떠나 신설 대학으로 옮기는 데 상당한 결심이 필요했을 것임에도 내 권유에 선뜻 응낙하였다. 새로 세워진 서강대학의 사학과로서는 유능한 기성학자를 절실히 필요로 하였다. 여석이 서강대학 사학과에 합류함으로써 이른바 '서강학파'가 확고한 위치 매김을 할 수 있었다. 그 이래로 그의 별세까지 반세기 동안 그의 인품과 학문 세계에 접하게 된 것은 나의 큰 행운이다. 1963년 가을부터 1985년 이른 봄까지 22년간은 동료 교수로

차하순車河淳(서강대학교 명예교수, 대한민국학술원 회원)

저서로는 『歷史란 무엇인가』(공편저, 문학과지성사, 1976), 『歷史의 意味』(弘盛社, 1981), 『衡平의 硏究: 17·8세기 유럽 政治思想을 중심으로』(一潮閣, 1983), 『西洋史學의 受容과 發展』(도서출판 나남, 1988), 『現代의 歷史思想』(探求堂, 1994), 『西洋 近代 思想史 硏究』(探求堂, 1994), 『새로 쓴 서양사총론』 I·II (탐구당, 2000), 『새로 고쳐 쓴 역사의 본질과 인식』(學硏社, 2007), 역서로는 『20세기의 역사』(공역, 가지않은 길, 2000) 등이 있다. 논문으로는 「에라스무스 연구」(『西洋史論』 2, 1959), 「역사적 상대주의와 현대사학의 전망」(『歷史學報』 80, 1978), 「역사 설명의 이원적 구조」(『西洋史論』 96, 2008) 등이 있다.

함께 있으면서, 1985년 여름부터는 비교문화연구회의 세계문화유산 답사여행을 통해, 그리고 여석이 한림대학으로 전적轉籍한 후에는 공·사석에서 자주 만나면서 우리는 역사이론이나 연구방법론에 관해 의견을 교환하였다. 비록 한국사와 서양사라는 대상이 다를 뿐, 역사학이라는 넓은 학문 분야에서 우리는 기탄없이 의견을 나누면서 역사이론이나 연구방법론에서 공감하는 부분이 많았다.

그럼에도 나는 그의 역사연구를 체계적으로 분석하거나 역사관을 명확하게 설명할 수 있는 입장에 있지 않다. 한국사에 대한 그의 업적이 사료와 증거를 중시한 이른바 사실주의事實主義적인 것이기 때문에 비전공자인 내가 감히 덧붙여 말할 것이 없다. 나의 글은 다만 그의 역사세계의 이곳저곳을 기웃거리면서 나름대로 적은 개인적인 소감이라고 해야 할 것이다.

여석은 2003년 한·일 역사가회의의 전야에 하는 강연 '역사가의 탄생'에 초청되었다. 그때 제목이 "한국사의 진실을 찾아서"이었다. 이 한마디가 그의 역사연구의 평생 목표를 간결하게 표현하고 있다. 그는 오로지 "진리를 탐구하는 것을 목적으로 한다는 평범한 신념"으로 한국사 연구에 전념하였다. 이 신념은 독실한 무교회주의 그리스도교 신자인 도쿄東京대학교 야나이하라 다다오矢內原忠雄 교수와의 교유를 통해 확인되었다.[1] 그는 일본 유학 중 선친의 소개로 야나이하라에게 개인적으로 사사했는데, 그와의 만남은 생애의 중요한 사건이었다. 여석은 일요일의 성서 강의나 토요학교에 참석하면서 학문적인 진리의 중요성을 깨우칠 수 있었다. 이때 그의 마음속에 "진리를 사랑하는 것이 곧 민족을 사랑하는 것이란 신념"이 확고히 자리 잡았

1 「한국사의 진실을 찾아서」, 국제역사학 한국위원회·국제역사학 일본위원회 공편, 『역사가의 탄생』, 지식산업사, 2008, 78쪽.

다.[2] 그에게는 진리는 곧 진실이요, 진실은 사실과 동일하다. 그래서 그는 모든 글이나 저작에서 진리·진실·사실 — 이 셋을 구별하지 않고 썼던 것이다.[3] 여석은 여느 학문과 마찬가지로 역사학 역시 사실의 참모습을 밝히는 작업, 즉 진리의 탐구라고 생각하였다. 이는 곧 한국사의 올바른 체계적 이해를 의미하였다. 그는 민족의 정체성 위에서 자생적인 역사연구 전통을 수정·계승하여 한국사학이 나아갈 방향을 모색하였다. 그는 역사적 진실의 탐색을 나침반으로 삼아 한국사 전체를 체계적으로 이해하면서 사회 지배세력의 변화를 축으로 하는 새로운 한국사 개설 『한국사신론』을 정열을 다해 쏟아 썼다.

생애를 통해 여석은 한국사학이 학문으로서의 권위를 유지하고 진리 탐구의 사명을 지키기 위한 길을 추구하였다. 역사연구가 학문으로 성립되기 위한 기본조건은 객관성의 존중과 체계적 인식이다. "만일 객관적 사실을 밝히는 것이 불가능하다면, 역사학뿐 아니라 모든 학문은 존립할 근거" 만이 아니라 인간 자체의 존립조차 불가능하게 되는 것이다.[4] 이 점에서 객관성의 추구는 비록 '고상한 꿈' 이라고 해도 시도해볼 가치가 있다. 전문적 역사가라면 그의 작업의 중심에는 항상 객관성의 이상理想이 자리 잡고 있는 것이다.[5] 이러한 이상은 여석에게도 절실하였다. 그는 한국사의 올바른 이해를 위해서는 역사적 사실의 객관적 인식이 중요하다고 확신하였다. 그러나 체계성도

---

2 『硏史隨錄』(李基白韓國史學論集 별권), 일조각, 1994, 234쪽.
3 위의 책, 3, 33쪽. 역사의 진실을 밝힌 사례로 여석이 즐겨 인용한 것이 르네상스 휴머니스트인 발라Lorenzo Valla가 규명한 「콘스탄티누스의 寄進狀」이었다. 로마 콘스탄티누스 대제가 종교적 통치권을 로마 교황에게 자진 헌납했다는 내용의 이 문서는 중세를 통해서는 사실로 믿어졌으나, 발라는 이 문서가 위작이라는 것을 규명했다. 이를 계기로 근대적인 사료 비판 및 역사연구의 단초가 마련되었다.
4 『韓國史像의 再構成』(李基白韓國史學論集 3), 일조각, 1991, 68쪽.
5 Peter Novick, *That Noble Dream*(노빅, 『저 고상한 꿈』), Chicago: University of Chicago Press, 1988, p. 1.

이에 못지않게 중요하다. 개별적인 사실들이 하나의 체계 아래 연결되어야 하며 비로소 보편성이 성취되는 것이다.[6] 역사적 진실이란 "다른 사람도 인정할 수 있는 근거", 즉 보편성을 지니는 것이어야 하였다. 이 점에서 진리는 체계성과 직접적 관계가 있다.[7] 한마디로 객관성·보편성·체계성은 여석의 역사세계를 뒷받침한 세 기둥이었다.

2.

여석이 중요시한 체계화의 기본 수단은 시대 구분이었다. 그것은 역사 과정에 대한 체계적 인식을 위해 불가피하게 해결해야 할 문제이다. "시대 구분의 필요성은 역사의 큰 흐름을 단계별로 이해할 수 있는 계기를 마련해준다는 데 있다." 시대 구분은 역사의 "방향과 흐름에 있어서 그 전환과 구분이 어디에 있는지에 따라 선을 긋는 역할"을 하기 때문이다.[8] 그는 관례적인 시대 구분에 만족하지 않고 새로운 시대 구분의 원칙을 찾으려 하였다. 그의 기본 원칙은 절대적 기준의 배척, 역사적 사실의 시공간적 연관성 및 논리적 일관성이었다.[9]

1966년 초부터 1년간 여석은 하버드대학 소재 케임브리지에서 지내게 되었다. 그런데 나는 그 전해 가을 서강대학을 휴직하고 브랜다이스대학 사상사학과History of Ideas Program에서 박사 과정을 시작하고 있었다. 그는 이때 『한국사신론』에 대한 대대적인 개정을 준비하고 있었다. 브랜다이스가 있는

---

6 『韓國史像의 再構成』, 69~70쪽.
7 『研史隨錄』, 5~7쪽.
8 『韓國史學史論』(李基白韓國史學論集 15), 일조각, 2011, 5쪽.
9 『民族과 歷史』(李基白韓國史學論集 1), 일조각, 1971, 56~59쪽.

월섬Waltham과 케임브리지는 이른바 '대大보스턴' 지구 안의 왕래가 잦은 인접隣接지역이기 때문에 나는 종종 그의 댁으로 초대되는 일이 생겼다. 이럴 때면 『한국사신론』을 중심으로 자연스럽게 역사 이론에 관한 이야기가 오고 갔다.

『한국사신론』의 개정을 염두에 둔 그가 가장 신경을 쓴 것이 시대 구분이었다.[10] 그는 왕조 중심 아닌 인간 중심의 역사 서술을 계획하였다. 3분법이라는 거시적 시대 구분보다는 주제별로 시대의 흐름을 파악하는 세분된 역사 구분이 서양사의 경향이라는 내 생각에 여석은 큰 흥미를 나타냈다. 나는 1969년 귀국 후 여석의 권유에 따라 역사학회 10월 월례발표에서 "시대 구분의 이론적 기초"를 발표하고, 다음 해 3월 『역사학보』에 게재하였다.[11] 여석도 같은 시기에 「한국사의 시대 구분의 문제」를 『한국사 시대구분론』(을유문화사, 1970)에 발표하였다.

그 후에도 시대 구분의 원칙에 대한 여석의 탐색은 계속되었다. 1993년 말 한림대학교 한림과학원 주최 심포지엄을 열고 각 분야의 전문가들과 함께 한국사의 시대 구분 문제를 학문적으로 정리하기로 한 것이다. 그에 따르면 한국사의 경우 "역사적 사실과 일치하지 않는 관념적인" 시대 구분이 횡행하고, 구체적 사실과 어긋나는 이론에 토대를 둔 시대 구분을 절대적인 진리로 믿는 경향이 있다는 것이다. 그래서 "한국사의 진실을 이해하는 데 도움이 되어야 할 시대 구분"이 도리어 그 올바른 이해를 저해하는 방해물이 되었다.[12] 대표적인 예가 유물사관의 공식을 따른 경우였다. 그는 "생산력의 발전을 기준으로 하는 역사발전의 시대 구분"이 있을 수 있으나, "그것만이 유일

---

10 「한국사의 진실을 찾아서」, 75쪽.
11 『歷史學報』 45, 139~147쪽.
12 차하순 외, 『韓國史 時代區分論』, 소화, 1995, 5쪽.

한 시대 구분이라는 배타적인 주장"에는 결코 찬동하지 않았다.[13]

3.

여석은 역사에서의 법칙의 존재를 믿었다. 그는 역사발전의 법칙이 존재할 뿐 아니라, 법칙이란 보편성을 갖는 것이라고 믿었다.[14] 동시에 역사법칙의 복수성複數性을 인식하였다. 역사를 올바르게 인식하기 위해서는 여러 법칙의 종합적 관찰에 의존해야 한다고 생각하였다.[15] 그의 말을 직접 인용하면, "인간사회는 우리가 미처 모두 헤아려 밝힐 수 없는 많은 법칙의 지배를 받고 있는 것이다. 이들 법칙은 물론 모두 보편적인 성질의 것이지만, 그들 법칙이 결합하는 양상은 늘 같을 수가 없는 일이다."[16]

사상사는 여석의 역사연구의 출발점이었다. 이는 그를 역사의 길로 인도한 인물이 신채호와 함석헌이라는 데서 알 수 있다. 그는 신채호의 『조선사연구초』를 열심히 읽었고, 함석헌의 「성서적 입장에서 본 조선역사」에서 감명을 받았다. "하나는 낭가사상이라는 민족의 고유정신을 중심으로 우리 역사를 이해하였고, 다른 하나는 도덕을 중심으로 우리 역사를 이해한 것"이었다. 이것이 그가 한국 사상사를 연구하게 된 배경이었다.[17]

그리고 그의 사상사는 불교사상의 연구로 시작되었다. 대학 졸업논문은 『삼국유사三國遺事』 가운데 '흥법' 편을 중심으로 고찰한 불교의 수용 과정에 관한 것이었다. 그는 뒤에 손질을 가하여 발표한 이 논문에 대해 "내가 쓴 몇

---

13 「한국사의 진실을 찾아서」, 68쪽.
14 『民族과 歷史』, 42쪽.
15 『民族과 歷史』, 57쪽.
16 『民族과 歷史』, 172쪽.
17 『研史隨錄』, 230~231쪽.

편의 논문들 중 처음으로 정열을 기울여 쓴 것이었던 만큼" 일생 애착을 갖고 있다고 술회한 바 있다.[18] 비교문화연구회에서는 중국 문명 유적지를 답사하기로 하고 1994년 7월 말부터 2주 동안 여행하였다. 답사 중심은 다퉁大同의 윈강석굴雲岡石窟과 둔황敦煌의 모가오쿠석굴莫高石窟이었다. 윈강석굴에서 장대壯大한 불상(노천대불露天大佛)을 앞에 두고 여석은 보기 드물게 흥분을 감추지 않았다. 그가 국제회의에서 발표한 논문 중 하나도 불교에 관한 것이었다. 예컨대 그가 1985년 8월 독일 슈투트가르트에서 개최된 국제역사학대회에서 발표한 「고대한국에서의 왕권과 불교」가 그것이다. 삼국시대에는 국왕을 중심으로 현세 이익을 추구하는 불교가 주류였으나, 통일 후에는 사회적 분화작용으로 몰락 귀족이나 평민 및 노비 계층을 중심으로 극락왕생을 기원하는 정토신앙이 유행하였다.

사상사는 물론 그 밖의 역사 과정의 보편성을 발견하기 위해서는 비교사적 방법이 중요하였다. 그는 역사이론 자체가 비교사학의 터전 위에 서 있다고 생각했는데, 비교는 역사이론의 옳고 그름의 판단 기준이었다.[19] 서양사학계와 우리나라 역사학계의 역사이론을 비교하기 위해 출판한 『역사란 무엇인가』의 편집에서 이 점이 잘 나타나 있다.[20] 이 책은 1976년 문학평론가 김병익金炳翼 씨가 출판사 '문학과지성사'를 시작하면서 그의 청탁에 따라 여석과 함께 공동 편집한 것이었다. 이 책은 20년 이상이나 중쇄重刷를 거듭하여 문학과지성사의 기반을 다지는 데 일조를 하였다.

1996년 3월 발족한 비교문화연구회의 잡지 『비교문화』에 실린 「한국 고대의 '동성불혼同姓不婚'」이라는 제목의 글에서 여석은 『삼국지三國志』「동이전

---

18 『研史隨錄』, 3, 7, 242쪽.
19 『韓國史學의 方向』(李基白韓國史學論集 2), 일조각, 1978, 165쪽.
20 이기백·차하순 공편, 『역사란 무엇인가』, 문학과지성사, 1976.

東夷傳」에 나오는 동성불혼에 관해 말리노프스키Bronislaw Malinowski〔Crime and Custom in Savage Society(『미개사회의 범죄와 관습』)〕에 따라 트로브리안드 섬 원주민의 족외혼族外婚과 비교하였다. 이 글에서 그는 역사적 사실을 더 잘 이해할 수 있게 하는 비교사학의 필요성을 강조하였다.[21]

비교문화연구회 답사와 관련해 생각나는 것이 있다. 1985년 8월 역사가들로 구성된 일행이 국제역사학대회 참석을 위해 슈투트가르트를 최종 목적지로 하여 한 달 가까이 세계문화유산 답사에 나섰다. 그때까지 개방되지 않던 해외여행의 기회였으므로 우리는 다양한 일정을 소화하였다. 인도의 타지마할, 이집트의 피라미드, 그리스의 아크로폴리스 등과 같은 대표적인 세계문화유산을 비롯해 프랑스와 독일의 역사적인 중소도시를 두루 살펴보는 강행군이었다. 우리는 공항 라운지에서 자주 대화를 나누었다. 여석이 나에게 공동 편집인을 제안하면서『한국사 시민강좌』에 관한 구상을 밝힌 것도 이때의 일이었다. 2년의 준비 끝에『한국사 시민강좌』첫 권이 세상의 빛을 보게 된 것이 1987년이었다. 그 이래로 이 잡지는 25년 동안 50집까지 간행하는 성과를 거두면서 한국사 대중화에 기여하였다. 이는 오로지 자신의 온 정열을 다해 편집을 구상한 여석의 노력이 그 기반을 이루어 비로소 가능하였다.

4.

여석은 한국사학의 당면 문제가 민족에 있다고 믿었다.[22] 민족 문제를 역

---

21 『비교문화』창간호(비교문화연구회, 1996), 2~5쪽. 말리노프스키(1884~1942)는 폴란드 출신의 학자로서 20세기의 가장 중요한 인류학자로 간주되는 학자이며, 구조적·기능주의적 사회학에도 커다란 영향을 끼쳤다. 1926년에 출판된 이 책은 그 후 반세기 이상이나 염가판으로도 널리 읽히고 있다.
22 『民族과 歷史』, 41쪽.

사학의 관점에서 어떻게 올바르게 이해하는가는 모든 한국사가에게 공통된 사명일 것이다. 그러나 그는 이 점에서 누구에게도 뒤떨어지지 않았다. 따라서 여석이 자신의 저술들을 묶은 사학논집을 내면서 첫째 권을 『민족과 역사』로 한 것은 지극히 당연하다. 민족을 핵심으로 한 역사철학 위에서 그는 '한국사학의 방향'을 가늠해보고 또 '한국사상의 재구성'을 시도하였다. 한국사의 주체로서의 민족이란 "열등의식의 산물"이나 "허황한 자만심의 소치"가 아닌, 진정한 민족의식에 입각한 민족이었다. "한국민족의 운명에 대한 따뜻한 관심 속에서 이루어진, 그리고 인류사회의 발전에 대한 투철한 인식을 토대로 한 정당한 비판적 정신 속에서 이루어진 학문적 성과를 통하여서만 한국사의 올바른 인식은 가능"하다.[23] 그에게는 "한국사 나름대로의 특수성"과 함께 "민족의 발전 과정을 어떻게 이론적으로 체계화하느냐"가 중요하였다. 한국사의 발전 과정에 대한 올바른 인식은 곧 "민족의 새로운 발견"을 의미하며, "인류의 한 식구"로서의 한국민의 발견이었다.[24]

그가 역사에의 길을 택한 것은 민족에 대한 사랑과 자랑, 자긍심에 있었다. 그의 일관된 신념은 "민족사의 현시점에서 우리 스스로를 올바로 인식하고 이 터전 위에서 민족의 장래를 올바로 이끌어나가기 위해 우리는 무엇을 어떻게 해야만 하는 것일까"였다.[25] 신라사를 비롯해 고려시대사에 이르는 많은 그의 업적을 꿰뚫는 기본 노선은 항상 이러한 '민족'이었다. 따라서 그가 한국사의 올바른 체계적 이해를 위해 무엇보다도 주력한 것은 식민주의사관을 비판하고 일본학계가 왜곡한 한국민족의 상像을 바르게 잡고자 한 것이다.

다른 한편, 식민주의사관 비판의식은 일본 지배의 '역사적' 소산물을 혐오

---

23 『民族과 歷史』, 11쪽.
24 『民族과 歷史』, 22쪽.
25 『研史隨錄』, 15쪽.

하는 데 이르렀다. 1990년대 중반 김영삼 정부는 경복궁 내의 옛 조선총독부 건물을 해체하기로 결정하였다. 나는 당시 내한 중인 브랜다이스대학 라인하르츠Jehuda Reinhartz 총장 일행을 안내하면서 이 건물이 곧 헐리게 될 것이라고 말했는데, 역사가인 그에게는 철거 이유가 납득되지 않았다. 어떤 이유에서든 역사 기록이나 유적은 멸실滅失되지 않아야 한다는 나의 의견과 같았다. 옛 총독부 건물의 해체를 우리나라 지식인 대부분이 찬성하였으며, 극소수만이 역사적 자료의 소멸을 우려하였을 뿐이었다. 이때 여석도 철거를 찬성하는 쪽이었다. 어느 날 우리는 이 문제에 관해 의견을 주고받은 적이 있었다. 나는 해방 이래로 일본의 식민주의 지배의 현장, 예컨대 남산의 조선신궁朝鮮神宮이나 예장동藝場洞의 조선총독관저 등이 사라진 것은 유감이라고 말하였다. 그러나 여석은 단호하였다. 다른 것은 모르겠으나 식민 지배의 현장인 조선총독부 건물은 그대로 놔둘 수 없다는 것이 그의 대답이었다. 일본 식민 지배에 대한 '혐오'는 '역사적 자료의 보존'이라는 객관적 역사가의 사명을 압도하였다. 이는 여석뿐 아니라 아마 거의 모든 한국사 연구자에게 공통되는 심정일 것이다.

일본 식민지 시대의 유물·유적은 우리 자신의 역사의 현장이기도 하다. 옛 조선총독부 건물은 일본 식민 지배의 지휘본부일 뿐 아니라 역대 정부의 행정 중심의 청사廳舍였다. 9·28 수복 때 국군國軍이 태극기를 제일 먼저 게양한 곳이기도 하다. 늦은 감은 있으나 우리 사회는 이러한 역사유적의 가치를 인정하기 시작하였다. 그 증거로 서울역사의 복원을 들 수 있다. 서울역은 일본의 식민 지배 시대의 경성京城역으로, 그 설립 주체는 남만주철도주식회사였다. 그것은 일본과 만주를 잇는 식민지 경영의 관문이며, 1920년대의 일본 식민지 정책을 상징하는 것이다. 거대한 규모와 정교한 장식을 갖춘 이 건물은 조선총독부 청사와 함께 일본이 조선을 착취하기 위해 건립한 대표적

인 건축물이었다.[26]

그럼에도 여석이 강조하는 민족은 폐쇄적이며 배타적인 개념이 아니었다. 그는 민족을 하나의 단일한 개인과 같이 생각하는 주장에는 찬성할 수 없었다.[27] 또 민족의 고유성과 배타성을 강조하는 '민족지상주의' 사관도 받아들이지 않았다. 민족과 민족문화에 대한 그의 이해는 신축성 있고 개방적이었다. 이에 관해 그의 말을 직접 인용하면 다음과 같다. "한국문화를 논함에 있어서 그것이 원래 한국에 고유한 것인가, 외래한 것인가 하는 점은 그렇게 중요한 것이 아니다. 필요한 것은 그것이 민족의 역사적 현실에 적합한 것인가 아닌가 하는 데 있는 것이다. 한국이 그때그때의 역사적 현실에 적합한 문화를 받아들였고 또 발전시켰다면, 그것은 훌륭한 한국문화요 한국의 민족문화인 것이다."[28]

여석은 한국사 연구방법으로 근대 한국에서 전통적으로 내려온 민족주의사관, 유물사관, 실증주의사관의 셋을 아울러 새로운 한국사학을 수립하려하였다.[29] 그에게는 민족주의사관·유물사관·실증주의사관—그 어느 것이나 만족스러운 것이 아니었다. 민족주의사관은 정서적이고 추상적이고, 유물사관은 사실과 부합되지 않는 공식과 법칙이며, 실증주의사관은 체계와 이론이 결핍된 것이었다.[30]

---

26 유물과 유적은 '그들의 것과 우리의 것'의 구별 없이 사료로서의 가치가 인정되어야 한다. 이점에서 유럽은 타산지석이다. 역사적 흔적이 고스란히 함께 남아 있는 하나의 예가 스페인이다. 그리스도교도와 이슬람교도가 번갈아 점령한 지역이었지만 지배자가 바뀔 때마다 상대방의 문화적 흔적을 말살하지 않았으며 단지 가장 중요한 지점에 자신들의 존재를 최소한으로 알리는 데 그쳤다. 그 결과 스페인에는 인류사에 빛나는 수많은 문화적 유적이 남아 있다.
27 「한국사의 진실을 찾아서」, 69쪽.
28 『民族과 歷史』, 172쪽.
29 「한국사의 진실을 찾아서」, 70쪽.
30 『韓國史學의 方向』, 75~76쪽.

여석의 역사세계는 매우 광범한 것이다. 그는 젊을 때 이래로 여러 분야에 다양한 관심을 보이고, 열린 시야를 갖고 공부하였다. 학문과 인생을 논한 그의 글들은 동서고금의 문헌을 두루 인용하고 있다. 『논어論語』에서 『신곡神曲』, 톨스토이에서 퀴리 부인, 『굿바이 미스터 칩스』와 성서에 이르기까지 그의 지식의 범위는 고전, 문학, 철학, 인류학에 걸친 것이다. 그러므로 여석은 단순히 '한국사가'라기보다는 '역사학자'였다. 그가 강조하는 보편성에의 추구 역시 이러한 그의 넓은 식견과 안목의 산물이었다.

민족과 역사적 진리는 참으로 그의 역사세계의 튼튼한 기반이었다. 민족에 대한 자긍심은 그가 즐겨 입던 한복에서 잘 나타나 있다. 우리나라의 전통과 문화에 대한 자랑은 그의 학문의 바탕이다. 민족의식을 기초로 한 그의 역사적 진실에 대한 추구는 일생 계속되었다. 여석은 자신의 호를 '쓰다 남은 돌'을 뜻하는 여석餘石이라 했으나, 이는 지나친 낮춤이다. 그의 역사세계의 넓이와 깊이로 보아 참으로 우리나라 학계에 우뚝 솟은 거석巨石이라 해야 옳다.

한 일본인 역사학도가 본 이기백 선생

다케다 유키오

1. 이기백 선생과의 만남

역사의 진실을 추구하고 그것을 통해 역사와 서로 공감하게 되는 것은 무릇 역사학도가 꿈꿔 보는 것이요, 계속 구원求願하는 바로서 곧 큰 기쁨과 통

다케다 유키오武田幸男(도쿄東京대학 명예교수, 史學會 이사장 역임)

저서로는 『大化改新과 동아시아』(공저, 山川출판사, 1980), 『조선호적대장의 기초적 연구』(學習院대학 동양문화연구소, 1983), 『고구려사와 동아시아』(岩波서점, 1989), 『가야는 왜 멸망했는가?』(공저, 大和서방, 1991), 『조선』(공저, 朝日신문사, 1993), 『광개토왕비와 고대일본』(공저, 學生社, 1993), 『隋唐제국과 고대조선』(공저, 中央공론사, 1997), 『고려사 일본전』 2책(岩波문고, 2005~2006), 『광개토왕비와의 대화』(白帝社, 2007), 『광개토왕비 墨本의 연구』(吉川弘文館, 2009) 등이 있고, 편저로는 『조선사』(山川출판사, 1985), 『조선을 아는 사전』(平凡社, 1986), 『광개토왕비 原石탁본 集成』(東京대학출판회, 1988), 『조선호적대장의 기초적 연구』 4책(學習院대학 동양문화연구소, 1991~2003), 『조선사회의 史的 전개와 동아시아』(山川출판사, 1997), 『新版 조선사』(山川출판사, 2000), 『일본과 조선』(吉川弘文館, 2005), 『광개토왕비』(天來書院, 2007) 등이 있으며, 일본어 번역서로 이기백 저 『한국사신론(개정신판)』(學生社, 1979), 김철준 저 『한국고대국가발달사』(學生社, 1979), 이기백 저 『신라정치사회사연구』(學生社, 1982)가 있다. 그 밖에 신라사와 고려사에 대한 많은 논문이 있다.　　　—번역: 이기동

하는 길이다. 더구나 그것이 한국사학의 발전에 연결되는 공통의 길이 된다면, 앞으로 일·한관계의 전개방향을 살펴볼 때 그 기쁨은 한층 더 커질 것이다. 이기백 선생은, 그분과 운명적으로 만나게 된 한 일본인 역사학도인 나에게, 그 가능성을 최대한으로 보여준 한국인 역사학자이었다.

이 선생을 처음 뵙게 된 것은 선생이 다카마쓰츠카高松塚 고분 국제합동조사단의 일원으로 일본에 온 1972년, 선생께 동 고분에 관한 발표를 종용慫慂했을 때였다. 거의 40년 전의 일이 되는데, 연단 위에 섰던 이기백 선생의 단정하고 온화한 모습이 나에게는 인상적이었다.

생각해보면 도쿄東京도립대학의 하타다 다카시旗田巍 선생이 주최한 고려사연구회에 참가를 허락받아 『고려사』에 대해 손으로 더듬으며 공부하면서 『고려사』 식화지食貨志의 역주譯註를 시도하는 대학원생이었던 우리는 그 이전부터 서울에도 같은 명칭의 고려사연구회가 있는 것을 알았으며, 이 연구회도 또한 『고려사』 지류志類의 역주를 진행하고 있다고 듣고 있어 적지 않은 관심을 갖고 있었다.

이윽고 논문 별쇄 등의 교환이 가능하게 되어 이 선생을 포함하여 강진철姜晋哲, 이우성李佑成 등 여러 선생의 논저를 통해서 해방 후 새로운 고려사연구에 접할 수 있게 되었다. 이 선생의 연구는 그분이 보내주신 『고려사 병지 역주 (1)』와 『고려병제사연구』를 통해서 배울 수가 있었다.

1981년 3월 내가 문부성文部省 재외在外 연구의 명을 받아 김포국제공항에 내렸을 때 일부러 출영 나오신 여러 분 가운데 웃음을 띤 이 선생의 모습을 발견했다. 이것이 그 뒤 오랜 기간에 걸친 선생과의 새로운 만남의 시작이었다.

2. 『이기백한국사학론집』을 앞에 놓고

그 무렵의 이기백 선생은 나에게는 고려사 연구의 외경畏敬할 만한 대선배였고 특히 고려병제사에 관한 착실하고도 명석한 개별적 연구의 저자로서 인식되었다. 하지만 이 선생이 평소 추구해온 것은 체계적인 새로운 한국사를 구축하는 것이었고, 선생의 전 생애에 걸친 한국사학 연구의 전모는 선생 스스로 편찬한 방대한 『이기백한국사학론집』 전 15책에 집대성되어 있다.

이 선생은 논집이 발간되면 곧바로 각 책을 보내주셨다. 제13·14책은 제자들의 손을 빌려 선생이 작고한 뒤 간행되어 유족이 정중하게 보내주신 것이다. 이 논집의 어떤 장절章節을 읽더라도 그때마다 선생이 마지막까지 한국사학의 장래에 걸었던 큰 기대를 느끼게 되어 새삼스레 선생의 강한 의지와 뜨거운 원망願望을 인지認知할 수 있다.

(1) 『신라정치사회사연구』와 신라사연구회

논집 전 15책은 정말이지 너무나도 방대하여 논점은 한국 역사상의 신고新古 여러 사상事象에 미치고 있으며 다방면에 걸쳐 매우 깊은 사려思慮와 풍부한 함축이 응축되어 있어 내가 현명하고 적절한 독자라고는 생각되지 않는다. 다만 논집 전책全冊을 앞에 놓고 본다면 이기백 선생과의 장기간에 걸친 교류 속에서 몇 가지 특별하게 인상에 남는 것이 있다.

그 하나는 신라사 연구의 명저인 논집 제6책인 『신라정치사회사연구』이다. 나는 고려사 연구를 기반으로 하여 그 전부터 스에마쓰 야스카즈末松保和 저 『신라사의 제 문제』를 좌우에 두고 숙독하면서 하나하나 고찰 연구했는데, 그 무렵 『신라정치사회사연구』의 일본어 번역 의뢰가 날아들었다. 본서를 읽어보니 앞으로 신라사 연구의 방향을 지시하는 도표道標가, 그것도 확실하고 새로운 도표가 이제 한 가닥 수집되어 있는 것처럼 생각되었다. 종래의 연구성과를 비판적으로 계승하고 새로운 연구동향의 흐름 속에서 신라사 연구를 발전시키는 데 다시없는 기회라고 생각했다.

당장 젊은 연구자들에게 권유하여 신라사연구회를 시작해서 각자 분담하여 번역 작업에 몰두하게 했다. 제1회 연구회는 1974년 6월, 본서의 「영천 청제비菁堤碑 정원貞元 수치기修治記의 고찰」을 택했다. 번역 작업은 곧 연구 행위行爲 그것이다. 우리는 번역을 목적으로 작업을 시작했으나, 그렇다고 반드시 번역에만 전념하는 번역자 집단은 아니었던 듯하다. 자주 본서 각 장의 논제를 떠나서 그곳에서 제기된 이런 저런 문제에 대해 그때마다 의논하는 장면이 적지 않았기 때문이다.

그 때문에 원저자와 출판사에 큰 폐를 끼치게 되어 본서의 일본어판은 제1회 발표회로부터 8년을 경과한 뒤에 출판되었다. 우리 신라사연구회는 『신라정치사회사연구』를 주요한 계기로 삼아 출발한 바로 우리의 신라사 연구는 본서에서 많은 것을 배워 발걸음을 진전시켰던 것이다.

(2) 『민족과 역사』의 실천적 명제

또 하나는 논집의 첫머리를 장식하는 『민족과 역사』라고 이름 붙인 책으로, 이기백 선생의 사론집 제1집이다. 본서는 앞에서 쓴 『신라정치사회사연구』 간행과 같은 해에 일본어 번역본(東出版,1974)이 간행되어 널리 일본 독자들에게 소개되었다. 나는 일본어판에 해설문을 부치도록 요청을 받았는데, 본서는 한국 해방 후 새로운 사학 사조思潮 속에서 특히 주목할 만한 것으로 저자인 이 선생을 '신민족주의 역사학'의 뉴 리더로 평했던 듯 기억한다.

이기백 선생은 당시 한국 사학계를 떠받드는 오피니언 리더의 한 사람으로 본서에서 식민지시대에 창궐한 식민주의 역사관, 사대주의론, 정체성이론이

랑 민족성론을 철저하게 비판했다. 또한 유행하는 교조적敎條的인 사회경제
사학(유물사관)이나 체계화를 무시하기 일쑤인 실증사학의 단점을 지적했다.
그 위에 전통적인 민족주의사학을 중시하면서도 한편으로 그것이 내포하는
문제점을 간과하지 않았다.

본서의 일본어판을 통람通覽할 때 먼저 이 선생이 민족을 기반으로 하고 민
족을 중시하는 철저한 민족사학자임을 알 수 있었다. 내가 착실하고 명석한
개별적 연구자로서 보았던 선생의 사학사상의 핵심에 민족주의사학이 자리
하고 있음을 발견한 것이다. 하지만 내 마음에 남은 것은 "과거의 민족주의
사학을 계승 발전시키면서도 그것을 극복 지양하는 길"을 모색하는 유연한
사고이며, "인류의 한 가족으로서의 한국의 발견"을 기반으로 하고 있다는
점이다. 선생은 다른 사람에 뒤지지 않는 민족주의사학자이지만, 그러나 당
시 많은 민족주의사학자의 주장과는 이질적異質的이라고 느껴졌다. 선생은
인류 공통의 것에 유의하여 세계를 향해 개방된 한국 사학자로 첫째가는 역
사학자라고 생각되었다. 나는 그 점에 주목하여 느낀 대로 이 선생의 사학사
상을 '신민족주의사학'이라고 평한 것이다.

이기백 선생이 그것을 어떻게 받아들였는지는 알 수가 없다. 그 뒤 선생의
사론 제2책 『한국사학의 방향』, 제3책 『한국사상의 재구성』, 제4책 『한국고
대사론』, 제11책 『한국전통문화론』 등에 수록된 여러 논고 가운데 몇 편을
읽을 적마다 나는 부끄러운 생각을 금할 수 없었다. 선생은 한국사학의 여러
조류 가운데 손진태孫晉泰 씨의 학풍을 중시하여 그것을 일찌감치 '신민족주
의사학'이라고 이름 붙이고 한국사학은 그것을 '도약대'로 하여 발전시켜 나
아갈 것을 호소했다. 다른 기회에 『민족과 역사』를 다시 읽어보니 본서는 이
미 신민족주의사학의 중시를 시사示唆했던 것이다.

논집 제1책인 본서에서 정면으로 씨름한 '민족'과 '역사' 문제는 이기백

선생이 연구생활을 통해 고구考究하고 숙려熟慮를 거듭한 중요한 학문적 과제이며 또한 생애를 통해 추구하고 줄곧 격투를 벌인 실천적 명제였다고 생각된다.

(3) 『한국사신론』과 일본어판

또 하나는 세평世評이 높은 통사 개론, 논집 제10책인 『신수판新修版 한국사신론』(1996)이다. 나는 젊은 연구자들과 상의하여 본서의 일본어판(1979)을 간행할 수 있었다. 일본어판은 최신 연구성과를 토대로 한 표준적인 한국사 개설서로 기대되었는데 그 기대에 충분히 부응할 수 있었다고 생각된다.

본서의 번역 과정에서 우선 소박하게 느껴졌던 것은 상세한 연구문헌을 각장 각 절의 각 항목마다에 게재했는데, 그것들은 한국 해방 이전이건 이후이건 묻지 않고 일본인을 포함한 외국인 연구자의 논저를 다수 포함했다는 점이다. 그것에 의해서 나는 당면한 새로운 연구동향의 흐름을 알게 됨과 동시에 선생이 갖고 있는 국제적인 넓은 시야, 그 넓은 시야를 불가결하다고 보는 선생의 학문적 태도를 감득感得할 수 있으리라 여겼다.

다음으로는 본서의 다채로운 내력來歷이다. 주지하듯이 본서의 전신은 『국사신론』(1961)이지만, 그 6년 뒤 대폭적으로 개정 증보하여 『한국사신론』을 써냈다. 그 9년 뒤에 개정판, 그 20년 뒤에 신수新修 중판을 간행했다. 우리가 번역한 일본어판은 개정판 중판(1979)을 원본으로 하여 바로 그해에 『한국사신론(개정신판)』(學生社)으로 간행한 것이다.

이기백 선생은 항상 넓은 시야에서 내외 각종의 논저에 주목하여 그것들을 비판적으로 받아들여 그때마다 본서의 기술을 개정 수정했다. 끝을 알 수 없는 개정 수정의 도정道程은 일찍이 "일종의 학문적 고투를 계속"(일본어판 서문)한 것이었다고 회고했다. 하지만 학문적인 고투는 그 뒤에도 계속된다. 이를테면 논집본(신수판 중판)의 장별章別 편성은 선생 독자적인 시대구분론에 따라 일찍이 일본어판(개정판 중판)에서 제시한 제4장을 개제改題한 것이다. 그 일상적인 고투의 흔적은 개정·신수를 거듭한 본서 『한국사신론』의 다채로운 내력에 반영되어 있다. 생각건대 본서는 문자 그대로 '나의 조그만 분신'(1984)으로 선생이 제창한 사론을 구체화한 것이며, 선생의 한국사학을 응축시킨 것에 다름 아니다.

이기백 선생은 '일본어판에의 서문'에서 학문적 신념을 솔직히 피력했다. 일찍이 야나이하라 다다오矢內原忠雄 씨로부터 "어떠한 개인이나 국가도 진리의 터전 위에 서야 하며, 이로부터 벗어나면 존립할 수가 없다"라는 신념을 배웠다고 소개하고, 특히 "일본 독자들에게서 진리를 추구하는 같은 입장에서 우러나오는 공감을 얻게 되기를 희망"하며 "이 책이 (야나이하라) 선생의 나라에서 소개되는 것을 저자는 기쁘게 생각하는 것이다"라고 술회述懷했다. 이 서문에 선생의 몸 속에서 차츰 순화純化되어 간 진리 지상至上의 이념이 이미 명언明言되어 있는 것이다. 본서 독자의 한 사람으로서, 번역에 종사한 한 사람으로서, 또한 일본인 역사학도의 한 사람으로서 이 서문에 제시된 이념에 강하게 공감하는 바가 있다.

3. 1981년 한국에서

(1) 한국 사학자와의 교류

1981년의 한국은 나의 연구생활 가운데 특별한 한 시기로 기억하고 있다. 그해 3월부터의 문부성 재외 연구는 한국에서 시작되어 서울대학교 인문대학 방문교수로 맞아들여졌는데, 결국 일관해서 한국에 체재하게 되었다. 별안간 신장염을 앓게 되어 구미歐美 방문의 예정을 중지했기 때문이다.

이해의 한국 유학은 그 뒤의 내 연구생활에 큰 영향을 미쳤다. 치료에 전념하는 동시에 서울대학교 교수 여러 선생이랑 주위의 많은 분의 도움을 받아 서울을 비롯한 한국 각지의 자연이랑 인정人情에 접하고, 대학교·박물관 등 많은 사적史蹟을 방문했는데, 그곳 현장을 답사한 체험은 진실로 다시 없이 귀중한 것이었다. 그것들과 경중輕重의 차이는 없지만, 특히 마음에 남는 것은 이기백 선생을 친히 접할 기회를 혜택받은 점이다.

먼저 옛 고려사연구회의 여러 선생께 인사드릴 작정이었는데, 그에 앞서 너무 이르게 역사학회 3월 발표회, 한우근韓㳓劤 선생 퇴직기념회에 참석하여 많은 한국사 연구자 여러분을 한꺼번에 만나 뵙게 되었고 거기에서 이기백 선생과도 환담할 수 있었다. 같은 달에 옛 고려사연구회의 강진철姜晉哲 선생이랑 이우성李佑成·이기백 선생이 주선하여 이광린李光麟·천관우千寬宇 선생도 자리를 함께하는 나의 환영회를 열어주었다. 와자지껄하게 토론하는 가운데 실내의 옅은 불빛 사이로 드러나는 여러 선생의 열기 뿜은 얼굴이 인상적이었다.

그 뒤에도 회재晦齋(이언적李彦迪) 선생 유적순례단, 하버드대학 교수 와그너 선생 환영회 등에 참석하고, 중원中原(충주) 고구려비 등의 답사나 내 병의 쾌유 축하 혹은 몇 차례의 개별적인 초대 등 이기백 선생으로부터 음으로 양으로 또한 공사公私 간에 깊은 배려를 받았다. 재외 연구가 끝난 뒤에도 각종 학술대회나 국제공동연구 등으로 방한할 때마다 주최 측의 일방적인 편의에 따라 서울에서 혹은 춘천까지 떼 지어 몰려가서 선생을 뵈었는데, 개인적으로 또는 동행자와 함께 뵐 때마다 베풀어주신 호의와 학은學恩은 헤아릴 수 없을 정도이다.

1981년 당시의 메모를 들춰보면 서울에 체재한 10개월 동안 선생을 28회 정도 직접 뵌 것을 알 수가 있다. 선생은 언제나 요청이 있으면 "누구하고라도 만나려고 하고 있다"라고 말했거니와, 선생의 학술교류에 대해 널리 개방된 태도가 선생의 성실·겸허한 인품과 더불어 이제 다시금 생각나는 바이다.

(2) 적성비赤城碑와 광개토왕비와

잊기 어려운 회상이라고 한다면 이 선생에 이끌려 한강 연안의 백제유적이랑 적성산성비를 탐방한 것도 그러하다. 적성비를 찾아 나선 것은 하와이대학 강희웅姜希雄 교수와 함께였는데, 우리는 길을 나서 5월 이른 아침에 청량리역에서 중앙선의 객客이 되어 옛날 백제에서 고구려로, 신라·가라 제국으로 통했던 옛길에 생각을 달리다가 단양역에서 하차, 보행길에 밝은 이기백 선생을 선두로 하여 급한 산길을 기어올라 적성비의 비각에 도착했다. '잠시 숙시熟視'라는 한 구절이 그때 나의 메모이다. 또 산성 성벽 끝에 올라가 눈앞에 "6세기 중엽의 신라와 고구려의 공방전이 방불彷佛하다"고도 기록하고 있다. 메모와 사진을 보고 있노라면 그때 적성산 위에서의 소박한 고양감高揚感이 바로 어제 일처럼 떠오른다.

한국의 경제발전에 수반하여 그 무렵 각지에서 신라 고비古碑의 발견이 잇따랐다. 나도 적성비에 관한 소론小論을 발표한 뒤였다. 이 선생은 그 점까지 염두에 두고 일부러 비碑의 탐방 여행을 권유하셨을 것이다. 그것을 하나의 계기로 하여 나는 신라 고비 연구에 파고 들고, 다시 광개토왕비 연구에 깊숙이 들어가는 원인遠因이 되었다고 생각된다. 거기에는 또 하나의 체험이 겹쳐졌다.

7월의 어느 날 이 선생을 따라 이병도李丙燾 선생 댁을 방문하여 인사를 드린 뒤 이야기가 활기를 띠는 가운데 이병도 선생이 서예 잡지『서통書通』창간호 부록의 광개토왕비 사진을 보여주셨다. 이것은 원석原石 탁본이 틀림없다. 선생 댁을 물러나자 곧바로 이기백 선생과 함께 돈화문 근처의『서통』발행 서점으로 급행했다. 또한 이 잡지에는 또 하나 임창순任昌淳 선생 소장 탁본의 부분 사진이 게재되어 있었다. 틀림없이 원석 탁본이다. 뒷날 또다시 이기백 선생과 동반하여 임 선생을 남양주의 태동泰東고전연구소로 방문, 쾌히 허가를 해주어 탁본을 보았다. 나의 광개토왕비 연구는 이들 원석 탁본 2본本을 불가결의 기본자료로 해서 진행되었다.

이기백 선생은 그 뒤의 사신私信에서 내가 '집념'을 갖고 광개토왕비를 연구하고 있는 듯하다고 평하셨다. 나는 그것을 매우 좋은 의미로 해석하고, 지금까지도 선생의 격려의 말씀으로 인식하고 있는 터이다.

4. 앞으로 당부하신 것

한국 체재 중 이기백 선생이 갑자기 누설하신 것이 있다. "얼마 전에 국회에서 진술했거니와 학문의 길은 험하고 멀다"라는 듯한 말씀이었다고 기억한다. 뒤에 조사해보니 그것은 그해(1981) 11월 27일의 '국사교과서 개편 청원에 대한 국회 문공위文公委에서의 진술'에 틀림없다.

선생은 학문 본연의 자세와 정치 현실에 큰 괴리를 실감하여, 이를 계기로 교과서의 개편문제에 그치지 않고 한층 더 학문적 진리에 충실해져야 한다고 생각했다. 주위의 동지들과 의논하여 1987년『한국사 시민강좌』를 발간했는데, 그것은 투철한 사고를 하는 선생이 뜨거운 생각을 표출한 것이리라. 온화한 인품, 겸허한 태도와 표리일치하여 선생은 학구생활을 통해서 추구한 '학문적 진리'를 위해 싸울 강한 의지를 표명하고 실질적 과제에 몰두하게 된 것으로 생각된다.

선생은 지적한다. "진리를 배반하면 그 결과는 패망으로 이끌게 될 것이다"라고(1995). 또한 논제「한국사의 진실을 찾아서」를 싣고, "민족은 결코 지상至上이 아니다. 이 점은 민중의 경우에도 마찬가지이다. 지상은 진리이다. 진리를 거역하면 민족이나 민중은 파멸을 면하지 못한다"라고 선언한다(2003년 10월 제2회 한·일 역사가회의에서의 발표, 『한국사 시민강좌』 제35집, 2004. 8).

나는 자신의 연구생활을 회고하는 가운데 이기백 선생의 사실상의 절필絶筆인 앞에 적은 「한국사의 진실을 찾아서」에 언급하여, 선생의 이 선언은 "추상적인 일반론이 아니다. 구체적인, 실제적인 긴급한 과제를 앞에 둔 말 붙이기라고 생각한다. 위기감이 넘치는 호소이다. 선생의 이 말 붙이기, 호소는 조선사학을 둘러싼 민족주의 이데올로기의 문제이다. 학문으로서의 조선사학의 본질과 관련된 문제이다"(『동양문화연구』 9, 2007)라고 부연했다. 선생은 진실·진리의 추구는 보편적인 학문 일반의 본질과 관련되며 민족과 민중의 명운命運과 직접 관련되는 것이라고 확신하고 있었던 것이다.

선생은 2002년 10월, 연래 건강이 염려되는 가운데 포스코 국제한국학 심포지엄에 축사를 보내 "민족에 대한 애정과 진리에 대한 신뢰는 둘이 아닌 하나이다"라고 술회했다고 한다. 그리고 은근히 놀란 점은 선생의 뜻에 따라 선생의 묘비명에 이 축사와 똑같은 명제命題가 돌에 새겨져 있다는 점이다. 선생이 앞날을 당부한 것을 신뢰하고, 선생에게서 부탁받은 사람들을 신뢰하면서 앞으로 계속 지켜보고 싶다.

나는 선생의 별세를 애도하여 2009년 11월 신라사연구회에서 '이기백 선생을 그리워함'이란 제목으로 "이기백 선생과 같은 시대에 살아 이국異國에 있으면서 선생과 우연히 만나 선생을 존경하고 경애할 수 있는 행운을 음미하면서 선생의 명복을 빌고 싶은 생각"이라고 추도했다.

처음에 선생을 한국의 이름 높은 한국사학자로서 여겨 존경했던 나는, 선생에게서 많은 것을 배우고 선생의 흔들림 없는 학문적 태도에 접하며 선생의 온화·성실한 인품과 접촉하는 가운데 일본인 역사학도의 한 사람으로서 역사학자로서의 선생에 깊이 공감하며 경애하기에 이른 자기 자신을 발견했다. 한국에서 생명을 받아 한국에 살며, 그리고 한국을 사랑하여 한국사의 진실을 추구한 한국사학자로서, 더욱이 비판적·반세속적인 역사학의 보편적인 진실과 진리를 계속 추구하려고 한 역사학자로서의 선생을 그리워하며 이에 새삼 추도하고 싶은 심정이다.

이기백 선생—나의 스승, 우리 모두의 교사

1. 첫 만남

1970년 5월 말, 신촌에 이르러 버스에서 내린 나는 노고산 기슭을 걸어 올라가 서강대학 구내로 들어섰다. 당시 서강대학은 대여섯 빌딩만이 있었는데 이기백 교수의 연구실은 과학관에 자리하고 있었다. 거기서 나는 처음으로 그를 만났다.

당시 나는 동서문화교류센터에서 주는 장학금을 받아 하와이대학 마노아 캠퍼스에서 공부하고 있었는데, 1년간 현장에 가서 공부하는 것이 허용되었다. 그래서 1년간 서강대학에 유학할 결심을 했던 것이다. 내가 받은 장학금

에드워드 슐츠Edward J. Shultz(하와이대학교 아시아태평양학부 교수)
　저서로는 *Generals and Scholars: Military Rule in Medieval Korea*(하와이대학교 출판부, 2000)가 있고, 편역서로는 *The Koguryo Annals of the Samguk Sagi*(한국학중앙연구원, 2011)가 있다.　　　　　　　　　　　　　　　　　　　　　　　　　　　　　　　　—번역: 홍승기

은 충분하여 나는 1년간 대학원 학생으로서 공부에 전념할 수 있었다. 1970년 당시 한국 대학에는 좋은 사학과가 많았지만 그 가운데 내가 굳이 서강대학을 택한 데는 여러 이유가 있었다.

당시 나의 하와이대학 지도교수였던 강희웅 교수가 서강대학을 강력하게 권했는데, 그 이유는 그곳에서 내가 이기백 교수의 지도를 받을 수 있을 뿐만 아니라 한국사의 이광린 교수, 서양사의 길현모, 차하순 교수, 그리고 미국사의 이보형 교수 등으로 대표되는 훌륭한 교수진을 갖추고 있어서이기도 했다. 특히 이기백 교수는 나의 연구에 도움을 줄 수 있는 최상의 연구자였다. 그의 연구는 고대사와 중세사에 초점을 두고 있었는데 이것은 내가 연구하고자 하는 분야와 일치하는 것이었다. 그는 또한 한국사 개설서로서 가장 명쾌하고 가장 널리 읽히는 것 가운데 하나인 『한국사신론』을 막 출판한 터였다.

나에 앞서서도 외국의 학생들이 이 교수를 찾았을 터이지만, 나에게는 남다른 점이 있었다. 내가 미국인이란 점이 그러했고, 평화봉사단을 통해 이미 한국에 대해 알고 있었다는 점이 그러했다. 내가 석사과정 학생이었을 때, 중국과 일본에 대해 약간 공부를 했는데 이 두 나라의 문화를 한국의 관점에서 바라보았다. 나는 한편으로 내 전공분야 공부에 착수할 준비를 하면서 다른 한편으로는 서강대학의 여러 교수를 존경심을 가지고 대했다.

이기백 교수는 나를 많이 환영하면서, 이광린 교수와 의논하여 이광린 교수의 연구실에 책상 하나를 마련해주었다. 그런데 그때가 마침 학기가 끝나가는 시점이어서 나는 어느 과목도 수강을 신청할 수가 없었다. 이기백 교수는 대학원 학생 한 명을 내게 소개하고 내가 여름 내내 그와 함께 작업을 할 수 있도록 배려해 주었다. 첫날의 일이 끝났을 때, 이 교수는 내가 어떻게 하숙집으로 돌아가는지를 묻고 서강대학에서 새로 얻은 학교버스를 함께 타고 나가자고 권했다. 그러면서 이 교수는 내게 이 버스가 교수들이 매일 편히 출퇴근하는 데 쓸 수 있도록 박정희 대통령이 학교에 준 선물이라고 설명했다.

2. 가르침을 받다

곧 여름이 가고 9월 초에 새 학기가 시작되었다. 나는 이 교수가 강의하는 과목 둘을 신청했다. 하나는 학부의 고려시대사이고 다른 하나는 대학원의 세미나였다. 대학원 세미나에 등록한 학생은 세 명밖에 되지 않았지만, 이들과의 우정은 지금까지도 지속되고 있다. 이 교수의 학부 강의실은 만원이었다. 그의 강의를 통해 한국의 역사가 우리 모두에게 생생하게 다가왔다. 그는 한국 역사에 관한 흥미를 크게 불러일으켜 주었고, 학생들은 한국의 과거에 흥미를 느꼈다. 그의 저작이 그러하듯이 그의 강의도 간결하고 분명했다. 나는 그가 말한 것을 전부 알아듣지는 못했지만, 그가 흑판을 사용하고 일정한 속도로 체계를 잡아 강의를 했기 때문에, 사뭇 편안한 느낌을 가질 수 있었다.

겨울이 시작되자 이 교수는 한복을 차려 입고 강의실에 왔는데 많은 학생이 그의 옷차림에 즐거워했다. 한복 입기는 한국과 그 고상한 전통을 간명하게 드러내는 일이었다. 이 교수는 한국의 역사를 가르쳤을 뿐만 아니라 배우는 방법을 가르치기도 했다. 기억하기에, 내가 그에게 질문을 하나 했는데 그는 그에 답하는 것 대신에 나에게 답을 찾아내는 방법을 보여주었다. 그는 가능한 자료를 통해 해결에 이르도록 나를 이끌었다. 그 이후 이 방법으로 나는 학생들을 가르쳐왔다. 내가 이 교수에게 그때의 가르침을 영원히 감사하는 까닭이다.

고적 답사는 대부분의 사학과에서 인기 있는 교과과정의 하나였다. 9월 말, 이 교수가 관동지역의 고적 답사를 이끌었다. 우리는 박정희 대통령이 학교에 선물로 준 버스를 타고 10시간이 걸려 목적지에 도착했다. 나는 답사를 하며 재미있는 일을 많이 경험했다. 그 가운데서도 내 기억에 남아 있는 것은, 상원사 종이나 낙산사 같은 유물과 유적에 대한 이 교수의 설명을 편한 마음으로 듣던 때이다. 또 인상에 남아 있는 것 중 하나는, 나와 동료 학생들은 겨우 따라갈 정도인데, 이 교수는 어떻게 힘도 들이지 않고 설악산 등성이를 오를 수 있었을까 하는 점이다.

사람들은 이 교수를 사무적이고 품위를 중시하는 분으로 생각할지 모른다. 그가 품위를 지키는 분이었다는 것은 분명히 맞는 말이다. 그러나 그는 학생들과 있을 때면 격식을 따지지 않고 편하게 해주었다. 그날의 답사에서도 그는 답사팀의 일원처럼 행동했다. 답사 도중에 뜻밖의 사고 하나가 일어났는데, 우리가 타고 다니던 버스가 길가로 미끄러져 처박히고 말았던 것이다. 다행히 사람이 다치지는 않았고, 이 교수는 사고를 차분하게 처리했다. 그날의 답사 이후에 이 교수나 그의 동료가 답사를 이끌고 갈 때면 나는 언제나 즉시 참가를 신청했다. 한국의 과거를 공부하는 데 답사보다 더 좋은 방법이 어디 있겠는가?

박사학위 논문을 완성하기 전인 1973년에 나는 한 번 더 한국에 와서 이 교수의 지도 아래 연구를 다시 하게 되었다. 고려시대에 대한 그의 연구와 이해가 고려 무인집권시대에 대한 나의 초기 연구에 크게 영향을 미쳤다. 내가 새로운 자료를 찾아냈을 때, 그는 나의 발표를 흔쾌히 들어 평가해주고 내가 잘못했다고 생각하는 바를 바로잡아주었다. 나는 그가 다른 연구자의 업적에 의지해야 하기 때문에 『한국사신론』과 같은 개설서를 쓰기가 얼마나 어려운지 이야기한 것을 기억하고 있다. 나는 그가 개설서보다는 신라나 고려에 관한 논문을 쓰는 것을 훨씬 편하게 느꼈다고 생각한다. 내가 그에게서 배운 교훈은, 나의 해석이 유효하지 않을 때에는 다시 평가해보고 바르게 고치라는 점이다.

또한 지적하고 싶은 것은 앞서 암시한 대로 손님에 대한 이 교수의 환대이다. 이 교수는 파티 베풀기를 좋아하거나 술을 많이 드시는 분은 결코 아니었다. 그러나 그는 동료와 학생들을 만나 함께 시간 보내는 것을 좋아했다. 그의 누상동 저택은 방문객에게 늘 열려 있었으며, 방문객은 이 교수 부부의 환대를 받았다. 시간이 지난 뒤에도 나는 한국에 가면 언제나 이 교수의 집에서건 시내의 식당에서건 그와 식사하는 시간을 가졌다.

3. 『한국사신론』 번역, 그의 유산

1970년대 말까지만 해도 한국에 관해 영어로 쓰인 책이 거의 없었다. 특히 한국사 교과서가 그러했다. 이 교수가 『한국사신론』을 출판한 것은 1960년대 중반이었는데, 그 책은 한국의 과거를 이해하는 데 새로운 지평을 열어주었다. 나는 이 책을 영어로 번역할 수 있다면 얼마나 좋을까 생각했다. 나는 하버드대학의 와그너 교수와 함께 이 값진 책을 영어로 번역하는 일에 착수했다. 이 영어 번역판이 마침내 출판되기까지는 5년이란 시간이 걸렸거니와, 나는 그러한 노력을 통해 이 교수의 연구와 방대한 역사를 종합하는 그의 능력에 보다 깊은 경의를 품게 되었다.

번역은 지루한 작업이고, 한국에서 영어판을 내고자 하는 노력은 힘겨운 것이었다. 와그너 교수는 수없이 이 교수를 만나 불분명한 용어에 대해 토론하고, 의미를 명확하게 번역하는 일에 대해 논의했으며, 용어가 안고 있는 역사적 의미에 대해 질의하고 응답했다. 한국의 역사가들은 그 자신이 쓰고 있는 역사 용어를 그 의미를 분명하게 하지 않고 쓰는 경향이 있었는데, 그러한 용어가 지니는 역사적 의미를 명확하게 하기 위해 이 교수가 수행한 정리 작업은 기념비적인 것이었다. 그는 그 모든 일을 열정을 가지고, 그리고 철저하게 해냈다.

와그너 교수와 내가 『한국사신론』을 영어로 번역하고자 한 데에는 여러 가지 이유가 있었다. 이 교수가 탁월한 역량을 발휘하여 한국의 과거를 체계적으로 설명했다는 점 말고도, 이 책이 한국사에 대한 새로운 학문적인 성과를 잘 반영했다는 점도 중요한 이유였다. 1960년대에서 1970년대 초에 이르는 시기에는 매년 고고학적인 발견이 이어졌다. 이러한 성과에 힘입어 한국 고대사는 시기를 거듭 거슬러 올라가 서술되기에 이르렀다. 게다가 한국의 구석기시대와 신석기시대에 대한 보다 풍부한 해석이 나타나고 있었다. 청동기시대는, 그 전에는 그 존재 자체가 부정되었는데, 이제 새로운 조명을 받기에 이르렀다. 『한국사신론』은 이러한 시기를 다루기 위해 새로운 장들을 설정했다.

이 교수의 전문 영역은 신라시대와 고려시대이다. 『한국사신론』에서도 그가 전공한 고대사와 중세사의 모습은 자연히 보다 분명하게 서술되었다. 따라서 이 책을 읽는 독자는 비로소 한국의 초기 역사에 대한 훨씬 상세한 이해에 도달할 수 있게 되었다. 조선시대에 대해서는 다른 학자들이 폭넓게 연구했지만, 이 시대의 모습도 이 교수의 탁월한 능력에 힘입어 보다 새로이 생생하게 묘사되어 나타났다. 더욱이 이 교수는 역사 서술의 단락이 지어질 때마다 참고문헌의 목록을 제시함으로써 독자의 보다 깊은 연구를 위해 편의를 제공했다.

또 다른 『한국사신론』의 장점은, 이 교수가 한국의 모든 시대를 망라하여 종합적인 안목에서 이 책을 저술했다는 점이다. 그는 처음부터 왕조사를 쓴 것이 아니고, 한국의 모든 왕조를, 그 왕조 내부의 역동적인 변화를 지배세력의 변화라고 하는 관점에서 이해한 것이다. 그리고 그러한 틀 안에서 그는 단순히 제도사뿐만 아니라 문화적·사상적 발전의 자취도 함께 이해한 것이다. 이 저술을 통해 한국의 역사는 역동적인 변화를 보여주게 되었는데, 그러한 변화는 이전 시대의 제약에서 벗어나는 새로운 시기와, 그리고 과거의 문제와 관심에서 벗어나 등장한 새로운 지배세력을 증언했다.

이 교수는 실증을 중시했다. 최근에 몇몇 학자가 『한국사신론』에 대해 비판적이기도 하지만, 이 책은 시대의 변화라는 맥락에서 이해되어야 마땅하다. 『한국사신론』은 한국의 과거를 보는 새로운 시각을 제시했다. 1960년대 말은 학자들이 한국사를 재발견하는 데 분주했던 시대다. 이 책은 그러한 1960년대 말의 역동성과 낙관론을 반영해주기도 했다. 이러한 많은 이유 때문에 우리는 이 책이 'A New History of Korea(한국의 새로운 역사)'라는 제목으로 번역되어야 한다고 생각했다. 1984년 영어 번역판이 처음 나온 이래로 영어권 독자들은 한국의 역사와 문화를 내다볼 수 있는 새로운 창을 지녀왔다. 이 점에서 이기백은 서양인들에게 커다란 유산을 물려준 셈이다.

4. 기본 문제의 제기, 기본 개념의 소개

최근에 나는 강희웅 교수와 『삼국사기』의 「신라본기」를 영어로 번역하는 일을 마쳤다. 이 번역 작업을 하면서 나는 다시 한 번 신라의 흥기와 팽창을 이해하는 데 있어서 이 교수의 선구적인 연구에 깊은 인상을 받았다. 이 교수는 당대의 학자 가운데 신라에 관한 연구를 가장 활발하게 한 학자이다. 그의 연구는 당대인의 신라사 연구에 기초를 놓았고, 많은 신라사 연구자를 양성하는 데 있어서도 중요한 역할을 수행했다. 또 그는 신라의 제도사와 문화사의 연구방법론을 최초로 말한 학자이기도 하다.

『삼국사기』와 『삼국유사』를 주의 깊게 읽음으로써, 그는 신라의 토대와 성장을 새롭게 통찰하면서 누락된 부분을 채울 수 있었다. 신라사에 관한 그의 논저―『한국고대정치사회사연구』 및 『신라사상사연구』 등―는 아직도 널리 읽히고 있다. 이러한 연구를 통해 그는 신라가 중요한 지배체제를 갖추어가는 과정을 연구했다. 이와 관련하여, 예를 들면 그는 집사성의 성립, 골품제적 사회질서의 확립, 황룡사의 창건, 안압지의 축조 등에 깊은 관심을 기울였다. 오늘날 신라를 심도 있게 연구하려는 학자는, 한국에서건 외국에서건 누구라도 이기백의 선행 연구를 참고하지 않을 수 없다.

나의 전공 분야는 고려사이다. 이 시대의 연구를 위해서도 이 교수의 연구를 확실하게 이해하는 것은 연구자의 의무이다. 『고려병제사연구』는 그의 초기 저술에 속한다. 이 책을 통해 이 교수는 고려시대의 병제를 검토하고 한국의 오랜 무인 전통에 대한 이해도 구해 보고자 했다. 그의 연구는 후진 학자로 하여금 고려시대에 대한 보다 대국적인 안목을 가질 수 있도록 인도했다. 고려사 연구와 관련하여 서로 다른 해석이 대두했을 때도, 그는 물러서지 않고 자신의 견해를 주장했다. 1970년대 중반 연구자들이 고려사회를 귀족제 사회로 보는 견해와 관료제 사회로 보는 견해를 놓고 둘로 갈려 논쟁을 벌였다. 이 교수는 관료제 사회설에 반대하고 귀족제 사회설을 지지했다. 그는 그 뒤 「고려 귀족사회의 형성」이라는 긴 논문을 써서 자신의 주장을 다시 확인했다.

서양에는 신라와 고려를 연구하는 학자가 몇 명 되지 않지만, 그들의 연구에서 이 교수의 관련 업적을 참고하고 인용하지 않을 수는 없을 것이다. 이 교수는 연구를 통해 한국사 연구자가 아직도 씨름하고 있는 기본적인 문제를 제기했고, 일반 학생들에게는 한국사에 관한 기본적인 개념을 소개했다.

5. 교사, 스승, 친구였던 분

이기백 교수는 한국사를 연구하는 후진 학자들을 진지하게 안내하고자 했다. 이 점에서 그는 많은 이에게 스승이었다. 많은 이에게 그는 이해를 위한 새로운 문을 열어주고 과거를 보는 보다 명료한 창을 제공해준 학자였다. 한국사 개설 시간에 그가 가르친 학부학생들에게는 한국의 역사적 실체를 재확립하고 오랜 동안의 일제 통치와 전쟁으로 흐려진 한국 역사의 이미지를 닦아놓은 학자였다는 점에서 존경의 대상이었다. 그의 지도로 공부할 수 있는 특권을 누린 우리 모두에게 그는 교사였고, 스승이었으며, 또한 친구이기도 했다. 그는 새로운 저작이 출판되면 겸손하게 우리를 학형이라고 부르며 책을 보내주곤 했다. 이것은 그가 우리 모두에게 줄 수 있었던 가장 큰 영예였다.

이기백 선생의 학술學術 봉사활동

민현구

1. 머리말

이기백李基白 선생은 20세기 후반기의 한국사학韓國史學을 이끈 대표적 역사가歷史家 가운데 한 분이다. 해방 이후 배출된 제1세대의 한국사학자로서 고대古代와 고려시대高麗時代를 대상으로 독창적 연구 성과를 거두어 수많은 논저論著를 내는 동시에 한국사의 체계화에 힘써 『한국사신론韓國史新論』이라는 명저名著를 저술 출간하였다. 선생의 방대하고 두드러진 연구 업적은

민현구閔賢九(고려대학교 명예교수)

저서로는 『朝鮮初期의 軍事制度와 政治』(한국연구원, 1983), 『高麗政治史論』(고려대학교 출판부, 2004), 『한국중세사산책』(일지사, 2005), 『韓國史學의 성과와 전망』(고려대학교 출판부, 2006) 등이 있고, 편저로는 『史料로 본 韓國文化史』 고려편(공편저, 일지사, 1984)이 있으며, 역주로는 『譯註經國大典』(공역주, 한국정신문화연구원, 1985·1986)이 있다. 그 밖에 「辛旽의 執權과 그 政治的 性格」上·下(『역사학보』 38·40 합집, 1968), 「白文寶硏究」(『東洋學』 17, 1987), 「고려에서 조선으로의 왕조교체를 어떻게 이해할 것인가」(『한국사 시민강좌』 35, 2004) 등 주로 고려사에 대한 많은 논문이 있다.

근래 16책으로 완간된 『이기백한국사학논집李基白韓國史學論集』 속에 응축되었다.

선생은 연구와 저술 이외에 교육자, 스승으로서 강의와 학생 지도에도 각별한 정성을 쏟았다. 40여 년에 걸친 교수생활을 성실로 일관함으로써 학생들에게 깊은 인상을 심어주었다. 특히 서울대에서 강의를 시작해, 이화여대梨花女大 교수로 취임했다가 서강대西江大에서 오래 재임하고 한림대翰林大에서 교수직을 마칠 때까지 한국사를 전공하는 수많은 후학後學 제자들을 훌륭히 지도 육성하여 유수한 한국사 연구자 다수를 배출시킨 것은 한국사학에 대한 선생의 또 다른 공헌이다.

이기백 선생은 그 밖에 학술관련 활동으로서 학회學會의 운영을 맡아 헌신하였고, 대학 연구소 업무에도 적극 참여하였으며, 만년에는 『한국사 시민강좌』를 창간해 한국사의 대중화에 힘을 쏟았다. 이처럼 연구와 저술뿐만 아니라 학문, 즉 한국사학과 관련된 저변의 업무를 성실히 수행하고, 연구 성과의 사회적 확산에 정성을 기울였던 것도 선생이 지닌 중요한 모습이다.

나는 대학생으로서 선생과 강의실에서 첫 대면을 한 이후 40여 년간 깊은 학은學恩을 입으며 가까이 모시는 행운을 누렸다. 많은 가르침과 커다란 배려에 대한 추억과 소회가 많지만, 앞서 얘기한 선생의 학술 봉사활동을 지근거리至近距離에서 지켜보면서, 또 나 자신이 참여하거나 도와드리면서 느끼고 깨달은 바도 적지 않았다. 그러므로 선생의 이 방면 활동에 대해 그 중요성을 일깨우며 실상을 추적하는 것도 중요한 일이고, 상당 부분 직접 목도한 나의 진솔한 기술이 어느 정도 의미를 지니리라는 생각에서 이 글을 쓰게 되었다. 나의 견문과 직접 들었던 선생의 말씀, 그리고 관련 기록에 입각해 기술하되 객관성을 지니도록 노력할 것이다.

2. 학술연구단체의 운영과 봉사

(1) 고려사연구회高麗史研究會의 결성

이기백 선생은 1958년 4월 이화여대 사학과史學科에서 교수생활을 시작했다. 일본 와세다대학早稻田大學 사학과 재학 중 징병을 당했다가 해방으로 풀려나 신생 서울대학교 사학과를 제1회로 졸업하였고, 그 후 중학교 교사, 6·25전란 때는 육사 교수로 근무한 끝에 34세의 나이에 안정된 연구직을 얻을 수 있게 된 것이다. 그 후 한국고대사와 고려 병제兵制를 중심으로 많은 논문을 발표하였다. 그러다가 1963년 11월 강진철姜晉哲, 김성준金成俊, 이우성李佑成 교수와 '고려사연구회高麗史研究會'를 결성하였고, 이 학술 모임은 약 6년간 지속하였다.

6·25전란으로 크게 위축되었던 한국사학은 다시 살아나 1960년대에 이르러 점차 활기를 띠게 되었다. 당시 고려시대 연구는 고대사나 조선시대 연구에 비해 학문적 관심이 뒤졌고, 그에 대한 반성의 기운이 싹터서 1961년 한국사학회는 특별히 '고려사회高麗社會의 성격性格'이란 주제의 학술회의를 열어 주의를 환기시킨 바 있다. 또 이 무렵 일본 하타다 다카시旗田巍 교수의 고려사회에 대한 신선한 연구 성과가 국내 학계에 자극을 주기도 하였다. 이런 여건 아래, 고려 병제사兵制史 연구를 축적했던 이기백 선생은 고려시대 연구에 관심이 컸던 세 분과 규합하였던 것이다. 강진철 교수는 군인전軍人田을 중심으로 고려토지제도高麗土地制度를 연구하였고, 김성준 교수는 기인其人·향리鄕吏·정방政房과 관련해 고려 인사제도人事制度를 고찰하였으며, 이우성 교수는 사대부士大夫의 기원起源을 찾아 고려 사회계층을 추적하였다. 이때 4인이 '고려사연구회'로 묶일 수 있었던 데에는 미국 하버드-옌칭 연구소Harvard-Yenching Institute의 연구비 지급도 영향을 끼쳤는데, 그 일을

이 선생이 주선하였다.

이 연구회는 회원 4인의 『고려사高麗史』 강독 모임이었다. 강진철·이우성 교수가 식화지食貨志를, 김성준 교수가 선거지選擧志를, 이기백 선생이 병지兵志를 맡아 격주로 토요일 오후에 모여서 약 3시간 동안 윤번으로 각자가 준비한 부분의 한문漢文 원문原文을 먼저 읽고, 이어서 번역飜譯과 주해註解의 원고를 읽어 내려가는 방식으로 진행되었다. 번역도 그러하지만, 특히 주해를 둘러싸고 날카롭고 열띤 토론이 자주 벌어졌는데, 그 장면들이 실상 이 연구모임의 진수였다. 약 6년에 걸친 연구 토론의 성과로 이 선생의 『고려사高麗史 병지兵志 역주譯註 (1)』(고려사연구회, 1969)가 나왔고, 김성준 교수도 뒤에 「고려사高麗史 선거지選擧志 전주銓注 역주譯註」를 수차례에 걸쳐 학술잡지에 실었다.

나는 이기백 선생의 권유로 이 모임에 출석하였다. 1961년 1학기에 서울대학교 문리과대학 사학과에서 선생의 '한국중세사韓國中世史' 강의를 수강하면서부터 지도와 조언을 받았는데, 군복무를 마치고 대학원에 복학한 뒤인 1967년 봄부터 본격적으로 고려사연구회에 나갈 수 있었다. 김윤곤金潤坤·하현강河炫鋼·김광수金光洙 씨 등도 함께 방청하였다. 약 2년간 여기에서 나는 한국사학의 현주소, 고려시대의 다양한 문제점, 성실하고 날카로우면서도 겸허했던 네 분 선학先學들의 학문적 자세 등을 중심으로 많은 것을 느끼고 배웠다. 공동연구의 장으로서의 '고려사연구회'는 그 자체 뜻깊은 모임이었고, 그 모임을 주선하고 이끈 이 선생의 노고勞苦와 배려는 잊을 수 없는 것이었다.

(2) 역사학회歷史學會의 존속과 발전을 위하여

이기백 선생은 1963년 9월 서강대 사학과 교수로 부임하였다. 정예精銳의 신흥대학新興大學으로 발돋움하며 우수 교수 초빙에 적극적이었던 이 대학은 특히 탄탄한 사학과 교수진敎授陣으로 주목받고 있었다. 이 선생으로서는 좋은 연구여건에 대한 매력과 새롭게 훌륭한 사학과를 키우겠다는 의욕이 함께 작용한 결과, 직장을 옮기는 중대한 결정을 내렸을 것이다. 실제로 그로부터 22년에 걸쳐 이 대학에 봉직하는 동안 선생은 뛰어난 연구 성과를 발표하고, 많은 제자를 양성하면서 서강대 사학과의 발전에 크게 기여하였다. 학술연구단체에 대한 봉사활동도 대부분 이 시기에 이루어졌는데, 앞서 말한 '고려사연구회'도 기획과 준비 단계를 거쳐 구체적 활동을 시작한 것은 이 대학에 부임한 직후였다.

이기백 선생은 1967년 3월 역사학회歷史學會 대표간사代表幹事로 선임되어 2년간 일하였다. 앞서 미국 하버드-엔칭 연구소에 1년간 연구교수로 초빙되어 종전의 『국사신론國史新論』을 새롭게 『한국사신론韓國史新論』으로 고쳐 쓰는 일을 마치고 1967년 2월에 귀국한 지 오래지 않아 중책을 맡은 것이다. 역사학회는 6·25전란 중 부산에서 설립된 역사학 분야의 중추적 학회로서, 선생은 삼국시대三國時代 불교전래佛敎傳來 문제를 다룬 첫 논문을 비롯해 많은 논문을 이 학회에서 발간하는 『역사학보歷史學報』에 실은 바 있고, 또 상임간사로서 학회 업무를 맡아보기도 하였다. 이제 한국사학의 중진학자로서 역사학계의 중심에서 활동하게 된 셈이지만, 실상 이 선생은 6년 뒤에 다시 대표직에 중임되어 역사학회를 전후前後 4년간 이끌어나감으로써 업적을 남긴 것이다.

이기백 선생이 책임을 맡아 일하는 동안 『역사학보』에 몇 가지 변화가 있었다. 우선 1967년부터 연 4회 발간이 정착되었다. 그동안 오래 소망해온 연 4회 발간의 목표에 도달해 이 선생 재임 2년간 학보 8책이 나오고, 그 이후 그대로 지켜짐으로써 정기간행 학술잡지로서의 지위를 굳힐 수 있게 되었다.

그리고 〈회고回顧와 전망展望〉특집의 전통이 처음 세워졌다. 이 시기의 『역사학보』 제39집이 〈(19)67년도 회고와 전망〉특집으로 꾸며져 한국사韓國史・서양사東洋史・동양사西洋史 각 분야의 비평 논문 총 17편이 게재되었다. 이로부터 한국 역사학이 『역사학보』를 통해 기왕의 연구 성과를 소개 평가하고 앞으로의 과제를 전망하는 전통을 지니게 된 것이다.

이 무렵 이기백 선생은 역사학회의 존속 문제와 관련해 어려운 입장에서 힘겨운 노력을 기울였다. 1967년 12월 한국사연구회韓國史研究會가 창립될 때 선생은 그 취지에 흔쾌히 찬동했다. 이미 서양사학회西洋史學會와 동양사학회東洋史學會가 세워져 활동하는 상태에서 종합적인 역사학회歷史學會와 별도의 한국사韓國史 분야학회를 세우는 일은 타당하다고 본 것이다. 그러나 새학회의 창립을 주도하는 쪽에서는, 현실적으로 『역사학보』에 실리는 논문 대다수가 한국사 분야의 것이란 점에 비추어 한국사 연구역량을 집중시킨다는 취지에서 역사학회의 활동을 중지하고 그쪽으로 합류하는 것이 바람직하다는 입장을 취하였다. 결국 선생은 한국사연구회 참여의사를 번복하고, 여러 가지 어려움을 극복하면서 역사학회 업무에 더욱 힘썼다.

이기백 선생이 두 번째로 대표직을 맡았을 때 역사학회의 사정은 좋지 않았다. 학보에 게재할 논문의 투고 상황이 저조하였고, 학회 재정은 거의 고갈된 형편이었는데, 그동안 큰 도움이 되었던 미국 하버드－엔칭 연구소의 재정적 지원이 직전에 중단되었던 것이다. 선생이 여러모로 노력하여 논문은 서양사와 미술사 쪽에서 수준 높은 것들이 실리게 되었고, 재정 문제는 역사학회가 학보 발간으로 역사학 발전에 공헌한 점을 인정받아 중앙문화대상中央文化大賞을 받음으로써 어느 정도 해결되었다. 당시 얼마나 힘든 여건 아래 학회를 이끌었는가는 『역사학보』 제72집(1976년 12월) 〈회고와 전망〉란 한국사 분야의 6항목 가운데 총설, 고대사, 조선후기의 3항목 필자가 모두 이기백 선생인 점으로도 추찰할 수 있다.

선생은 뒤에도 종생토록 역사학회를 위해 헌신하였다. 자주 논문을 투고했고, 월례발표회에는 어김없이 참석하였다. 역사학회 창립 30주년을 기념하는 자리에서 "학문이란 학회를 중심으로 성장 발전하는 것"이요, 학회의 임원은 "심부름꾼이라는 의식으로" 일해야 한다는 견해를 피력하고, "학문의 독립을 지켜나감으로써 역사학회는 오늘의 우리나라 학계의 등대요 소금이어야 한다"는 소신을 밝혔다.

나는 1968년에 석사학위논문을 『역사학보』에 게재함으로써 당시 학회를 이끌던 선생과 더욱 친숙해졌고 선생의 추천으로 〈회고와 전망〉의 집필도 여러 번 맡았다. 전남대全南大에 취직했다가 국민대國民大로 전임된 직후인 1977년부터 나는 이기백 선생에 뒤이어 역사학회 대표직을 맡아 헌신한 이광린李光麟 교수 아래에서 총무간사로 2년간 일했는데, 그때 학회에 배어 있는 선생의 노고를 엿볼 수 있었다. 1998년 8월에 내가 회장으로서 역사학회 특별 심포지엄 기조발표를 부탁드렸을 때, 이 선생은 병환 중임에도 불구하고 기꺼이 수락해 교외의 회의장에까지 원행遠行하여 소임을 다하였는데, 이것이 역사학회 행사에 마지막으로 참석한 것이 되고 말았다.

(3) 진단학회震檀學會 대표로서의 진취적 노력

이기백 선생은 1972년 3월부터 2년간 진단학회震檀學會 대표간사직을 맡아 활동하였다. 1934년에 창설된 유서 깊은 이 학회는 1960년대 『한국사韓國史』 7책의 완간을 절정으로 그 후 침체의 늪에 빠져 있었다. 이병도李丙燾 박사를 위시한 노학자老學者들이 운영을 주도하는 체제였는데, 그들과 함께 학회도 노쇠해서 『진단학보震檀學報』 제32호가 1969년 12월에 간행되었으나 다음 호는 수년째 나오지 못하는 형편이었다.

그러다가 1972년 4월 진단학회는 이기백 선생을 대표간사로 하는 새 임원진을 구성하고, 수개월 뒤에 『진단학보』 제33호를 간행하였는데, 그때부터 학보는 새로운 모습으로 되살아났다. 이때의 진단학회 개편은 이미 편집위원으로 학회에 간여한 바 있는 이기백 선생이 이병도·김재원金載元·이숭녕李崇寧 박사 등 원로를 설득한 결과였다. 한국 인문학의 효시라 할 진단학회에 활력을 불어넣기 위해 그 조직을 이원화二元化하여 이병도 박사가 평의원회評議員會 의장議長으로서 대외적으로 학회를 대표하고 자신은 실무를 맡는 대내적인 운영책임자가 된 것이다.

이기백 선생이 진단학회 대표간사로 2년간 재임하는 동안 나타난 변화로서 먼저 『진단학보』가 매년 두 번씩, 6월과 12월에 간행됨으로써 정기 학술잡지로 확립되었다는 점을 들 수 있다. 한동안 두껍게 부정기적으로 나오다가 그나마 수년째 미간未刊이던 잡지가 200면面 안팎으로 편집되어 되살아나는 동시에 정기적 간행이 정착된 것이다. 다음으로 학보를 구독회원제로 운영하여 많은 사람이 쉽게 구입할 수 있게 되었고, 이것은 진단학회 회원의 확충으로 이어졌다. 이러한 학회의 개방화는 많은 사람의 참여를 유도해 그 저변의 확대로 이어졌고, 자연히 많은 젊은 학자가 논문을 게재하기에 이르렀는데, 이것은 이 선생을 필두로 한 새 임원진의 진취적 노력의 결과로써 학회에 큰 활력을 불어넣었다.

그리고 진단학회의 특별 학술행사로서 '한국고전심포지엄'이 시작되었다. 1973년 3월 '삼국유사의 종합적 검토'라는 주제로 열린 이 행사는 주요 한국 고전을 내세워 역사, 어문학, 민속 등 각 분야의 연구자가 함께 발표와 토론을 벌이는 것으로서, 진단학회의 종합성을 살려 고전을 학제적學際的으로 고찰한다는 점에서 큰 주목을 받았다. 이때 시작된 '한국고전심포지엄'은 지금껏 매년 빠짐없이 진행되고 있으며, 그 내용은 학보에 그대로 실린다.

이기백 선생은 대표간사직에서 물러난 뒤에도 진단학회에 깊은 관심을 갖고 종생토록 도움을 주었다. 여러 차례 논문을 투고했고, 학술행사에도 자주 참가하였다. 진단학회 창립 60주년을 기념하는 행사 때에는 기념 강연을 통해 한국의 역사와 문화 속에 내재內在한 보편성에 주의를 환기시켰다. 선생은 진단학회의 원로를 대표하는 두계학술상斗溪學術賞 운영위원장運營委員長 직을 지닌 채 별세하였다.

나는 선생이 진단학회 대표간사로 재임할 때 그 추천으로 고려高麗 불교佛敎와 무신정권武臣政權의 관계를 고찰한 논문을 게재함으로써 학회와 인연을 맺었고, 그 후 논문 게재와 심포지엄 참가 등으로 관계를 이어갔다. 그러다가 대표간사 및 회장으로 4년간 일하였는데, 그때마다 선생은 전폭적인 도움을 주었다. 특히 1991년 8월 목포木浦에서 국제학술회의를 개최하였을 때, 이기백 선생은 한우근韓㳓劤, 전해종全海宗, 고병익高柄翊, 이광린, 황원구黃元九, 강신항姜信沆, 김완진金完鎭 등 원로학자들과 함께 참가하여 사회자의 소임을 맡아 그 행사의 진행을 적극 후원한 바 있다.

3. 대학 연구기관에의 적극적 참여와 활동

(1) 서강대 인문과학연구소人文科學硏究所의 창설과 운영

이기백 선생은 서강대 교수로 부임한 후 4년이 지난 1967년 9월에 이 대학 부속기관으로 인문과학연구소人文科學硏究所가 설치되면서 그 소장직을 맡았다. 개교 당시 사학과를 비롯해 철학과와 영문학과가 있었고, 뒤이어 독문학과와 국문학과가 증설되면서 인문학 교수진이 강화되자 인문과학연구소가 설치되었고, 한국사학자로서 명망을 쌓아가던 이 선생이 그 운영을 맡았던 것이지만, 사학史學을 앞세워 이 대학을 인문학人文學 연구의 중심으로 키우려는 선생 자신의 뜻이 연구소의 설립에 적지 않게 작용하였다. 선생은 평생 토록 평교수로서 일체 대학의 보직補職을 사양하면서도 연구소장직은 마다 하지 않았는데, 실제로 이 연구소가 초창기의 기틀을 마련하는 데 큰 힘을 쏟 았다.

그러나 대학이 세워진 지 오래지 않은데다가 별다른 재정적 지원이 뒤따르 지 않는 상태에서 새 연구소를 이끄는 일은 쉽지 않았다. 그러한 가운데 이기 백 선생은 주목받을 학술서를 연구소 명의의 인문연구 전간專刊으로 세상에 내놓음으로써 그 존재를 드러낼 수 있다고 생각하여 자신의 연구서인『고려 병제사연구高麗兵制史硏究』를 1968년 6월에 그 전간 제1집으로 출간했는데, 『한국사신론』을 발행한 일조각一潮閣과 협의해서 거기에서 냈다. 뒤이어 다 음 해에 이광린 교수의『한국개화사연구韓國開化史硏究』를 전간 제2집으로 냈다. 위의 두 책은 독창성이 높고 내용이 견실한 우수한 학술연구서로서 한 국사학의 수준 향상에 기여하였다. 이 책들의 출간으로 서강대와 인문과학 연구소는 그 존재를 더욱 드러내게 되었다.

이기백 선생은 연구소의 내실을 다지면서도 별도의 독자적 학술잡지의 간 행은 시도하지 않았다. 학계의 전반적 사정과 당시 서강대의 상황을 고려할 때 수준 높은 학술잡지를 내는 일이 결코 쉽지 않고 바람직하지도 않다는 현 명한 판단을 내린 결과였다고 여겨진다. 이 선생은 약 3년간 일한 뒤에 인문 과학연구소장직에서 물러났지만, 그 후 연구소는 점차 크게 성장하였다. 그 리고 선생은 이 시기 서강대 도서관이 충실한 한국학 관련 장서를 갖추도록 각별한 관심을 기울였고, 특히 대학원에 사학과가 설치되도록 힘썼으며, 뒤 에는 대학원 강의와 학생지도에 열熱과 성誠을 바쳤다.

나는 앞서 말한 대로 '고려사연구회'와 관련해 이 무렵 선생을 뵐 기회 가 많았고, 서강대 연구실에서 이광린 교수를 처음 만나 인사를 드린 적이 있으며, 서강대 인문과학연구소에서 당시 하버드대 대학원생으로서 학위논문을 준비 중이던 유영익柳永益 간사와도 상면하였다. 『고려병제사연구』 출간 때에는 교정校正을 도와드려 그 책 서序에 내 이름이 오르기도 했다. 이 선생이 서강대 인문과학연구소를 맡아 운영하던 시기는 역사학회 대표간사로 일하던 시기와 상당 부분 겹치는데, 이렇듯 선생은 학회와 대학에서 두루 학술 봉사활동에 큰 힘을 쏟았다.

(2) 한림대 한림과학원翰林科學院 역사학歷史學 연구 책임자로서

이기백 선생은 오랜 동안의 서강대 근무를 마감하고 1985년 3월에 춘천春川의 한림대 사학과 교수로 부임하였다. 지방 명문사학의 건립을 목표로 많은 중진重鎭 원로元老 교수를 초빙해 화제를 뿌린 이 대학에 환력還曆을 갓 지난 이 선생이 종신교수終身敎授직 대우를 약속받고 옮겨 온 것이다. 50대 중반에 만성간염의 지병을 얻어 다소 지친 상태에 놓인 선생은 조용한 지방의 대학에서 노후의 보장을 받고 낙향의 여유를 맛보면서 만년의 연구생활을 마무리 짓고 싶었을 것이다. 하지만 내심 신생新生 대학에 다시금 연구 중심의 사학과와 연구소를 새로 세우고자 하는 의욕도 상당한 작용을 하였을 것이다.

이기백 선생의 한림대 교수생활은 약 14년간 계속되었다. 정확히 얘기하면, 처음 만 70세까지의 10년간은 사학과 교수로서, 1995년 3월부터 1998년 8월까지는 한림과학원翰林科學院 객원교수로 재임하였는데, 건강상태가 나빠져 강의가 힘들어지자 종신교수의 자리를 사퇴하고 아주 물러났다. 그동안 대학이 제공한 춘천 아파트에 매주 2, 3일씩 사모님과 머물면서 교수로서의 소임을 수행하였다. 이 시기에도 대학원생을 지도하여 수 명의 박사를 배출하였다.

이기백 선생은 1990년 1월 한림대에 한림과학원이 설립됨에 따라 이 연구기관을 통해 새로운 학술활동을 펼쳤다. 그에 앞서 이 대학 설립자로서 평소 학문의 사명과 학술 진흥에 크게 유의했던 윤덕선尹德善 이사장이 이 선생에게 한국 청년의 올바른 역사관 수립과 관련해 한국사 연구에 대한 특별한 관심과 지원 의사를 나타낸 바가 있었다. 이에 인문·사회 분야 학문 연구의 본산으로 한림과학원이 세워져 이사장이 직접 운영위원장으로 재정적 지원을 맡게 되면서 이 선생은 그 운영위원으로서, 또는 역사학 연구부장으로서 적극 참여하게 되었고, 구체적으로 한국사연구 프로젝트 책임자가 되어 한국사의 체계화를 위한 쟁점爭點 중심의 많은 연구를 진행시킬 수 있었다.

한림과학원에서 이기백 선생이 기획하여 그 책임 아래 공동연구로 진행 출간된 책은 6책에 달하거니와 그중 4책은 선생이 공동 저자이다. 연구 기획과 진행 성과를 중심으로 몇 가지 특징을 살피면, 우선 한국사상韓國史上 중요한 공통의 관심사를 문제로 삼았다는 점으로, 사관史觀, 사회발전, 정치형태, 시대구분, 역사교육 등이 다루어졌다. 다음으로 공동 연구 참가자 대다수를 한림대 바깥의 전국 대학에서 널리 찾아 연구를 진행케 함으로써 수준 높은 성과를 거두도록 하였다. 그리고 일단 연구가 끝나면, 그 주제의 연구 참가자들뿐 아니라 연관이 있는 동양사·서양사 분야 학자들까지 포함되는 비평자批評者 다수가 참석하여 이 선생 주재主宰 아래 토론회를 온종일 열고 그 속기록을 책에 실음으로써 연구서의 충실을 기하도록 했다. 또한 연구 참가자들에게는 최고 수준의 연구비를 지급해 우대하였다.

이와 같은 한림과학원 주관의 한국사 분야 주요 쟁점 연구는 전국의 사학자 다수가 참여하여 큰 반향을 일으켰고, 특히 공동 연구방법의 진전이라는 점에서 주목을 받았다. 이기백 선생은 이처럼 한림과학원을 토대로 약 10년간 만년의 학술 봉사활동을 알차게 전개하였는데, 당시 고려대에 재직 중이던 나는 비평자로서 또는 이 선생이 간접적으로 간여하는 프로젝트에 공동

연구자로 참여하여 이 선생의 활동을 엿볼 수 있었다.

4. 역사교양잡지 『한국사 시민강좌』의 창간과 책임편집

이기백 선생의 책임편집으로 『한국사 시민강좌』 제1집이 1987년 8월 일조각 발행으로 세상에 모습을 드러냈다. 한림대로 전임한 후 약 2년 뒤의 일인데, 이 선생은 이로부터 별세하기까지 17년간 이 역사교양잡지의 편집 간행에 큰 힘을 기울였다. 특히 한림대를 아주 그만둔 뒤 6년간은 지병의 악화로 건강상태가 좋지 않았음에도 불구하고 이 잡지에 매달려 제35집까지 선생의 책임편집으로 출간될 수 있었다. 이 선생은 60대 중반 이후의 만년을 『한국사 시민강좌』를 통한 한국사 대중화 운동에 바쳤다고 말할 수 있다.

이기백 선생은 원래 학문이란 진리를 탐구하여 사회를 밝히는 등불이 되는 것이요, 한국사학의 중요한 사명은 역사의 진실을 밝혀 그 성과를 일반 시민과 공유해 건실한 사회를 이룩하는 데 있다고 생각하였다. 이러한 입장에서 일반 교양인을 상대로 많은 사론史論을 썼다. 그런데 군부정권軍部政權 아래 민족民族을 내세워 역사를 왜곡하고, 민중사학民衆史學을 주창해 정당한 역사 인식을 저해하는 현상이 나타나 혼란이 커지자 선생은 한국사학이 위기에 처한 것으로 진단하고, 그럴수록 일반 시민에게 성실한 연구 성과를 기초로 올바른 역사 지식을 전달하는 일이 매우 긴요하다고 생각하였다. 이러한 배경 아래 『한국사 시민강좌』 창간이 추진되었다.

1987년 3월경 이기백 선생은 가까운 후학·제자인 유영익柳永益·민현구閔賢九·이기동李基東·이태진李泰鎭·홍승기洪承基 교수를 편집위원으로 삼아 책임편집을 맡는 선생과 편집진編輯陣을 갖춘 후, 곧 창간 작업에 들어갔다. 『한국사 시민강좌』라는 책명, 중요한 쟁점을 특집으로 꾸미고 '연구생활의 회고', '역사학강의' 등의 고정란을 두는 편집체재, 연 2회의 정기적 간행 등 주요사항은 대부분 선생이 이미 구상한 바에 따랐고, 원고료 등 필요한 자금도 선생의 지원금으로 충당토록 하였다. 제1집의 특집 주제인 '식민주의사관 비판'과 제2집의 '고조선의 제문제諸問題'도 선생이 구상한 것이었다. 출판사는 당연히 선생과 인연이 깊은 일조각으로 정해졌다. 편집위원들은 당시 한국사학의 혼돈상에 비추어 이 잡지 발간의 중요성에 십분 공감하면서도 그 성공 여부를 예측하기 어려운 상황에서 조심스럽게 선생을 도와드린다는 입장을 취하였다.

그러나 잡지가 나오자 반응은 뜨거웠다. 당시 군부정권의 무거운 분위기가 가시지 않은 가운데 한국사의 절실한 쟁점을 문제로 삼아 진지하게 다루면서 서양사학자의 글을 통해 민족주의 사학과 민족문화를 감싸던 국수주의적·폐쇄적 경향을 비판한 것이 상당한 호응을 받았던 것 같다. 물론 양식 있는 한국사학자로서 명성이 높은 이기백 선생이 책임편집을 맡은 믿을 만한 읽을거리였다는 점이 독자들에게 쉽게 다가서게 했을 것이다. 기대 이상으로 판매 실적이 양호하였고, 그에 따라 편집회의는 고무된 분위기에서 진행될 수 있었는데, 이러한 상태가 상당 기간 계속되었다.

이기백 선생은 3개월에 한 번씩 열리는 편집회의를 주재하면서 항상 유쾌하게 말씀하였다. 매번 일요일 저녁 6시에 모여 먼저 식사하면서 환담을 나누고 뒤에 회의를 했는데, 3월과 9월에는 바로 직전에 나온 잡지를 평가하고, 다음다음 호의 특집주제를 논의 결정하였다. 그것은 편집위원들에게 쟁점사항 5개 이상씩 제출케 해서 이 선생이 자신의 것과 종합하여 수기手記로 정리해 각자에게 나누어준 일람표 가운데에서 선택하는 방식을 취하였다. 6월과 12월의 편집회의 때는 먼저 수집된 원고를 확인 검토한 다음, 이미 결정된 특집주제의 세부내용을 확정 짓고, 그 밖의 고정된 난의 내용도 확정 지으면서 필자 선정 작업을 진행하였다. 항상 6월과 12월의 편집회의가 오래 걸렸다.

『한국사 시민강좌』의 책임편집을 맡은 이기백 선생은 투고된 모든 글을 읽었다. 내용은 필자가 책임질 사항이지만 글 속에 논지의 전개상 문제가 있거나 사실의 착오가 있을 경우, 필자에게 직접 시정을 요구하였다. 선생은 모든 글을 읽고 그것을 정리해 잡지 첫 장의 '독자에게 드리는 글' 속에 함축시켜 읽는 사람에게 도움이 되게 하였다.

『한국사 시민강좌』가 창간된 지 15년이 지나 제31집이 나올 때부터 편집위원이 차례로 편집을 맡았다. 선생의 건강이 더욱 나빠져 편집을 전담하기 어렵게 된 때문이다. 그러다가 다시 2년이 지나 나온 제35집은 표지에는 '책임편집 이기백'으로 되어 있지만, '독자에게 드리는 글' 말미에 선생의 '6월 2일 별세' 사실을 싣고 있다. 그 내막을 살피면, 그동안 선생의 지병이 간암으로 바뀌면서 건강상태가 악화되어 2004년에 접어들자 병세가 깊어지면서 출입이 부담스럽게 되었다. 그러나 선생은 3월 초순 복수腹水가 가득한 위중한 병구病軀를 이끌고『한국사 시민강좌』제35집 편집회의에 참석해 편집과 간행에 대한 사항을 획정劃定해 '책임편집'의 소임을 다했고, 그 직후 입원하여 투병하다가 이 책의 발간 전에 별세하였던 것이다. 이기백 선생은 이렇게 최후까지『한국사 시민강좌』에 정성을 쏟다가 생애를 마감하였다.

나는『한국사 시민강좌』의 탄생을 지켜보면서 앞서 얘기한 대로 편집위원으로 선생을 도왔다. 이 잡지에 커다란 열정을 쏟는 만큼, 선생은 그에 대해 매우 자랑스럽고 보람되게 여겼다. 선생이 별세한 다음 다른 편집위원과 함께 유지遺志를 받들어『한국사 시민강좌』를 계속 발간하는 동안, 나는 이 잡지가 "세상의 빛과 소금의 구실을 충분히 감당하도록 노력"하라는 당부를 잊지 않았다. 그리고 평생 한국사 연구에 진력하는 동시에 한국사학을 뒷받침하는 학술 봉사활동에―『한국사 시민강좌』를 통한 한국사 대중화 운동을 포함해 — 온갖 정성을 다했다는 양면兩面을 충분히 이해함으로써 이기백 선생의 진면목에 다가갈 수 있다는 점을 확신하게 되었다.

5. 맺음말

이기백 선생은 한국사의 연구와 저술을 떠나서 학회·연구소의 창설 육성과 교양잡지의 창간 편집에도 큰 힘을 기울였다. 구체적으로 고려사연구회, 역사학회, 진단학회 등 대소의 연구단체에 간여하고, 서강대와 한림대의 연구기관과 관련을 맺으며『한국사 시민강좌』를 창간해 책임편집을 맡는 등 다양한 학술 봉사활동을 벌여 큰 족적을 남겼다. 이 방면의 활동은 한국사학자로서의 이 선생이 지닌 또 다른 모습을 보여준다고 할 수 있다.

이러한 학술 봉사활동을 통해 이기백 선생은 한국사학의 기초를 굳히고 저변을 넓히는 데 크게 기여할 수 있었다. 특히『역사학보』를 가꾸고 키워서 정기간행물로 자리 잡아 한국을 대표하는 국제적 학술잡지로 발전할 수 있게 하였고, 유서 깊은 진단학회를 소생시켜『진단학보』가 정기적으로 간행되어 한국학 각 분야의 종합 학술잡지로 자리 잡아 의미 있는 학술행사를 열 수 있게 하였다. 또한 서강대에 인문과학연구소를 출범시켰고, 한림대의 한림과학원이 쟁점 중심의 한국사연구를 수행케 하였다. 이러한 점들은 한국사학을 키우고 발전시키는 기초를 닦는 뜻깊은 일이었다.

선생이『한국사 시민강좌』창간을 통해 벌인 한국사 대중화 운동도 직접적 연구 못지않게 중요한 의미를 지닌다. 학문의 연구가 사회적 의미를 외면할 수 없듯이 한국사 연구도 궁극적으로는 역사의 주인공인 시민과의 유대를 떠나 존재의미를 찾기 어렵고, 그렇기 때문에 전문적 연구 성과는 사회와의 소통을 필요로 하는데, 바로 그것을 겨냥한 역사교양잡지로서의『한국사 시민강좌』를 간행해 한국사의 대중화 운동을 펼쳤던 것이다.

　나는 오랜 동안 이기백 선생을 가까이에서 관찰하면서 선생의 학술 봉사활동이 철저히 봉사 정신에 입각해 이루어지고 있음을 확인할 수 있었다. 학회의 임원은 '심부름꾼'이요, 그 활동은 '봉공정신'에 따라야 한다는 주장이 그대로 실천되었던 것이다. 수많은 학회 또는 연구소에서의 활동을 통해 선생이 보여준 모습은 근면, 성실, 겸손이었다. 그렇기 때문에 선생의 학술 봉사활동은 원활하게 이루어져 큰 성과를 얻을 수 있었고, 이 점은 한국사학의 발전을 이해하는 데 결코 놓칠 수 없는 대목이라고 나는 굳게 믿는다.

　참고 삼아 지금껏 발표된 이기백 선생에 대한 연구 논저를 부기해 둔다.

참고 문헌

金塘澤, 「李基白史學을 통해 본 韓國史의 民族問題 서술방향」, 『歷史學報』 190, 2006.

김기봉, 「"모든 시대는 진리에 직결되어 있다"―한국 역사학의 랑케, 이기백」, 『제49회 전국역사학대회발표문』, 2006.

김용선, 「이기백의 저술과 역사연구」, 『고병익·이기백의 학문과 역사연구』, 한림대학교출판부, 2007.

이기동, 「한국사상사 연구자로서의 이기백」, 『고병익·이기백의 학문과 역사연구』, 한림대학교출판부, 2007.

閔賢九, 「민족적 관심과 역사적 진리의 탐구」, 『歷史學報』 156, 1997 및 『韓國史學의 성과와 반성』, 고려대학교출판부, 2006.

민현구, 「민족적 관심과 實證의 방법론, ―이기백 사학의 一端―」, 『고병익·이기백의 학문과 역사연구』, 한림대학교출판부, 2007.

백승종, 「"진리를 거역하면 민족도 망하고 민중도 망한다"―역사가 이기백의 '진리지상주의'에 대한 몇 가지 생각」, 『역사와 문화』 9, 2004.

전덕재, 「이기백의 사학과 한국고대사 연구」, 『한국고대사연구』 53, 2009.

한국사
시민강좌

연 2회
발 행

제 1 집 ~ 제 25 집 특집 주제

각 권의 자세한 차례는 일조각 홈페이지(http://www.ilchokak.co.kr/) 오른쪽 상단에 링크된 "한국사 시민강좌"에서 확인할 수 있습니다.

『한국사 시민강좌』 편집위원회

편집위원 : 민 현 구
유 영 익
이 기 동
이 태 진

(가나다순)

한국사 시민강좌 2012년 제1호   〈 제50집 〉

2012년 2월 12일 1판 1쇄 인쇄
2013년 3월 20일 1판 2쇄 발행

편집인 『한국사 시민강좌』 편집위원회
발행인 김 시 연

발행처 (주)일 조 각
서울특별시 종로구 신문로2가 1-335
전화 (02)733-5430~1(영업부), (02)734-3545(편집부)
팩스 (02)738-5857(영업부), (02)735-9994(편집부)
www.ilchokak.co.kr
등록 1953년 9월 3일 제 300-1953-1 호(구 : 제 1-298 호)

ISBN 978-89-337-0624-4 03900
ISSN 1227-349X-48

값 20,000 원